VENCER O VALE DA MORTE
APRENDIZAGEM E EVOLUÇÃO
DE EMPRESAS NASCENTES

Editora Appris Ltda.
1.ª Edição - Copyright© 2025 da autora
Direitos de Edição Reservados à Editora Appris Ltda.

Nenhuma parte desta obra poderá ser utilizada indevidamente, sem estar de acordo com a Lei n°
9.610/98. Se incorreções forem encontradas, serão de exclusiva responsabilidade de seus organi-
zadores. Foi realizado o Depósito Legal na Fundação Biblioteca Nacional, de acordo com as Leis n°s
10.994, de 14/12/2004, e 12.192, de 14/01/2010.

O presente trabalho foi realizado com o apoio da Coordenação de Aperfeiçoamento de Pessoal de
Nível Superior – Brasil (CAPES) - Processo no. 3957-06-03

Catalogação na Fonte
Elaborado por: Dayanne Leal Souza
Bibliotecária CRB 9/2162

C823v
2025
	Corradi, Ariane Agnes
	    Vencer o vale da morte: aprendizagem e evolução de empresas nascentes /
	Ariane Agnes Corradi. – 1. ed. – Curitiba: Appris, 2025.
	    375 p. ; 23 cm. – (Coleção Ciências Sociais – Seção Administração).
	
	    Inclui referências.
	    ISBN 978-65-250-7163-3
	
	    1. Empresas nascentes. 2. Episódios de aprendizagem. 3. Economia evolucionária.
	I. Corradi, Ariane Agnes. II. Título. III. Série.
	
	                                                                                        CDD – 330

Livro de acordo com a normalização técnica da ABNT

Appris *editora*

Editora e Livraria Appris Ltda.
Av. Manoel Ribas, 2265 – Mercês
Curitiba/PR – CEP: 80810-002
Tel. (41) 3156 - 4731
www.editoraappris.com.br

Printed in Brazil
Impresso no Brasil

ARIANE AGNES CORRADI

VENCER O VALE DA MORTE
APRENDIZAGEM E EVOLUÇÃO
DE EMPRESAS NASCENTES

Appris
editora

Curitiba, PR
2025

FICHA TÉCNICA

EDITORIAL
Augusto Coelho
Sara C. de Andrade Coelho

COMITÊ EDITORIAL
Ana El Achkar (Universo/RJ)
Andréa Barbosa Gouveia (UFPR)
Antonio Evangelista de Souza Netto (PUC-SP)
Belinda Cunha (UFPB)
Délton Winter de Carvalho (FMP)
Edson da Silva (UFVJM)
Eliete Correia dos Santos (UEPB)
Erineu Foerste (Ufes)
Fabiano Santos (UERJ-IESP)
Francinete Fernandes de Sousa (UEPB)
Francisco Carlos Duarte (PUCPR)
Francisco de Assis (Fiam-Faam-SP-Brasil)
Gláucia Figueiredo (UNIPAMPA/ UDELAR)
Jacques de Lima Ferreira (UNOESC)
Jean Carlos Gonçalves (UFPR)
José Wálter Nunes (UnB)
Junia de Vilhena (PUC-RIO)

Lucas Mesquita (UNILA)
Márcia Gonçalves (Unitau)
Maria Aparecida Barbosa (USP)
Maria Margarida de Andrade (Umack)
Marilda A. Behrens (PUCPR)
Marília Andrade Torales Campos (UFPR)
Marli Caetano
Patrícia L. Torres (PUCPR)
Paula Costa Mosca Macedo (UNIFESP)
Ramon Blanco (UNILA)
Roberta Ecleide Kelly (NEPE)
Roque Ismael da Costa Güllich (UFFS)
Sergio Gomes (UFRJ)
Tiago Gagliano Pinto Alberto (PUCPR)
Toni Reis (UP)
Valdomiro de Oliveira (UFPR)

SUPERVISORA EDITORIAL
Renata C. Lopes

ASSESSORIA EDITORIAL
Cibele Bastos
Bianca Pechiski

REVISÃO
Cristiana Leal

PRODUÇÃO EDITORIAL
Sabrina Costa

DIAGRAMAÇÃO
Bruno Ferreira Nascimento

CAPA
Carlos Pereira

REVISÃO DE PROVA
Sabrina Costa

COMITÊ CIENTÍFICO DA COLEÇÃO CIÊNCIAS SOCIAIS

DIREÇÃO CIENTÍFICA
Fabiano Santos (UERJ-IESP)

CONSULTORES
Alícia Ferreira Gonçalves (UFPB)
Artur Perrusi (UFPB)
Carlos Xavier de Azevedo Netto (UFPB)
Charles Pessanha (UFRJ)
Flávio Munhoz Sofiati (UFG)
Elisandro Pires Frigo (UFPR-Palotina)
Gabriel Augusto Miranda Setti (UnB)
Helcimara de Souza Telles (UFMG)
Iraneide Soares da Silva (UFC-UFPI)
João Feres Junior (Uerj)

Jordão Horta Nunes (UFG)
José Henrique Artigas de Godoy (UFPB)
Josilene Pinheiro Mariz (UFCG)
Leticia Andrade (UEMS)
Luiz Gonzaga Teixeira (USP)
Marcelo Almeida Peloggio (UFC)
Maurício Novaes Souza (IF Sudeste-MG)
Michelle Sato Frigo (UFPR-Palotina)
Revalino Freitas (UFG)
Simone Wolff (UEL)

Aos cientistas, cujo trabalho desvela o mundo e, assim, o transforma.

*Aos empreendedores e às empreendedoras que participaram
da caminhada científica deste livro com suas histórias.*

AGRADECIMENTOS

Este livro é resultado de muitas contribuições ao longo de anos. Pessoas e instituições são parte da sua história e da minha.

Minha formação em universidades públicas federais — a Universidade Federal de São Carlos, na graduação, e a Universidade de Brasília, no mestrado — foi fundamental para descortinar os horizontes e possibilidades da atividade científica e sua relevância para sistematicamente investigar e explicar os fenômenos do mundo. Os financiamentos que recebi do Conselho Nacional de Desenvolvimento Científico e Tecnológico (CNPq), na forma de uma bolsa de iniciação científica e, depois, de mestrado, permitiram minha dedicação exclusiva aos estudos e anos de imersão em grupos de pesquisa de excelência. Sinto-me imensamente grata pelos meus orientadores nessas etapas, Deisy das Graças de Souza e Cláudio Vaz Torres, os quais representam meus agradecimentos a todas as professoras e professores que tanto me ensinaram.

Também sou muito grata ao programa de bolsas de doutorado no exterior da Coordenação de Aperfeiçoamento de Pessoal de Nível Superior (CAPES), do Ministério da Educação, pela concessão da bolsa que apoiou a mim e a esta pesquisa de 2007 a 2011 (Processo n.º 3957-06-03). Esse financiamento foi determinante para que eu pudesse ampliar meus horizontes científicos, culturais e sociais em uma experiência internacional nos Países Baixos.

Durante os anos de doutoramento, contei com o apoio de colegas, professores e professoras em todos os tipos de desafios que fazer um doutorado no exterior, em língua estrangeira e em outra disciplina científica, implica. Agradecendo aos meus orientadores Bert Helmsing e Peter Knorringa, agradeço aos professores do Institute of Social Studies da Universidade Erasmus de Roterdã, por todas as oportunidades de desenvolvimento que me ofereceram e por tudo o que ensinaram.

Como parte essencial para a existência deste livro, agradeço às incubadoras de empresas, na figura de seus gestores e gestoras, aos empreendedores e às empreendedoras que abriram suas portas e histórias com entusiasmo e paixão. Espero que esta obra lhes traga respaldo científico para ações no presente e no futuro, para que façam o que fazem melhor: promover o desenvolvimento de regiões por meio da geração de empregos justos e pela criação de inovações, social e ambientalmente, sustentáveis.

Saber não é suficiente; devemos aplicar.
Desejar não é suficiente; devemos fazer.

(Goethe)

APRESENTAÇÃO

Este é um livro para quem se interessa por empreendedorismo e não acredita em manuais que resumem a trajetória empreendedora em poucos passos ou em biografias que glorificam a vida de alguns empreendedores de sucesso. Ao contrário, este livro é para aqueles que reconhecem que empreender não é uma aventura e que a grande maioria daqueles que se engajam nessa atividade desafiadora falha (STARTUP GENOME, 2019).

É um livro necessário por mergulhar nos eventos críticos enfrentados por empreendedores brasileiros durante o vale da morte, ou seja, os primeiros anos do negócio, que são reconhecidamente os mais difíceis e determinam o futuro dessas firmas. Dada a relevância do julgamento e das decisões dos empreendedores diante de tais eventos críticos, o eixo central do livro está construído nas suas narrativas enquanto atores fundamentais da vida econômica.

Essas histórias de empreendedorismo são o substrato para identificar os episódios de aprendizagem críticos. A noção de episódios nos ajuda a identificar, num continuum de acontecimentos, algumas micronarrativas com começo, meio e fim. A partir delas, podemos descobrir como um evento crítico começou e o que os empreendedores e sua equipe fizeram para resolver o desafio. Expandiram suas redes de parceiros? Desenvolveram nova tecnologia? Criaram formas alternativas de realizar o trabalho? Por fim, essas histórias nos dizem qual foi o resultado desses episódios na firma. Novos conhecimentos sobre aquele desafio e como superá-lo? Inserção maior em redes de negócios relevantes? Novas rotinas de trabalho?

Uma vez que episódios críticos alteram a rota em direção à estabilidade, à previsibilidade e ao crescimento, no curso de uma atividade empreendedora, eles são intensivos em aprendizagem. Requerem dos empreendedores o uso de estratégias cognitivas e comportamentais para compreender o problema e tomar decisões sobre o que fazer. Assim, o livro mostra como empreendedores lançam mão de suas capacidades de análise e reflexão e de suas redes de relacionamentos para gerar soluções que removam esses desafios ou que abram caminhos inesperados. Novos conhecimentos e novas perspectivas de atuação emergem ao fim de cada episódio crítico e impactam a evolução da firma.

Desse modo, o livro demonstra como processos humanos cognitivos e comportamentais impactam a criação de novas estruturas organizacionais, promovendo progresso científico em relação ao uso generalizado e pouco aprofundado do conceito de aprendizagem nas teorias econômicas e administrativas. Sustentado por abordagens sociocognitivas de aprendizagem nas organizações, este livro desmistifica a perspectiva genérica predominante e coloca a aprendizagem no centro das capacidades humanas necessárias para empreendedores superarem episódios críticos nos contextos de start-ups e inovação e, assim, construírem trajetórias de crescimento (OCDE, 2019).

Essas trajetórias evolutivas são guiadas por dois eixos interconectados. Elas são determinadas pelas decisões dos empreendedores, numa perspectiva individual, e fortemente influenciadas pelas informações estratégicas advindas de estruturas e serviços de apoio, como as incubadoras de empresas, e dos ecossistemas de inovação (SEBRAE, 2020). A ideia de evolução traz consigo a noção intrínseca de mudança de um estágio para o outro, na qual aprendizados de eventos passados afetam o que vem a seguir. Nas pequenas empresas, esses processos evolutivos incluem desde inovação incremental em produtos, processos e estratégias organizacionais, até inovação disruptiva e criação de novos mercados. Nessa perspectiva, as trajetórias evolutivas são concebidas no âmbito das firmas, e não de empreendedores individuais.

Ademais, o conteúdo desta obra enfoca o vale da morte de empresas incubadas em múltiplos setores de atividade econômica. Embora esse esforço tenha sido desafiador, dadas as especificidades setoriais, os pontos comuns de maturidade inicial dos empreendedores e de participação em um ambiente de incubação permitiram encontrar padrões evolutivos inéditos na literatura. O alto potencial de aplicação desses padrões torna-os relevantes para os serviços de apoio a novas empresas e para formuladores de políticas de desenvolvimento regionais e nacionais.

Alinhado à *Agenda 2030 para o Desenvolvimento Sustentável*, este livro busca respostas profundas para questões complexas relacionadas ao papel das capacidades humanas para a inclusão, o trabalho decente, a inovação sustentável e a redução da pobreza por meio da geração de empregos e renda (ONU, 2015).

Espero que sua leitura inspire e fortaleça novas capacidades nesse rico campo de estudo e prática!

REFERÊNCIAS

ORGANIZAÇÃO PARA A COOPERAÇÃO E DESENVOLVIMENTO ECONÔMICO. *OECD SME and Entrepreneurship Outlook 2019*. Paris: OCDE, 2019.

ORGANIZAÇÃO DAS NAÇÕES UNIDAS. *Transformando Nosso Mundo*: A Agenda 2030 para o Desenvolvimento Sustentável. Washington: ONU, 2015.

SERVIÇO BRASILEIRO DE APOIO ÀS MICRO E PEQUENAS EMPRESAS. *Ecossistemas de Empreendedorismo Inovadores e Inspiradores*. Brasília: Sebrae, 2020.

STARTUP GENOME. *Global Startup Ecosystem Report* 2019. 2019.

PREFÁCIO

A grande contribuição deste livro para mim, uma economista neo-schumpeteriana, é o de explicitar como habilidades individuais podem se traduzir e fomentar a criação de rotinas organizacionais em empresas de menor porte, as start-ups. Este não é o único objetivo da obra, mas entendo que isto seja uma grande contribuição para a temática. A autora discorre sobre como os processos de aprendizagem determinam trajetórias e estimulam a criação de rotinas e de mudanças organizacionais nas start-ups. A importância e influência do aprendizado (e das habilidades dos empreendedores) é maior porque são empresas ainda não consolidadas, mas isto não limita ou restringe os resultados, tendo em vista a riqueza dos processos detalhados pela autora. O livro é um convite para se adentrar na "caixa-preta" das start-ups.

A Revisão da literatura é primorosa, sendo uma referência importante para introduzir alunos e outros interessados na temática e nos principais conceitos da abordagem evolucionária da firma como os conceitos de rotina, busca e seleção, bem como nos microfundamentos da teoria da firma baseada em recursos. A apresentação destes conceitos, contudo, vai além das concepções iniciais, abarcando seus avanços e aplicações até o momento no qual a pesquisa foi elaborada. Outra importante contribuição do livro é apresentar reflexões sobre a aplicação destes conceitos para o objeto de estudos das start-ups, uma vez que os mesmos foram desenvolvidos originalmente para o estudo de "grandes corporações" como foi o caso da Teoria Evolucionária (Nelson e Winter, 1982) e do estudo empírico de Penrose (1959). Especial ênfase é dada ao processo de busca, no geral pouco estudado e mapeado na literatura.

Em especial, os resultados evidenciam a relevância das redes de colaboração para o crescimento e desenvolvimento das start-ups, fenômeno explicitado no livro ao longo dos capítulos. Ainda que as redes sejam amplo objeto de estudo, sua importância para as empresas de menor porte no que se refere aos benefícios intangíveis também é uma contribuição desta obra. O livro demonstra como as redes informais são fontes de capital social e de aprendizado, ficando como desafio o de fomentar não apenas o surgimento das redes – como no geral é feito através, por exemplo, de financiamento público – mas sua perpetuação ao longo do tempo, fundamental para a sedimentação do capital social. O papel delas e as redes a elas conectadas é patente em alguns dos casos analisados, bem como redes de fornecedores, compradores e de parceiros comerciais.

O número significativo de estudos realizados – com 43 fundadores empreendedores – também é um ponto de destaque desta Obra. Sem mencionar o rigor metodológico da autora na tradução do conteúdo das entrevistas para a articulação com os conceitos teóricos, bem como o esforço de agregação dos EACs e de articulação com outras variáveis – esforço de P&D, financiamento, tipo de incubadora. A variedade de métodos utilizados também é um diferencial deste trabalho, ilustrando a versatilidade da autora e seu comprometimento, cuidado e esforço, para inferir os melhores resultados. O esforço de articular os processos internos com ambiente competitivo das empresas traduzido nas trajetórias de crescimento das start-ups é louvável - em especial aos olhos de uma economista industrial afeita à dimensão setorial. Nesta direção, contudo, as evidências são unânimes em explicitar a irrelevância do setor na definição de trajetórias, pelo menos de empresas emergentes.

O livro é abundante em termos de recomendações de políticas para o fomento à inovação no Brasil, fruto dos resultados encontrados. Não há nada mais que eu possa acrescentar. Somente mencionar que terminei a leitura do livro mais otimista com as possibilidades que temos para o estímulo à inovação no nosso país através do fomento às start-ups.

Márcia Siqueira Rapini
Professora do Cedeplar/FACE/UFMG

LISTA DE ILUSTRAÇÕES

LISTA DE FIGURAS

Figura 1 – O ciclo de evolução do conhecimento 78

Figura 2 – Marco analítico: diagrama de trajetória evolutiva individual 103

Figura 3 – Marco analítico: diagrama de EACs 104

Figura 4 – Categorias de estratégias de aprendizagem 125

Figura 5 – Evolução da Firma07 – Camisetas femininas 219

Figura 6 – Evolução da Firma32 – Sistemas móveis para comércio....220

Figura 7 – Mapa mental de correlações positivas em torno do comprimento das sequências de EACs 248

Figura 8 – Mapa mental de correlações positivas em torno da diversidade de EACs 250

Figura 9 – Estrutura das trajetórias evolutivas típicas 255

Figura 10 – Fatores-chave para definir trajetórias evolutivas 290

Figura 11 – Diagrama da abordagem de métodos mistos da pesquisa .. 334

LISTA DE GRÁFICOS

Gráfico 1 – Variação percentual do PIB em volume de 2006 a 2018...... 30

Gráfico 2 – Taxa de inovação no Brasil, dados trienais de 2003 a 2017 . 32

Gráfico 3 – Dispêndio em atividades inovativas e atividades internas de pesquisa e desenvolvimento, dados trienais de 2003 a 2014 33

Gráfico 4 – Percentual de empresas que buscaram cooperação para inovar e que usaram um incentivo público federal, pelo menos, para inovar, dados trienais de 2003 a 2014 34

Gráfico 5 – Percentual de empresas por tipo de inovação – produto e processo, dados trienais de 2006 a 2014.. 35

Gráfico 6 – Parceiros de incubadoras de empresas por tipo de incubadora...164

Gráfico 7 – Distribuição de EACs por tipo e sequência de ocorrência .193

Gráfico 8 – Distribuição de EACs por intensidade de P&D, região, fontes iniciais de financiamento, tipo de empreendedor e tipos de incubadora de empresas 195

Gráfico 9 – Distribuição de EACs por experiência empreendedora 196

Gráfico 10 – Distribuição das estratégias de aprendizagem mais comuns por tipo de EAC 199

Gráfico 11 – Distribuição de estratégias de aprendizagem preferidas por conteúdos de aprendizagem 201

Gráfico 12 – Distribuição de estratégias de aprendizagem ao longo do tempo 204

Gráfico 13 – Distribuição dos resultados de aprendizagem pelos conteúdos de aprendizagem 205

Gráfico 14 – Uso de recursos em sequências de EACs 226

Gráfico 15 – Proporção das principais estratégias de aprendizagem por trajetória evolutiva 281

Gráfico 16 – As subcategorias mais comuns de estratégias de aprendizagem por trajetórias evolutivas (n=43 start-ups) 282

LISTA DE QUADROS

Quadro 1 – Dados da segunda fase do movimento de incubação de empresas no Brasil 41

Quadro 2 – Dados da terceira fase do movimento de incubação de empresas no Brasil 43

Quadro 3 – Características das incubadoras de empresas no Brasil – 2019 44

Quadro 4 – Características das empresas incubadas no Brasil – 2019 . 45

Quadro 5 – Críticas e respostas à visão da firma baseada em recursos . 72

Quadro 6 – Subenredos de aprendizagem, conteúdo e resultados 136

Quadro 7 – Número de start-ups no banco de dados final (n=15 incubadoras, 43 start-ups) 166

Quadro 8 – EAC: questões específicas do empreendedor 188

Quadro 9 – EAC: entrada e sobrevivência no mercado 189

Quadro 10 – EAC: questões de produção 190

Quadro 11 – EAC: questões gerenciais 192

Quadro 12 – Configuração de preditores de agrupamentos das start-ups em quatro grupos.. 198

Quadro 13 – EACs que começaram no primeiro ano da start-up (n = 11 de 17) 208

Quadro 14 – EACs que começaram no segundo ano da start-up (n = 12 de 22)... 210

Quadro 15 – Rotinas como gatilhos: obsolescência 215

Quadro 16 – Rotinas como gatilhos: rotinas adicionais 216

Quadro 17 – Recursos adquiridos e serviços correspondentes 230

Quadro 18 – Recursos subutilizados e serviços relacionados 231

Quadro 19 – Recursos que são criados e serviços correspondentes 232

Quadro 20 – Recursos perdidos e serviços restantes.........................233

Quadro 21 – Start-ups distribuídas por trajetória evolutiva............... 256

Quadro 22 – Condições iniciais das trajetórias evolutivas típicas 259

Quadro 23 – Condições atuais das trajetórias evolutivas típicas........260

Quadro 24 – Trajetórias evolutivas típicas por foco da base de recursos e produção.. 275

LISTA DE TABELAS

Tabela 1 – Obstáculos à inovação predominantes 37

Tabela 2 – Índices de P&D para São Paulo e Minas Gerais em âmbito regional e nacional.. 58

Tabela 3 – Distribuição das entrevistas 158

Tabela 4 – Contexto local de incubadoras de empresas....................... 159

Tabela 5 – Serviços estratégicos prestados pelas incubadoras de empresas (n=49 empreendedores) 161

Tabela 6 – Características das start-ups (n=43) 168

Tabela 7 – Distribuição das start-ups por intensidade de P&D e tamanho inicial do mercado (n=43 start-ups)..169

Tabela 8 – Características dos empreendedores (n=43 start-ups) 172

Tabela 9 – Características empreendedoras por intensidade de P&D das start-ups (n=43 start-ups) 173

Tabela 10 – Características dos empreendedoras por tipo de incubadora de empresas (n=43 start-ups) 174

Tabela 11 – Características dos empreendedores e recursos financeiros iniciais 176

Tabela 12 – Distribuição de EACs em 10 categorias de gatilhos 186

Tabela 13 – Distribuição de EACs em cinco categorias de gatilhos 187

Tabela 14 – Distribuição das categorias de rotinas organizacionais (n=207 EACs) 213

Tabela 15 – Uso de recursos por tipo de EAC (n = 207 EACs)............... 227

Tabela 16 – Tipos de uso de recursos e estratégias de aprendizagem (n=207 EACs) 229

Tabela 17 – Medidas estruturais comparando configurações de rede em dois pontos no tempo... 235

Tabela 18 – Correlações positivas significativas entre tipos de EACs e variáveis de processo e da firma..246

Tabela 19 – Distribuição de valores observados e esperados entre agrupamentos e trajetórias evolutivas típicas 274

Tabela 20 – Resumo das principais características das trajetórias evolutivas típicas.. 277

LISTA DE ABREVIATURAS E SIGLAS

Amitec Programa de Apoio à Melhoria e à Inovação Tecnológica

Anprotec Associação Nacional de Entidades Promotoras de Empreendimentos Inovadores

Anvisa Agência Nacional de Vigilância Sanitária

EAC Episódio de Aprendizagem Crítico

Fapemig Fundação de Amparo à Pesquisa do Estado de Minas Gerais

Fapesp Fundação de Amparo à Pesquisa do Estado de São Paulo

Fiemg Associação das Indústrias do Estado de Minas Gerais

Fiesp Associação das Indústrias do Estado de São Paulo

Finep Financiadora de Estudos e Projetos

GEM Global Entrepreneurship Monitor

IBGE Instituto Brasileiro de Geografia e Estatística

ISIC International Standard Industrial Classification of All Economic Activities

ISO International Standardization Organization (Organização Internacional para Padronização)

MG Minas Gerais

OCDE Organização para a Cooperação e o Desenvolvimento Econômico

ODS Objetivos do Desenvolvimento Sustentável

P&D Pesquisa e Desenvolvimento

Pappe Programa de Apoio à Pesquisa em Empresas

PIB Produto Interno Bruto

Pipe Pesquisa Inovativa em Pequenas Empresas

PME Pequenas e Médias Empresas

Prime Primeira Empresa Inovadora

SCN Sistema de Contas Nacionais

Sebrae Serviço Brasileiro de Apoio às Micro e Pequenas Empresas

Senai Serviço Nacional de Aprendizagem Industrial

Sesi Serviço Social da Indústria

SP São Paulo

TI Tecnologia da Informação

VBR Visão baseada em recursos

VCS Vantagem Competitiva Sustentável

VIRI/O Recursos Valiosos, Inimitáveis, Raros e Insubstituíveis de uma Organização

SUMÁRIO

1

ATUALIZAÇÃO E CONTEXTUALIZAÇÃO DA EDIÇÃO BRASILEIRA 29

1.1 CONTEXTO MACROECONÔMICO E DE INOVAÇÃO 30

1.2 PEQUENAS EMPRESAS, EMPRESAS NASCENTES E START-UPS 37

1.3 MOVIMENTO DE INCUBAÇÃO DE EMPRESAS, DESDE OS ANOS 2000, NO BRASIL 40

2

INÍCIO DA TRAJETÓRIA 47

2.1 CONTANDO DUAS HISTÓRIAS CURTAS 47

    2.1.1 Start-up A: setor de manufatura (vestuário) 48

    2.1.2 Start-up B: setor de tecnologia da informação e comunicação (software integrado). 50

    2.1.3 Esboçando alguns argumentos iniciais 51

2.2 MOTIVAÇÃO PARA O ESTUDO E PERGUNTAS DE PESQUISA 53

    2.2.1 Disponibilidade local e regional de recursos 56

    2.2.2 Outras motivações 61

2.3 POSICIONAMENTO TEÓRICO 62

    2.3.1 Teoria da firma baseada em recursos 68

    2.3.2 Capacidades dinâmicas 75

    2.3.3 Teoria da dependência de recursos 80

    2.3.4 Ecologia das populações 82

    2.3.5 Literatura de empreendedorismo e a teoria da firma 86

    2.3.6 Considerações finais sobre o posicionamento teórico deste trabalho 88

2.4 OBJETIVOS E PERCURSO METODOLÓGICO DA PESQUISA 90

    2.4.1 Estratégias de coleta de dados 92

    2.4.2 Tratamento e análise de dados – uma visão geral 94

2.5 ESTRUTURA DO LIVRO 95

2.6 TERMOS-CHAVE 97

3

FUNDAMENTAÇÃO TEÓRICA 101

3.1 MARCO ANALÍTICO 101
3.2 ECONOMIA EVOLUCIONÁRIA 107
3.2.1 Busca 107
3.2.1.1 Busca e aprendizagem 109
3.2.2 Rotina 112
3.2.2.1 Rotinas neste estudo 113
3.2.3 Evolução de start-ups 115
3.2.4 Aprendizagem em economia evolucionária 116
3.3 APRENDIZAGEM NA TEORIA DA FIRMA BASEADA EM RECURSOS 118
3.4 APRENDIZAGEM EM PSICOLOGIA ORGANIZACIONAL 121
3.4.1 Estratégias de aprendizagem 125
3.5 REDES DE RELACIONAMENTO 127
3.5.1 Relacionamento e imersão 128
3.5.2 Redes de relacionamentos e processos evolutivos 130
3.6 EPISÓDIOS DE APRENDIZAGEM CRÍTICOS 133
3.7 OBSERVAÇÕES FINAIS 136

4

INCUBADORAS DE EMPRESAS, START-UPS E EMPREENDEDORES ... 139
4.1 PROGRAMAS DE INCUBAÇÃO DE EMPRESAS 139
4.1.1 Incubadoras de empresas no Brasil 142
4.2 O AMBIENTE INSTITUCIONAL DAS INCUBADORAS DE EMPRESAS PESQUISADAS 147
4.2.1 Quadro jurídico 148
4.2.2 Fontes formais de financiamento 150
4.2.3 Distribuição geográfica das incubadoras pesquisadas 154
4.2.4 Importância dos atores no cenário institucional 155
4.3 DESCRIÇÃO DAS INCUBADORAS DE EMPRESAS PESQUISADAS 157
4.3.1 Pacotes de serviços prestados 160
4.3.2 Critérios de seleção para novos incubados 162
4.3.3 Parcerias 163
4.3.4 Os gerentes 164
4.4 AS START-UPS 166
4.5 OS EMPREENDEDORES 170
4.6 CONCLUSÃO 175

5

EPISÓDIOS DE APRENDIZAGEM CRÍTICOS 179

5.1 ESTUDO 1: IDENTIFICAÇÃO DE EACs. 180

    5.1.1 Categorização de EACs 183

    5.1.2 Resultados quantitativos descritivos. 191

5.2 ESTUDO 2: EACs E O MARCO ANALÍTICO. 197

    5.2.1 Gatilhos e estratégias de aprendizagem. 198

    5.2.2 Estratégias e conteúdos de aprendizagem 200

    5.2.3 Estratégias de aprendizagem ao longo do tempo 202

    5.2.4 Conteúdo de aprendizagem e resultados 204

    5.2.5 Resultados de aprendizagem e rotinas 206

    5.2.6 Rotinas organizacionais e gatilhos 214

    5.2.7 Casos ilustrativos 216

5.3 ESTUDO 3: USO DE RECURSOS E REDES DE RELACIONAMENTO. 221

    5.3.1 Acesso e criação de recursos. 221

    5.3.2 Dinâmica de recursos em EACs 224

    5.3.3 A dinâmica dos recursos, estratégias de aprendizagem e serviços pela start-up ..228

    5.3.4 Dinâmica de redes de relacionamento. 234

5.4 CONCLUSÃO. 236

6

TRAJETÓRIAS EVOLUTIVAS 241

6.1 CONSTRUINDO UMA DEFINIÇÃO DE TRAJETÓRIAS. 242

6.2 RESULTADOS CORRELACIONAIS DESCRITIVOS. 244

    6.2.1 Resultados correlacionais por tipo de EAC. 244

    6.2.2 Resultados correlacionais para o comprimento das sequências de EACs. 247

    6.2.3 Resultados correlacionais para a diversidade de EACs 249

6.3 AS CINCO TRAJETÓRIAS EVOLUTIVAS TÍPICAS. 251

    6.3.1 Princípios de teoria fundamentada 251

    6.3.2 Condições iniciais e atuais 258

    6.3.3 Trajetória 1: produção e comercialização direta do produto ou serviço principal .258

    6.3.4 Trajetória 2: dependência de capital de investimento para desenvolver o produto principal, sem produtos secundários. 263

    6.3.5 Trajetória 3: produto secundário como meio de entrar no mercado enquanto o principal é desenvolvido 265

    6.3.6 Trajetória 4: produtos ou serviços independentes ou complementares que se tornam spin-offs com estruturas administrativas paralelas 268

6.3.7 Trajetória 5: o produto secundário se torna o produto ou serviço principal ou compete com seu desenvolvimento...............................271

6.3.8 Agrupamento estatístico 273

6.3.9 Análise comparativa entre trajetórias evolutivas....................... 275

6.4 TRAJETÓRIAS EVOLUTIVAS E FATORES INDIVIDUAIS 278

6.4.1 Trajetórias evolutivas e características empreendedoras................ 278

6.4.2 Trajetórias evolutivas e estratégias de aprendizagem...................280

6.5 TRAJETÓRIAS TÍPICAS E CARACTERÍSTICAS DAS FIRMAS 281

6.6 TRAJETÓRIAS TÍPICAS E USO DE RECURSOS 284

6.7 CONCLUSÃO...288

7
EVOLUÇÃO DE START-UPS... 295

7.1 REVISITANDO OS CONCEITOS-CHAVE.................................... 296

7.2 RETOMANDO O ARGUMENTO 299

7.3 CONTRIBUIÇÕES PARA AS TEORIAS DA FIRMA BASEADAS EM RECURSOS. 301

7.3.1 Tipos, fontes de recursos e contingências................................ 302

7.3.2 O papel da agência empreendedora 304

7.3.3 Processos de emergência de aprendizagem em nível organizacional..... 307

7.3.4 Trajetórias evolutivas e diversificação 307

7.3.5 Competitividade versus cooperação e crescimento......................308

7.3.6 Concluindo o argumento 310

7.4 TRAJETÓRIAS EVOLUTIVAS BASEADAS NA APRENDIZAGEM E A EVOLUÇÃO DE START-UPS...312

7.4.1 Evolução em Saltos versus Mudança Incremental 315

7.4.2 Desempacotando processos de busca 317

7.4.3 Papéis e dinâmicas das rotinas organizacionais 320

7.4.4 Trajetórias evolutivas.. 323

7.5 INCUBADORAS DE EMPRESAS: SERVIÇOS INVISÍVEIS...................... 325

7.5.1 O papel dos serviços operacionais.. 326

7.5.2 O papel dos serviços estratégicos 326

7.5.3 Serviços invisíveis: dinâmica informal em ambientes de incubação de empresas 330

7.6 CONTRIBUIÇÕES METODOLÓGICAS 333

7.7 CONTRIBUIÇÕES PARA QUESTÕES DO DESENVOLVIMENTO 335

7.8 LIMITAÇÕES E AGENDA DE PESQUISA 339

REFERÊNCIAS 343

ANEXO A
ROTEIRO DE ENTREVISTA SEMIESTRUTURADA 361

ANEXO B
PRINCIPAIS CARACTERÍSTICAS DAS START-UPS DESTA PESQUISA .. 363

ANEXO C
CARACTERIZAÇÃO DAS START-UPS POR TIPO DE ATIVIDADE E DE
MERCADO 367

ANEXO D
CATEGORIAS E TIPOS DE ROTINAS RESULTANTES DE 207 EACS 371

1

ATUALIZAÇÃO E CONTEXTUALIZAÇÃO DA EDIÇÃO BRASILEIRA

A versão original deste livro, em inglês, foi elaborada entre 2007 e 2013, um período caracterizado pela implementação de importantes marcos regulatórios no Brasil, como a Lei n.º 10.973/04 sobre incentivos à inovação e à pesquisa científica e tecnológica no ambiente produtivo e seu decreto regulamentar n.º 5.563/05; a Lei n.º 11.196/05, sobre incentivo fiscal à P&D e inovação tecnológica (Lei do Bem); a Lei Complementar n.º 123/06 (Lei Geral da Micro e Pequena Empresa) e a 128/08, que especifica a anterior (BRASIL, 2004; BRASIL, 2005a; BRASIL, 2005b; BRASIL, 2006; BRASIL, 2008). Esse arcabouço regulatório serviu de base para a criação de leis correspondentes nos Estados e uma série de novas legislações e apoios para a inovação no país, como a Emenda Constitucional 85/15, que criou o Sistema Nacional de Ciência, Tecnologia e Inovação (ANPROTEC, 2019).

Esses marcos regulatórios, em conjunção a outras políticas, estratégias e ações, em âmbito federal, caracterizam esse período também pelo aumento do investimento público em pesquisa e desenvolvimento (P&D), com ênfase nos fundos setoriais (estando o fundo setorial de inovação tecnológica entre os primeiros a serem criados), pelos programas de distribuição de renda e pelo aumento considerável do financiamento governamental para incubadoras de empresas e outros serviços de apoio a negócios, bem como diretamente às start-ups (IBGE, 2010b; IBGE, 2012).

Dado o período transcorrido entre a finalização do livro original e o lançamento desta primeira edição brasileira, este capítulo atualiza e contextualiza dados e conceitos, em três seções. A primeira sistematiza o contexto nacional macroeconômico e de inovação, a segunda apresenta o uso do termo start-up à época da pesquisa de campo, e a terceira compila dados recentes sobre o movimento de incubação de empresas, tomando-o como o *locus* de apoio a novos negócios, dentro do qual as empresas analisadas nesta obra se inserem.

1.1 CONTEXTO MACROECONÔMICO E DE INOVAÇÃO

Em termos macroeconômicos, o período de elaboração deste livro abrangeu três fases de um ciclo econômico que começa com crescimento até o primeiro semestre de 2008, o qual foi interrompido pela crise financeira internacional com fortes impactos em 2009, seguido por um período de recuperação do Produto Interno Bruto (PIB) em 2010, com uma série de impactos nas atividades de inovação e das pequenas empresas nos anos seguintes. Este capítulo, portanto, localiza o conteúdo da obra no seu contexto de elaboração e demonstra a sua atualidade em relação à compreensão das dinâmicas de eventos críticos em ciclos econômicos e organizacionais evolutivos.

Uma síntese do cenário macroeconômico é apresentada, nos gráficos a seguir, elaborados a partir de dados do Instituto Brasileiro de Geografia e Estatística (IBGE, 2010a; IBGE, 2013; IBGE, 2018; IBGE, 2020b). Além de mostrarem dados do período examinado no livro, esses gráficos trazem dados mais recentes disponíveis nos sistemas do IBGE, a fim de enriquecer a versão brasileira da obra com novas informações e de subsidiar os leitores do livro quanto à contextualização do que se reporta nos capítulos seguintes.

O Gráfico 1 mostra a variação percentual do PIB de 2006 a 2018. Os marcadores do período correspondente ao livro estão em preto e claramente indicam as oscilações pelas quais a economia nacional e, por conseguinte, as pequenas empresas e start-ups passaram.

Gráfico 1 – Variação percentual do PIB em volume de 2006 a 2018

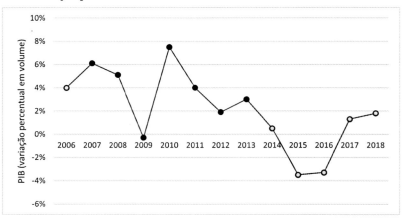

Fonte: a autora, com base nos dados do IBGE – Pesquisa de Inovação e Sistema de Contas Nacionais

Segundo a *Pesquisa de Inovação Tecnológica 2008* (IBGE, 2010a), o triênio 2006-2008 é marcado por um cenário nacional favorável que:

> [...] impulsionou as inovações nas empresas brasileiras, proporcionando aumento na taxa de inovação, no volume de investimento em atividades inovativas e, em particular, naqueles realizados em P&D. Além disso, observou-se incremento no desenvolvimento das inovações em parceria com outras empresas e institutos e no número de empresas que receberam algum tipo de apoio do governo para realizar as inovações. (p. 37).

O triênio 2009-2011 apresenta os resultados do impacto da crise financeira internacional na redução das expectativas e consequentes mudanças de comportamento em relação ao risco, sobretudo por parte de investidores. Esse triênio também inclui uma apreciação cambial do real que favoreceu as importações e contribuiu para um ambiente mais adverso para as empresas brasileiras (IBGE, 2013).

Por fim, o triênio 2012-2014, segundo a *Pesquisa de Inovação 2014*,

> [..] se apresentou – em razoável medida – como prolongamento de um cenário marcado por modesto desempenho econômico, configurado notadamente após a crise internacional instaurada no último trimestre de 2008. (IBGE, 2016, p. 36).

Os Gráficos 2 a 4 sintetizam estatísticas das pesquisas trienais de inovação (IBGE, 2010a; IBGE, 2013; IBGE, 2016; IBGE, 2020a) quanto à taxa de inovação, ao percentual de atividades inovativas em relação à receita líquida e ao percentual de empresas que cooperaram para inovar ou que fizeram uso de pelo menos um incentivo público federal para inovar. Os marcadores em preto indicam o período correspondente aos dados deste livro.

O Gráfico 2 mostra um pico da taxa de inovação, no triênio 2006-2008, com uma forte queda, no triênio seguinte, seguida de leve recuperação, no triênio 2012-2014, e mais uma forte queda no triênio 2015-2017. A taxa de inovação do último período indica os impactos do maior recrudescimento das dificuldades enfrentadas pelas empresas para realizar a inovação, com uma regressão da taxa de inovação abaixo da observada no triênio 2003-2005. Segundo a *Pesquisa de Inovação 2017* (IBGE, 2020a, p. 4),

No período 2015-2017 os riscos econômicos excessivos ganharam importância para as empresas inovadoras e se configuraram como o principal obstáculo para inovar segundo 81,8% delas, após ocupar a terceira e segunda colocações nos triênios 2009-2011 e 2012-2014, respectivamente.

O Gráfico 3 apresenta a evolução do dispêndio em atividades inovativas e em atividades internas de P&D sobre a receita líquida das empresas. O percentual de dispêndios em atividades inovativas sobre a receita líquida foi decrescente, ao longo do período, sobretudo entre os triênios 2003-2005 e 2006-2008 e os triênios 2009-2011 e 2012-2014. O percentual investido em atividades internas de P&D sobre a receita líquida permaneceu estável e baixo, consonante a literatura que aponta a histórica baixa demanda por conhecimento pelas empresas brasileiras — e latino-americanas de modo geral — em investir em inovações intensivas em tecnologia e potencialmente disruptivas de mercado (ALBUQUERQUE et al., 2015; BIELOUS, 2019).

Gráfico 2 – Taxa de inovação no Brasil, dados trienais de 2003 a 2017

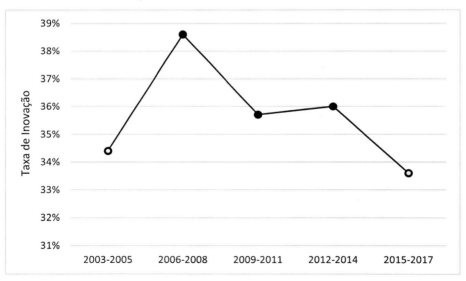

Fonte: a autora, com base nos dados do IBGE – Pesquisa de Inovação

Gráfico 3 – Dispêndio em atividades inovativas e atividades internas de pesquisa e desenvolvimento, dados trienais de 2003 a 2014

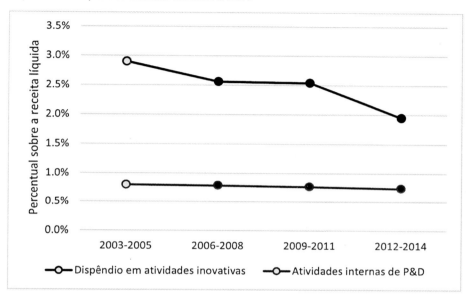

Fonte: a autora, com base nos dados do IBGE – Pesquisa de Inovação

Em seguida, o Gráfico 4 compara o percentual de empresas que lançaram mão de cooperação para inovar e que usaram, pelo menos, um incentivo público federal para inovar. Esses indicadores são proxies dos esforços das empresas para acessarem recursos de conhecimento, financeiros e estratégicos externos para realizar inovações. O padrão é similar entre os triênios que cobrem o período de 2003 a 2011, numa curva ascendente. Entretanto o triênio 2012-2014 mostra forte queda nos percentuais de empresas que buscaram cooperação para inovar. Os dados desse último triênio para o uso de incentivos públicos não foi encontrado.

Outro indicador das pesquisas trienais de inovação do IBGE relevante para contextualizar as dinâmicas de inovação das empresas analisadas neste livro é o tipo de inovação almejado. O Gráfico 5 mostra a distribuição percentual das empresas por foco de inovação, considerando-se inovação de produto e processo conjuntamente, inovação somente de produto e somente de processo. Há um padrão decrescente no percentual de empresas que fazem algum tipo de inovação no período, com predominância das empresas que realizam inovações somente de processo. A análise por setor indica que as empresas industriais apresentaram um padrão estável de inovações de produto e processo em torno de 15,0% e de inovação só de processo em torno de 17,0%. As inovações só de produto, no entanto, reduziram de 6,0%, no triênio 2006-2008, para aproximadamente 4,0% nos triênios seguintes.

Gráfico 4 – Percentual de empresas que buscaram cooperação para inovar e que usaram um incentivo público federal, pelo menos, para inovar, dados trienais de 2003 a 2014

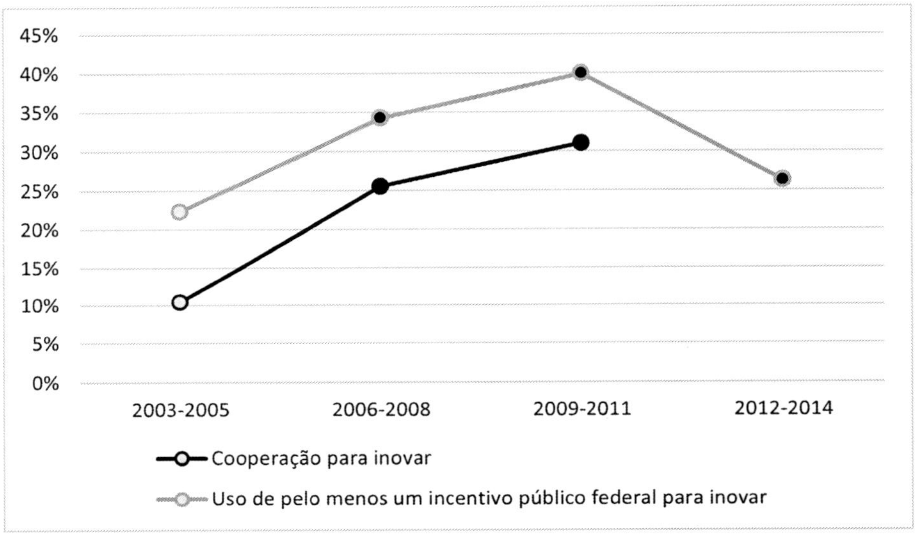

Fonte: a autora, com base nos dados do IBGE – Pesquisa de Inovação

Quanto ao setor de serviços, os esforços de inovação de produto e processo nessas empresas caíram drasticamente de 22,2%, no triênio 2006-2008, para menos de 7,0%, em 2009-2014; as inovações só de produto reduziram de 15,3%, no triênio 2006-2008, para menos de 1,0% nos triênios seguintes. Nesse setor, as inovações só de processo oscilaram consideravelmente, de 8,0%, no triênio 2006-2008, para 41,9%, em 2009-2011, e 22,1% em 2012-2014.

Outras duas categorias de inovação analisadas dentro do grupo das empresas inovadoras, nas pesquisas trienais de inovação do IBGE, são as inovações organizacionais e de marketing. Essas categorias representam bons indicadores da construção de capacidades internas para realizar e comercializar inovações. Os dados mostram que as técnicas de gestão e os métodos de organização do trabalho são as inovações organizacionais mais frequentes, com percentuais crescentes entre os triênios analisados — entre 45,2% e 60,6%, nas empresas industriais, e 54,3% e 80,6%, nas empresas de serviços, respectivamente.

Gráfico 5 – Percentual de empresas por tipo de inovação – produto e processo, dados trienais de 2006 a 2014

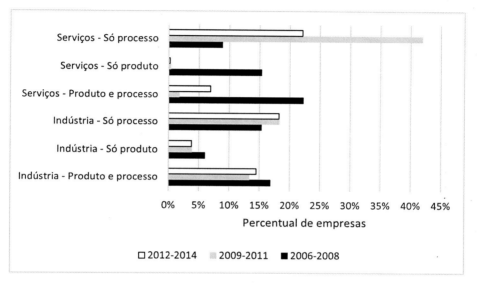

Fonte: a autora, com base nos dados do IBGE – Pesquisa de Inovação

Para os objetivos deste livro, cujo foco são as dinâmicas individuais e organizacionais internas de geração de novos recursos por empreendedores para a constituição, a sobrevivência e o fortalecimento de pequenas empresas, esse panorama nacional fornece um quadro de referência que ajuda a compreender as dinâmicas econômicas e do ecossistema de inovação nos quais as start-ups analisadas estão inseridas.

Outros indicadores que influenciam a tomada de decisão por empreendedores, quanto à alocação de recursos para inovação, dizem respeito à importância de diferentes categorias de aquisição ou geração de inovações e aos obstáculos para inovar.

As pesquisas trienais de inovação do IBGE analisam a importância percebida para inovação das seguintes categorias: aquisição de máquinas e equipamentos, treinamento, projeto industrial e outras preparações técnicas, introdução das inovações tecnológicas no mercado, aquisição de software, aquisição de outros conhecimentos externos, aquisição externa de P&D e atividades internas de P&D.

Os resultados mostram que a aquisição de máquinas e equipamentos e treinamento são as duas categorias mais importantes para as empresas industriais, com percentuais entre 59,4% e 78,1%, entre 2006 e 2014, com pouca oscilação entre os triênios. A aquisição externa de P&D, por sua vez, varia de 4,1% a 6,4% como a categoria menos importante nesse período. A segunda categoria menos importante para as empresas industriais é a realização de atividades internas de P&D, que varia entre 11,5% e 15,9%.

O setor de serviços apresenta um padrão semelhante de maior importância e poucas oscilações para a aquisição de máquinas e equipamentos, com percentuais entre 66,6% e 71,8% entre 2006 e 2014. A segunda categoria mais importante é aquisição de software, uma vez que muitas dessas empresas de serviços são também utilizadoras de tecnologia da informação. Os percentuais vão de 54,8% a 65,5% nos três triênios. As outras categorias de importância oscilam muito entre os triênios no setor de serviços. Na faixa mais baixa de importância, por exemplo, está a aquisição de conhecimentos externos cujo ponto mais baixo foi 6,8%, no triênio 2012-2014, em relação a 22,5%, no triênio 2006-2008. Nota-se que a aquisição externa de P&D pelas empresas de serviços aumentou substancialmente no período, de 5,7%, no triênio 2006-2008, para 30,9%, em 2009-2011, e 76,3%, em 2012-2014. As atividades internas de P&D, por sua vez, mostram um crescimento mais gradativo, de 16,0%, em 2006-2008, para 28,3%, em 2009-2011, e 30,2%, em 2012-2014. No caso do setor de serviços, parece que a importância de adquirir conhecimentos externos foi relativamente suplantada pela importância de adquirir P&D externo.

Para concluir essa visão geral do contexto de inovação brasileiro entre 2006 e 2014, é importante sintetizar os indicadores de obstáculos para inovar (Tabela 1) e as razões para não inovar. Os custos elevados da inovação são os principais obstáculos, com percentuais crescentes a cada triênio. Entre as empresas industriais, os riscos econômicos excessivos vêm em segundo lugar, ao passo que, para as empresas de serviços, o segundo obstáculo mais importante, no triênio 2006-2008, foi a falta de pessoal qualificado e, nos triênios seguintes, os riscos econômicos excessivos.

Tabela 1 – Obstáculos à inovação predominantes

Obstáculos predominantes	Empresas industriais (%)			Empresas de serviços (%)		
	2006-2008	2009-2011	2012-2014	2006-2008	2009-2011	2012-2014
Elevados custos da inovação	**73,2**	**81,7**	**86,0**	**72,1**	**81,5**	**88,5**
Riscos econômicos excessivos	65,9	71,3	82,1	62,6	73,8	75,5
Falta de pessoal qualificado	57,8	72,5	66,1	70,4	72,1	64,1
Escassez de fontes de financiamento	51,6	63,1	68,8	48,7	68,5	71,8

Fonte: a autora, com base nos dados do IBGE – Pesquisa de Inovação

O principal fator para não inovar, entre aqueles avaliados em empresas não inovadoras, nas pesquisas trienais de inovação do IBGE, são as condições de mercado encontradas no período. Esse resultado é consistente, em todos os triênios, de 2006 a 2014. Os capítulos empíricos deste livro mostram como essas barreiras à inovação se refletiram nas pequenas empresas investigadas, na forma de episódios de aprendizagem críticos (EACs) e de trajetórias evolutivas das firmas.

Dentro desse cenário e para compreender o contexto de apoio direto às novas empresas, a próxima seção apresenta uma retrospectiva histórica do uso do termo "start-up" nas incubadoras de empresa no período da pesquisa. Em seguida, apresenta-se um panorama mais amplo e recente do movimento de incubação de empresas para além do período examinado nos demais capítulos do livro.

1.2 PEQUENAS EMPRESAS, EMPRESAS NASCENTES E START-UPS

O objetivo desta seção é esclarecer o uso de um termo central nesta obra, que sofreu modificações profundas desde a sua conclusão: o termo "start-up". À época da coleta de dados para a elaboração do livro, o termo era utilizado de forma pouco específica e se aplicava a novas empresas dedicadas a qualquer tipo de inovação, desde inovações disruptivas, como aquelas desenvolvidas pelas empresas em biotecnologia, até inovações de marketing, como o desenvolvimento de modelos de negócios em empresas de setores tradicionais da economia. Além disso, as inovações poderiam ser tanto de produto como de processo, o que incluía a criação de rotinas organizacionais internas eficientes e sustentáveis, independentemente do grau de inovação do produto a ser comercializado, como no setor de vestuário.

Essa perspectiva abrangente e inclusiva da inovação se justificava por alguns fatores-chave. O primeiro é a grande diversidade de contextos nos quais as incubadoras de empresa operam. As incubadoras tradicionais, por exemplo, estão muitas vezes localizadas em cidades de pequeno ou médio porte, desprovidas de centros de pesquisa e desenvolvimento e carentes de estratégias de desenvolvimento local para a geração de produtos, serviços, emprego e renda. Assim, inovar em processos que tornassem as pequenas empresas e novos negócios locais mais eficientes e sustentáveis representava uma significativa contribuição para a economia local e trazia conhecimentos ausentes aos empreendedores e instituições locais, caracterizando as atividades dessas empresas como inovadoras.

O segundo fator, vinculado ao primeiro, é que a maior parte das incubadoras estava vinculada ao Serviço Brasileiro de Apoio às Micro e Pequenas Empresas (Sebrae), cujas diretrizes requeriam algum grau de inovação para a entrada dos empreendedores nos programas de incubação. Desse modo, os gestores de incubadoras, conforme seus relatos à época, aplicavam essa perspectiva lato sensu de inovação para serem mais inclusivos nos processos seletivos. Uma consequência disso foi o uso praticamente indiscriminado do termo start-up para as empresas que entravam em programas de incubação. Embora alguns gestores de incubadoras diferenciassem as start-ups como as empresas de base tecnológica em contraposição às pequenas empresas tradicionais, outros consideravam a distinção inócua, dada a perspectiva ampla de inovação adotada pela maioria dos programas participantes desta pesquisa.

O terceiro fator, de caráter regulatório, é que a legislação que definiu e regulamentou os atores do ecossistema de inovação que compõem o Sistema Nacional de Ciência, Tecnologia e Inovação, bem como as atividades inovadoras em pequenas empresas às quais hoje, indubitavelmente, chamamos de start-ups, foi implementada após a conclusão desta pesquisa.

Um breve histórico desse processo é relatado no *Marco Legal de Ciência, Tecnologia e Inovação* (BRASIL, 2018, p. 4):

> Inicialmente, houve a necessidade da aprovação da Emenda Constitucional nº 85, de 26 de fevereiro de 2015, que adicionou dispositivos na Constituição Federal para atualizar o tratamento das atividades de ciência, tecnologia e inovação e consequente alteração do Marco Legal vigente.
>
> Em 11 de janeiro de 2016, foi sancionada a Lei nº 13.243, que aprimora as medidas de incentivo à inovação e à pesquisa científica e tecnológica no ambiente produtivo, com vistas à capacitação tecnológica, ao alcance da autonomia tecnológica e ao desenvolvimento do sistema produtivo nacional e regional do País, nos termos da Constituição Federal.
>
> [...]
>
> Em 07 de fevereiro de 2018, foi sancionado pela Presidência da República o Decreto nº 9.283, para atender dispositivos da Lei nº 13.243 que necessitavam de regulamentação.

O desenvolvimento mais recente na definição do que é uma start-up, no Brasil, encontra-se na Lei Complementar n.º 182, de 1º de junho de 2021, conhecida como o Marco Legal de Start-ups e do Empreendedorismo Inovador (BRASIL, 2021). Em seu artigo 4º, ela afirma que "são enquadradas como start-ups as organizações empresariais ou societárias, nascentes ou em operação recente, cuja atuação caracteriza-se pela inovação aplicada a modelo de negócios ou a produtos ou serviços ofertados." Essa lei se apoia na definição de inovação dada pelo inciso IV do caput do art. 2º da Lei n.º 10.973/2004:

> [...] inovação: introdução de novidade ou aperfeiçoamento no ambiente produtivo e social que resulte em novos produtos, serviços ou processos ou que compreenda a agregação de novas funcionalidades ou características a produto, serviço ou processo já existente que possa resultar em melhorias e em efetivo ganho de qualidade ou desempenho.

Para fazer jus ao contexto histórico no qual os dados deste livro foram coletados e para evitar o risco de inserir distorções em uma reconstrução a posteriori das perspectivas dos participantes desta pesquisa, optou-se por manter o uso do termo start-up em sentido lato para fazer referência às empresas nascentes participantes de ambientes de incubação de empresas no período de 2007 a 2013.

1.3 MOVIMENTO DE INCUBAÇÃO DE EMPRESAS, DESDE OS ANOS 2000, NO BRASIL

Esta seção caracteriza e contextualiza diferentes fases da evolução do movimento de incubação de empresas no Brasil, à época da pesquisa e atualmente, a fim de fornecer subsídios para a aplicação cuidadosa dos conhecimentos gerados neste trabalho à elaboração de políticas e ações de apoio às pequenas empresas e start-ups brasileiras.

Os resultados descritos nos capítulos empíricos desta obra remontam ao período equivalente à segunda fase da evolução do movimento brasileiro de incubação de empresas, que pode ser localizada entre o início dos anos 2000 e 2015. Além da legislação favorável às pequenas e médias empresas, no início dos anos 2000, o ambiente de negócios, em 2007, beneficiou-se do crescimento econômico nacional, da inflação reduzida e controlada, da redução gradual das taxas de juros, do aumento do crédito pessoal e do aumento do poder de compra de camadas sociais mais baixas (SEBRAE, 2007). Além desses fatores, houve o surgimento de financiadores para as empresas nascentes, como investidores-anjo, fundos-semente e outras formas de capital de risco originárias do setor privado. O Estado e as fundações estaduais de ciência e tecnologia iniciaram programas de subvenção para apoiar projetos inovadores de start-ups. Uma perspectiva ecossistêmica emergiu, com mecanismos de apoio e múltiplos atores, incluindo atores tradicionais, como grandes fundos, aceleradoras internacionais e grandes empresas, ativamente propondo e operando novas iniciativas (ANPROTEC, 2019).

O número de incubadoras de empresas aumentou de 135, em 2000, para 359, em 2006, um aumento anual médio de 37 novas incubadoras (ANPROTEC, 2006). Mais do que crescer em número, as incubadoras expandiram seus serviços para incorporar aqueles considerados de segunda e terceira geração (AERTS; MATTHYSSENS; VANDENBEMPT, 2007; THEODORAKOPOULOS; KAKABADSE; MCGOWAN, 2014), buscando atender às necessidades de novos perfis empreendedores, com demandas de contatos e aprendizagem mais voltadas para construir competências internas nas firmas. Essa fase inclui o surgimento das primeiras aceleradoras de empresas brasileiras, nos anos 2010 (ANPROTEC, 2019). O Quadro 1 ilustra algumas estatísticas desse período.

Quadro 1 – Dados da segunda fase do movimento de incubação de empresas no Brasil

Parâmetros	Valores percentuais (comparativos quando possível)
Percentual de pequenas empresas (SEBRAE, 2014)	98,1% em 2012, a maioria delas composta por empreendedores individuais.
Taxa de emprego em PMEs (IBGE, 2010b)	Cerca de 67% de todos os trabalhadores do setor privado no Brasil em 2009.
Crescente porcentagem de empreendedores movidos por oportunidade (GEM, 2017; SEBRAE, 2007)	57% em 2012, contra 43% em 2005 e 15% em 2002.
Crescente taxa de sobrevivência de start-ups (SEBRAE, 2011; SEBRAE, 2016)	76,6% daqueles que começaram em 2012 sobreviveram o segundo ano, contra 73,1% daqueles que começaram em 2006.
Qualificação dos empreendedores (SEBRAE, 2007)	79% completaram a educação superior; 51% tinham experiência de trabalho no setor privado.
Maior preocupação com as condições internas do negócio do que com a situação econômica do país (SEBRAE, 2007)	71% focalizaram o planejamento (24% em 2002); 54% focalizaram a organização da empresa (17% em 2002); 47% focalizaram marketing e vendas (7% em 2002); 36% trabalharam na análise financeira do negócio (7% em 2002); 38% focalizaram as relações humanas (3% em 2002).

Fonte: a autora, com base nos dados do Sebrae, IBGE e Global Entrepreneurship Monitor (GEM)

A terceira e atual fase do movimento de incubação de empresas começa por volta de 2015 e é marcada pelos efeitos da crise econômica no Brasil, cujo PIB caiu de 3%, em 2013, para valores negativos, em 2015 e 2016, chegando a 1,3%, em 2017, e 1,8%, em 2018 (IBGE, 2020b). Esse período também se caracteriza pelas altas taxas de desemprego e pelo crescimento do empreendedorismo por necessidade. Esse cenário afetou o perfil dos empreendedores em 2016, com a maior entrada de mulheres, idosos e jovens em busca de complementos de renda (GEM, 2017).

Quanto ao perfil empreendedor, dados de 2017 do Global Entrepreneurship Monitor (GEM) mostram que, na América Latina, considerada a segunda região menos empreendedora do mundo, o Brasil pontua abaixo das médias regionais em relação à educação empreendedora na escola, às políticas governamentais (taxas e burocracia, apoio e relevância), à transferência de P&D, aos programas de empreendedorismo governamentais, entre outros critérios (GEM, 2018).

Como resultado desse cenário, o desempenho das start-ups, das incubadoras de empresas e de outros serviços de apoio foi afetado negativamente. O mercado retraiu-se para os produtos e serviços das start-ups, e a capacidade dos financiadores de manter o nível de apoio às incubadoras e outros serviços de apoio reduziu. Pela primeira vez, o número de incubadoras diminuiu (ANPROTEC, 2019). O Quadro 2 sintetiza alguns dados dessa fase.

Entretanto o nicho de start-ups altamente inovativas, com potencial de escalabilidade e impacto, beneficiou-se da nova legislação, como o Código para Ciência, Tecnologia e Inovação de 2016 e o Novo Marco Legal para Ciência, Tecnologia e Inovação de 2018, os quais combinaram provisões legais existentes em um único decreto que regula o fortalecimento das atividades de P&D, no setor produtivo, sob uma perspectiva sistêmica e de multiatores (ANPROTEC, 2019).

Essa perspectiva inclui os ecossistemas de inovação (parques tecnológicos, arranjos produtivos locais, cidades inteligentes) e os mecanismos para gerar novas empresas (incubadoras de empresas, aceleradoras). Os ecossistemas de inovação oferecem infraestruturas científicas, tecnológicas, educacionais e sociais, bem como serviços de alto valor agregado voltados aos empreendedores interessados em construir negócios intensivos em conhecimento e investimento. Esses mecanismos, por sua vez, apoiam a criação, a estruturação e o desenvolvimento de novas empresas (AUDY; PIQUÉ, 2016). À medida que esse ecossistema se torna mais dinâmico, novas superestruturas podem ser encontradas, as quais são mecanismos que combinam as ações das incubadoras, aceleradoras, parques tecnológicos e espaços de *co-working*, mostrando desempenho superior (ANPROTEC, 2019).

Quadro 2 – Dados da terceira fase do movimento de incubação de empresas no Brasil

Parâmetros	Valores (comparativos quando possível)
Perfil empreendedor de novatos (GEM, 2017)	Mulheres = 51% Idosos (com 55 anos ou mais) = 10% (7% em 2012) Jovens (18-24 anos de idade) = 20% (18% em 2012)
Primeira redução no número de incubadoras de empresas (ANPROTEC, 2019)	363 em 2017 (6 a menos que em 2013)
Resultados estimados em número de empresas incubadas (ANPROTEC, 2019)	2.310 start-ups
Resultados estimados em número de empresas graduadas (ANPROTEC, 2019)	3.825 start-ups
Resultados estimados em criação de empregos (ANPROTEC, 2019)	15,4 mil empregos diretos (incubadas) 37,8 mil empregos diretos (graduadas)
Resultados estimados em receitas (ANPROTEC, 2019)	Aproximadamente 344 milhões de dólares (incubadas) 3,5 bilhões de dólares (graduadas)

Fonte: a autora, com base nos dados do GEM e da Anprotec

Atualmente, as incubadoras de empresas brasileiras são financiadas por agências federais (ex., Financiadora de Projetos – FINEP), entidades público-privadas (ex., Sebrae), a Associação Nacional de Entidades Promotoras de Empreendimentos Inovadores (Anprotec) e governos, nos níveis municipal, estadual e federal. As incubadoras complementam esses recursos com renda proveniente de aluguel, taxas dos residentes e patrocínio regular de instituições mantenedoras (universidade, governo, indústria e fundações privadas) (CHANDRA; CHAO, 2016). O Quadro 3 apresenta estatísticas das incubadoras de empresas no Brasil.

Para completar esse cenário de incubação de empresas no Brasil, o Quadro 4 apresenta algumas características das start-ups incubadas.

Quadro 3 – Características das incubadoras de empresas no Brasil – 2019

Características	Valores percentuais
Período de criação	40% criadas entre 2000 e 2009 (fase 2).
Tipo de afiliação	61% afiliadas a uma universidade (federal, estadual ou privada).
Ter política de inovação (dentro do Marco Legal de Ciência, Tecnologia e Inovação e da Política Nacional Industrial e Tecnológica)	70% das instituições às quais as incubadoras de empresas estão afiliadas ou das quais elas recebem financiamento; 22% estão elaborando suas políticas.
Participação nos lucros futuros das start-ups	4% das incubadoras objetivam uma saída lucrativa de suas start-ups.
Escopo das incubadoras	64% são pequenas, incubando até 10 start-ups de cada vez.
Pacote de serviços	93% – atividades de treinamento e capacitação; 85% – apoio para construir redes de contato; 70-78% – apoio para desenvolver produtos ou serviços, consultorias em marketing, gestão e propriedade intelectual, apoio para participar em feiras e rodadas de negócios, apoio para arrecadar fundos; 50-68% – mentorias e consultorias fiscal, financeira e jurídica, entre outros serviços.
Resultados em relação a start-ups graduadas (do total de incubadas no ciclo de vida da incubadora)	32% das incubadoras graduaram mais de 30 start-ups; 36% graduaram entre 11 e 30 start-ups; 32% graduaram até 10 start-ups.
Start-ups de alto impacto	53% das incubadoras têm estratégias de apoio para start-ups de alto impacto.
Certificação de qualidade (Selo ANPROTEC, que varia de 1 a 4, sendo 4 o nível mais elevado)	21% das incubadoras estão certificadas no primeiro nível; 38% estão implementando os critérios; 41% não estão engajadas nesse processo de certificação.
Concentração geográfica	36% no Sudeste; 28% no Sul. Pelo país, as incubadoras de empresas concentram-se nas capitais e áreas urbanas densas.

Fonte: a autora, com base nos dados da Anprotec (2019)

Quadro 4 – Características das empresas incubadas no Brasil – 2019

Características	Start-ups incubadas
Principais setores de operação	79% em informação, tecnologia e comunicação; 41% em agronegócio; 26% em saúde e ciências da vida.
Outros setores de operação	Educação, energia, alimentação, ambiente e clima, eletroeletrônica, varejo, mecânica, química, indústria farmacêutica, Indústria 4.0 e biotecnologia.
Soluções que impactam os Objetivos do Desenvolvimento Sustentável (ODS)	89% das incubadoras têm incubados desenvolvendo soluções em um ou mais dos ODS; 48% no ODS 2 – Fome zero e agricultura sustentável; 40% no ODS 8 – Trabalho decente e crescimento econômico; 35% no ODS 3 – Saúde e bem-estar; 33% no ODS 10 – Redução das desigualdades; 32% no ODS 6 – Água potável e saneamento; Outros ODS: reportados por menos de 25% das incubadoras.

Fonte: a autora, com base nos dados da Anprotec (2019)

Apesar desses indicadores, as incubadoras de empresas, nessa terceira fase, encontram dificuldades, como falta de recursos financeiros para suas operações e para fazer investimentos, dependência financeira da instituição mantenedora, estrutura de governança deficiente, dificuldades de gerenciar equipes, devido à maioria dos colaboradores serem estagiários, restrições de espaço físico, dificuldades para atrair as melhores start-ups e falta de redes institucionais e com outros mecanismos de apoio locais e nacionais devido à incompletude dos ecossistemas e à cultura local (ANPROTEC, 2019).

Quanto à efetividade dos programas de incubação, o mapeamento da Anprotec (2019) relata que, em 54% das incubadoras, foram encontradas taxas de sobrevivência acima de cinco anos entre 51% e 99% das empresas graduadas. Um dos fatores mais centrais para alcançar resultados efetivos é o estabelecimento de redes de relações com atores detentores de recursos, como demonstrado neste livro. A literatura mostra que uma gestão descuidada dessas redes pode levar a resultados ambíguos para start-ups e incubadoras de empresas (CORRADI, 2016; THEODORAKOPOULOS; KAKABADSE; MCGOWAN, 2014) e prejudica o papel das incubadoras em coordenar uma rede de atores-chave em níveis diferentes, influenciar o contexto de tomada de decisão dos empreendedores e facilitar interações público-privado com foco em tecnologia e inovação para o desenvolvimento (HELMSING, 2006). Portanto, as dinâmicas internas das incubadoras, tão determinantes nos processos de aprendizagem e inovação das empresas incubadas à época da coleta de dados desta pesquisa, continuam, nos dias atuais, a ser um elemento-chave que merece ser mais bem compreendido teórica e empiricamente. Este livro contribui nessa direção.

2

INÍCIO DA TRAJETÓRIA

Esta obra trata dos processos evolutivos de start-ups. Ela examina os processos de aprendizagem de empreendedores, explorando seus impactos na formação das trajetórias dessas firmas. Essa é uma nova abordagem para empresas em geral e, mais especificamente, para start-ups. Essa novidade se justifica, em primeiro lugar, pelo foco tradicional das teorias da firma em unidades organizacionais complexas, com raros estudos sobre pequenas empresas (ARAMAND; VALLIERE, 2012). Em segundo lugar, o empreendedorismo está ausente na maioria dessas elaborações teóricas, deixando as questões de agência de lado (XU, 2011; CASSON, 2005). Em terceiro lugar, as abordagens evolutivas da firma enfatizam níveis agregados de análise, como indústria (NELSON; WINTER, 1982) e populações de organizações (HANNAN; FREEMAN, 1977), não os processos da firma individual. Em quarto lugar, embora alguns autores apontem a importância de combinar diferentes abordagens para uma teoria da firma mais abrangente e integrativa, a elaboração dessa teoria permanece uma lacuna na literatura (BATAGLIA; MEIRELLES, 2009; ZOLLO; WINTER, 2002; HILLMAN; WITHERS; COLLINS, 2009; NIENHÜSER, 2008). Diante desse cenário teórico, esta introdução posiciona este livro em relação às principais teorias da firma e justifica a escolha por uma abordagem evolutiva que combina a visão baseada em recursos e teorias psicológicas da aprendizagem. Começa com uma visão geral das teorias da firma e, em seguida, examina quatro delas: visão baseada em recursos, capacidades dinâmicas, teoria da dependência de recursos e ecologia populacional.

2.1 CONTANDO DUAS HISTÓRIAS CURTAS

As narrativas de duas start-ups são apresentadas a seguir de acordo com a sequência de Episódios de Aprendizagem Críticos (EACs) relatada por seus empreendedores. A primeira narrativa é de uma pequena fabricante de regatas femininas, em atividade desde 2006, e a segunda é uma start-up do setor de tecnologia da informação e comunicação especializada em software integrado, também a operar desde 2006. Cada start-up está localizada em uma região diferente do país e depende de diferentes conjuntos de recursos. A narrativa foi norteada pela seguinte pergunta-âncora[1]: "Conte-me a história da sua empresa, desde o início da ideia até agora, a partir dos eventos mais críticos que caracterizam a sua evolução. Pense naqueles eventos que você vê que mudaram o que o negócio costumava ser, ou como você pensava que seria no início, em relação ao que é agora".

2.1.1 Start-up A: setor de manufatura (vestuário)

Mulher e marido começaram a empresa, de maneira informal, em casa, seguindo o conselho de parentes com experiência na área por serem donos de uma loja de roupas em uma cidade grande. Os empreendedores contrataram algumas costureiras e começaram a produzir tops femininos. Eles trabalharam informalmente por um ano. Nesse período, enfrentaram problemas com fornecedores de baixa qualidade que resultaram na perda de um número significativo de peças de uma só vez. Apesar disso, as vendas aumentaram, o processo de produção foi intensificado, e o espaço da casa já não era suficientemente grande.

A necessidade de se mudar para uma infraestrutura maior levou-os a buscar um local acessível para instalar a empresa. Eles finalmente encontraram a incubadora de empresas e se inscreveram para participar do programa. O processo de seleção baseou-se no plano de negócios, em documentos complementares e entrevista. A inscrição no programa estava condicionada à formalização da empresa. Os primeiros seis meses de incubação ampliaram a rede de apoio dos empreendedores ao introduzir importantes atores regionais e locais. Por exemplo, esses empreendedores tiveram acesso a consultores de produção, que auxiliaram na profissionalização do sistema produtivo. Eles aprenderam técnicas para otimizar o uso dos insumos, encurtar o tempo de produção, avaliar e garantir a qualidade dos produtos. No entanto a saída da principal instituição de apoio do programa provocou o colapso dessa rede de apoio, o fim da consultoria de produção e dos cursos de formação e a redução das consultorias de finanças e marketing.

---

[1] Observe que essa pergunta representa a ideia central, a qual era adaptada ao fluxo da conversa com o empreendedor ou empreendedora.

A estratégia para lidar com esse episódio crítico foi voltar para os especialistas da família e contar com as consultorias que restaram na incubadora. O conhecimento adquirido, nesses primeiros seis meses, foi mantido, mas não avançou. Na tentativa de crescer, os empreendedores ampliaram sua rede de compradores e distribuidores (sacoleiros). Sua estratégia era vender grandes quantidades aos distribuidores fora de sua região geográfica. Também, ocasionalmente, diversificaram o mix de produtos, procurando atuar em diversos subnichos, como moletons de inverno, shorts, uniformes, modelos de moda. Todas essas tentativas ocorreram no terceiro ano da empresa (segundo ano de incubação). A maioria desses experimentos de produção e venda fracassou e levou a uma compreensão mais profunda da dinâmica específica de diferentes segmentos do mercado. Por exemplo, a produção de roupas de inverno é cara e não lucrativa para uma região que tem poucas semanas de inverno; modelos de moda são mais difíceis de vender em grandes quantidades, já que as pequenas lojas, seus principais compradores na época, exigem exclusividade sobre esse tipo de roupa, mas só podem comprar pequenas quantidades.

A estratégia usada para lidar com esses experimentos fracassados e sobreviver foi interromper todas as linhas de produção, exceto as duas bem-sucedidas: regatas básicas e tamanhos especiais (extragrande e maiores). A produção de tamanhos especiais ainda estava em estágio inicial, no momento da pesquisa, refletindo um importante resultado de aprendizagem: a mentalidade dos empreendedores mudou para uma estratégia mais cautelosa de "experimentar o mercado" antes de produzir grandes quantidades.

Ao final do terceiro ano de atividade empresarial, a crise financeira global de 2008 afetou a saúde financeira da empresa, em razão da inadimplência de compradores significativos e da redução nas compras de compradores regulares. Isso causou uma série de perdas. Seu perfil bancário foi prejudicado, seu acesso ao crédito restrito, funcionários foram demitidos, e relações de confiança foram rompidas. A estratégia para sobreviver à crise foi encolher o tamanho da firma. As rotinas organizacionais, no momento desta pesquisa, baseavam-se na venda para apenas alguns compradores confiáveis, geograficamente próximos, e em "colocar a casa em ordem" até que o cenário econômico se estabilizasse.

2.1.2 Start-up B: setor de tecnologia da informação e comunicação (software integrado)

Trata-se de uma start-up que desenvolve softwares integrados para *palmtops* utilizados em bares e restaurantes e um sistema de controle de custos adaptado para Pequenas e Médias Empresas (PMEs). A ideia do negócio partiu de um estudante universitário, que convidou outros colegas para se juntarem ao projeto. Eles estavam se formando em engenharia da computação e combinaram a elaboração do plano de negócios com o último ano na universidade.

Desde o início, buscaram o apoio da incubadora de empresas, pois nenhum deles tinha formação empreendedora. Nesse caso, a incubadora faz parte da universidade e tem estreita ligação com o meio acadêmico, por isso é bem conhecida e acessível aos alunos. A incubadora proporcionou orientação contínua e acesso aos seus cursos durante os seis meses de elaboração do plano de negócios. Eles iniciaram o programa de incubação, em meados de 2006, e logo perceberam que a ideia inicial, de produzir software por demanda, não daria certo. Portanto, decidiram criar seu próprio primeiro produto. Nesse ponto, sua rede havia se expandido para outras incubadas e ex-colegas que trabalhavam em grandes empresas, por meio dos quais podiam acessar informações críticas sobre inovação, tendências e tecnologia na área.

Apesar da rede relativamente ampla do lado da oferta, eles enfrentaram várias dificuldades de acesso ao mercado após dois anos dedicados ao desenvolvimento do produto. Tendo exaurido seus investimentos e capital de giro, eles estavam desesperados para gerar alguma renda. A estratégia de "vender a qualquer custo" acarretou prejuízos financeiros e o risco de encerrar a empresa. Uma ação desesperada os levou a conseguir um empréstimo bancário em nome de um comprador que acabou inadimplente. Esse episódio agravou os problemas financeiros da start-up. Eles processaram o comprador e, depois de meses, recuperaram o equipamento e parte do dinheiro. Também tentaram firmar parcerias com vendedores profissionais, o que não deu certo devido ao pouco conhecimento do mercado por parte dos empreendedores. Eles não foram capazes de instruir os vendedores sobre o modelo de negócios e outras questões relacionadas ao marketing em seu nicho de mercado.

Enquanto isso, um investidor anjo mostrou interesse em sua tecnologia e competências, então eles começaram a desenvolver um novo projeto juntos. A abordagem foi oposta àquela aplicada pelos empreendedores até então. Com esse investidor, aprenderam como vender antes de desenvolver o produto. O projeto, que era muito avançado para o mercado brasileiro na época, não deu certo. No entanto os empreendedores não sofreram perdas, ficaram "cientes" do mercado e aprenderam a começar com as necessidades e os interesses do mercado, antes de investir no desenvolvimento de produtos. Essa nova compreensão da relação entre desenvolvimento de produto e mercado inverteu as lições aprendidas na universidade.

Como a iniciativa de capital de risco não funcionou, e as estratégias de venda malsucedidas agravaram a situação financeira já crítica, eles decidiram aprender a vender. Por um período de oito meses, esses empreendedores experimentaram diversos modelos de negócios, sem sucesso. Por fim, adotaram o modelo de negócios mais usual — vender a versão básica do produto mais a licença do software — e alavancaram as vendas. Em um ano, eles desenvolveram novos produtos, conquistaram o mercado regional de empresas maiores estabelecidas em outras regiões, ganharam o prêmio de "Melhor Empresa de 2008" e uma chamada pública para cobrir custos de consultoria. A maior parte desses episódios ocorreu em 2008, segundo ano da empresa e último ano do período previsto de incubação. No momento deste estudo, eles estavam prestes a se mudar para um parque tecnológico e estavam associados a uma spin-off incubada. Além disso, tinham estabelecido uma parceria com um professor universitário para desenvolver um novo produto: um sistema de controle de custos para pequenas e médias empresas. Esse sistema foi adotado por todas as start-ups daquela incubadora.

Ao contrário da Start-up A, mesmo durante um período de crise econômica, esta ampliou sua rede de apoio, atraiu compradores de empresas maiores, estabeleceu parcerias formais de longo prazo com outras incubadas, vinculou o conhecimento acadêmico ao desenvolvimento de produtos e contou com o apoio contínuo da incubadora de empresas. Mas o que esses dois casos têm em comum para ajudar nossa compreensão da evolução de start-ups?

2.1.3 Esboçando alguns argumentos iniciais

Essas duas histórias, embora longe de serem representativas de todo o conjunto de casos que compõem este livro, em termos de tipo de negócio, sequência de eventos, momento de ocorrência desses eventos e tipos de episódios, ilustram os principais pontos deste estudo.

Ambos os casos desenvolveram, em suas formas particulares, rotinas organizacionais para lidar com eventos críticos. No âmbito organizacional, isso resultou em novos significados, relacionamentos e métodos de trabalho. Todas essas mudanças caracterizam o processo evolutivo individual dessas firmas. Essas start-ups mostram, após os primeiros anos de esforços, um certo grau de maturidade na exploração do mercado e no equilíbrio entre as demandas do mercado e o desenvolvimento de produtos. Elas também ilustram que os empreendedores em atividades com baixa e alta intensidade de P&D podem enfrentar desafios semelhantes nos primeiros anos de suas empresas. Um exemplo é o desenvolvimento de soluções para equilibrar a capacidade produtiva da firma e as demandas do mercado. Fica claro que a disponibilidade de conhecimento e outros recursos, tais como capital social, equipamentos etc., afeta a percepção dos empreendedores sobre a criticidade desses eventos. Assim, os impactos desses episódios críticos de aprendizagem na evolução das start-ups são explicados por uma combinação de fatores. As principais categorias de fatores analisados neste livro são capital humano e social, fatores temporais e estruturais.

Um exame desses dois casos mostra a confiança inicial dos empreendedores em conhecimentos prévios sobre as competências de produção e gestão. Na Start-up A, até que os empreendedores tivessem acesso a apoios específicos da incubadora de empresas, esse conhecimento era exógeno e dependente da expertise dos familiares. Na Start-up B, saber desenvolver o produto era endógeno, pois fazia parte da formação acadêmica dos empreendedores. O conhecimento sobre o mercado foi adquirido a partir das consequências negativas de suas escolhas iniciais e por novos conhecimentos vindos de um investidor privado. O estabelecimento de redes com atores detentores de recursos valiosos, em ambos os casos, foi crucial para inserir a inovação nessas trajetórias e para criar e fortalecer competências empreendedoras.

Além de construir redes de relações para acessar recursos de produção, as redes para distribuir os produtos das start-ups para o mercado são outra necessidade crítica. Essas redes, conforme demonstrado nos casos descritos, são formadas por comprador, distribuidor e, até mesmo, outras empresas incubadas. As atividades de relacionamento são centrais nas narrativas dos empreendedores, mas vale ressaltar que não são destacadas por muitas incubadoras (ver detalhes no capítulo 4).

O instrumento teórico e analítico para examinar esses eventos críticos é o conceito de Episódio de Aprendizagem Crítico (EAC). Conforme será detalhado nos capítulos 3 e 5, esse conceito permitiu o enquadramento das narrativas, no tempo e no espaço, e a identificação de gatilhos específicos e novas rotinas que compõem cada EAC. Entre gatilhos para mudança e rotinas organizacionais, estratégias utilizadas por empreendedores para fazer uso de recursos ou para criar novos recursos são exploradas. Além disso, conforme destacado no capítulo 6, o estudo das relações entre EACs resultou em trajetórias evolutivas individuais, que foram agregadas em trajetórias típicas com base em padrões nas configurações de recursos ao longo do tempo.

2.2 MOTIVAÇÃO PARA O ESTUDO E PERGUNTAS DE PESQUISA

Tem-se atribuído o papel de catalisadoras do crescimento econômico às start-ups e outras atividades empreendedoras por sua importância na criação de empregos, geração de renda, incentivo à inovação e aceleração de mudanças econômicas estruturais (LALKAKA; SHAFFER, 1999; PNUD, 2004; PRAAG, 1999; OCDE, 2010a). Elas contribuem para a produtividade e a competitividade nacional, por exemplo, ao introduzir nova competição (KELLEY; BOSMA; AMORÓS, 2010; ACS; AUDRETSCH, 2003).

Apesar da extensa literatura sobre empreendedorismo e estudos organizacionais, os processos internos de criação de start-ups e seu papel no desenvolvimento foram, por muito tempo, pouco investigados empiricamente (MALECKI, 1993; IMASATO, 2005). Na verdade, teorias e estudos empíricos sobre processos internos de firmas têm se concentrado em grandes empresas e organizações hierárquicas (THOMPSON *et al.*, 1991), com alguma justificativa baseada na falta de bons dados sobre esses pequenos empreendimentos empresariais (KELLEY; BOSMA; AMORÓS, 2010).

No entanto reconhece-se que os primeiros anos de operação são os mais críticos para a sobrevivência, após os quais a maioria dos principiantes é deixada para trás (CASSON *et al.*, 2006). Esse período crítico pode variar de dois (SEBRAE, 2007; CASSON *et al.*, 2006) a cinco anos (KELLEY; BOSMA; AMORÓS, 2010). Estatísticas nacionais em 2007 mostram que a taxa de sobrevivência de start-ups, no segundo ano, foi de cerca de 70%, na Finlândia, na Itália e em Portugal, e cerca de 85%, na Austrália, em 2005 (SEBRAE, 2007). Os índices brasileiros desse período indicam uma taxa de sobrevivência de 78% para a abertura de empresas (independentemente de estarem vinculadas ou não a serviços de apoio a negócios) no segundo ano[2], percentual comparável a países, como Inglaterra (82%) e Cingapura

---

[2] Pesquisa realizada pelo Sebrae com amostra representativa de 14.181 start-ups formalizadas em 2003-2004-2005 em todos os estados brasileiros. Elas estavam nos setores industrial, comercial e de serviços.

(75%)[3]. Dados do Sebrae também mostram que 64% das start-ups brasileiras sobreviveram ao quarto ano em operação (SEBRAE, 2007). Relatório posterior do Sebrae, utilizando metodologia de censo em parceria com a Secretaria da Receita Federal do Brasil, analisou a taxa de sobrevivência ao segundo ano entre 2005 e 2009 (SEBRAE, 2011)[4]. Os resultados indicam uma tendência de crescimento, com 72% das start-ups iniciadas em 2005 sobrevivendo ao segundo ano, contra 73% das iniciadas em 2006.

Esse ambiente favorável para os negócios está associado ao crescimento econômico do Brasil nesse período, com inflação reduzida e controlada, redução gradativa das taxas de juros, aumento do crédito pessoal, aumento do consumo principalmente das camadas sociais mais baixas (SEBRAE, 2007) e melhor legislação para as PMEs (SEBRAE, 2011). Maiores taxas de sobrevivência são apresentadas por empresas do setor de manufatura (75%, atribuídas a maiores barreiras de entrada e menor competição em relação a outros setores) e por aquelas localizadas no Sudeste (taxa de sobrevivência geral de 76%; sendo 78% em Minas Gerais e 77% em São Paulo, representando a quarta e quinta posições superiores nacionais) (SEBRAE, 2011).

Esses dados confirmam a importância dos fatores estruturais na criação de um ambiente estimulador do empreendedorismo para maiores probabilidades de sucesso (MALECKI, 1993). Os empreendedores mostraram-se mais qualificados, com cerca de 79% deles com ensino superior e 51% com experiência anterior de trabalho no setor privado (SEBRAE, 2007). Esses empreendedores também estavam mais preocupados com as condições internas da empresa do que com a situação econômica do país, com 71% deles focados no planejamento; 54%, na organização empresarial; 47%, em marketing e vendas; 36% trabalhando na análise financeira de seus negócios e 38%, nas relações humanas na empresa. A porcentagem de empreendedores que identificaram uma oportunidade de mercado para iniciar um negócio aumentou de 15%, em 2002, para 43% em 2005 (SEBRAE, 2007). Em suma, essas estatísticas evidenciam a existência de um cenário favorável ao desenvolvimento do setor privado que combina

---

[3] É uma melhora em relação a 2002, quando 51% das start-ups brasileiras sobreviveram ao segundo ano (SEBRAE, 2007).

[4] Essa nova metodologia aplicada ao contexto brasileiro é comparável à metodologia utilizada pela OCDE (2010b), exceto pela inclusão de empresas com zero empregados nas estatísticas brasileiras. Isso pode diminuir as estimativas brasileiras em relação aos índices internacionais, uma vez que empresas com empregados tendem a ser mais estáveis.

capacidade empreendedora com estabilidade econômica ao longo do tempo. Também sugerem que, com melhores condições estruturais, os empreendedores podem se concentrar na construção de competências dentro da empresa.

Contudo existem indicadores de desigualdade regional e barreiras burocráticas. Em âmbito regional, os dados do Sebrae mostram que a taxa de sobrevivência de empresas no Norte do Brasil, em 2000, era de 47% e aumentou para 70% em 2005; no Sudeste essa taxa era de 39%, em 2000, e aumentou para 84% em 2005 (com Minas Gerais no topo, com 86% dos sobreviventes) (SEBRAE, 2007). As estatísticas de 2006, a partir da metodologia censitária do Sebrae (2011), foram estimadas em 73% de sobrevência no Sudeste, chegando a 80%, na indústria de transformação nessa região, percentuais acima da média nacional. Esses índices estatísticos promissores aumentam o interesse em explicar como as novas empresas, nesses estados ricos em recursos, evoluem nos primeiros três a cinco anos. Uma compreensão abrangente de como os empreendedores empregam recursos, nesse ambiente favorável, tem potencial para informar análises e intervenções em regiões menos favorecidas, como é discutido no capítulo 7.

Além dessas questões de desenvolvimento, estudar start-ups pode contribuir teoricamente para uma teoria da firma que considere a dinâmica dos recursos e dos processos evolutivos em empresas empreendedoras nascentes. É razoável supor que a agência de empreendedores é mais direta e fortemente poderosa para criar e remodelar rotinas organizacionais em novas firmas do que em organizações departamentais. Portanto, as ligações entre os processos de aprendizagem individuais e o uso intraorganizacional de recursos são mais facilmente identificáveis nas start-ups. Mais ainda, uma vez que aqui as start-ups estão ligadas a incubadoras de empresas, é possível investigar esse tipo de serviço de desenvolvimento de negócios como um ambiente de aprendizagem para empreendedores.

Portanto, a principal pergunta de pesquisa que esse trabalho investiga é "Como trajetórias baseadas na aprendizagem explicam a evolução de start-ups?".

Essa pergunta é desdobrada em cinco subquestões, apresentadas a seguir.

a. Que tipos de EACs caracterizam as trajetórias evolutivas em start-ups?

b. Existem trajetórias típicas que poderiam descrever esse processo evolutivo para grupos de empresas?

c. Qual é o papel dos fatores estruturais, de agência individual e temporais nessas trajetórias evolutivas?

d. Quais são as dinâmicas de relacionamento características que, para além dos episódios de aprendizagem, contribuem para a evolução de start-ups?

e. Como os serviços de apoio a negócios (mais especificamente, as incubadoras de empresas) podem oferecer um ambiente de aprendizagem para empreendedores?

Para investigar empiricamente essas questões, a pesquisa limitou-se aos dois estados mais desenvolvidos do Brasil: São Paulo e Minas Gerais (IBGE, 2008). Eles foram selecionados por sua disponibilidade local e regional de recursos comparativamente mais elevada, representando um terreno fértil para a formação e crescimento de pequenas empresas. A seleção dessas duas regiões garantiu, em certa medida, a existência de oportunidades de mercado, instituições de apoio, financiamento e crédito, mão de obra qualificada, conhecimento tecnológico, fornecedores e outras fontes de recursos.

Outra razão para investigar esses estados é que eles estão entrando no grupo econômico voltado para a inovação, conforme definido pelo Global Entrepreneurship Monitor (KELLEY; BOSMA; AMORÓS, 2010), embora ainda sejam parte do grupo orientado para a eficiência, no qual o Brasil como país está classificado. Portanto, esses estados têm uma chance maior de produzir resultados em linha com o nível de desenvolvimento econômico atual e com um nível de desenvolvimento futuro orientado para a inovação. Destaca-se que os grupos orientados para a inovação e os orientados para a eficiência estão associados a diferentes focos de desenvolvimento e a diferentes dinâmicas institucionais para o empreendedorismo (KELLEY; BOSMA; AMORÓS, 2010).

2.2.1 Disponibilidade local e regional de recursos

O Sudeste do Brasil, apesar da crescente interiorização das atividades econômicas pelo país e dos incrementos acima da média do PIB nacional, nas regiões menos desenvolvidas, ainda detém 55,5% de todas as PMEs do Brasil e 71% de todo o crédito bancário (IBGE, 2003). Essa região produz 55% do PIB nacional (IBGE, 2008), concentra 42,6% da população brasileira e tem acesso à mão de obra mais qualificada, melhor infraestrutura urbana e mercados mais desenvolvidos (IBGE, 2003). Em termos de atividade industrial, 52,6% de todas as unidades industriais estão na região Sudeste, produzindo 62,2% do valor da transformação industrial[5] (IBGE, 2008).

Dos quatro estados que compõem a região, São Paulo contribui com 30,9% do PIB nacional e Minas Gerais, com 9,4%. Esses dois Estados lideram o balanço nacional de importações e exportações (+23,4% em Minas Gerais e +19,2% em São Paulo), e seus mercados são dominados por grandes empresas cujas cadeias produtivas criam oportunidades para PMEs (KELLEY; BOSMA; AMORÓS, 2010). Nesse sentido, as três principais atividades industriais nesses estados são as seguintes (IBGE, 2008):

- São Paulo: fabricação de veículos automotores, reboques e semirreboques; fabricação de coque e produtos petrolíferos refinados e fabricação de produtos alimentícios, representando 37% de todas as atividades industriais do estado;

- Minas Gerais: fabricação de metais básicos; indústrias extrativistas e fabricação de veículos automotores, reboques e semirreboques, representando 51% de todas as atividades industriais do estado.

Além disso, são líderes em pesquisa e desenvolvimento. Algumas estatísticas que ilustram a participação da região e desses dois estados, na economia nacional, em termos de atividades de P&D e inovação, são apresentadas na Tabela 6. As células da tabela em cinza claro indicam os valores de destaque, predominantemente encontrados no estado de São Paulo. Os gastos com atividades inovativas e com atividades internas de P&D correspondem a 55% e 58% dos números nacionais: em Minas Gerais, em segundo lugar, esses números são 9% e 6%, respectivamente. Os dois estados, juntos, despendem 90% dos gastos regionais em atividades inovadoras e 82% dos gastos regionais em atividades internas de P&D.

Outro dado importante é que o estado de São Paulo tem mais de 50% das empresas que criam novos produtos e mais de 45% das que criam

---

[5] Valor da transformação industrial = valor bruto da produção - custos das operações industriais.

novos processos em âmbito nacional e internacional. Em ambos os estados, a razão entre as receitas líquidas de vendas e despesas em atividades de inovação está acima da média nacional.

A Tabela 2 também mostra diferenças entre esses estados, em termos de fontes de financiamento, e a razão entre o número de empregados dedicados a P&D e o número total de empregados. As empresas mineiras investem abaixo da média nacional de recursos próprios em P&D e outras atividades. Elas dependem mais de subsídios governamentais e têm uma proporção inferior aos números nacionais de funcionários dedicados a P&D (células em preto).

Tabela 2 – Índices de P&D para São Paulo e Minas Gerais em âmbito regional e nacional

Indicadores	Brasil	Sudeste	São Paulo	Proporção (SP)	Minas Gerais	Proporção (MG)
Implementação de inovação de produto e/ou processo (n) (2003-2005)	30377	16040	10734	0,353	3203	0,105
Despesas em atividades inovativas* (2005)	34405980	25811206	19085504	0,555	3080678	0,090
Atividades internas de P&D* (2005)	7112928	5768759	4112386	0,578	456218	0,064
Produto novo para a empresa, mas existente no mercado nacional (n**)	14875	7661	5039	0,339	1547	0,104
Produto novo para o mercado nacional, mas existente no mercado internacional (n)	2734	1790	1395	0,510	159	0,058

Indicadores	Brasil	Sudeste	São Paulo	Proporção (SP)	Minas Gerais	Proporção (MG)
Novo produto para o mercado internacional (n)	175	109	91	0,520	7	0,040
Novo processo para a empresa, mas existente no mercado nacional (n)	23080	11709	7627	0,330	2473	0,107
Novo processo para o mercado nacional, mas existente no mercado internacional (n)	1321	804	615	0,466	104	0,079
Novo processo para o mercado internacional (n)	103	83	72	0,699	6	0,058
Receita líquida de vendas/Total de despesas com atividades de inovação*	0,028	0,030	0,035		0,030	
Fontes de financiamento de P&D: recursos próprios (%)	93	93	96		70	
Fontes de financiamento para outras atividades: recursos próprios (%)	84	86	86		82	
Fontes de financiamento para outras atividades: fundos públicos (%)	10	8	8		13	

Indicadores	Brasil	Sudeste	São Paulo	Proporção (SP)	Minas Gerais	Proporção (MG)
Despesas com atividades contínuas de P&D*	6670499	5477910	3874677	0,581	432913	0,065
Despesas com atividades ocasionais de P&D*	442430	285988	236684	0,535	23085	0,052
N funcionários dedicados a P&D/N de funcionários	0,008	0,010	0,011		0,005	
Empresas que receberam incentivos fiscais para inovação (P&D, Lei da Informática) (n)	531	310	218	0,411	56	0,105
Empresas que receberam empréstimos para inovação (parcerias com centros de pesquisa e aquisição de maquinaria) (n)	4135	2067	1473	0,356	403	0,097

Fonte: a autora, com base nos dados do IBGE (2010a). Nota: *Em 1.000 reais. **(n): Número de empresas

A seleção das incubadoras de empresas baseou-se, entre outros critérios, na maior cobertura geográfica possível, dentro de cada estado. Essa escolha metodológica aumentou a generalização dos resultados para o âmbito estadual, além de fornecer dados sobre a dinâmica local. A metodologia é descrita no capítulo 4.

2.2.2 Outras motivações

Discursos sobre a necessidade de abordagens interdisciplinares para melhor descrever fenômenos complexos foram amplamente difundidos em várias disciplinas, incluindo psicologia e economia (BORMAN *et al.*, 2003; CHANDLER; HAGSTROM-JR.; SOLVELL, 1998; DOPFER, 2004). No entanto o uso de abordagens interdisciplinares, em um mesmo trabalho, tem sido uma tarefa desafiadora e contestada (GRECKHAMER *et al.*, 2008). Uma dimensão fundamental é a posição ontológica que diferentes disciplinas atribuem a um mesmo fenômeno. Uma ilustração de como as abordagens interdisciplinares podem ser contenciosas, inerente a esta pesquisa, é a aprendizagem organizacional. Na literatura de psicologia, a aprendizagem é um fenômeno do indivíduo, portanto não pode ser atribuída às organizações (ABBAD; BORGES-ANDRADE, 2014). Diferentemente, uma abordagem sociológica defenderia a posição ontológica das organizações que aprendem com base no pressuposto das organizações como entidades culturais e não cognitivas (COOK; YANOW, 1993)[6].

No entanto a pesquisa interdisciplinar aplicada a explicações mais abrangentes de fenômenos complexos, como a evolução de start-ups, é uma abordagem teórica e analítica poderosa. Essa é uma das contribuições deste livro. Reúne processos de aprendizagem psicológica com a formação de rotinas organizacionais no âmbito da firma. O entrelaçamento teórico entre agência (nível individual) e estrutura (nível organizacional) no marco analítico é explicado no capítulo 3 e retomado, com base nos resultados empíricos dos capítulos 5 e 6, no capítulo 7.

A economia evolucionária, a teoria da firma baseada em recursos e as teorias de aprendizagem social cognitiva são complementares entre si para desvendar a caixa preta reconhecida por cada disciplina (KRAAIJENBRINK; SPENDER; GROEN, 2010). Do ponto de vista da economia, a aprendizagem é amplamente reconhecida como um processo necessário para inovação (BEST, 1990), crescimento (PENROSE, 1980 [1959]) e evolução (NELSON; WINTER, 1982). Os pressupostos fundamentais dessas abordagens assumem um papel crítico, se não central, dos processos de aprendizagem.

Por outro lado, os processos de aprendizagem nas organizações têm sido bastante teorizados, incluindo os efeitos multiníveis da aprendizagem além do indivíduo, com impactos no trabalho em equipe e no

---

[6] Uma discussão mais profunda sobre o conceito de aprendizagem e suas dimensões encontra-se no capítulo 3.

desempenho organizacional (PANTOJA; BORGES-ANDRADE, 2004; KLEIN; KOZLOWSKI, 2000). A lacuna nessa literatura é resultado de uma escassez de estudos empíricos, por exemplo, na medição dos impactos da aprendizagem na eficácia organizacional (ROUSSEAU, 1997; KOZLOWSKI; BELL, 2003). Distinguem-se dois tipos de processos de aprendizagem: formal, aprendizagem comumente obtida por meio de programas de treinamento, e natural, em que o aprendiz controla o processo de aprendizagem. Uma série de estudos investigou os impactos de processos formais de aprendizagem no trabalho (KRAIGER, 2003), mas pouco se sabe sobre os efeitos dos processos informais no desempenho individual e na eficácia organizacional. Portanto, ao investigar os processos de aprendizagem dos empreendedores à medida que eles ocorrem, este livro contribui para os estudos sobre processos naturais de aprendizagem nas organizações. No âmbito institucional, as incubadoras de empresas são redefinidas como ambientes de aprendizagem que combinam treinamento formal por meio de consultorias predefinidas e processos naturais de aprendizagem por meio de redes formais e informais entre grupos de empreendedores e entre empreendedores e outros atores (ver capítulos 4 e 7).

A possibilidade de explorar essas caixas pretas complementares, explicando os processos de aprendizagem nas organizações e seus impactos no funcionamento organizacional, configura a motivação teórica desta pesquisa. Tarefa ousada, mesmo quando o escopo do estudo é delimitado às start-ups. Essa delimitação permitiu examinar as dinâmicas de formação, transformação e substituição de rotinas por meio de relações intrincadas entre os âmbitos individual e organizacional. Portanto, este trabalho assenta-se em três níveis de análise: individual (processos de aprendizagem), organizacional (EACs) e trajetórias (trajetórias típicas que agregam start-ups individuais).

2.3 POSICIONAMENTO TEÓRICO

Foss (1999) organiza a história da teoria da firma em três fases. A primeira corresponde ao descaso em relação à firma dado o predomínio da teoria dos preços. A segunda, do final da década de 1930 até o início da década de 1950, refere-se aos poucos primeiros estudos abordando questões, como as razões pelas quais as firmas existem, os limites das firmas (forças que determinam o tamanho das firmas) e a sua organização interna (retorno à gestão). Esses se tornaram estudos clássicos, mas foram seguidos de pouco desenvolvimento, até a década de 1970, uma vez que a teoria econômica foi dominada pelo modelo neoclássico.

No entanto esses estudos das décadas de 1950 e 1960 forneceram fundamentos importantes sobre os custos de transação e propriedades de incentivo, tornando possível compreender a organização econômica para além do mecanismo de preços. Alguns dos estudos nessa fase referem-se à teoria da escolha social, à abordagem institucionalista comparativa (custos de transação e direitos de propriedade), à organização industrial, a teorias gerenciais e comportamentais da empresa (conflitos de incentivos), à economia do bem-estar e à economia da informação (falhas de mercado e assimetrias de informação). Na terceira fase da história da teoria da firma, os desenvolvimentos que se seguiram, a partir dessa base conceitual anterior, geraram correntes independentes na literatura em teorias modernas da firma.

Apesar de desenvolvimentos independentes, esses esforços teóricos compartilham três questões-chave: os limites da firma (ou o escopo), a estrutura interna das firmas e as relações entre as firmas e o mercado (GARROUSTE; SAUSSIER, 2005). Os debates sobre essas questões ainda eram abundantes, na década de 1990 (FOSS, 1999), muito impulsionados pelas primeiras críticas à parcialidade dessas abordagens e por avanços iniciais no sentido de combinar as capacidades internas da firma com um ambiente externo que pode conduzir ou restringir mudanças (CHANDLER; HAGSTROM-JR.; SOLVELL, 1998). Essas questões são abordadas neste estudo em diferentes níveis:

a. **limites da firma** – são definidos pela formação de rotinas organizacionais que estabelecem o controle interno sobre os recursos e as relações da firma com o meio externo. Não são estáticos; estão em constante mudança como resultado de oportunidades ou ameaças. Fatores endógenos e exógenos contribuem para a definição e adaptação dos limites da firma;

b. **estrutura interna das firmas** – é o foco deste estudo, que analisa em profundidade os processos de aprendizagem em start-ups. A estrutura interna, que é nula no início de uma nova ideia, emerge por meio de EACs, nos quais novos recursos são adquiridos ou criados e integrados às configurações existentes de recursos, ou substituem recursos existentes obsoletos se os novos fortalecem a estrutura da firma. As configurações de recursos regularmente aplicadas ao funcionamento da firma constituem rotinas organizacionais. Essas, quando organizadas em um sistema, correspondem à estrutura da firma. Uma premissa importante é que essas mudanças não correspondem necessariamente a um crescimento em termos de receita ou número de funcionários. Acresce que a evolução da estrutura interna da start-up não pode ser representada, na maioria dos casos, por uma curva ascendente. Os altos e baixos são características inerentes às firmas, e essas mudanças, ao longo do tempo, são, neste livro, examinadas mediante uma perspectiva longitudinal[7];

c. **relações entre firma e mercados** – este livro não analisa a condição sob a qual as firmas são preferidas às organizações de mercado. No entanto o estudo de EACs na história de start-ups revelou interações e influências mútuas entre a organização interna das firmas e os mercados. Essas interações aparecem como o mais prevalente de todos os eventos críticos nas trajetórias das start-ups pesquisadas.

A partir desses desenvolvimentos teóricos, Foss (1999) distingue as teorias de conflito de incentivos das definições da firma como processadora de informação e portadora de conhecimento. As duas últimas teorias "[...] enfocam os custos de armazenamento, uso, produção e transmissão de informação e conhecimento" (FOSS, 1999, p. 20). A partir da abordagem da firma como portadora de conhecimento, duas teorias fornecem as bases para este livro: economia evolucionária e visão da firma baseada em recursos. Elas compartilham os seguintes pressupostos:

a. a aprendizagem e o comportamento guiado por regras são centrais para a compreensão das firmas;

b. o conhecimento e as capacidades constituem os recursos essenciais e singulares das firmas.

As firmas são superiores aos mercados para desenvolver conhecimento porque:

---

[7] A evolução é entendida nesta obra como um processo descontínuo, que ocorre por meio de episódios de aprendizagem críticos, devido aos processos de geração de variação e seleção de componentes para a estrutura da firma. Atividades e processos não críticos e contínuos são reconhecidos como parte do funcionamento interno das firmas, mas não são examinados neste estudo.

> Primeiro, o conhecimento é o resultado da aprendizagem e da experiência. Segundo, uma vez que é o resultado da aprendizagem, é dependente do contexto (local) e da trajetória (histórico). Por fim, é parcialmente tácito e a organização parcialmente inconsciente de sua existência porque está inserido em rotinas organizacionais e habilidades individuais (NELSON, WINTER, 1982). Por esse motivo, o conhecimento só pode ser transferido para um terceiro que tenha alguma capacidade de absorção, ou seja, alguém que já tenha acumulado o conhecimento necessário para compreender e integrar o conhecimento transferido. [...] As firmas são, portanto, vistas como uma estrutura de governança que possui vantagens na geração de linguagem e rotinas específicas da empresa, as quais geram capacidades valiosas (GARROUSTE; SAUSSIER, 2005, p. 185, tradução própria).

A visão da firma baseada no conhecimento está na interseção entre economia e administração de empresas, com partes de seus desenvolvimentos decorrentes de cada uma dessas disciplinas. Do ponto de vista econômico, essa abordagem adota a firma como uma organização econômica, distinta da organização do mercado por seus mecanismos específicos de alocação de recursos às atividades produtivas. Do ponto de vista da administração de empresas, vê a firma como uma organização gerencial, caracterizada pela sua organização interna e pela forma como lida com o conhecimento e o controle. O controle sobre diferentes ativos de conhecimento levará a diferentes eficiências, portanto a diferentes períodos de renda. Os processos de aprendizagem são enfatizados no nível da equipe de gestão, responsável por criar rotinas e utilizar os recursos excedentes como trampolins para a diversificação. A visão baseada no conhecimento explica a heterogeneidade da firma pela evolução na dinâmica da indústria (discutida no capítulo 3) ou dinâmica populacional (brevemente discutida a seguir).

Essa abordagem, portanto, enfatiza o papel dos processos internos da firma na geração de conhecimento que molda a singularidade das firmas em relação ao mercado e a outras firmas. As consequências dessa diferenciação impactam a competitividade, a inovação e a difusão da inovação por meio de canais de comunicação imperfeitos. O pressuposto de racionalidade limitada está subjacente à maioria das teorias nessa perspectiva, mas, em vez de construir um argumento de oportunismo, a racionalidade limitada pode se referir à porção do conhecimento que permanece tácita e independente de motivações oportunistas (CONNER; PRAHALAD, 1996). As firmas tornam-se mais eficientes que os mercados na codificação de conhecimento explícito e na internalização de investimentos humanos específicos na forma de rotinas (ZOLLO; WINTER, 2002; EISENHARDT; MARTIN, 2000), reduzindo os custos internos de transação de conhecimento.

Em relação à organização interna das firmas, Foss (1999) argumenta que essa não tem sido uma preocupação forte da teoria econômica; grande parte da literatura origina-se de estudos de gestão empresarial. As perspectivas dinâmicas da organização interna das firmas centram-se nas relações entre aprendizagem e promoção (GARROUSTE; SAUSSIER, 2005). Questões de risco, incerteza, tipos de conhecimento e direitos de decisão também constam na literatura, mas nenhuma referência a ativos de aprendizagem na evolução de firmas, em geral, ou start-ups, em particular, foi encontrada para subsidiar este trabalho. Além disso, o foco nas grandes empresas deixa de fora as pequenas empresas e as start-ups. Uma possível explicação é a inadequação dessas firmas aos pressupostos dessas teorias, dado o escopo mais restrito dessas firmas em relação aos níveis hierárquicos e sistemas de conhecimento, escassez de recursos internos, menor número de funcionários e departamentos organizacionais, menor complexidade e divisão de tarefas e atividades características, poder no mercado, estrutura interna etc.

Dadas essas diferenças entre as start-ups e as grandes firmas, este livro afirma que as start-ups são firmas muito dinâmicas. Elas contam com menos ativos e recursos, então sua dinâmica interna é notavelmente dependente da aquisição de conhecimento e trocas com fontes externas para adquirir e gerar recursos. Além disso, as start-ups em geral são mais suscetíveis a incertezas. São impulsionadas pela agência dos empreendedores para avaliar e enfrentar essas incertezas, abrindo espaço para que processos de natureza cognitiva e empreendedora sejam incorporados à teoria da firma (XU, 2011; CASSON, 2005). As start-ups nesta obra muitas vezes não contam com funcionários, e é comum que as relações contratuais internas se refiram a bolsas de estudo para alunos de graduação. Além disso, firmas com alguma hierarquia geralmente não possuem nível gerencial, uma vez que os empreendedores são simultaneamente proprietários e tomadores de decisão sobre o uso de ativos e a estrutura hierárquica é muito rasa, com dois ou eventualmente três níveis. Como afirmou um dos empreendedores, a cultura organizacional das start-ups é de natureza em rede, assente nas relações horizontais entre empreendedores e colaboradores, que podem, em alguns casos, facilmente integrar a equipe de sócios pelos seus contributos inovadores. Portanto, a lógica das relações sociais dentro da start-up desafia os fundamentos das teorias da firma baseadas na hierarquia e no conhecimento superior dos gestores.

Em suma, as seguintes lacunas na literatura sobre a organização interna das firmas justificam o desenho adotado neste livro:

a. teorizações sobre a organização interna de grandes empresas não se aplicam facilmente às características peculiares de start-ups;

b. hierarquia dentro da organização da firma não implica necessariamente mais especificidade de conhecimento por parte dos gestores em relação aos subordinados/funcionários/estagiários;

c. os custos de transferência de conhecimento são mais baixos em start-ups por causa de sua organização interna relativamente horizontal. Uma provável hipótese relacionada é que a comunicação flui mais facilmente em start-ups, reduzindo esses custos e refutando a afirmação normativa geral de que as hierarquias são o melhor arranjo para comunicação eficiente nas firmas;

d. o empreendedor precisa ser reconhecido como quebrador de regras, tomador de decisões e agente aprendiz. Cognições e comportamentos precisam ser colocados na base da formação da firma, influenciando os limites e a organização interna da firma;

e. as discussões sobre a inovação como um dos resultados nas teorias da firma baseadas no conhecimento são escassas[8]. Consequentemente, as novidades geradas pela aprendizagem não são contabilizadas em múltiplas dimensões; por exemplo, a reformulação de rotinas internas, como inovação de processo, ou a criação de um novo produto, como inovação de produto;

f. estar à frente dos concorrentes é uma preocupação, mas não o principal fator para a start-up. Nesse estágio, o estabelecimento da dinâmica interna inicial corresponde ao estabelecimento dos limites e às capacidades básicas da firma.

---

[8] Uma exceção clara é a economia evolucionária, que examina a dinâmica de P&D para a inovação tecnológica no nível da indústria.

Essas lacunas são investigadas aqui por meio de pesquisa empírica com empreendedores, que definem quais eventos foram ou ainda são críticos para a sua start-up.

As seções a seguir resumem os principais pressupostos, desenvolvimentos e críticas às teorias da firma dentro da ampla abordagem baseada no conhecimento. Essas teorias são a teoria da firma baseada em recursos, capacidades dinâmicas, teoria da dependência de recursos e ecologia populacional.

2.3.1 Teoria da firma baseada em recursos

A visão da firma baseada em recursos[9] desenvolveu-se como uma reação à literatura da organização industrial, que afirmava que o desempenho das firmas é determinado exogenamente pela estrutura da indústria. Em vez disso, a visão baseada em recursos "[...] procura explicitamente as fontes internas de VCS (Vantagem Competitiva Sustentável) e visa explicar por que as empresas no mesmo setor podem diferir em desempenho" (KRAAIJENBRINK; SPENDER; GROEN, 2010, p. 350). Em linha com essa visão abrangente, a proposição central da teoria baseada em recursos é que,

> [...] se uma empresa deve atingir um estado de VCS, ela deve adquirir e controlar recursos e capacidades valiosos, raros, inimitáveis e não substituíveis (VIRI), além de ter a organização (O) instalada que pode absorvê-los e aplicá-los.

Os pressupostos fundamentais das elaborações tradicionais desta teoria são:

a. as firmas são maximizadoras de lucro;

b. os gerentes são racionalmente limitados;

c. os mercados são razoavelmente previsíveis e movem-se em direção ao equilíbrio;

d. as informações sobre o valor futuro de um recurso são distribuídas de forma assimétrica.

---

[9] O termo visão baseada em recursos é usado neste livro em linha com a maior parte da literatura revisada. Refere-se aos desenvolvimentos iniciais desta abordagem. O termo teoria baseada em recursos, encontrado em publicações mais recentes e aplicado aos outros capítulos deste estudo, reflete o status atual dessa abordagem, a mais influente na história da teorização da gestão (KRAAIJENBRINK; SPENDER; GROEN, 2010).

Um recurso chave nessa teoria é o conhecimento. O conhecimento foi operacionalizado de diferentes maneiras. Por exemplo, Conner e Prahalad (1996) examinaram a dinâmica do conhecimento entre gerentes e funcionários em dois modos organizacionais: firma e mercado. Esses autores fornecem um argumento dos custos de transação baseados no conhecimento em contraste com a visão da firma baseada no oportunismo. Seguindo os pressupostos de Penrose, eles destacam a importância das competências gerenciais para a aprendizagem e o crescimento da firma. Portanto, as firmas são "[...] diferenciadas dos mercados com base em uma relação de autoridade (empregador-empregado) nas primeiras, em comparação com as partes autônomas que contratam nos últimos" (CONNER; PRAHALAD, 1996, p. 478). Presume-se que os gerentes tenham conhecimento superior ao dos funcionários, e a transferência de conhecimento, especialmente de conhecimento específico que proporcione vantagem competitiva, é favorecida no modo organizacional da firma.

O conhecimento é um recurso que funciona em oposição às previsões de retornos decrescentes de escala (WERNERFELT, 1984). Wernerfelt (1984) afirma que uma perspectiva mais ampla sobre os recursos, como a elaborada por Penrose, tem recebido pouca atenção formal devido aos desafios que impõe à teoria econômica ou à demanda de fatores. Kraaijenbrink, Spender e Groen (2010) definem o conhecimento como um tipo de recurso intangível e não rival, ou seja, quanto mais implantado, mais conhecimento resulta. Consequentemente, a cooperação e o codesenvolvimento entre firmas podem resultar em conhecimento estrategicamente significativo. Esses autores afirmam que, para examinar essas dinâmicas de recursos, a distinção penrosiana entre recursos e serviços é uma ferramenta conceitual útil.

Em relação à transferência de conhecimento, destaca-se o papel da racionalidade limitada, uma vez que os indivíduos são cognitivamente limitados para possuírem estoques idênticos de conhecimento (CONNER; PRAHALAD, 1996). A racionalidade limitada, entretanto, é insuficiente para explicar por que os estoques de conhecimento diferem. É necessário considerar que outros fatores, como o conhecimento proveniente de experiências passadas, históricos individuais (capital humano) e informações disponíveis atualmente, afetam fortemente a percepção e o julgamento atuais sobre o conhecimento. Isso afetará as decisões para lidar com as mudanças ambientais e promover mudanças de forma proativa. Portanto, as estruturas cognitivas funcionam em conjunto à história do indivíduo, às informações disponíveis e às condições ambientais atuais. Essas, por sua vez, vão retroalimentar as estruturas cognitivas (KRAAIJENBRINK; SPENDER; GROEN, 2010; XU, 2011). Visto que grande parte desse conhecimento é tácito, sua completa transferência não é uma suposição razoável. Consequentemente, as estruturas cognitivas individuais sempre serão diferentes, até certo ponto, e moldarão, de maneira distinta, o modo pelo qual a informação é buscada, percebida, adquirida, processada, armazenada e recuperada para lidar com a mudança ou desencadeá-la.

Essa visão sobre a assimetria de informações e estoques de conhecimento adiciona um grau de interpretação e criação de sentido para pistas ambientais ambíguas aos processos cognitivos nas organizações (HODGKINSON; HEALEY, 2008). Rejeita o pressuposto da hierarquia no valor do conhecimento (conhecimento gerencial superior ao do empregado), em favor de um argumento de complementaridade entre fontes e tipos de conhecimento. No contexto de start-ups, em que os empreendedores-fundadores desempenham, sem as dominar, diversas funções, nos primeiros anos de empresa, é evidente a necessidade de competências complementares para estabelecer as primeiras rotinas que compõem os limites da firma. Essas, uma vez coordenadas em sistemas de rotinas, cumprirão a principal condição de existência da firma, cujo funcionamento dependerá das combinações e dos usos desses sistemas de rotinas na forma de competências gerenciais, cooperação entre firmas, desenvolvimento tecnológico, estratégias de marketing, gestão financeira e novas interpretações de formas alternativas de usar esses recursos dentro da estrutura da firma.

Muitos recursos, especialmente no pequeno escopo de start-ups, precisam ser adquiridos por meio de redes de contato. Assim, as trocas com o ambiente externo são essenciais para uma teoria da firma baseada em recursos (KRAAIJENBRINK; SPENDER; GROEN, 2010; TEECE; PISANO, 1994; EISENHARDT; MARTIN, 2000; ZOLLO; WINTER, 2002; ARAMAND; VALLIERE, 2012). As atividades em rede estão ligadas à criatividade para gerar valor aos recursos endogenamente, facilitar a inovação radical, identificar as partes disfuncionais das rotinas, promover a troca social de informações, fomentar a inovação tecnológica, multiplicar as fontes de conhecimento fora da firma, produzir conhecimento, gerar variação e identificar atores com recursos e interagir com eles.

Um dos primeiros exames em profundidade da teoria baseada em recursos é encontrado em Wernerfelt (1984), que discute as diferenças entre a posição dos recursos e produto-mercado. Os recursos, em um determinado momento, são definidos como "[...] aqueles ativos (tangíveis e intangíveis) que estão vinculados de forma semipermanente à firma" (WERNERFELT, 1984, p. 172). O ponto principal é que os recursos serão atraentes para as firmas se puderem sustentar uma barreira de posição de recursos para os concorrentes sob as seguintes condições: ninguém mais detém essa posição de recursos, e há chances de ser um dos poucos ocupando essa posição. No entanto, naquela época, a definição de recursos era muito ampla e baseada apenas em sua funcionalidade.

Um desafio apontado por Wernerfelt (1984) é a dificuldade de identificar os recursos e os processos de montagem de uma estrutura e sistemas para executar as estratégias da firma em comparação com a facilidade de identificação dos produtos. Buscando contribuir com essa literatura, a identificação de recursos é investigada nesta obra por meio de uma metodologia qualitativa baseada nas narrativas de empreendedores. Esse método de investigação é consistente com uma teoria da firma que reconhece o papel das percepções e julgamentos do agente sobre as necessidades da firma, a criticidade dos recursos e seus possíveis usos. Conforme será detalhado no capítulo 3, os processos de aprendizagem estão no cerne da formação de uma estrutura interna e de sistemas de rotinas. É importante enfatizar que, aqui, a noção de estrutura tem uma dimensão adaptativa e mutante, que é desafiada e remodelada por meio de EACs.

Uma revisão da literatura da visão baseada em recursos, por Kraaijenbrink, Spender e Groen (2010), destacou os pontos fortes e fracos dessa abordagem teórica em relação a oito categorias. Os principais argumentos da crítica estão resumidos na Figura 6. Ela inclui o contra-argumento da revisão da literatura e a posição desta obra em relação a cada um desses contra-argumentos. Os primeiros cinco pontos são indiscutivelmente defensáveis pelos autores, enquanto os últimos três parecem ser mais problemáticos.

Uma das tentativas teóricas de desenvolver a visão baseada em recursos, em uma teoria da vantagem competitiva sustentável, reagindo diretamente aos pontos 1, 5 e 6 no Quadro 5, são as capacidades dinâmicas. Uma vez que essa abordagem foi desenvolvida em estreita colaboração com os conceitos da economia evolucionária, suas principais contribuições para este estudo são resumidas a seguir.

Quadro 5 – Críticas e respostas à visão da firma baseada em recursos

Argumento da crítica	Contra-argumento em Kraaijenbrink, Spender e Groen (2010)	Neste livro
1) Há uma ilusão de controle gerencial total sobre os recursos e a capacidade de prever seu valor futuro.	Nem todas as teorias têm implicações gerenciais diretas.	Nenhuma centralidade é atribuída aos papéis gerenciais; o empreendedor é visto como alguém em busca de recursos que acredita serem necessários para a firma, com incertezas quanto aos resultados que proporcionarão.
2) Capacidades de segunda ordem (desenvolvimento de estruturas que melhor inovem produtos) são mais valorizadas do que capacidades de primeira ordem (inovação de produtos), levando as firmas a uma busca incessante por capacidades de ordem superior.	Crítica aplicável a modelos matemáticos; não para interações entre níveis de capacidades.	O conceito de capacidades, especialmente vantagem competitiva sustentável, não é discutido neste trabalho. O contexto, o escopo e as configurações de recursos em start-ups diferem da estrutura de firmas assumidas nesta crítica.
3) Aplicabilidade limitada da teoria em três níveis: • singularidade de recursos; • aplicação a firmas com poder de mercado; • dependência de trajetória implícita.	Existem graus de singularidades de recursos. As pequenas firmas, uma vez que visam à VCS, também podem ser examinadas por essa teoria quanto aos seus recursos intangíveis - aspirações e intenções dos gestores. A inclusão de capacidades empreendedoras abre a possibilidade de desbravar trajetórias.	Os recursos adquiridos de fora não são únicos em si. Seu uso pela firma torna os serviços que prestam exclusivos para a start-up. Os recursos desenvolvidos pela firma, por seu valor agregado potencial, podem ter um grau maior de singularidade, mas isso se efetua por meio de seu uso. Start-ups reúnem a aplicabilidade da VBR em pequenas firmas e o papel empreendedor em atividades pioneiras.

Argumento da crítica	Contra-argumento em Kraaijenbrink, Spender e Groen (2010)	Neste livro
4) Não alcançabilidade da VCS, pela natureza estática do pacote de recursos que compõe uma firma.	As firmas não são passivas, e a VCS requer dinamismo na forma de capacidades dinâmicas e aprendizagem (fontes ex-*post* de VCS).	Embora não examine a VCS, este estudo enfoca os processos dinâmicos de aprendizagem e de configurações de recursos que promovem a adaptação à mudança e que podem favorecer a VCS.
5) A VBR não é uma teoria da firma, apesar do recente interesse pelo conhecimento como recurso estratégico.	De fato, não explica suficientemente por que as firmas existem. Deve se desenvolver como uma teoria de VCS e deixar a existência de firmas para a economia dos custos de transação.	A VBR é um bom ponto de partida para investigar a organização interna de start-ups, nas quais o conhecimento e as redes parecem ser mais importantes do que a propriedade de ativos. Contudo outras abordagens teóricas precisam ser incorporadas para uma teoria mais integrativa da firma. Por exemplo, a economia evolucionária contribui, aqui, para definir os limites das firmas em termos de rotinas e a organização interna como sistemas de rotinas.
6) Recursos VIRI/O não são necessários nem suficientes para VCS, uma vez que a literatura tem apontado fatores como a capacidade de implantação desses recursos, para os quais a VBR não oferece uma explicação teórica. VBR concentra-se em recursos estáticos individuais. A literatura também se refere à incerteza, à especificidade dos recursos e à inovação no âmbito da firma como condições para o lucro.	De fato, a VBR não considera a sinergia entre recursos como fonte de VCS; nem considera o julgamento e os modelos mentais dos indivíduos para criar e avaliar valor.	Vinculada a outros pontos anteriores, uma perspectiva dinâmica sobre aquisição e uso de recursos por empreendedores é adotada aqui. Ela destaca o papel da agência e do uso de capacidades na formação de firmas e atividades inovadoras, bem como nas reconfigurações de recursos resultantes de EACs.

Argumento da crítica	Contra-argumento em Kraaijenbrink, Spender e Groen (2010)	Neste livro
7) Indeterminação e noção indefinida de valor dos recursos, definição tautológica de VCS (eficiência e eficácia).	Necessidade de uma noção de valor mais subjetiva e criativa; ou seja, valor percebido, monetário e de troca. O valor dos recursos pode aparecer a priori, mas o valor das necessidades é *post hoc*, após uso dos recursos. Debate: o valor do recurso é determinado endógena ou exogenamente? Um intervalo de tempo entre a aquisição de um recurso VIRI e a obtenção de uma VCS pode resolver a tautologia, mas isso estabeleceria a VBR como uma teoria da dependência da trajetória ou "[...] restrição sobre a alocação estratégica de recursos" (p. 358).	O valor dos recursos não é discutido ou medido. Em vez disso, o foco em EACs reúne dois aspectos principais: • o papel da agência para definir qual recurso é crítico e, portanto, mais subjetivamente valorizado; • *explanans* e *explanandum* são distinguidos de forma contingente nas fases de um EAC. A falta de um recurso valioso explica a ocorrência de um EAC (*explanans*), e a criação de serviços para a firma por meio de configurações de recursos é o *explanandum*.
8) Definição impraticável de recurso. Qualquer coisa estrategicamente útil para a empresa é um recurso. É necessário distinguir entre recursos (insumos para a firma) e capacidades (que permitem a seleção, uso e organização desses insumos). Todos os tipos de recursos são tratados da mesma maneira.	"A VBR poderia melhorar substancialmente se sua lógica básica fosse refinada reconhecendo explicitamente as diferenças entre os tipos de recursos – estáticos, dinâmicos; intangíveis, tangíveis; financeiros, humanos, tecnológicos; usados, em reserva; perecíveis, não perecíveis; e assim por diante - e entre os tipos de propriedade de recursos." (p. 359).	A definição abrangente de recursos permanece aqui. O foco não está em criar uma taxonomia de recursos, mas em examinar a dinâmica do uso de recursos, incluindo a sua criação. Posse versus integração de recursos ainda não é uma dicotomia em start-ups, devido à falta inicial de estrutura da firma, à escassez de recursos e às adaptações consideráveis nos poucos recursos possuídos.

Fonte: a autora.

2.3.2 Capacidades dinâmicas

A abordagem das capacidades dinâmicas originou-se da visão da firma baseada em recursos. O objetivo era incluir um elemento dinâmico no uso competitivo de recursos, em contraste com a firma como um pacote estático de recursos (ARAMAND; VALLIERE, 2012). Teece e Pisano (1994), em seu texto seminal sobre a abordagem das capacidades dinâmicas, expõem os seguintes dois pilares:

a. o ambiente munda; mudanças rápidas favorecerão as indústrias que desenvolvem alta tecnologia de maneira oportuna e flexível;

b. a gestão estratégica tem um papel fundamental na coordenação e utilização de recursos internos e externos para garantir a vantagem competitiva das firmas. Isso requer rotinas de alto desempenho, as quais estão embutidas nos processos de uma firma e condicionadas pela sua história.

A abordagem de capacidades dinâmicas tem um propósito prescritivo dirigido aos gestores em relação a estratégias inovadoras para lidar com ambientes em rápida mudança. Ela se funde com a teoria baseada em recursos penrosiana quanto ao uso de recursos internos e externos específicos da empresa e à exploração de novos recursos. Esse referencial converge com a literatura sobre inovação, quanto à distinção entre atividades de busca exploratória (*exploration*) e para uso (*exploitation*) (XU, 2011).

Teece e Pisano (1994) afirmam que, uma vez que as firmas são um arranjo mais favorável para a aprendizagem e transferência de conhecimento interno do que os mercados, as competências e capacidades são construídas ao invés de compradas[10]. Isso torna a replicação menos óbvia ou fácil, uma vez que essas capacidades estão embutidas na trajetória da firma (TEECE; PISANO, 1994). Esses autores descrevem duas categorias de trajetórias para a vantagem competitiva: dependência da trajetória e oportunidades tecnológicas. A dependência da trajetória refere-se a perspectivas futuras, dependendo da posição atual, das trajetórias à frente e da trajetória atrás. Essa trajetória percorrida não existe para a maioria das start-ups ou, para os empreendedores em série, corresponde à sua história pessoal de empreen-

---

[10] Uma elaboração paradoxal dessa teoria é que as capacidades dinâmicas são construídas por meio da aprendizagem (por indivíduos), mas o ambiente é o que conta, como afirmam Teece e Pisano (1994, p. 548): "Uma mudança no ambiente é uma ameaça muito mais séria para a firma do que a perda de indivíduos-chave, pois os indivíduos podem ser substituídos mais prontamente do que as organizações podem ser transformadas".

dedorismo. As oportunidades tecnológicas, o contraponto da dependência da trajetória, pertencem à trajetória a seguir. Podem ser exógenas ou resultar do engajamento de uma firma com pesquisa básica (rede) ou de P&D endógeno. Redes com instituições de pesquisa e P&D endógeno tornam as oportunidades tecnológicas específicas para cada firma.

Observe que a principal diferença entre o conceito de trajetórias de Teece e Pisano (1994) e o utilizado neste livro é que, aqui, a trajetória percorrida pode ter pouco a ver com decisões estratégicas. As trajetórias baseadas na aprendizagem dizem respeito a eventos críticos, e não apenas aos resultados de decisões gerenciais. Portanto, o conceito de trajetórias aqui é potencialmente mais poderoso como fonte de previsões para a evolução das firmas do que o conceito de Teece e Pisano, uma vez que engloba configurações de recursos para além das competências gerenciais, como dinâmica de rede, processos de aprendizagem, inovação tecnológica, capital social etc.

Um exame detalhado das ligações entre a abordagem de capacidades dinâmicas e a visão baseada em recursos pode ser encontrado em Eisenhardt e Martin (2000). Esses autores avançam em relação a teorizações comuns por distinguirem diferentes funções de capacidades dinâmicas de acordo com a velocidade da dinâmica do mercado. Capacidades dinâmicas têm "[...] maior equifinalidade, homogeneidade e substituibilidade entre firmas do que o pensamento tradicional de VBR implica" (EISENHARDT; MARTIN, 2000, p. 1106). Sua função específica é mudar a base de recursos das firmas. Em mercados moderadamente dinâmicos, essa função se assemelha às rotinas e se refere ao aprimoramento das configurações de recursos atuais para competitividade de longo prazo. Em mercados de alta velocidade, capacidades dinâmicas são processos instáveis de adaptação com resultados imprevisíveis, uma vez que constroem novas configurações de recursos para abordar uma oportunidade. A aprendizagem aparece como o mecanismo dependente da trajetória por meio do qual as capacidades dinâmicas evoluem (EISENHARDT; MARTIN, 2000). Envolve três estratégias: repetição, codificação e pequenos erros. Essas estratégias, e outras, são discutidas empiricamente no capítulo 5, conceituadas de acordo com o marco analítico desenvolvido nesta pesquisa e aplicadas aos EACs.

Uma contribuição importante de Eisenhardt e Martin (2000) é desafiar o pressuposto de recursos VIRI, respondendo os argumentos 3, 6 e 8 da Figura 6. Esses autores afirmam que, "[...] uma vez que as capacidades dinâmicas podem ser duplicadas entre as firmas, seu valor para a vantagem competitiva reside nas configurações de recursos que elas criam, não nas próprias capacidades" (p. 1106). A dinâmica dos recursos é o ponto principal do marco analítico proposto neste livro (capítulo 3) e é explorada em detalhes nos capítulos empíricos. Por exemplo, um achado que apoia essa afirmação é a criação de produtos ou serviços secundários, a partir de reconfigurações dos recursos disponíveis (capítulo 6).

Outros estudos aproximaram a abordagem das capacidades dinâmicas da economia evolucionária, como Zollo e Winter (2002). Esses autores estendem a abordagem de capacidades dinâmicas para mais ambientes. Uma capacidade dinâmica é redefinida como "[...] um padrão aprendido e estável de atividade coletiva por meio do qual a organização sistematicamente gera e modifica suas rotinas operacionais em busca de maior eficácia" (ZOLLO; WINTER, 2002, p. 340). Três diferenças fundamentais aparecem em relação à formulação original de Teece e Pisano (1994): a) a noção de atividade coletiva em substituição ao papel gerencial; b) o foco nas rotinas, em vez da seleção de trajetórias à frente e c) a ênfase na efetividade, em vez da competitividade. Essa conceituação revisada também deixa claro que as capacidades dinâmicas são estruturadas e persistentes.

Uma vez que as capacidades dinâmicas são aquelas atividades que mudam as rotinas operacionais, elas correspondem a um tipo específico de mecanismo de aprendizagem ou rotina de aprendizagem. Em última análise, as capacidades dinâmicas são constituídas por rotinas de busca. A aprendizagem em capacidades dinâmicas resulta do aprender fazendo (ou aprendizagem experiencial passiva) e de processos cognitivos deliberados de articulação do conhecimento coletivo (reflexão sobre experiências passadas que são articuladas em novos conhecimentos). As semelhanças entre Zollo e Winter (2002) e esta obra são:

a. as rotinas são moldadas por processos de aprendizagem por meio de atividades de busca;

b. as abordagens comportamentais e cognitivas são combinadas para alcançar a aprendizagem organizacional;

c. o ambiente externo é um gatilho potencial para reflexões internas e mudanças de rotina.

Contudo existem diferenças entre os dois estudos. Zollo e Winter (2002) assumem que os mecanismos de aprendizagem moldam as rotinas por meio de capacidades dinâmicas (rotinas de busca) ou diretamente.

Esse é um pressuposto razoável para os tipos de mecanismos de aprendizagem em que se concentram: acumulação de experiência, articulação de conhecimento e codificação de conhecimento em âmbito coletivo. O presente estudo, contudo, demonstra que a aprendizagem individual não altera diretamente as rotinas organizacionais. O capítulo 5 fornece evidências empíricas de que a efetivação de rotinas e a avaliação de sua efetividade, por meio do julgamento empreendedor, são etapas necessárias para que os processos de aprendizagem moldem as rotinas.

Zollo e Winter (2002) propõem um modelo para a evolução cíclica do conhecimento nas organizações (Figura 1) que está ancorado em quatro conceitos evolutivos: variação, seleção, replicação e retenção. Os primeiros dois conceitos referem-se à exploração e explicitação do conhecimento; enquanto os dois últimos referem-se ao uso e à incorporação de conhecimento no comportamento com abstração decrescente e crescente explicitação. Como neste livro, o ciclo de evolução do conhecimento de Zollo e Winter (2002) enfatiza os eventos que desencadeiam a mudança, a combinação de estímulos externos e informações internas, a seleção interna daquelas ideias que melhoram as rotinas existentes ou formam novas e o ciclo de feedback da aplicação de novos conhecimentos ou rotinas a um novo ciclo. Dentro desse modelo, este livro concentra-se na variação e seleção (a parte superior da Figura 1).

Figura 1 – O ciclo de evolução do conhecimento

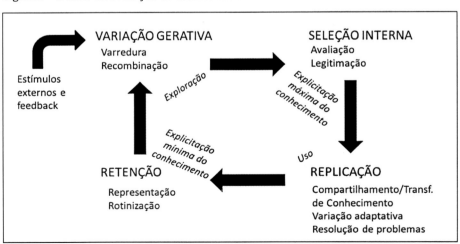

Fonte: traduzido de Zollo e Winter (2002, p. 343)

As principais diferenças entre Zollo e Winter (2002) e o estudo apresentado nesta obra são:

a. aqui, os estímulos são gatilhos para eventos críticos e podem ser exógenos ou endógenos. Para esse último, os gatilhos também podem resultar da agência dos empreendedores na tomada de decisões para mudança[11];

b. neste livro, a variação é gerada por meio de redes com atores externos detentores de recursos, não exclusivamente a partir de membros da firma;

c. neste trabalho, a seleção enfatiza, acima de tudo, os julgamentos dos empreendedores, uma vez que outros fatores são menos prevalentes na start-up, tais como entendimentos compartilhados de experiências anteriores, estruturas de poder e processos legitimados;

d. neste estudo, a replicação é parcialmente restrita ao uso repetido da rotina por um pequeno grupo de agentes, devido ao escopo limitado das start-ups. Há relativamente menos espaço para codificação como preconizado por Zollo e Winter (2002).

Outros desenvolvimentos na abordagem de capacidades dinâmicas passaram a olhar para firmas empreendedoras, aproximando essa teoria do campo estudado nesta pesquisa. Aramand e Valliere (2012, p. 145), por exemplo, definem firmas empreendedoras como aquelas que efetivamente identificam oportunidades no ambiente e as aproveitam, "[...] seja adquirindo propriedade e controle sobre os recursos, seja desenvolvendo um novo produto ou método de produção"[12]. Os portfólios de recursos são ampliados principalmente por meio de redes de contatos, que permitem a identificação de atores com recursos e o engajamento em interações que influenciam os empreendedores a usar esses recursos em benefício da firma.

Aramand e Valliere (2012) combinam os conceitos de capacidades dinâmicas e capacidades empreendedoras a estudos de caso em três firmas empreendedoras canadenses no setor de informação e comunicação.

---

[11] Desenvolvimentos posteriores na abordagem de capacidades dinâmicas incluíram esse argumento. Por exemplo, Aramand e Valliere (2012) afirmam que as fontes de capacidades dinâmicas podem ser endógenas, referentes às mudanças nas capacidades substantivas, ou exógenas, referentes às mudanças no ambiente.

[12] Observe que, para esses autores, as firmas empreendedoras não são sinônimos de start-ups.

Esses autores usam a definição de capacidades dinâmicas de Teece e Pisano (1994). As capacidades empreendedoras, por sua vez, referem-se a encontrar oportunidades e aproveitá-las por meio da criação de bens e serviços; elas caracterizam empresas com alto potencial de crescimento. Essa distinção entre capacidades representa um avanço no equilíbrio teórico entre dependência da trajetória e quebra da trajetória, ou, simplesmente, entre os papéis reativos e proativos dos agentes. Esses autores associam capacidades empreendedoras ao aproveitamento de oportunidades de curto prazo e capacidades dinâmicas com competitividade de longo prazo por meio da proteção de competências e recursos existentes e da implantação de novos.

2.3.3 Teoria da dependência de recursos

A teoria da dependência de recursos combina elementos de processamento da informação e das visões da firma baseadas no conhecimento. Do primeiro, considera até que ponto os membros de uma firma dedicam atenção a um conjunto limitado de informações do ambiente, como essas informações são incorporadas de forma imperfeita aos sistemas de informações organizacionais e como elas impactam as relações entre a firma e o ambiente. Das visões da firma baseadas no conhecimento, a teoria da dependência de recursos inclui a cooperação interorganizacional como estratégia de governança para reduzir a incerteza e os custos de transação. Também destaca o papel dos gestores na leitura e reação ao ambiente, buscando ajuste ou controle sobre os recursos críticos. A ponte entre o processamento da informação e as decisões baseadas no conhecimento surge da dependência de experiências anteriores para aprender o que ler no ambiente e como (PFEFFER; SALANCIK, 1978). O ponto central dessa teoria é demonstrar que o ambiente é mais importante do que os processos endógenos.

Outros conceitos centrais nessa teoria são a incerteza em relação ao acesso aos recursos, a interdependência entre as organizações para lidar com a incerteza e as forças de poder que moldam as relações interorganizacionais. A incerteza no acesso aos recursos cria instabilidade e aumenta as demandas sobre as ações organizacionais. Essas dependem do ambiente e são limitadas por ele. O ambiente é operado pelo indivíduo; ele é criado pela autoridade do agente e, por ele, é recriado. Como consequência, a atribuição de significado ao ambiente é retrospectiva à experiência, moldada por eventos específicos do tempo presente e inerente ao processamento humano da informação. Portanto, essa teoria reconhece o papel da agência em relação à leitura e interpretação do ambiente (ver XU, 2011, para uma aplicação dessa abordagem aos estudos de inovação). Por meio de uma combinação de informações sobre a situação presente com experiências passadas, os gestores usam várias estratégias interorganizacionais para gerenciar a interdependência e reduzir a incerteza derivada dela (PFEFFER; SALANCIK, 1978). Algumas dessas estratégias foram exploradas por estudos posteriores (CASCIARO; PISKORSKI, 2005), como o estabelecimento de *joint ventures* (cuja discussão é retomada nos capítulos 6 e 7).

Uma análise teórica dessa teoria para explicar o comportamento organizacional é fornecida por Nienhüser (2008). Esse autor enfatiza a dimensão de poder nas relações de interdependência e como essa dimensão se relaciona com a incerteza causada pela escassez e concentração de recursos. Há uma dimensão objetiva, nesse processo de controle dos recursos por alguns atores, e a criticidade desses recursos para outros atores. Refere-se à quantidade real de recursos disponíveis. A outra dimensão, subjetiva, refere-se às interpretações dos gestores sobre a distribuição desses recursos (NIENHÜSER, 2008). Mais uma vez, o argumento privilegia o papel das percepções e interpretações das trocas com múltiplos atores para orientar decisões. Essas percepções e interpretações dos gestores são socialmente construídas e fortemente influenciadas pelos sistemas de informação que filtram as informações e, em última instância, influenciam a atribuição de significado a elas. Isso ressoa com a dimensão interpretativa das cognições (HODGKINSON; HEALEY, 2008).

Uma revisão da teoria da dependência de recursos por Hillman *et al.* (2009) examina cinco estratégias de operação usadas por organizações para gerenciar a interdependência ambiental: fusões, *joint ventures*, conselhos de administração, ação política e sucessão de executivos. Uma conclusão dessa revisão de literatura é que, nessas estratégias, uma diversidade de outras abordagens teóricas foi integrada à teoria da dependência de recursos em busca de melhores predições. No entanto uma integração abrangente permanece uma lacuna na literatura, uma vez que até agora as evidências empíricas apenas apontam que a dependência de recursos, por si só, não é um bom preditor.

Um desses esforços integrativos combina a teoria da dependência de recursos com a teoria baseada em recursos (HILLMAN; WITHERS; COLLINS, 2009; NIENHÜSER, 2008). Uma vez que ambas as abordagens são complementares quanto ao foco em recursos, tal integração ajudaria a explicar as dotações de recursos organizacionais e vantagem competitiva para a obtenção de recursos únicos do ambiente. Porém um dos problemas conceituais de ambas as abordagens, apontado por Eisenhardt e Martin (2000), é a noção reificada de recursos. Essa visão dos recursos não inclui mudanças nas configurações dos recursos nem abre espaço para a criação de recursos ou inovação. Uma conceituação expandida é fornecida por Nienhüser (2008) a partir do conceito de recursos simbólicos, definidos como representações cognitivas de recursos materiais, alternativas de recursos e interesses e valores dos atores. Todos esses recursos são construídos socialmente, e seu valor é difícil de estimar, embora eles influenciem as relações de poder.

Nienhüser (2008) aponta a necessidade de uma perspectiva dinâmica na teoria da dependência de recursos. Ele afirma que:

> [...] não é o ambiente ou os recursos que determinam como os grupos organizacionais centrais decidem ou agem, mas o ambiente cognitivamente e socialmente construído. [...] Em vez disso, a TDR [teoria da dependência de recursos] assume que as organizações também criam seu ambiente, mudam, refutam a resistência etc. (NIENHÜSER, 2008, p. 29, tradução própria).

2.3.4 Ecologia das populações

A abordagem da ecologia populacional para as organizações é marcada pelos estudos de Hannan e Freeman no final dos anos 1970. As principais premissas dessa abordagem são:

a. a mudança organizacional, no âmbito da população, ocorre por meio de nascimentos e mortes organizacionais;

b. as pressões inerciais prevalecem. Essa teoria atribui maior confiabilidade e responsabilidade à maior inércia.

O nível de análise são as populações de organizações e como sua prevalência é influenciada por pressões ambientais (HANNAN; FREEMAN,

1977). Esses autores, embora reconheçam que adaptação e seleção são processos acoplados, concentram-se apenas na seleção. Eles contam com modelos de competição e teoria de nicho para argumentar a favor dos impactos das forças ambientais sobre as populações das organizações. O princípio da seleção racional de combinações ótimas pelas organizações está na base da teoria e o atributo da racionalidade pertence aos processos de seleção natural, de forma que o ambiente (mercado) seleciona maximizadores de lucro.

Um ponto-chave no argumento da ecologia populacional das organizações é a não redutibilidade de eventos no âmbito da população a eventos individuais. Essas são classes de eventos interdependentes, mas uma não carrega todas as características da outra. Por exemplo, a distinção entre aprendizagem adaptativa e adaptação de populações é que a primeira se refere à "[...] seleção entre as respostas comportamentais" (HANNAN; FREEMAN, 1977, p. 929), enquanto a última se refere à "[...] seleção entre tipos de membros". Portanto, as organizações não desaparecem necessariamente por meio de um processo adaptativo. Populações com um determinado conjunto de características, em vez disso, são selecionadas em detrimento das populações com outros conjuntos de características.

Estudos posteriores sobre ecologia populacional exploraram as ligações entre ecologia populacional e economia evolucionária, com base no pressuposto compartilhado da posição central da dinâmica da competição nos processos de seleção ambiental. Bataglia e Meirelles (2009), por exemplo, aplicaram os conceitos de variação, seleção e retenção. Variação é o número de componentes de um sistema econômico; pode ser aumentado pela introdução de novos setores ou pelo aumento da produtividade dos setores existentes. A seleção e a retenção são o resultado dos processos de competição. O lucro é definido como uma expressão de seleção e fonte de adaptação constante. Enquanto a seleção se refere à sobrevivência das organizações mais aptas, a adaptação se refere à mudança nas organizações menos adaptadas para melhorar o ajuste ao sistema seletivo ambiental.

Os processos de adaptação requerem gestão estratégica para buscar e selecionar rotinas adaptativas[13]. O papel das rotinas é reduzir a incerteza em processos complexos de tomada de decisão. Além disso, a mudança

---

[13] Observe que Bataglia e Meirelles (2009) adotam o conceito de rotina como genótipo, ou seja, as competências essenciais (técnicas e administrativas) para coordenar atividades e aprendizagem em ambientes complexos em mudança. Essa é uma definição limitadora de rotinas, conforme discutido no livro.

pode fazer parte das rotinas organizacionais. Essas rotinas de mudança correspondem a rotinas de aprendizagem, nas quais mudanças passadas têm efeitos dinâmicos sobre novas mudanças, em termos de resultados de aprendizagem e como aprender (BATAGLIA; MEIRELLES, 2009; MINER; CIUCHTA; GONG, 2008). Uma das conclusões dessa discussão é que a evolução é em parte determinística e em parte estocástica (BATAGLIA; MEIRELLES, 2009). A seleção de rotinas levará ao melhor desempenho de algumas firmas. Como consequência, a importância relativa delas na população aumenta, explicando a retenção das firmas mais aptas.

Bataglia e Meirelles (2009) também apontam as fragilidades de cada teoria. Eles afirmam que a fraqueza da ecologia populacional é sua postura estruturalista, na qual o meio ambiente tem um papel determinista, e a agência e a adaptação organizacional são deixadas de fora (ver também SALIMATH; JONES III, 2011). Por outro lado, a fraqueza da economia evolucionária é a negligência tradicional da inovação não tecnológica (os processos institucionais para relações competitivas e cooperativas). No entanto a economia evolucionária tem a vantagem de incluir a firma, o ambiente tecnológico e os aspectos institucionais dos processos inovadores nos níveis do sistema de inovação nacional, regional e setorial. Esses pontos vantajosos justificam o uso de conceitos da economia evolucionária no arcabouço analítico desta obra. A aplicabilidade desses conceitos às start-ups estudadas, de alto e baixo nível de P&D, permitiu investigar, do ponto de vista empírico, em que medida a economia evolucionária pode ajudar a explicar a evolução da maioria das firmas, independentemente de seu nível de inovação tecnológica.

Outras críticas à teoria da ecologia populacional são encontradas em Salimath e Jones III (2011). Esses autores apontam a falta de clareza na definição dos construtos, questões em relação à aplicação e metodologia para investigar argumentos teóricos, tais como mecanismos de seleção, a quase ausência de adaptação e mudança organizacional, a reificação do ambiente e a dependência da densidade, que omite a vantagem competitiva de grandes organizações dentro de uma população.

Uma crítica mais profunda, de uma perspectiva de filosofia da ciência, argumenta que a ecologia populacional carece de um conceito de seleção no sentido evolutivo:

> A evolução, simplesmente falando, é a mudança das frequências dos genótipos dentro das populações de organismos por causa da reprodução diferencial de organismos com diferentes genótipos. Tais processos, no entanto, requerem que as populações exibam pelo menos níveis mínimos de fechamento e isolamento de outras populações. (REYDON; SCHOLZ, 2009, p. 411, tradução própria).

Esse não é o caso em populações organizacionais, uma vez que: a) o pertencimento a uma população é definido por quais seriam os fenótipos (forma organizacional compartilhada); b) os membros mostram graus de adesão a mais de uma população; c) formas organizacionais inteiramente novas seriam excluídas de uma dada população, evitando o surgimento de "[...] variações evolutivas significativas nas populações" (REYDON; SCHOLZ, 2009, p. 423) e d) populações de organizações carecem da propriedade de continuidade genética, que é a base da replicação e reprodução, por meio da qual a variação ou mutação é transmitida de pais para filhos.

A crítica é ontológica, pois as populações organizacionais não são suficientemente semelhantes às entidades biológicas. Portanto, "[...] falar de 'evolução' no reino organizacional nada mais é do que uma metáfora e as metáforas podem causar confusão tão facilmente quanto podem iluminar" (REYDON; SCHOLZ, 2009, p. 435). Apesar dessas críticas ontológicas e epistemológicas, a abordagem da ecologia populacional contribuiu para alertar os estudos organizacionais e os profissionais de gestão para a importância das pressões ambientais e dos fatores inerciais nas organizações. Uma das implicações disso é que a adaptação às mudanças ambientais é mais complexa do que outras previsões teóricas poderiam supor (REYDON; SCHOLZ, 2009).

Apesar dessas contribuições teóricas, essa abordagem não é aplicável a este livro pelas seguintes razões:

a. nível de análise – este livro examina a dinâmica nos níveis da firma e do empreendedor, independentemente da população organizacional à qual a start-up pertence;

b. papel proeminente do ambiente – as influências ambientais não são negligenciadas aqui, nem colocadas na vanguarda da evolução de start-ups;

c. essa abordagem limita em demasia o papel da agência;

d. especialização versus diversificação: os custos dessas escolhas podem ser menos críticos para start-ups do que para as grandes empresas. As primeiras, devido ao baixo nível de seus recursos e à frouxidão de seus sistemas de rotinas, podem se beneficiar de flexibilidade para adaptação;

e. as trocas de recursos entre organizações envolvem diversas formas organizacionais. Uma vez que este livro reconhece essas trocas diversas como uma forma de capital social para a aprendizagem, o pressuposto de que, "[...] em equilíbrio, apenas aquela forma organizacional otimamente adaptada às demandas do ambiente" (HANNAN; FREEMAN, 1977, p. 939) vai perdurar não se aplica.

2.3.5 Literatura de empreendedorismo e a teoria da firma

As subseções anteriores mostraram que, apesar de alguns graus diferentes de reconhecimento do papel dos agentes e seus processos cognitivos para compreender a dinâmica da firma, as teorias da firma ainda carecem de uma estrutura clara para integrar agência e, mais especificamente, para descrever processos de aprendizagem e de conhecimento dentro das firmas. Em sua avaliação das críticas à visão baseada em recursos, Kraaijenbrink, Spender e Groen (2010) afirmam que o principal fator subjacente a essas críticas é a racionalidade econômica neoclássica que fundamenta os pressupostos e conceitos dessa abordagem. Para avançar a visão da firma baseada em recursos, é necessário reconhecer o papel da imaginação humana e da ação exploratória, uma vez que "[...] a avaliação prática e a avaliação de recursos envolvem subjetivismo, criação de conhecimento e julgamento empreendedor" (KRAAIJENBRINK; SPENDER; GROEN, 2010, p. 364).

Apesar dos avanços teóricos em direção a abordagens mais abrangentes e integrativas, as teorias da firma permanecem bastante desconectadas da literatura sobre empreendedorismo. Uma explicação para essa lacuna é dada por Casson (2005), que se refere aos desenvolvimentos paralelos dos estudos sobre empreendedorismo nas teorias econômicas e na literatura de gestão. Outra explicação afirma que as teorias tradicionais da firma falham em resolver o problema da natureza dinâmica do empreendedorismo como uma fonte de mudança e inovação, em oposição à firma-organização como um ambiente de estabilidade, controle e previsibilidade de funções e resultados (JELINEK; LITTERER, 1995).

Em sua proposta de teoria sintética da firma, Casson (2005, p. 329) define o empreendedor em termos de "especialização na tomada de decisões que envolvem julgamentos". Essa definição implica:

a. improvisação somada à confiança nas rotinas de tomada de decisão;

b. disponibilidade de informações públicas;

c. disponibilidade de informações privadas acessíveis a apenas alguns;

d. risco e incerteza;

e. subjetividade na percepção do risco.

Uma importante implicação dessa elaboração é que o estabelecimento de novas rotinas depende das decisões de julgamento do empreendedor. As decisões de investimento serão impulsionadas pelos tipos de volatilidade ou choques[14]. Para a volatilidade de longo prazo, as decisões serão improvisadas, uma vez que não há rotinas com as quais contar. Nesse caso, a experiência do empreendedor e os recursos que ele pode obter de suas redes contarão mais. Para a volatilidade de curto prazo, entretanto, pode haver rotinas para monitorar o ambiente e realizar adaptações internas. Essas são as rotinas que compõem uma firma. Esses dois tipos de decisões de investimento funcionam complementarmente dentro da firma.

A introdução do empreendedorismo na teoria da firma implica uma mudança radical no núcleo dessas teorizações, uma vez que redefine o conceito de firma, a dinâmica interna das firmas (JELINEK; LITTERER, 1995) e as relações entre o empreendedor e o mercado (KRAAIJENBRINK; SPENDER; GROEN, 2010; CASSON, 2005). Um dos principais resultados da síntese empreendedora de informações é a identificação de oportunidades de formação de mercado, por meio do desenvolvimento de um novo produto ou do refinamento de um já existente (CASSON, 2005; JELINEK; LITTERER, 1995). Em última análise, isso converge para a contribuição schumpeteriana

---

[14] Os tipos de choques de curta duração não variam muito, mas são frequentes, de pequeno impacto, com efeitos transitórios e reversíveis. Os choques de longo prazo, por outro lado, são mais diversos, ocasionais, têm grande impacto e apresentam efeitos persistentes e irreversíveis (CASSON 2005). É digno de nota que essa definição *ex-ante* dos impactos e efeitos desses episódios, contradiz o pressuposto central sobre o papel da incerteza nas mudanças ambientais. Paradoxalmente, parece não confiar nas configurações internas de recursos da firma para mudar os impactos e resultados desses choques.

ao incluir o papel empreendedor de romper a estagnação econômica por meio da criação de novos mercados (ALCOUFFE; KHUN, 2004).

Um aspecto interessante da análise de Casson sobre o empreendedorismo examina a questão do otimismo, uma das características individuais do empreendedor. O otimista empreendedor influencia os outros, por meio do compartilhamento de informações, de modo que novas ideias possam ser aceitas — o processo de "adesão" (JELINEK; LITTERER, 1995). Os fatores que afetam a aceitação são a reputação do empreendedor (CASSON, 2005) e a assimetria de informações entre o criador de uma ideia e outras partes (CONNER; PRAHALAD, 1996). Confiança e acordo exigem tempo e esforço para serem construídos.

Fatores relacionados ao capital humano dos empreendedores também são contabilizados em uma teoria integrativa da firma. As características empreendedoras destacadas por Casson (2005) são baixa aversão ao risco, autoconfiança, redes de contato, probabilidades subjetivas na avaliação do risco (otimismo vs. pessimismo) e a influência social potencial de empreendedores sobre outros, como clientes, fornecedores, financiadores etc., para obter apoio para a ideia empreendedora.

Outros autores destacam o nível educacional, especialização educacional, experiência de trabalho, experiência empreendedora, experiência tecnológica (GRUBER; MACMILLAN; THOMPSON, 2012; KENWORTHY; MCMULLAN, 2010; BOSMA *et al.*, 2002), personalidade, idade e gênero (MADSEN; NEERGAARD; ULHØI, 2003) como características de empreendedores relevantes para teorizar sobre a firma.

Relacionamentos com diversos atores externos são importantes para influenciar as capacidades imaginativas e criativas e facilitar a inovação radical e uma visão dinâmica da criação endógena de valor para os recursos (KRAAIJENBRINK; SPENDER; GROEN, 2010).

2.3.6 Considerações finais sobre o posicionamento teórico deste trabalho

Este livro está delimitado à formação da firma e sua evolução, nos primeiros três a cinco anos, de modo a contribuir para preencher a lacuna dessa literatura quanto às firmas empreendedoras, em geral, e às start-ups, em particular, as quais são consideradas apenas marginalmente na maioria das teorias da firma revisadas neste capítulo.

As seções anteriores discutiram que a evolução envolve variação, seleção, replicação e retenção (REYDON; SCHOLZ, 2009; ZOLLO; WINTER, 2002); portanto, evolução é mudança. Abordagens teóricas para mudanças em unidades econômicas, como firmas, focaram diferentes partes do quebra-cabeça para explicar por que e como essas mudanças acontecem e para prever seus impactos na firma e em seu ambiente. Como a revisão da literatura mostrou, tem havido esforços para identificar pontos de convergência entre essas teorias para facilitar a elaboração de abordagens integrativas. Inspirado por esses esforços, o marco analítico deste trabalho integra conceitos de aprendizagem individual nas organizações (WARR; DOWNING, 2000), teoria da firma baseada em recursos (PENROSE, 1980 [1959]) e economia evolucionária (NELSON; WINTER, 1982). Esse marco analítico é detalhado no capítulo 3.

Este livro não segue nem a posição determinista de atribuir a organização interna da firma ao ambiente (PFEFFER; SALANCIK, 1978) nem a ênfase nas relações duais entre gestores e funcionários (CONNER; PRAHALAD, 1996). Em vez disso, baseia-se na mudança na base axiomática da visão baseada em recursos que a reformula sob a perspectiva austríaca, incorporando o tempo e a incerteza. Uma consequência dessa mudança axiomática é definir recurso e valor em termos do contexto, "[...] implicando que não pode haver uma forma única e universal de categorizar recursos" (KRAAIJENBRINK; SPENDER; GROEN, 2010, p. 362).

Nessa linha de raciocínio, os conceitos de recursos e serviços de Penrose (1980 [1959]) estão embutidos na determinação relativa de fatores endógenos e exógenos, que desencadeiam EACs. Durante cada episódio, este livro examina como os recursos são adquiridos, criados, transformados e incorporados nas rotinas organizacionais. Esse processo envolve dimensões cognitivas (aprender novos conceitos e gerar novas interpretações), sociais (mudar as configurações das redes de contatos) e práticas (desenvolver novos métodos de trabalho). À medida que as rotinas são implementadas, legitimadas e coordenadas com outras rotinas, vão se constituindo os limites e a organização interna da firma. Na história das start-ups, esses EACs e as novas rotinas são marcos das suas trajetórias individuais. Em nível agregado, as semelhanças entre essas trajetórias formam trajetórias evolutivas típicas que agrupam start-ups. Portanto, este livro coloca a aprendizagem no centro dos processos evolutivos das firmas. Procura compreender episódios de aprendizagem descontínuos (que muitas vezes envolvem atividades inovadoras, que mudam trajetórias) para o desenvolvimento de novas capacidades e rotinas, para que start-ups possam sobreviver ao que tem sido denominado "vale da morte" (CRESSY, 2008 [2006]). As narrativas resumidas de dois casos no início deste capítulo ilustram esses pontos.

2.4 OBJETIVOS E PERCURSO METODOLÓGICO DA PESQUISA

O objetivo principal desta obra é explicar a evolução de start-ups, nos primeiros três a cinco anos de operação, por meio de trajetórias baseadas na aprendizagem. As trajetórias são identificadas a partir da história da firma, começando com a formulação de uma ideia. A literatura rotula esse estágio de empreendedorismo nascente (KELLEY; BOSMA; AMORÓS, 2010) ou pré-empreendimento (LICHTENSTEIN; LYONS, 2006). Os estudos podem ser específicos a ponto de discernir fases de desenvolvimento, a começar pela intenção de iniciar um negócio, seguida de uma fase de reconhecimento de oportunidades e conceituação da ideia, e concluindo com a agregação de recursos e a criação da firma (GELDEREN; THURIK; BOSMA, 2006). Neste livro, essa fase inicial é caracterizada pelo nascimento da ideia, os recursos iniciais e a rede inicial de contatos dos empreendedores para desenvolvê-la.

Uma vez que a ideia é concebida e a firma está, de alguma forma, estruturada, os primeiros anos de operação são descritos em termos de EACs. Vale ressaltar que esses episódios não são predefinidos. Em vez disso, eles refletem as percepções de criticidade dos empreendedores ao relatarem eventos críticos que, por meio do uso de estratégias de aprendizagem, levaram à criação, redesenho ou substituição de rotinas organizacionais. Resultados de aprendizagem bem-sucedidos são incorporados às rotinas da start-up e se tornam um protocolo para ações em circunstâncias semelhantes.

Narrativas sobre as dinâmicas que envolvem rotinas organizacionais, processos de busca, aprendizagem e, mais especificamente, EACs, permitem o exame de trajetórias evolutivas e do papel desempenhado pela estrutura econômica e da firma, pela agência do empreendedor e por fatores temporais na configuração dessas trajetórias. Para contextualizar o objetivo principal, é importante esclarecer que esta obra não descreve o "status das rotinas operacionais" relativamente estável enfatizado por Nelson e Winter (1982). Em vez disso, ela examina os processos que geram esse status. Rotina organizacional é um dos conceitos-chave desenvolvidos por Nelson e Winter (1982) e de longe o mais explorado na literatura sobre economia evolucionária (FELDMAN, 2000), recebendo um número especial no Journal of Institutional Economics (2011). Porém a maior parte dessas discussões é sobre a ontologia das rotinas e seu funcionamento, com pouca atenção ao processo que origina e altera as rotinas: a busca. Além disso, quando as mudanças são examinadas, são comumente atribuídas a fatores exógenos, como crises e choques externos.

Na literatura que reconhece o papel da agência nos processos de mudança nas rotinas, maior atenção é dada às mudanças contínuas realizadas pelos funcionários (FELDMAN, 2000; LAZARIC, 2008). Aqui, porém, o tema é o processo de busca caracterizado pela mudança descontínua realizada por empreendedores. A característica distintiva de um EAC em comparação com a aprendizagem contínua é a profundidade e a extensão das mudanças que o primeiro implica no nível organizacional. Embora pequenos ajustes não mudem necessariamente a rotina geral, um EAC levará a firma a um novo estágio de evolução. Por exemplo, mudar de fornecedor para reduzir custos de produção ajusta uma rotina de redução de custos, ao passo que o acesso a novos insumos de produção que aumentam a qualidade a preços acessíveis implica mudar os entendimentos sobre a análise de custo-benefício, remodelar a linha de produção para acomodar esses novos insumos e, possivelmente, expandir a rede de fornecedores e compradores.

A busca, em contextos de empreendedorismo, corresponde à aquisição de recursos necessários, os quais, muitas vezes, são baseados no conhecimento, tais como competências gerenciais, desenvolvimento de tecnologia, parcerias de negócios etc. Essas necessidades de aquisição de recursos aparecem como gatilhos para EACs e desencadeiam processos de busca para combinar atividades cognitivas e comportamentais para aquisição, adaptação, retenção, lembrança e uso de conhecimento em contextos organizacionais (ABBAD; BORGES-ANDRADE, 2014). Nesse sentido, os processos de busca são fortemente caracterizados como processos de aprendizagem.

Um ponto ontológico importante é a natureza subjetiva de um EAC. Conforme afirmado anteriormente, um episódio é considerado crítico de acordo com a percepção do empreendedor de seus (potenciais) efeitos sobre a firma. Conforme ilustrado pelos estudos de caso no início deste capítulo, o mesmo evento pode ser vivenciado por diferentes empreendedores de maneiras diferentes. Um evento comum para um empreendedor pode ser crítico para outro. A criticidade percebida pode mudar, com o tempo, o conjunto de recursos disponíveis para a firma e os serviços organizacionais para lidar com o evento. Em estágios posteriores, a percepção de criticidade pode ser substituída por uma percepção aumentada de controle (semelhante às argumentações da teoria da dependência de recursos). Como o conteúdo dos EACs varia de acordo com a percepção do empreendedor, o número e os tipos de EACs podem aumentar exponencialmente. Portanto, um objetivo complementar desta obra é identificar categorias de EACs que favoreçam uma análise parcimoniosa dessa diversidade (descritas no capítulo 5).

Além do conteúdo, os EACs podem variar em termos de duração. Eles podem durar semanas (por exemplo, questões relacionadas à formalização da empresa) ou anos (por exemplo, desenvolvimento de fluxos de caixa sustentáveis). Além disso, como os efeitos da aprendizagem individual no nível organizacional são um processo de fundo-subida (*bottom-up*), é provável que exijam mais tempo para gerar resultados observáveis do que os processos de topo-descida (*top-down*) (PANTOJA; BORGES-ANDRADE, 2004). O tempo, portanto, desempenha um importante papel teórico e metodológico. Esse é um desafio para estudos longitudinais, a menos que uma perspectiva retrospectiva seja adotada. Daí o uso extensivo neste livro de entrevistas retrospectivas (FLICK, 2007), nas quais empreendedores narram os eventos críticos na trajetória de suas firmas.

Coleções de narrativas são o material de entrada predominante nos estudos de processo (LANGLEY, 1999). A vantagem de usar narrativas é que elas podem ser colocadas em fases delimitadas por·pontos de quebra temporais. Neste livro, essas fronteiras correspondem a EACs. A partir da demarcação dessas fronteiras, foram identificadas sequências de EACs e suas dinâmicas internas. Como será discutido nos capítulos 5 e 7, esse método foi apropriado para apreender o conteúdo desses eventos, sobreposições e trocas de recursos entre eles e a dinâmica de redes de contato dentro e além dos EACs. As etapas metodológicas gerais para conduzir esse trabalho são apresentadas neste capítulo, mas procedimentos detalhados para investigar EACs e trajetórias são encontrados nos capítulos 5 e 6, respectivamente.

2.4.1 Estratégias de coleta de dados

O primeiro passo para a coleta de dados foi o mapeamento das incubadoras de empresas em São Paulo e Minas Gerais. A relação das incubadoras de empresas com localização, tipo de empresa atendida, serviços prestados, contatos, tempo de atuação etc. foi obtida em bases de dados on-line, principalmente dos websites do Sebrae, da Anprotec e da Rede Mineira de Incubadoras. A seleção das incubadoras baseou-se em dois critérios: a) incubadoras tradicionais ou tecnológicas, e b) estar em funcionamento há, pelo menos, cinco anos. Esses critérios garantiram diversidade de incubadoras e start-ups e que a estrutura de serviços estivesse estabelecida com, pelo menos, um ciclo de incubação concluído.

As incubadoras selecionadas foram contatadas por telefone, e informações adicionais foram enviadas por e-mail para identificar start-ups elegíveis para a pesquisa. O passo seguinte foi selecionar e contatar os empreendedores. Eles deveriam estar quase graduados ou terem se graduado na incubadora há menos de dois anos. Esse critério objetivou: a) aumentar a probabilidade de todas as start-ups terem iniciado no mesmo período e b) reduzir o viés de memória em relação aos eventos ocorridos nos primeiros anos de start-up. Começar no mesmo período aumentaria as chances de que essas start-ups tivessem vivenciado contextos macroeconômicos e institucionais semelhantes.

Seguiram-se entrevistas, face a face, com gerentes de incubadora, incubados e graduados. As indicações de casos comparativos de não incubação, quando existentes, foram fornecidas pelo empreendedor ao final da entrevista. A partir desse procedimento, constatou-se que havia poucos ou nenhum caso comparativo para a maioria das start-ups participantes desse estudo. Isso é especialmente verdadeiro para empresas intensivas em P&D, dado o grau de inovação do produto ou serviço. Os poucos concorrentes para esse tipo de start-up eram empresas internacionais ou multinacionais, representadas por escritórios no Brasil. Para aqueles que relataram casos comparativos, o acesso à maioria deles mostrou-se muito difícil ou mesmo impossível, apesar de tentativas sucessivas de contato. As implicações dessa falta de correspondência de um grupo de empresas fora do sistema de incubação (grupo controle) com o grupo amostral são discutidas no capítulo 7.

Informações documentais complementares sobre as incubadoras de empresas e start-ups selecionadas foram coletadas entre as entrevistas. Essas informações referiram-se aos objetivos, à missão e à visão da incubadora, ao processo seletivo, a serviços oferecidos e às instituições de apoio. Para as start-ups, alguns websites próprios disponibilizaram informações sobre as características do produto, histórico da empresa e outros dados que complementaram o conteúdo das entrevistas. Além disso, as informações das instituições de apoio (Sebrae, Finep, Fapemig) contribuíram para a compreensão do contexto institucional.

2.4.2 Tratamento e análise de dados – uma visão geral

Os dados primários desta pesquisa consistem em entrevistas gravadas (n = 72), entrevistas não gravadas (n = 5), fotografias de start-ups e incubadoras de empresas e notas de campo da autora. As notas de campo basearam-se em observações das instalações e da dinâmica espontânea (como a visita inesperada de um vereador a uma incubadora) e em conversas informais com empreendedores, gestores de incubadoras e pessoal de apoio.

As entrevistas foram submetidas às seguintes etapas para análise:

a. durante o trabalho de campo, foram elaborados breves resumos com base nas notas de campo. Os resumos das entrevistas com os gestores das incubadoras incluíram tipo de incubadora, serviços prestados, critérios de seleção, perfil dos empreendedores, episódios críticos de start-ups com base em sua experiência e desistências. Para as entrevistas com empreendedores, os resumos relataram o início da ideia, formação educacional e profissional, EACs, estratégias de aprendizagem, dinâmica de relacionamento, perspectivas de crescimento, questões específicas do setor, papel desempenhado pela incubadora de empresas na evolução da firma, saída da incubadora e questões de competição. Esses resumos informaram melhorias no roteiro de entrevista semiestruturada (Anexo A) e a identificação de outros entrevistados em potencial, como casos de comparação e instituições de apoio;

b. após o trabalho de campo, as entrevistas gravadas foram transcritas e codificadas no Atlas.Ti (versão 5.0.66) para codificação, redação de memos e reorganização dos dados de acordo com as perguntas de pesquisa. Os principais códigos foram a formação do empreendedor, os EACs, as dinâmicas de relacionamento, o papel da incubadora e a dinâmica setorial. As anotações de campo também foram organizadas em arquivos eletrônicos e, quando conveniente, incorporadas a memos vinculados às entrevistas correspondentes. A prioridade de análise foi dada às entrevistas com empreendedores. Os códigos para EACs resultaram na primeira classificação de tipos de EACs. O capítulo 5 detalha como isso foi feito;

c. foram construídas duas bases de dados com todos os componentes dos EACs, uma no Excel, com foco no conteúdo qualitativo de cada episódio, e outra no SPSS (versão 16.0), para informações codificadas scbre as características das start-ups e empreendedores, componentes de EACs e outros fatores. Outro banco de dados no SPSS foi agregado por start-up. Essas bases de dados foram utilizadas de forma complementar, e os resultados são apresentados nos capítulos 4 a 6;

d. duas estratégias principais foram utilizadas para gerar os resultados. A primeira foi uma análise transversal que descreve os tipos e distribuição de EACs. O capítulo 5 apresenta e discute esses resultados. A identificação dos EACs e a sua caracterização constituem os blocos de construção de uma explicação teórica das trajetórias evolutivas de start-ups;

e. a segunda estratégia focalizou as trajetórias como unidade de análise, em duas etapas. A primeira caracterizou-se pela análise quantitativa de padrões por conjuntos de variáveis, e a segunda por uma análise qualitativa comparativa entre EACs, seguindo os princípios da teoria fundamentada. Os detalhes dos procedimentos analíticos e os resultados produzidos estão no capítulo 6.

2.5 ESTRUTURA DO LIVRO

Este capítulo revisou as principais teorias sob o guarda-chuva das teorias da firma baseadas no conhecimento e definiu a posição teórica deste trabalho. Ele apresentou as perguntas de pesquisa, as motivações para realizar o estudo, os objetivos da pesquisa e as principais etapas metodológicas.

O capítulo 3 descreve como conceitos da economia evolucionária, teoria da firma baseada em recursos, abordagem de redes sociais e teorias psicológicas de aprendizagem são articuladas no marco analítico. Ele é apresentado em duas partes. Primeiro, o marco analítico define o conceito de trajetórias e mostra como elas resultam de arranjos de EACs. Em seguida, ele apresenta o conceito e os elementos constituintes dos EACs.

O capítulo 4 caracteriza os programas de incubação de empresas em geral e o cenário institucional das start-ups em termos de fontes de financiamento, distribuição geográfica de recursos, atores e seus papéis de apoio. Em seguida, detalha as incubadoras de empresas aqui estudadas em relação aos pacotes de serviços, critérios de seleção, tipos de parcerias para acessar recursos, perfil dos gestores das incubadoras, entre outros. Esse capítulo caracteriza as start-ups quanto ao grau de intensidade de P&D, configuração de redes iniciais e outros fatores, bem como seus empreendedores, em relação à educação e formação profissional, entre outras características.

O capítulo 5, primeiro capítulo empírico, descreve o método de identificação de EACs e achados correspondentes. A sequência do capítulo apresenta características transversais dos cinco principais tipos de EACs e explora cada elemento de um EAC, combinando análises qualitativas e quantitativas. O capítulo inclui questões de uso de recursos e dinâmicas de rede, bem como casos ilustrativos. Ele discute o papel da agência empreendedora e de fatores estruturais para explicar os padrões de EACs, questões de dependência de trajetória versus quebra de trajetória em processos de aprendizagem e as vantagens e riscos de inserção em redes de incubadoras de empresas.

O capítulo 6 descreve a metodologia para explorar os relacionamentos entre os EACs, ao longo do tempo, e os resultados em termos de trajetórias evolutivas. Ele utiliza análises quantitativas e qualitativas para identificar trajetórias típicas agregadas. A dinâmica das trajetórias típicas é discutida em relação às condições contextuais e aos fatores endógenos, características dos empreendedores, estratégias de aprendizagem e tipos de uso de recursos.

O último capítulo conclui o livro discutindo as respostas para cada pergunta de pesquisa. Explora as contribuições teóricas, metodológicas e empíricas desta obra para explicar a evolução de start-ups. Traz argumentos iniciais para avançar a teoria da firma baseada em recursos, de modo a colocar os processos de aprendizagem em seu núcleo. Os processos de busca são elucidados usando fatores de agência, estrutura e temporais, tendo EACs como a unidade básica de análise. Questões de dependência e criação de trajetórias são revisitadas à luz do papel potencialmente duplo da imersão em redes para facilitar a sobrevivência e moldar a inovação. Esse capítulo conclui discussões anteriores sobre a articulação entre diferentes níveis de análise no que diz respeito à transformação da aprendizagem empreendedora individual em rotinas organizacionais.

Uma seção específica é dedicada ao papel das incubadoras de empresas na prestação de serviços operacionais, estratégicos e "invisíveis", essenciais para fundamentar esta abordagem baseada na aprendizagem para a evolução das start-ups. A seção final resume as principais contribuições para os estudos de desenvolvimento e apresenta uma agenda de pesquisa.

2.6 TERMOS-CHAVE

Os termos aqui definidos são fundamentais para compreender o argumento deste livro. Eles estão relacionados ao marco analítico detalhado no capítulo 3, por isso é importante apresentá-los brevemente aqui.

a. **Start-ups:** são iniciativas empreendedoras que visam à sobrevivência e ao crescimento no mercado (ALTENBURG; ECKHARDT, 2006). São organizações dinâmicas comumente caracterizadas por ativos e recursos limitados, tornando-as fortemente dependentes de uma rede com atores externos para adquirir e criar recursos. Devido à escassez de recursos e à frouxidão dos sistemas de rotinas organizacionais, elas são mais suscetíveis às incertezas, mas também mais flexíveis para inovar e diversificar. Sua organização interna é mais horizontal e baseada nas relações sociais entre os membros. Os empreendedores tendem a ser polivalentes, especialmente nos primeiros anos. Start-ups são caracterizadas por altas taxas de insucesso, nos primeiros anos, devido à falta de acesso aos recursos necessários (MEAD; LIEDHOLM, 1998) ou má gestão dos recursos disponíveis (SEBRAE, 2007).

b. **Gatilhos:** eventos endógenos ou exógenos que iniciam um processo de busca. Um gatilho é o ponto de partida de um EAC, no sentido de que, em prol da sobrevivência da firma, ele não pode ser ignorado. Por exemplo, a necessidade de um sistema de gestão financeira para a start-up (gatilho endógeno) ou clientes importantes inadimplentes (gatilho exógeno).

c. **Recursos:** insumos tangíveis e intangíveis para a firma. Penrose (1980 [1959]) afirma que os recursos resultam de mudanças ou aumentos no conhecimento como resultado da experiência. Essa noção é expandida aqui para incluir atividades pioneiras que criam novos recursos por meio da inovação. Os recursos podem ser adquiridos de fora, como maquinário ou treinamento, criados dentro da empresa, como tecnologia, ou criados em parceria com outros atores, como produtos inovadores. As três principais dimensões de recursos neste livro são cognitivas (interpretações), sociais (redes de relacionamento) e práticas (métodos de trabalho).

d. **Busca**: é uma variedade de processos de aprendizagem intencionais ou não, por meio dos quais as rotinas organizacionais se constituem ou mudam. É desencadeada por gatilhos endógenos ou exógenos e engloba estratégias de aprendizagem e resultados de aprendizagem. Resultados de busca (resultados de aprendizagem eficazes) que resolvem o gatilho são incorporados às rotinas organizacionais e concluem o processo de busca.

e. **Rotina**: configuração relativamente estável de recursos aplicados ao funcionamento regular da firma. As rotinas são a forma como as start-ups fazem as coisas sistematicamente internamente e em interação com o ambiente. Elas não funcionam isoladamente; em vez disso, são sistemas organizados de configurações de recursos enquadrados em regras organizacionais gerais de ação. Exemplos de rotinas são pedidos de bolsas de P&D e gestão financeira.

f. **Estratégias de aprendizagem**: atividades individuais de processamento de informação usadas pelos empreendedores para codificar informações críticas que podem ajudar a solucionar um gatilho. Essas estratégias otimizam os processos de aprendizagem, facilitando a aquisição, armazenamento e posterior recuperação das informações aprendidas (ABBAD; BORGES-ANDRADE, 2014). As estratégias podem ser cognitivas, comportamentais ou autorregulatórias.

g. **Episódios de Aprendizagem Críticos (EACs)**: eventos críticos na evolução de start-ups, compostos de gatilhos, estratégias de aprendizagem, atores detentores de recursos, resultados de aprendizagem e mudanças nas rotinas organizacionais. São pontos de inflexão na evolução da start-up, pela profundidade com que mudam a organização interna dessas firmas. Eles são delimitados por quando o episódio começou, quanto tempo durou e quando terminou.

h. **Trajetória evolutiva:** arranjo de EACs que compõem a história de uma start-up. Em uma trajetória, EACs podem ser concomitantes, sequenciais, independentes uns dos outros, inter-relacionados por meio de trocas de recursos, ou interdependentes. Toda essa variação torna cada trajetória única, mas características comuns com base no foco das start-ups agregam-nas em trajetórias típicas.

i. **Trajetória evolutiva típica:** as trajetórias típicas fornecem uma descrição abrangente da evolução de grupos de start-ups, considerando os efeitos das características da start-up, dos empreendedores, das instituições e da aprendizagem ao longo do tempo. A trajetória evolutiva mais típica, por seu caráter linear, é definida pelo estabelecimento da firma seguido da produção direta do produto ou serviço principal e de sua comercialização.

3

FUNDAMENTAÇÃO TEÓRICA

> *Os economistas, é claro, sempre reconheceram o papel dominante que o aumento do conhecimento desempenha nos processos econômicos, mas, na maioria das vezes, acharam todo o assunto do conhecimento muito escorregadio para lidar com até mesmo um grau moderado de precisão, e fizeram poucas tentativas de analisar o efeito das mudanças nas variáveis econômicas tradicionais mediante mudanças no conhecimento.* (PENROSE, 1980 [1959], p. 76-77, tradução própria).

Essa citação resume a situação dos processos de aprendizagem em pesquisa e teoria econômica, nas décadas de 1960 a 1980, e indica que os avanços na descrição dos microfundamentos da dinâmica econômica são conquistas recentes. No início dos anos 2000, já se considerava que "[...] a evolução econômica é um crescimento do processo de conhecimento" (DOPFER; FOSTER; POTTS, 2004, p. 265). É nessa perspectiva que se estabelecem os fundamentos teóricos desta obra. Este capítulo apresenta como teorias e conceitos, desenvolvidos, principalmente, em economia e psicologia, compõem a estrutura analítica de aprendizagem e evolução de start-ups.

O capítulo começa com conceitos de economia evolucionária, incluindo o lugar das start-ups nesta abordagem. Em seguida, explora aspectos específicos da aprendizagem. A aprendizagem é examinada na teoria da firma baseada em recursos e nas teorias da psicologia social e organizacional. As atividades de redes de relacionamento são conceituadas à luz da literatura sobre capital social e economia evolucionária. A seção a seguir descreve o conceito de EACs. As considerações finais resumem os principais pontos dessa argumentação teórica.

3.1 MARCO ANALÍTICO

O marco analítico é composto de duas partes: trajetórias evolutivas e EACs. A trajetória evolutiva individual é um arranjo de EACs na história de uma firma. Esse conceito emergiu da análise qualitativa da dinâmica dos recursos dentro e entre os EACs. A condição básica para uma trajetória é a ocorrência de, pelo menos, dois EACs. As trajetórias foram definidas a posteriori; emergiram durante o desenvolvimento da pesquisa, dado que mesmo as categorias de EACs eram inicialmente desconhecidas e foram investigadas de forma exploratória e indutiva neste trabalho. Análises comparativas dessas trajetórias individuais mostraram padrões que foram chamados de trajetórias evolutivas típicas, por agregarem grupos de start-ups. Trajetórias e trajetórias típicas são o assunto do capítulo 6.

A Figura 2 apresenta os seguintes elementos: uma linha do tempo que indica o início de cada EAC em relação ao começo da start-up, a duração de cada EAC, dada pelo comprimento da caixa correspondente, e as relações entre os EACs indicadas pelas setas. As seguintes características de arranjos de EACs, na trajetória de uma start-up, são ilustradas:

a. os EACs podem ser concomitantes (A e B) ou sequenciais (B e C);

b. os EACs podem ser independentes (D) ou inter-relacionados (A e B);

c. os recursos podem ser trocados entre EACs, independentemente da sequência ou simultaneidade (os recursos em A são usados em B e C). Essas trocas podem ser unidirecionais ou bidirecionais (em episódios simultâneos);

d. a dinâmica de relações entre EACs, dentro de trajetórias individuais, pode potencialmente revelar sistemas de rotinas organizacionais. Isso requereria que, em vez de se referir a trocas de recursos, as setas, na Figura 2, indicassem ligações entre rotinas organizacionais. Essa propriedade das trajetórias não é examinada neste livro, uma vez que, para a maioria das start-ups desta pesquisa, esses sistemas de rotinas eram muito frágeis, ou sequer existiam.

Três abordagens teóricas informam o conceito de EACs, a segunda parte do marco analítico. A mais macro é a economia evolucionária (NELSON; WINTER, 1982), com os conceitos de busca e rotina. Em seguida, vem a teoria da firma baseada em recursos (PENROSE, 1980 [1959]), que define a aquisição e transformação de recursos em serviços organizacionais como fatores-chave para o crescimento da firma. No nível micro, está a teoria sociocognitiva da aprendizagem, que contribui com o conceito de estratégias de aprendizagem individuais (WARR; DOWNING, 2000).

Figura 2 – Marco analítico: diagrama de trajetória evolutiva individual

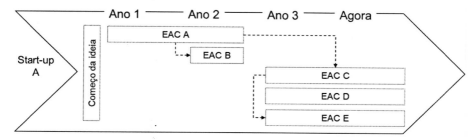

Fonte: a autora

Essas três abordagens estão representadas na Figura 3. As setas indicam as relações entre os seus conceitos, formando a cadeia de etapas em um EAC. O ponto de partida são os gatilhos, os quais podem ser endógenos ou exógenos. Esses eventos só podem desencadear um EAC na medida em que requerem o desenvolvimento de novas rotinas por meio de mecanismos de busca. Os gatilhos endógenos, segundo Penrose (1980 [1959]), referem-se à escassez ou subutilização de recursos dentro da firma. Os gatilhos exógenos, por sua vez, decorrem do cenário institucional da start-up, por meio de atores de mercado, instituições de apoio, marcos regulatórios etc. (NELSON; WINTER, 1982). Note que o processo penrosiano de aquisição e transformação de recursos em serviços para a firma também se aplica a gatilhos exógenos, dadas as demandas de novos recursos que eles acarretam.

Caso a start-up não possua os recursos necessários ou os possua, mas não os utilize de forma eficaz, um processo de busca para adquirir ou criar recursos começa[15]. A busca termina quando novas configurações de recursos resolvem o gatilho por proverem os serviços necessários à continuidade da firma. Uma vez que esses novos serviços sejam incorporados às rotinas organizacionais, ilustradas na parte inferior da figura, eles alteram a organização interna da firma.

---

[15] O conhecimento sobre como usar os recursos de forma mais eficaz é considerado, neste livro, um tipo de recurso a ser adquirido ou criado.

Figura 3 – Marco analítico: diagrama de EACs

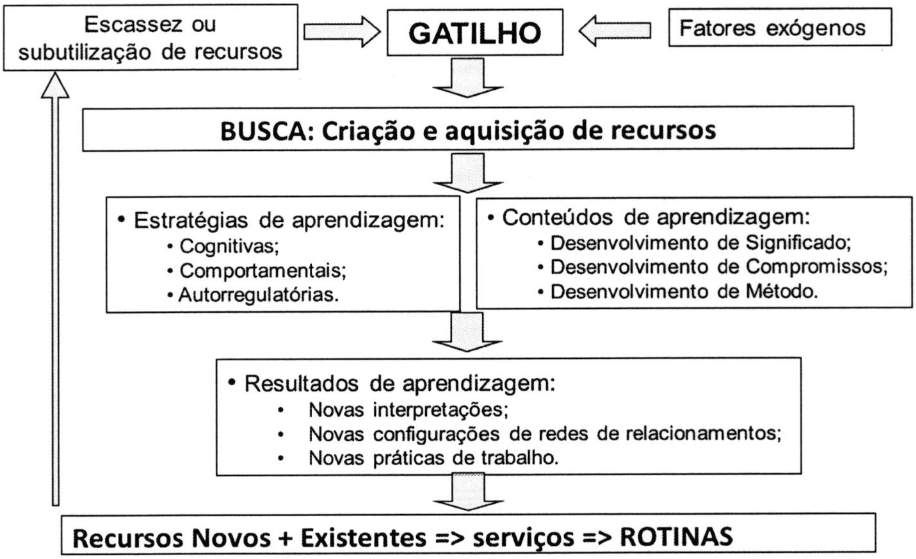

| Escassez ou subutilização de recursos | => | **GATILHO** | <= | Fatores exógenos |

BUSCA: Criação e aquisição de recursos

• Estratégias de aprendizagem:
  • Cognitivas;
  • Comportamentais;
  • Autorregulatórias.

• Conteúdos de aprendizagem:
  • Desenvolvimento de Significado;
  • Desenvolvimento de Compromissos;
  • Desenvolvimento de Método.

• Resultados de aprendizagem:
  • Novas interpretações;
  • Novas configurações de redes de relacionamentos;
  • Novas práticas de trabalho.

Recursos Novos + Existentes => serviços => ROTINAS

Fonte: a autora

A lacuna de conhecimento que este trabalho investiga é *como* os processos de busca mudam as rotinas organizacionais por meio da aprendizagem. A parte do marco analítico para lidar com essa questão de processo é destacada nas etapas entre os gatilhos e as rotinas. Essas etapas desdobram o processo de busca em termos de estratégias, conteúdos e resultados de aprendizagem. Esses são os elementos dos processos de aprendizagem individuais pesquisados aqui. Assim, um EAC se dá pela articulação de todos os conceitos relacionados na Figura 3. Um exemplo de EAC é uma start-up que precisa de um especialista em marketing para comercializar uma nova tecnologia. Esse gatilho pode ser resolvido por meio de estratégias de aprendizagem cognitiva ou comportamental, por exemplo, desenvolvendo competências de marketing internamente ou contratando um especialista externo. Essas novas competências, uma vez aplicadas à firma, trarão serviços que até então não existiam. Se esses serviços melhorarem o funcionamento da firma, eles mudarão as rotinas atuais de comercialização de produtos. Como repercussão, melhorias nessa rotina podem afetar as rotinas de comercialização de outros produtos produzidos pela firma. Esses novos serviços prestados pelos recursos de expertise em comercialização também podem afetar o sistema operacional de rotinas, impactando rotinas relacionadas, como negociação com clientes, formação de preços, publicidade etc.

Esse marco analítico expande a conceituação de Penrose (1980 [1959]) de uso de recursos de duas maneiras. Em primeiro lugar, o conceito, aqui, inclui qualquer recurso necessário para uma firma funcionar, incluindo a gestão, o conhecimento tecnológico, os recursos financeiros, as instalações de infraestrutura, e assim por diante. Em segundo lugar, expande os tipos possíveis de uso de recursos. Os conceitos originais de aquisição e subutilização de recursos são expandidos para incluir dinâmicas de criação e perda de recursos. Essas quatro condições são examinadas, no nível dos gatilhos, no capítulo 5.

O processo de busca é, portanto, central neste livro. É definido como o processo de aquisição ou criação de recursos, por meio de processos de aprendizagem, para estabelecimento ou mudança de rotinas organizacionais. Os processos de busca podem abranger desde a aquisição de competências gerenciais até o desenvolvimento de uma nova máquina para a linha de produção, ou de um novo produto tecnológico. Vale ressaltar que diferentes resultados de aprendizagem podem advir de um único processo de busca e podem ou não ser aplicados como serviços à start-up. Os serviços considerados úteis são reaproveitados em outras ocasiões e passam a integrar as rotinas organizacionais. Isso implica que nem todos os recursos prestarão serviços úteis — pelo menos não imediatamente — e que nem todos os serviços mudarão a combinação de rotinas de trabalho. Essas dinâmicas são demonstradas empiricamente, no capítulo 5, e posteriormente discutidas no capítulo 7.

A definição de busca, em termos de processos de aprendizagem, traz consigo dois conjuntos de conceitos. Um refere-se ao conceito de estratégias de aprendizagem, definido por teorias psicológicas (WARR; DOWNING, 2000); o outro é o de conteúdos e resultados de aprendizagem a partir de teorizações sobre aprendizagem em rede (KNIGHT; PYE, 2004, 2007). Esses conceitos descreverão as dinâmicas de aprendizagem por meio das quais a busca pode alterar as regras atuais de operação da start-up.

A aplicação de estratégias de aprendizagem é a primeira etapa de um processo de busca. Essas estratégias, cujas categorias são detalhadas a seguir, representam diferentes atividades envolvidas na aquisição e no processamento de informações. Elas são usadas por empreendedores para alcançar diferentes conteúdos de aprendizagem. Os conteúdos de aprendizagem são o tema central de um episódio de aprendizagem e expressam os recursos necessários para resolver o gatilho, de acordo com a percepção do empreendedor. No exemplo da necessidade de conhecimento em marketing, o conteúdo de aprendizagem traz para a firma conhecimento específico e, para que isso aconteça, os empreendedores podem usar estratégias, como contatar atores-chave para encontrar esse especialista ou se inscrever em um curso para desenvolver essas competências em si mesmos. Diferentes categorias de conteúdos de aprendizagem e suas implicações para explicar os processos de busca são discutidas na seção 3.6. Uma vez que esses conteúdos sejam alcançados, os resultados de aprendizagem são identificáveis. Esses resultados cobrem uma ampla variedade de serviços para as start-ups, e seus tipos são descritos também na seção 3.6. Uma característica importante dos resultados de aprendizagem é que eles carregam algum grau de incerteza, uma vez que há uma chance de que o resultado não forneça um serviço útil à firma. Seria o caso, por exemplo, de uma expansão da rede de compradores que resulta em episódios de inadimplência. Assim, apenas aqueles resultados comprovadamente eficazes são incorporados às rotinas organizacionais, enquanto outros podem permanecer como cognições sobre como realizar determinadas atividades ou como não se deve realizá-las. Seguindo o exemplo, novos entendimentos sobre os motivos da inadimplência passarão a fazer parte do conhecimento organizacional, mas não serão facilmente identificáveis nas práticas organizacionais.

Consequentemente, os resultados da aprendizagem são diferentes das rotinas organizacionais. Os primeiros são contingentes a um EAC e são a parte final de um processo de aprendizagem individual ou de equipe. A ligação entre eles e as rotinas organizacionais é determinada pela utilidade dos serviços prestados pelo recurso adquirido ou criado nesses resultados. As rotinas organizacionais, por outro lado, estão localizadas no âmbito da firma ou entre firmas, são mais complexas do que os resultados de aprendizagem e mais estáveis ao longo do tempo. Além disso, conforme as rotinas se tornam mais complexas e coordenadas em um sistema, os resultados dos EACs tendem a afetar mais de uma rotina, ou os resultados de mais de um EAC convergem para uma única rotina. No entanto, na start-up, é mais difícil diferenciar os resultados de aprendizagem das rotinas organizacionais iniciais, devido às mudanças dinâmicas e aos rápidos ajustes nas últimas. Contudo, à medida que essas rotinas são estabelecidas, socializadas e legitimadas, elas se tornam menos sujeitas a mudanças por novos resultados de aprendizagem. A evidência empírica do dinamismo das rotinas organizacionais é fornecida no capítulo 5.

As seções a seguir desenvolverão esses conceitos principais. Eles são organizados por corpo de literatura, começando com a economia evolucionária e passando para as conceituações de aprendizagem em diferentes teorias. Ao final, é elaborada uma seção sobre EACs e são apresentadas algumas considerações finais.

3.2 ECONOMIA EVOLUCIONÁRIA

Conceitos de economia evolucionária (NELSON; WINTER, 1982) estão incluídos no marco analítico deste livro por seu foco na explicação da mudança econômica. Embora se preocupe com o comportamento da indústria, a economia evolucionária reconhece que as firmas individuais desempenham um papel essencial. Essa função está relacionada à criação e mudança do conhecimento organizacional. Essa mudança pode ser provocada por escolha deliberada (fatores endógenos) ou por processos não escolhidos e indesejados (fatores exógenos) (NELSON; WINTER, 1982). A escolha deliberada refere-se a uma busca por conhecimento "[...] em uma fonte conhecida por conter a resposta, ou uma busca extensa por uma solução de problema que pode não existir" (NELSON; WINTER, 1982, p. 64). Este livro adota a distinção entre gatilhos endógenos e exógenos para mudança, mas não apoia a correspondência entre endógeno-bem-vindo e exógeno-indesejável. Ambas as fontes de mudança e seus resultados podem ser percebidos como positivos ou negativos pelos empreendedores. Por exemplo, quando um concorrente deixa de fornecer um serviço prometido (fator exógeno), as oportunidades de mercado são abertas para as start-ups (processo bem-vindo). Outros exemplos são discutidos no capítulo 5.

A teoria econômica evolucionária é baseada em três conceitos principais: rotina, busca e seleção (NELSON; WINTER, 1982). Conforme discutido anteriormente, busca e rotina são os dois conceitos redefinidos aqui, no nível da firma, para explicar a evolução de start-ups.

3.2.1 Busca

Busca é "[...] uma rubrica para a variedade de processos, principalmente intencionais, mas alguns não, pelos quais as mudanças de regra ocorrem" (NELSON; WINTER, 1982, p. 171). No marco analítico desenvolvido neste livro, essa variedade restringe-se àqueles processos de aprendizagem intencionais ou não intencionais que são críticos para a sobrevivência da firma. Mantêm as mesmas características de busca elaboradas por Nelson e Winter (1982):

a. *irreversibilidade* – relaciona-se com a aquisição de conhecimento, a qual não pode ser revertida. A retenção e o uso de novos conhecimentos geralmente incorrem em menos custos do que sua aquisição ou produção. Em ambientes de incubação de empresas, os custos (em termos de finanças, tempo, confiança etc.) de aquisição e produção de novos conhecimentos tendem a ser minimizados pelas instalações da incubadora (como infraestrutura, laboratórios de pesquisa, redes), constituindo uma das razões pelas quais os empreendedores optam por participar desses programas;

b. *incerteza* – entre tantas alternativas, o tomador de decisão (empreendedor) raramente pode contar com informações claras sobre qual é a melhor escolha. "O processo de explorar alternativas percebidas, ou eventos exógenos, pode trazer à luz alternativas nem mesmo contempladas [pela firma] nas avaliações originais" (NELSON; WINTER, 1982, p. 171). Novamente, o conjunto de alternativas disponíveis pode ser ampliado por estar no cenário institucional de uma incubadora de empresas, por meio do acesso a atores com recursos. Além disso, a inserção nessa rede contribui para a captura de insumos para a escolha entre essas alternativas, facilitando o processo de escolha e a confiança numa escolha com maior probabilidade de sucesso. Espera-se que tanto a gama de alternativas como os insumos a serem escolhidos reduzam a percepção de risco dos empreendedores e aumentem a sua percepção de previsibilidade sobre o ambiente;

c. *caráter contingente* – o sucesso dos processos de busca depende de soluções potencialmente disponíveis em um determinado contexto. A dimensão local da busca é fundamental para explicar e compreender a aglomeração de start-ups — e de serviços de apoio a negócios — em determinadas regiões. Espera-se que as capitais e outros centros ricos em recursos melhorem as chances para as empresas nascentes devido à presença de externalidades como fornecedores, mão de obra e transbordamentos tecnológicos. Essas são fontes críticas de soluções para as necessidades das start-ups, conforme demonstrado nos capítulos 5 e 6. No extremo oposto, start-ups, em áreas pobres, carecem de acesso aos atores do mercado, mão de obra qualificada e outros recursos essenciais. A disponibilidade de recursos locais e regionais é elaborada no capítulo 4, em relação à disponibilidade de recursos e à distribuição geográfica das incubadoras de empresas em São Paulo e Minas Gerais.

A ligação entre intencionalidade e resultados merece atenção. Este livro investiga processos de busca que são desencadeados por fatores deliberados e não deliberados. Os empreendedores se envolvem em processos de busca para alcançar os conteúdos de aprendizagem que julgam fornecer a solução para o gatilho. Porém, durante um processo de busca, resultados inesperados também ocorrem. Por exemplo, se o empreendedor objetiva deliberadamente aumentar as vendas por meio da expansão do portfólio de compradores, ele se engajará em um processo de busca para acessar novos compradores, para estabelecer um modelo de negócios com representantes de vendas e consumidores finais, e assim por diante. Se os novos compradores não cumprirem os acordos de pagamento, resultados não intencionais levarão a uma mudança nas rotinas de vendas e, possivelmente, a um redesenho da estratégia de vendas. Consequentemente, tanto os processos de busca intencionais como os não intencionais podem levar a resultados esperados ou inesperados.

3.2.1.1 Busca e aprendizagem

A literatura é escassa para descrever como funcionam os processos de busca (LAZARIC, 2011). Originalmente, Nelson e Winter (1982) associam a busca à P&D. Eles descrevem algumas regras de decisão para a alocação do esforço investido em P&D sob a forma de dois processos de busca. O primeiro pressupõe uma topografia regular e constante de alternativas tecnológicas, processo desencadeado por rendimentos esperados insuficientes em que a busca não teria direção particular. Nesse caso, há alta probabilidade de desenvolver algo próximo à tecnologia atual, e as condições de mercado afetam o envolvimento com as atividades de busca e a probabilidade de lucro.

O segundo processo assume estratégias e topografias mais complexas em um modelo geral. É o caso de tecnologias ainda não criadas, cujos atributos econômicos são desconhecidos, e alguns dos atributos tecnológicos são conhecidos. A estratégia de busca, então, é estabelecer regras de decisão para as atividades de pesquisa e o direcionamento da busca, facilitando o aprendizado dos detalhes tecnológicos e o desenvolvimento da tecnologia para aplicação prática, combinando atributos econômicos e tecnológicos. Essa é claramente uma perspectiva de P&D disruptiva aplicada aos processos de busca.

Alternativamente, este livro inclui qualquer recurso, não restrito a P&D, que exija um processo de busca. Aqui, o julgamento empreendedor sobre qual recurso é necessário, associado a fatores cognitivos, como as crenças dos detentores do conhecimento sobre o que pode ser avançado por meio de busca, são considerados. Narrativas sobre o colapso de uma *joint venture* ilustram o papel da agência na busca. Se um dos sócios for contra o engajamento em busca de aumento da complexidade organizacional, é comum que ele saia da empresa. Portanto, essas estruturas cognitivas compartilhadas, baseadas em conhecimentos, valores e metas sociais, são necessárias para possibilitar processos de motivação intrínseca e compromisso consciente com o processo de aprendizagem. Por sua vez, os resultados desse processo se refletirão, no indivíduo e na organização, na forma de novas interpretações, configurações de relacionamentos, métodos de trabalho e rotinas. Em um artigo que atesta a causação bidirecional entre indivíduos e organizações, Lazaric (2011, p. 153) afirma que:

> O surgimento de mecanismos de mudança provenientes de indivíduos, mas que têm um impacto na organização ("causa ascendente"), e as mudanças dentro das organizações que afetam radicalmente os indivíduos ("causa descendente reconstitutiva") (Hodgson, 2007: 108) são dignas de investigação. [tradução própria].

Um conceito que complementa essa relação entre indivíduos e ambiente para a busca é agência distribuída. A agência distribuída reflete a ideia de que diferentes recursos estão nas mãos de diferentes atores, de modo que a mudança de rotina só pode ocorrer quando há uma troca de recursos e coordenação entre esses atores (GARUD; KARNOE, 2003; GARUD; KUMARASWAMY; KARNOE, 2010). Portanto, estabelecer relacionamentos é uma atividade crítica nos processos de busca. Outro conceito central dessa ontologia relacional é a criação de trajetórias. Ele parte do pressuposto de que é impossível para o empreendedor promover a mudança por si mesmo e que, portanto, há necessidade de uma rede de outros atores para criar novas regras e legitimá-las (GARUD; HARDY; MAGUIRE, 2007). Embora essa literatura não discuta rotinas especificamente, a base lógica da agência distribuída e da criação de novas trajetórias está bem alinhada com as conceituações atuais sobre mudanças nas rotinas organizacionais.

Além disso, as três características da busca (irreversibilidade, incerteza e caráter contingente) fornecem a base para os processos envolvidos na busca, conforme apresentados no marco analítico. Em primeiro lugar, as estratégias de aprendizagem individuais visam a atingir conteúdos de aprendizagem específicos e são claramente irreversíveis, incertas e dependentes do contexto. A escolha de um investidor privado em vez de um subsídio público, por exemplo, dependerá, em primeiro lugar, da disponibilidade local de ambos os tipos de fontes de financiamento. Se a start-up nunca contou com nenhum dos tipos, a decisão implica maior incerteza sobre os resultados dessa escolha. Embora a escolha em si possa não ser irreversível, no sentido de que mudar ou combinar fontes de financiamento pode ser possível, o aprendizado adquirido de qualquer uma das escolhas permanece para futuras tomadas de decisão. Portanto, a aprendizagem de conteúdos sobre o que é um investidor anjo, quais são os requisitos para ter acesso a esses fundos, o envolvimento que um investidor pode ter na firma, os esforços para elaborar uma proposta de investimento etc. passam a fazer parte irreversivelmente do conjunto de conhecimento organizacional. Consequentemente, resultados, como a capacidade de elaborar uma proposta de financiamento, o estabelecimento de novas redes com investidores privados e um novo conhecimento para pesar as vantagens do investimento privado em relação ao financiamento público, tornam-se recursos disponíveis para a firma. Novamente, esses resultados são irreversíveis, incertos e contingentes ao contexto. Nota-se que o caráter contingente inclui também fatores endógenos, como a capacidade inicial de lidar com diferentes fontes de investimento.

Na conclusão de um processo de busca, dois fatores influenciarão o impacto desses resultados de aprendizagem no funcionamento da firma. Em primeiro lugar, existe a avaliação empreendedora da eficácia dos resultados para resolver o gatilho. Em segundo lugar, existem as condições internas da start-up para implementar a mudança nas suas rotinas – o que a teoria das capacidades dinâmicas chamaria de capacidade absortiva. Todavia, uma vez que a mudança seja implementada, outro tipo de incerteza surge. Mesmo em condições favoráveis, os impactos dos novos recursos, nas configurações existentes de recursos organizados em rotinas, são incertos. A magnitude do impacto dessas mudanças dependerá da complexidade e do entrelaçamento do atual sistema de rotinas e da força das demandas ambientais. O conhecimento sobre essa combinação intrincada de fatores também permanece como um ativo para a firma. Essa descrição do processo de busca, em termos de aprendizagem e mudança potencial, mostra que suas principais características estão presentes em diferentes etapas do processo, desde as estratégias individuais para lidar com os gatilhos até os impactos nas rotinas organizacionais.

3.2.2 Rotina

Nelson e Winter (1982, p. 125) definem rotina como as habilidades das organizações industriais hierárquicas.

> As rotinas são as habilidades de uma organização. O desempenho de uma rotina organizacional envolve a integração efetiva de uma série de sub-rotinas componentes (elas próprias ainda mais redutíveis) e é normalmente realizada sem "conscientização responsável" - isto é, sem exigir a atenção da alta administração. [...] Uma rotina pode envolver interações diretas extensas com o ambiente da organização e a realização de várias "escolhas"; que dependem tanto do estado do ambiente quanto do estado da própria organização, mas essas escolhas não envolvem processo de deliberação pela alta administração. (tradução própria).

Essas organizações hierárquicas são caracterizadas pelo fornecimento do mesmo tipo de bens e serviços, por longos períodos de tempo, e por um nível de alta gestão para a tomada de decisões estratégicas. Vale ressaltar que o poder de mudar as rotinas organizacionais está nas mãos dos gerentes de alto escalão, inclusive para responder a demandas de fatores exógenos. Isso aproxima a elaboração de Nelson e Winter (1982) da teoria de Penrose[16].

---

[16] Apesar desse ponto comum, essas duas teorizações diferem quanto ao papel desempenhado por fatores endógenos ou exógenos na evolução da firma. Enquanto Penrose (1980 [1959]) concentra-se nas decisões da alta administração para o crescimento da firma, Nelson e Winter (1982) enfatizam o papel de fatores como tecnologia e estrutura industrial como motores de mudança no nível da firma.

Discussões contemporâneas sobre a ontologia das rotinas têm tentado superar o caráter metafórico da formulação original postulando que as rotinas estão continuamente sendo reinventadas, remodeladas e readaptadas pelo desempenho contínuo. Nesse sentido, Feldman (2000) e Lazaric (2011) afirmam que as ações individuais (agência) são incorporadas e influenciadas pela abstração da rotina (estrutura). Esses desenvolvimentos teóricos enfatizam a dependência das rotinas do que os indivíduos e as organizações fazem, dentro de um determinado ambiente, e reconhecem explicitamente as múltiplas agências nos processos de formação e mudança de rotina. Assim, as "[...] rotinas evoluem de acordo com várias pressões internas ou externas e criam pontos focais em torno dos quais os membros da organização concordam em organizar seu trabalho ou atividades" (LAZARIC, 2011, p. 150). Uma definição afirma que as rotinas são "[...] padrões repetitivos reconhecíveis de ações interdependentes, realizadas por múltiplos atores" (FELDMAN; PENTLAND, 2003, p. 95). Isso é observado também em start-ups, com a forte influência da disponibilidade local de recursos nas decisões empresariais sobre quais recursos escolher e sobre estratégias para criar recursos inexistentes ou inacessíveis em seu ambiente. Esses novos recursos, pelas novas configurações de recursos e inovação que geram, retroalimentam os ambientes interno e externo da firma.

Esses avanços conceituais, no entanto, não respondem à pergunta *como* as pressões, ou gatilhos conforme definidos aqui, mudam as rotinas de trabalho.

3.2.2.1 Rotinas neste estudo

Esta obra define rotinas organizacionais como configurações relativamente estáveis de recursos aplicados ao funcionamento regular da firma. Elas são organizadas como um sistema enquadrado em regras organizacionais gerais de ação. Essa definição inclui padrões reconhecíveis de interação entre os indivíduos e o ambiente, e o papel de vários atores na remodelagem contínua das rotinas conforme são desempenhadas. Central nessa definição é a importância de estruturas cognitivas compartilhadas e a motivação para construir esses padrões de interação (WITT, 2000; LAZARIC, 2011). Cognições e motivação são, por definição, individuais (WITT, 2000; BASTOS; GONDIM; LOIOLA, 2004). Uma vez socializadas, elas emergem, no nível organizacional, vinculando ontologicamente as competências individuais às rotinas da firma (VROMEN, 2011). Além dessa dimensão cognitiva, existe a natureza interacional das rotinas. Essa última é conceitualmente tratada como separada da primeira neste livro, com implicações para um conceito mais abrangente de rotinas (VAN DER STEEN, 2009).

A dimensão interorganizacional de algumas rotinas, apoiada por dados empíricos desta pesquisa, expande o lócus de rotinas de dentro da firma em direção às fronteiras interorganizacionais. Um exemplo é a criação de spin-offs a partir de parcerias entre start-ups e o desenvolvimento de estruturas administrativas paralelas para a spin-off. Esse tipo de arranjo implica rotinas de rede envolvendo empreendedores das duas primeiras start-ups para a gestão de uma terceira firma, corroborando um cenário de redes industriais de cooperação, em que:

> Distinguimos vínculos técnicos, de planejamento, de conhecimento, socioeconômicos e jurídicos. Esses vínculos podem ser exemplificados, respectivamente, por ajustes de produto e processo, coordenação logística, conhecimento sobre a contraparte, confiança e gosto pessoal, acordos especiais de crédito e contratos de longo prazo. (JOHANSON; MATTSON, 1991, p. 257, tradução própria).

Desde os estágios iniciais do desenvolvimento das firmas, os empreendedores desenvolvem rotinas que são essencialmente interorganizacionais para acessar e implantar recursos que não existem internamente. Portanto, essas são rotinas importantes para lidar com a escassez de recursos intrafirma e para reduzir os custos de desenvolvimento de um amplo conjunto de recursos internamente. Conforme será discutido no capítulo 6, uma trajetória evolutiva específica se desenvolve a partir dessa estratégia, por meio da criação de spin-offs para o produto secundário. Essa expansão do lócus de rotinas fortalece argumentos avançados sobre as interações indivíduo-ambiente necessárias para compreender as rotinas (LAZARIC, 2011; FELDMAN; PENTLAND, 2003). Esses argumentos foram originalmente desenvolvidos em reação a afirmações anteriores em favor de fatores estruturais exógenos. Aqui, a simplicidade comparativa de start-ups em termos de mix de rotinas apontou o grande número de trocas interorganizacionais no acesso a insumos para formação e mudança de rotina. Isso sugere que as rotinas interorganizacionais iniciais gradualmente se convertem em rotinas internas, à medida que mais recursos são adquiridos ou criados, e os limites da firma são delineados por seus sistemas de rotinas. Como consequência, esta obra está de acordo com a literatura que defende a pesquisa, em vários níveis, para investigar rotinas (VROMEN, 2011).

Em suma, este trabalho apoia a base tripartite do conceito de rotinas: a dimensão operacional (NELSON; WINTER, 1982), a dimensão cognitiva (WITT, 2000) e a dimensão interacional (VAN DER STEEN, 2009). Desse modo, novas ou renovadas rotinas se localizam ao final de processos de busca. No entanto, conforme indicado pela seta de rotinas para gatilhos endógenos, na Figura 3, as rotinas também podem desencadear EACs. Esse pressuposto teórico é analisado empiricamente no capítulo 5 e discutido no capítulo 7.

Uma vez que os conceitos usados na economia evolucionária foram desenvolvidos para organizações industriais hierárquicas, muitas questões surgem de sua aplicação em start-ups. Assim, uma visão geral da evolução de start-ups situa o marco analítico nesta literatura.

3.2.3 Evolução de start-ups

Um bom ponto de partida teórico para discutir os desenvolvimentos da economia evolucionária para unidades organizacionais mais simples, como start-ups, é fornecido por Dopfer (2004). Esse autor discute os microfundamentos da teoria econômica, trazendo a autonomia dos agentes individuais para o centro das dinâmicas da firma.

Dopfer (2004) afirma que:

> [...] o núcleo explicativo de uma teoria evolucionária da firma ou qualquer outra microunidade deve ser um modelo comportamental que se relaciona com a dimensão cognitiva subjetiva das regras[17] e a dimensão do plano objetivo[18]. (DOPFER, 2004, p. 182, tradução própria).

A dimensão cognitiva, neste trabalho, é representada pelo conhecimento do empreendedor sobre o seu negócio, pelas suas crenças em relação à natureza dos relacionamentos com atores externos e pelo seu conhecimento e criatividade em relação às práticas operacionais da start--up. Esses refletem as três dimensões de resultados dos EACs. O empreen-

---

[17] Regras são "[...] propriedades emergentes de um processo de adoção de regras que ocorre em um grupo" (DOPFER, 2004, p. 189). Observe que essa definição implica uma natureza social das regras.

[18] A dimensão objetiva se refere a objetos físicos, layouts e artefatos.

dedor, portanto, desempenha um papel central como agente cognoscente (DOPFER, 2004, p. 269):

> O agente microeconômico evolutivo, nesse sentido, tem estrutura interna e externa: a estrutura interna é construída sobre capacidades cognitivas e imaginativas (o agente tem uma mente) e a estrutura externa é construída a partir de interações específicas com outros agentes (o agente tem uma sociedade). Do ponto de vista evolutivo, cada agente está continuamente engajado na solução de problemas que resulta na construção e manutenção de sistemas complexos de regras. O papel do micro como domínio analítico, então, está em relação a uma "micro trajetória", que é o processo que descreve como um agente origina, adota, adapta e retém uma nova regra genérica. [tradução própria].

Na perspectiva teórica de Dopfer (2004, 2005), este livro situa-se no nível micro de um sistema econômico, aquele em que as regras estão sujeitas à agência dos empreendedores. Contudo o marco analítico desta pesquisa prescinde do conceito de regras e focaliza as dinâmicas de uso de recursos contingentes aos gatilhos de EACs. O processo comum subjacente é a agência do empreendedor para a criação e mudança no nível micro.

Em termos de escopo, a microperspectiva de Dopfer não define a firma em termos de tamanho ou estágio de desenvolvimento. Da mesma forma, o empreendedor pode estar localizado fora ou dentro de uma organização, seja como fundador ou funcionário. Esta obra, entretanto, é delimitada a start-ups e empreendedores-fundadores. O empreendedor assume o palco central como o agente que desenvolve novas ideias para a formação de uma nova firma e é aquele que está envolvido nas atividades de resolução de problemas para a sua evolução.

3.2.4 Aprendizagem em economia evolucionária

Parte da literatura sobre economia evolucionária examinou as relações entre rotinas e aprendizagem, fornecendo um corpo de conhecimento que conecta esses dois conceitos centrais nesta obra. Uma boa análise dessa literatura é apresentada por Miner, Ciuchta e Gong (2008), os quais afirmam que a introdução da aprendizagem nos estudos evolucionários desafia aqueles modelos que são estritamente paralelos aos sistemas sociais e biológicos, para o reconhecimento da dimensão cognitiva dos processos organizacionais. Esses autores distinguem quatro tipos de relações entre rotinas e aprendizagem.

A primeira relação apresenta rotinas como *memória organizacional*, destacando o papel das rotinas na codificação da experiência anterior, fornecendo códigos para a ação e contendo conhecimentos procedimentais e/ou declarativos. Dois pontos dignos de nota são: a) a existência de rotinas não garante a atuação, e b) algumas rotinas podem ser mais plenamente incorporadas ao funcionamento diário da firma do que outras. Esse tipo de relacionamento aparece no capítulo 5, quando as rotinas organizacionais existentes são reutilizadas para lidar com os EACs.

O segundo tipo de relação entre rotinas e aprendizagem refere-se às *mudanças na combinação de rotinas estáveis*. Envolve um ciclo de aprendizagem composto por três fases: criação de variação nas rotinas disponíveis, seleção entre essas rotinas para atuação futura e retenção de uma nova combinação de rotinas. Essa é a relação enfatizada nesta obra, limitada a variações causadas por EACs. Este livro também inclui um elemento destacado por esses autores como uma lacuna de pesquisa: a necessidade de investigar a origem de novas rotinas que não necessariamente resultem de recombinações de rotinas existentes, mas de ações imaginativas baseadas em experiências anteriores aplicadas a experiências em tempo real. Esse cenário é típico da dinâmica de start-ups. Miner, Ciuchta e Gong (2008) caracterizam os principais processos de variação, seleção e retenção de acordo com dois conjuntos de subprocessos que geram mudança sistemática na natureza e combinação de rotinas: interno-externo (aqui, gatilhos endógenos e exógenos) e deliberado-emergente (aqui, o foco está em processos deliberados). As condições ambientais terão impacto sobre qual desses processos será mais forte. "Ambientes dinâmicos desafiam o sistema a encontrar equilíbrios entre retenção e variabilidade que sustentem o valor do aprendizado anterior, evitando a obsolescência" (MINER; CIUCHTA; GONG, 2008, p. 175, tradução própria).

A terceira relação entre rotinas e aprendizagem é a *adaptação por meio da transformação das rotinas*. Essa relação explora mudanças parciais para o refinamento da mesma rotina de nível superior, que pode ocorrer em suas dimensões interpretativas ou performativas (FELDMAN; PENTLAND, 2003), ou em sub-rotinas de ação organizacional. Um exemplo é o impacto de novas regras que, se não mudarem as rotinas existentes, pelo menos, impactarão a interpretação de regras antigas. Isso acontece, por exemplo, com empreendedores doutores que reavaliam as vantagens das bolsas públicas de P&D ao se depararem com custos de tempo e esforço incompatíveis com a dinâmica empresarial. Embora essas start-ups continuem dependendo desse tipo de recurso, a interpretação sobre sua importância e vantagens muda profundamente. Indicações desse processo de adaptação de rotina aparecem na análise qualitativa dos EACs, embora este trabalho não acompanhe a evolução de rotinas específicas ao longo do tempo.

A quarta e última relação descrita por Miner, Ciuchta e Gong (2008) refere-se a um tipo específico de rotina: rotinas de aprendizagem. O principal papel dessas rotinas é gerar *mudanças sistemáticas no conhecimento da organização*. Elas implicam a rotinização das atividades de busca e estabelecem algum grau de padronização das formas de interpretar a experiência e codificar a experiência difusa em novas rotinas. Essa relação entre aprendizagem e rotinas foge ao escopo desta obra, ainda que algumas evidências empíricas da formação desse tipo de rotina possam ser encontradas nas narrativas de empreendedores.

Essas relações entre rotinas e aprendizagem fornecem um marco conceitual que acomoda o conceito de EACs e a criação e reformulação de rotinas. No entanto essas relações descritas por Miner, Ciuchta e Gong (2008) referem-se apenas aos processos de busca, que são cruciais para gerar variação, mas ainda não explicam como ocorrem os processos de aprendizagem.

3.3 APRENDIZAGEM NA TEORIA DA FIRMA BASEADA EM RECURSOS

O capítulo 2 apresentou argumentos gerais sobre a teoria da firma baseada em recursos e a aprendizagem. Por exemplo, Teece e Pisano (1994) argumentam que a aprendizagem pode ser desenvolvida por meio da repetição ou experimentação e que o novo conhecimento resulta da busca e reside em novas rotinas. A aprendizagem é um processo social e coletivo que requer códigos comuns de comunicação e busca coordenada. Ela só tem valor para a organização quando aplicada; daí a distinção entre a aprendizagem por empreendedores individuais e seus impactos nas rotinas organizacionais no marco analítico deste livro. A teoria baseada em recursos ainda reconhece que as atividades em rede fazem parte da aprendizagem para a identificação de rotinas disfuncionais e a promoção da troca social de informações.

Aqui, o objetivo é estreitar essa discussão em relação às contribuições de Penrose, reconhecidas na literatura como relevantes e pouco pesquisadas (WERNERFELT, 1984; KRAAIJENBRINK; SPENDER; GROEN, 2010). Penrose (1980 [1959]) afirma que é por meio da aprendizagem que as firmas adquirem recursos e os transformam em serviços para o crescimento empresarial. Todavia Penrose raramente associa explicitamente o processo de aquisição e transformação de recursos a um processo de aprendizagem. Em vez disso, ela distingue o conhecimento explícito do tácito e enfatiza as "mudanças" ou "aumentos" no "conhecimento" que resulta da "experiência". Um passo adiante na explicação do papel da aprendizagem é encontrado em Best (1990), sob uma perspectiva mais gerencial. Esse autor afirma que a melhoria contínua "[...] exige uma organização em que a persistência ao detalhe opere em todos os níveis de atividade. A persistência nos detalhes trata de como incorporar o aprender fazendo em maneiras aprimoradas de fazer" (BEST, 1990, p. 13, tradução nossa).

Contudo Best (1990) claramente negligencia o papel dos eventos descontínuos na aprendizagem. Da mesma forma, para Penrose, a transformação de recursos em serviços se caracteriza pelo aprender fazendo, e esse aprender é um processo de acumulação de conhecimento. Conforme descrito na seção 3.6, os eventos descontínuos também desempenham um papel importante no desencadeamento de aprendizagens e no impacto sobre a evolução de start-ups. Importa destacar que, tanto em eventos contínuos como descontínuos, os processos subjacentes são os mesmos. Um deles é a interação entre fatores individuais e ambientais para transformar recursos em serviços. Penrose (1980 [1959], p. 78) afirma que: "Os serviços que os recursos irão render dependem das capacidades dos homens que os utilizam, mas o desenvolvimento das capacidades dos homens é parcialmente moldado pelos recursos com que os homens lidam" (tradução própria). Exemplos dessa interação entre fatores ambientais e individuais são relatados pelos empreendedores:

> Conversei com muitos empreendedores desta incubadora que estão na mesma situação. O que é? Começamos a fazer tudo. Nós somos os faxineiros, nós somos os programadores, nós somos os criadores do projeto, nós somos os gestores, nós somos... nós temos que quebrar em mil (Firma16, §050).

> E, se você disser um dia "Ai, eu preciso pensar em um produto. Eu não vou trabalhar". Às vezes tem isso, você tem um momento de criação e diz "Oh, eu preciso pensar sobre isso". E a seguir você fala "Ah, eu preciso passar por aqui, resolver um problema com o banco e ele está lá na Barra Funda". Mas você que tem que ir lá e resolver. Então você fica tipo "Mas eu vou sair agora? Não, eu não vou." No começo eu tinha muito isso (Firma23, §064).

Essas citações indicam que os empreendedores precisam desenvolver múltiplas competências em face de recursos escassos. Como determinados recursos são um pré-requisito para o estabelecimento da firma, essa situação de múltiplas demandas altas pode se tornar uma fonte de variação de ideias, flexibilidade para criar alternativas e uma adaptabilidade mais fácil a eventos críticos. A agência do empreendedor, então, influencia como o ambiente externo é percebido e quais respostas serão dadas a ele. Nesse sentido, o conhecimento sobre esse ambiente externo, ou seja, mercados, preferências do consumidor, tecnologias disponíveis, também faz parte do estoque de conhecimento da firma e representa recursos importantes para o atendimento das demandas.

Penrose (1980 [1959]) descreve um processo dinâmico de aumento do conhecimento influenciando a quantidade de recursos disponíveis, o emprego de recursos anteriormente não utilizados e a obsolescência dos recursos anteriormente utilizados. As start-ups se beneficiam desse dinamismo por terem uma estrutura menos onerosa para mudanças, na qual a heterogeneidade nos serviços disponíveis pode ser utilizada mais facilmente para desenvolver trajetórias evolutivas alternativas[19]. Isso está na base do argumento que explica as trajetórias típicas no capítulo 6. Um ponto central para essa criação de usos múltiplos para os mesmos recursos é o conhecimento do empreendedor, de forma que o aumento do conhecimento provavelmente aumentará a quantidade de serviços prestados pelos recursos disponíveis. Esse argumento é complementar ao de aprender fazendo, no qual há feedback mútuo entre conhecimento e realização de práticas.

Além disso, há uma mudança qualitativa nas formas de usar os recursos para produtos mais lucrativos. "Consequentemente, há uma estreita conexão entre o tipo de conhecimento possuído pelo pessoal da

---

[19] Uma nota sobre o lado negativo desse estágio inicial é que start-ups também são mais frágeis à criticidade desses mesmos eventos por terem menos rotinas, geralmente menos estáveis, ou um escopo menor de heterogeneidade de serviços, em que os esforços são espalhados em vez de concentrados em pontos fortes.

firma e os serviços que podem ser obtidos de seus recursos materiais" (PENROSE, 1980 [1959], p. 76, tradução própria).

Elaborações posteriores na literatura apontam para a importância do conhecimento prévio (COOKE; MORGAN, 1998), o qual, no caso de start-ups, é, sobretudo, o conhecimento do empreendedor. Pode ter origem na sua formação educacional e profissional, experiência empreendedora anterior, competências disponíveis e redes de contato iniciais.

> Aprender é o que ajuda a empresa a encontrar um equilíbrio entre rotinas e criatividade e a capacidade de aprender depende em grande parte de sua capacidade de absorção: isto é, a capacidade da firma de reconhecer, assimilar e explorar o conhecimento, de dentro e de fora, é em grande parte função do nível de conhecimento anterior relacionado. (COOKE; MORGAN, 1998, p. 16, tradução própria).

Para Best (1990, p. 3), a firma empreendedora é aquela que busca "[...] melhoria contínua em métodos, produtos e processos". A aprendizagem é concebida como um processo social, no qual atores de dentro, como o empreendedor e os trabalhadores, e de fora, como consumidores e fornecedores, podem contribuir com ideias ou melhorias. Além disso, a aprendizagem está relacionada à inovação, que também "[...] envolve a interação de pessoas envolvidas em atividades funcionalmente distintas" (BEST, 1990, p. 13, tradução própria). Um argumento semelhante, baseado na diversidade do capital humano em equipes de empreendedores-gerentes, afirma que as percepções individuais de oportunidades de mercado são combinadas em permutações, resultando em percepções multiplicativas ao invés de aditivas (GRUBER; MACMILLAN; THOMPSON, 2012). As firmas empreendedoras, portanto, dependem fortemente de redes de relacionamentos para aprendizagem e inovação, conforme elaborado posteriormente neste capítulo.

3.4 APRENDIZAGEM EM PSICOLOGIA ORGANIZACIONAL

Aprender nas organizações é o processo pelo qual os indivíduos adquirem, processam, retêm, recuperam e aplicam conhecimento ao contexto organizacional (PANTOJA; BORGES-ANDRADE, 2004). Essa é uma definição cognitivo-comportamental que enfatiza o processamento cognitivo de informações por indivíduos dentro das organizações (HAGER, 2011). Esta seção define os processos de aprendizagem e alinha a abordagem cognitivo-comportamental com os conceitos descritos nas seções anteriores.

Aprender é "[...] uma mudança comportamental e atitudinal que envolve os domínios afetivo, motor e cognitivo" (BASTOS; GONDIM; LOIOLA, 2004, p. 221). Não resulta da maturação, mas de um processo psicológico ativo de mudança de atitudes (cognição, afeto e intenção comportamental) e comportamentos que ocorrem no nível individual (MORAES; BORGES--ANDRADE, 2010; ABBAD ET AL., 2013). É um processo afetado por fatores intra e interpsicológicos, como o grau de ansiedade e o contexto ambiental (BASTOS; GONDIM; LOIOLA, 2004), incluindo o contexto social.

Os processos de aprendizagem individual são aquisição, retenção, generalização e transferência de aprendizagem. A aquisição pode se referir a conhecimentos, habilidades intelectuais, habilidades psicomotoras, atitudes, valores e afetos, e constitui o passo inicial para o desenvolvimento de competências em empreendedorismo. A retenção refere-se à memória de curto prazo e à memória de longo prazo, e reflete o tempo em que novos conhecimentos, habilidades e atitudes permanecem acessíveis na memória do aprendiz. EACs tendem a ser tão intensos que permanecem na memória de longo prazo e podem ser acessados anos depois pelos empreendedores. A generalização de aprendizagem é o grau em que esses conhecimentos, habilidades e atitudes, adquiridos em um dado contexto, são utilizados em contextos similares e não idênticos, como em situações diferentes de inadimplência por parte de compradores. Por fim, a transferência de aprendizagem refere-se à utilização desses novos conhecimentos, habilidades e atitudes em contextos distintos daqueles nos quais foram adquiridos (ABBAD *et al.*, 2013). A transferência de aprendizagem é um dos insumos do processo de criação de novos recursos, ou de novos usos para recursos existentes, nas start-ups.

As características individuais que afetam os processos de aprendizagem no trabalho são o nível de ansiedade, o grau de autoeficácia, a motivação para aprender, os valores individuais, as estratégias de aprendizagem e as experiências anteriores. Em conjunção a essas, as características contextuais que afetam a aprendizagem são, entre outras, o suporte psicossocial e o suporte material para aplicar o conteúdo aprendido ao desempenho no trabalho (PANTOJA, 2004; WARR; DOWNING, 2000).

Um ponto-chave da literatura em psicologia é que essas características individuais não são determinantes dos processos ou resultados de aprendizagem. Indivíduos semelhantes, nas mesmas condições ambientais, serão diferentes em seus processos de aprendizagem e desempenho relacionado. É digno de nota que as características individuais têm sido objeto de muitas pesquisas sobre empreendedorismo e gestão, especialmente nos desenvolvimentos iniciais da literatura sobre empreendedorismo na década de 1980 (LANDSTROM, 2008). Algumas dessas características foram agrupadas sob o rótulo de capital humano, em um esforço para distinguir características individuais que podem estar sujeitas a políticas organizacionais daquelas relacionadas à personalidade e outros traços intrinsecamente psicológicos (MADSEN; NEERGAARD; ULHØI, 2003). As duas variáveis-chave exploradas, na literatura do capital humano, são a educação formal e a experiência de trabalho (GRUBER; MACMILLAN; THOMPSON, 2012; MADSEN; NEERGAARD; ULHØI, 2003; KENWORTHY; MCMULLAN, 2010). Elas são examinadas nos capítulos 4 a 6, com outras variáveis individuais, relacionais e estruturais.

Em relação às características contextuais que influenciam os processos de aprendizagem, a literatura em psicologia tradicionalmente enfatiza eventos de aprendizagem induzida, ou seja, programas de treinamento e desenvolvimento. Esses estão confinados ao contexto intraorganizacional e são caracterizados por objetivos instrucionais planejados, métodos e metas de desempenho (PANTOJA, 2004; MORAES; BORGES-ANDRADE, 2010). Essa abordagem de aprendizagem é fortemente influenciada pela noção de desenvolvimento econômico por meio de mão de obra qualificada e produtividade, sob o controle de uma organização empregadora que busca o retorno sobre os investimentos (CAIRNS; MALLOCH, 2011).

Os processos naturais de aprendizagem (contextos informais), por sua vez, resultam de ter um determinado emprego ou carreira ou do contato com pessoas ou informações de outros grupos ou organizações. Difere da aprendizagem induzida (contextos formais), pois o aprendiz é quem controla o processo de aprendizagem, que ocorre de forma não estruturada (MORAES; BORGES-ANDRADE, 2010). Essa distinção entre contextos de aprendizagem formais e informais, embora útil para destacar o papel da agência nos processos de aprendizagem nas organizações, tem sido criticada na literatura por, erroneamente, ser atribuída aos processos de aprendizagem em si, como se houvesse processos de aprendizagem que são formais ou informais (CAIRNS; MALLOCH, 2011; MORAES; BORGES-ANDRADE, 2010). A formulação correta, adotada nesta obra, é a de que o atributo da formalidade é específico do contexto e, em ambientes de trabalho complexos, tanto dinâmicas formais como informais coexistem (ERAUT, 2004b).

É a partir dessas dinâmicas de aprendizagem e trocas que resultados de aprendizagem individual podem emergir para o nível organizacional e formar novas firmas.

> A aprendizagem organizacional refere-se ao desenvolvimento de CHAs [comportamentos, habilidades e atitudes] dos membros da organização. Implica mudanças nas práticas de trabalho, compreendendo o processo formal ou informal de aquisição individual e transferência de aprendizagem para situações de trabalho – o que requer a ativação de suportes organizacionais (psicossociais ou materiais). Inclui ainda a conversão desses conhecimentos, por socialização e codificação, em conhecimento organizacional. Além de haver interdependência entre aprendizagem individual e organizacional, no sentido de que a segunda não se realiza sem a primeira, os contextos (inclusive o organizacional) definem o tipo e o escopo da aprendizagem individual. Os contextos são muito mais que lugares onde as aprendizagens realizam-se; são meios e conteúdos das aprendizagens. (ABBAD ET AL., 2013, p. 508).

Esta pesquisa, portanto, contribui para mostrar o papel destacado da agência de empreendedores, no contexto de start-ups, dado que o próprio aprendiz pode desencadear eventos de aprendizagem. Além disso, em ambientes de incubação de empresas, mesmo a aprendizagem induzida está mais próxima da aprendizagem natural, pois é mais orientada para a resolução de problemas do que previamente estruturada. O estudo da aprendizagem, em contextos de empreendedorismo requer, acima de tudo, uma investigação das trocas informais de informação e conhecimento em um amplo ambiente institucional: um ambiente composto por atores locais, instituições de apoio, marcos legais etc. (ERAUT, 2004b). Esse ambiente externo fornece entradas (*inputs*) para a aprendizagem e influencia a natureza da aprendizagem que ocorre (WARR; DOWNING, 2000; HAGER, 2011).

Para investigar a aprendizagem contextualizada em EACs, este estudo combina dinâmicas individuais, sociais e operacionais (HAGER, 2011; ERAUT, 2004b). Essa natureza mais inclusiva dos processos de aprendizagem (CAIRNS; MALLOCH, 2011) é representada aqui pelo conceito de estratégias de aprendizagem, porque combina as dimensões cognitiva, comportamental e emocional da aprendizagem e é contingente ao contexto.

3.4.1 Estratégias de aprendizagem

Estratégias de aprendizagem são atividades individuais de processamento de informação usadas por empreendedores para codificar informações e gerar novos significados, expandir redes de relacionamento no mercado e desenvolver novos métodos de trabalho. Elas são adaptáveis às características contextuais e individuais e variam de acordo com a tarefa a ser executada (RIDING; RAYNER, 1998). Essas estratégias otimizam os processos de aprendizagem, facilitando a aquisição, o armazenamento e a posterior recuperação das informações aprendidas (ABBAD; BORGES-ANDRADE, 2014). Os empreendedores lançam mão de estratégias de aprendizagem sempre que precisam adquirir recursos tangíveis ou intangíveis, que vão desde a aquisição de competências gerenciais até o desenvolvimento de uma nova máquina. As estratégias de aprendizagem podem ser cognitivas, autorregulatórias (ambas no nível individual) e comportamentais (no nível interpessoal) (WARR; DOWNING, 2000). Cada uma dessas categorias possui subcategorias com conteúdos específicos. A Figura 4 mostra como esses conceitos são estruturados.

Figura 4 – Categorias de estratégias de aprendizagem

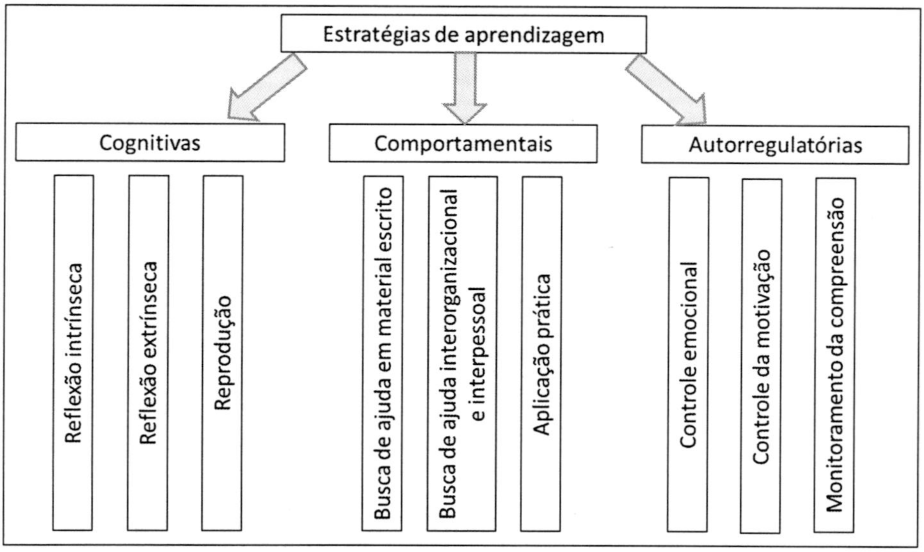

Fonte: a autora

A primeira categoria, estratégias de aprendizagem cognitivas, refere-se ao processamento cognitivo de informações coletadas do ambiente pelo aprendiz (WARR; DOWNING, 2000). Isso pode se referir à *reflexão intrínseca* se o pensamento analítico é sobre um único conceito ou processo — por exemplo, quando o empreendedor aprende o conceito de fluxo de caixa. Pode se referir à *reflexão extrínseca* se há pensamento relacional — por exemplo, quando o empreendedor associa informações de diferentes fontes, como as demandas dos clientes e as capacidades internas para atendê-las. As estratégias de aprendizagem cognitivas também podem se referir à *reprodução de práticas* adquiridas quando experiências de trabalho anteriores (ex., preencher uma folha de custos) ou exemplos de consultores são mimetizadas (PANTOJA, 2004; ERAUT, 2004b).

A segunda categoria, estratégias de aprendizagem comportamental, refere-se à busca de ajuda em *material escrito*, como manuais e legislação; à *busca de ajuda interpessoal e interorganizacional*, por meio de redes de contatos com atores detentores de recursos, e a *aprender fazendo*, por meio de experimentos e esforços de tentativa e erro (ABBAD; BORGES-ANDRADE, 2014; ERAUT, 2004b). A estratégia comportamental perpassa níveis, variando da aplicação de procedimentos padrão em rotinas de start-ups (ex., seguir as instruções de um manual) ao envolvimento em contextos sociais (ex., trocas com outros incubados). Mais implicações da dimensão social são discutidas na seção 3.5.

A última categoria, estratégias de autorregulação, representa metacognições aplicadas pelo empreendedor para monitorar e controlar seu próprio processo de aprendizagem. Essas estratégias são refletidas em *controle da emoção, controle da motivação e monitoramento da compreensão* de atividades de aprendizagem (ABBAD; BORGES-ANDRADE, 2014). As metacognições ganham importância quando há tempo para refletir sobre o processo de aprendizagem: os empreendedores podem pensar sobre "[...] o próprio processo deliberativo e como ele está sendo tratado, buscando conhecimento relevante, introduzindo considerações de valor e assim por diante" (ERAUT, 2004b, p. 261, tradução própria). Por serem metacognições, essas estratégias de aprendizagem são menos facilmente autoidentificadas e relatadas pelos empreendedores, mas foram mencionadas em alguns eventos críticos, como aqueles sobre concorrência desleal ou de risco iminente de fechamento da empresa. Essas estratégias têm mais probabilidade de uso em episódios diversos, em vez de serem específicas para um determinado tipo de episódio de aprendizagem individual (ver capítulo 5).

Uma distinção importante entre a literatura sobre aprendizagem organizacional e esta pesquisa é que, aqui, a dimensão cognitiva não está fortemente associada à aprendizagem de nível superior; da mesma forma, a dimensão comportamental ou prática não está associada à aprendizagem de nível inferior (COPE, 2003; ARGYRIS; SCHON, 1978; FIOL; LYLES, 1985). Essa distinção entre níveis superiores e inferiores de aprendizagem deriva de abordagens gerenciais influenciadas pelo conceito de organizações hierárquicas; são limitadas por não levarem processos em consideração. Inversamente, este estudo afirma que essas duas dimensões dos processos de aprendizagem são interdependentes e se apóiam mutuamente (KRAAIJENBRINK; SPENDER; GROEN, 2010). Da mesma forma, não há associação presumida entre categorias de estratégias de aprendizagem e tipos de resultados. Uma vez que o uso de estratégias de aprendizagem é contingente a EACs, espera-se que as estratégias de aprendizagem possam ser combinadas e que os resultados interpretativos e práticos de seu uso estejam interligados.

O empreendedor está mais próximo do "aprendiz estratégico", que planeja como atingir um conteúdo de aprendizagem, seleciona estratégias específicas para isso, monitora o progresso, modifica o plano, os métodos e a meta original, se necessário, e avalia o resultado das decisões sobre o aprendizado futuro (RIDING; RAYNER, 1998; ERAUT, 2004a).

3.5 REDES DE RELACIONAMENTO

Estabelecer redes de relacionamento é uma das mais importantes estratégias de aprendizagem comportamental utilizadas pelos empreendedores, devido à escassez de recursos internos em start-ups para lidar com gatilhos e desenvolver soluções para EACs. Na medida em que esses recursos agregam valor à firma por meio da confiança, cooperação, ação coletiva e redução de custos, as redes e atividades em rede tornam-se uma fonte de capital social (HORMIGA; BATISTA-CANINO; SÁNCHEZ-MEDINA, 2011; LALL, 2002). As redes, como capital social, impactam a estabilidade e a evolução das start-ups, para além da aprendizagem.

As redes são caracterizadas pelos atores e pelos laços entre eles. Por meio desses laços, é transacionada uma ampla gama de conteúdos, que podem ser materiais (como equipamentos) ou imateriais (como confiança) (WASSERMAN; FAUST, 2006). Nesta obra, esses conteúdos são especificados como os recursos que são acessados ou desenvolvidos por meio de interações sociais. Uma rede é uma fotografia das atividades de relacionamentos dos empreendedores em um determinado momento. Há muitas pesquisas sobre as propriedades das estruturas de redes sociais, observando os atributos dos atores e a dinâmica dos laços entre eles. Esse tipo de análise segue uma abordagem estruturalista das redes e é útil para identificar a posição de alguns atores em relação a outros, como a centralidade de uma incubadora em relação às suas incubadas. Permite comparar configurações de redes em diferentes momentos, como as redes de empreendedores no início da ideia e após alguns anos de operação da empresa. O capítulo 5 apresenta os resultados dessa análise estrutural.

Outra abordagem para a análise de redes é a conexionista, que se concentra nos processos relacionais e na dinâmica das redes examinando o conteúdo dos laços (GÖSSLING, 2007). Facilita a análise de redes, em uma perspectiva multinível, ou seja, empreendedor, empresa, ambiente institucional de incubação etc. Essa abordagem das redes de relacionamento é discutida na subseção 3.5.2, sobre relacionamentos e processos evolutivos.

3.5.1 Relacionamento e imersão

As redes podem ser formais ou informais. As redes informais fornecem suporte psicossocial para iniciativas empreendedoras e tomadas de decisão, além de serem fontes de suporte financeiro para empreendedores, especialmente no início da firma (HORMIGA; BATISTA-CANINO; SÁNCHES-MEDINA, 2011). Em nível mais profissional, as redes informais com especialistas e outros empreendedores fornecem conselhos sobre negócios para novos empreendedores. É comum encontrar familiares, amigos, colegas e conhecidos que compartilham seus conhecimentos. Essas trocas são esporádicas, não estruturadas e são rapidamente substituídas ou reduzidas em importância quando redes formais com profissionais são estabelecidas. Essas redes formais tendem a ser mais regulares, focadas e comprometidas com o sucesso da firma, como os vínculos entre empreendedores e consultores mensais no programa de incubação de empresas.

A literatura sobre capital social destaca o quanto ele é limitado nas start-ups, uma vez que as relações com o ambiente estão em formação (HORMIGA; BATISTA-CANINO; SÁNCHES-MEDINA, 2011). Contudo esses recursos relacionais fornecem ativos intangíveis essenciais para a firma e simplesmente adquiri-los não é suficiente. Os empreendedores precisam desenvolver estratégias para transformá-los em serviços à start-up, para que possam gerar o valor estimado. Hormiga, Batista-Canino e Sánchez-Medina (2011) reconhecem que o sucesso da start-up, medido pela apreciação subjetiva do fundador, depende das escolhas dos empreendedores na seleção de recursos durante a fase inicial. Além da agência empreendedora, esses autores enfatizam a importância de uma diversidade de atores da rede para permitir que o empreendedor tenha acesso a recursos essenciais, tangíveis e intangíveis.

As redes informais continuam a ser cruciais para a evolução das start-ups. Elas não são estáticas: quando essas dinâmicas informais ocorrem, como na construção de confiança e inserção na rede, essas redes podem se formalizar como parcerias de negócios ou contratos comerciais. Essas dinâmicas estão associadas à inovação na medida em que os agentes se engajam em processos cognitivos e sociais de tomada de decisão, nos quais selecionam estratégias para adquirir recursos e decidem como usá-los de maneiras, mais ou menos, inovadoras. A associação de cognição com capital social para inovação é explicada por Xu (2011, p. 14) da seguinte forma:

> A inovação é um processo de aprendizagem social dinâmico; os atores continuamente assimilam informações e conhecimento daqueles com quem interagem. [...] Atores com mais treinamento e diversidade de experiência criarão ideias com maior novidade do que aqueles com acesso a uma gama mais restrita de conhecimento. (tradução própria)

Essa literatura destaca três tipos de imersão: estrutural, relacional e baseada em recursos.

Imersão estrutural é a estrutura da rede geral de relações (XU, 2011). Ela é investigada no capítulo 5, observando a comparação quantitativa de estruturas de redes em dois pontos no tempo. A imersão relacional é "[...] a medida em que a qualidade das relações pessoais de um ator afeta as ações econômicas" (XU, 2011, p. 13, tradução própria). Esse aspecto é examinado no capítulo 6, ao mostrar que, à medida que as start-ups se envolvem nas relações de mercado, suas redes apresentam notavelmente atores com mais recursos, essenciais para a produção e a comercialização. A imersão de recursos é "[...] o grau em que os contatos da rede possuem recursos valiosos" (XU, 2011, p. 13, tradução própria). Esse é especialmente o caso de start-ups de base (bio)tecnológica, que permanecem intimamente ligadas a universidades e centros de pesquisa. Essa última dimensão de imersão foi observada no conteúdo de EACs individuais, mas não é destacada especificamente nos capítulos empíricos.

Trocas bem-sucedidas com atores detentores de recursos contribuem para construir confiança e compartilhar informações críticas, aumentando os três tipos de imersão. Com trocas mais frequentes e a formação de múltiplos laços na rede (como a combinação de laços de amizade e relações comerciais com outros empreendedores), mais recursos ficam disponíveis para mais membros da rede. Outro aspecto é que a diversidade de atores tende a trazer vários ambientes institucionais, como atores do mercado, instituições de apoio, centros de pesquisa, e assim por diante. Isso implica inserção em redes múltiplas se examinarmos as instituições às quais pertencem os atores individuais. Esse processo de expansão da rede impacta a sustentabilidade da firma ao sinalizar o acesso a diversos tipos de recursos.

Diferentes configurações de rede influenciam a probabilidade de inovação. Xu (2011) afirma que a diversidade em uma rede de parceiros de negócios beneficia a busca exploratória, devido ao aumento das possibilidades de troca de novos conhecimentos e de recombinação desse conhecimento de novas formas. Por outro lado, as redes focadas nas demandas dos compradores, apesar de reduzirem os riscos, são características da busca de aproveitamento de recursos existentes e podem implicar ganhos modestos de produtividade. A evidência empírica, no capítulo 6, confirma parcialmente essa afirmação da literatura.

3.5.2 Redes de relacionamentos e processos evolutivos

O marco analítico desta obra considera a multifuncionalidade do estabelecimento de redes de relacionamento, como uma das estratégias de aprendizagem, um dos resultados possíveis de um EAC e parte das rotinas resultantes. As redes também podem se tornar uma fonte de capital social. As três primeiras funções das redes são diferenciadas no marco evolutivo nesta subseção.

Como estratégia de aprendizagem, estabelecer relacionamentos é uma forma de gerar variação de ideias (recursos) para criar uma solução para o gatilho de um episódio. Embora, na maioria das vezes, essa busca social de recursos seja um processo deliberado (em linha com XU, 2011), uma vez que o empreendedor está reagindo a um EAC, também existe a possibilidade de que essa variação emerja de trocas informais com outros empreendedores (HORMIGA; BATISTA-CANINO; SÁNCHEZ-MEDINA, 2011). Isso é amplamente relatado em relação aos resultados das conversas de corredor (GIULIANI, 2007).

As redes também são um dos resultados possíveis de um EAC. A questão, então, não é mais o relacionamento como uma atividade contínua. Uma nova configuração da rede do empreendedor e da start-up é o resultado da seleção entre opções de tipos de relacionamento com outros atores ao final de um EAC.

Finalmente, redes de relacionamento podem fazer parte da nova configuração de rotinas. Isso corresponde à retenção da variação selecionada e é, principalmente, o resultado de uma decisão deliberada. Como parte do sistema de rotinas organizacionais (por exemplo, consultas regulares com os compradores), as redes podem desencadear novos EACs.

Essas múltiplas funções das redes se encaixam na abordagem conexionista. Dois aspectos dessa abordagem são relevantes quando se examina a evolução das start-ups: as redes como ambientes institucionais e a imersão.

A estrutura social das redes constitui o cenário institucional das firmas na medida em que: a) os atores estão sob regras e sanções implícitas ou explícitas em relação ao seu comportamento; b) são construídas relações de confiança; e c) as condições para a interação entre esses atores são estabelecidas formalmente ou informalmente (GÖSSLING, 2007). A associação entre redes e instituições tem sido explorada em estudos sobre relações interorganizacionais, incluindo diferentes níveis de análise (individual, organizacional, interorganizacional) (GÖSSLING; OERLEMANS; JANSEN, 2007; PROVAN; FISH, SYDOW, 2007).

Nas relações interorganizacionais, cada organização tem seu próprio ambiente institucional quando as instituições informais são analisadas, mesmo que estejam dentro do mesmo ambiente institucional formal. Nesta pesquisa, as incubadoras de empresas são o centro formal das redes de start-ups. Nesse ambiente formal, os empreendedores são gradualmente inseridos em relacionamentos informais com outras incubadas, consultores, o gerente da incubadora e outros atores. Esse ambiente informal pode incluir regras de cooperação mútua, por exemplo. Ressalta-se que o empreendedor tem um papel ativo nesse cenário institucional, podendo, à medida que as relações de confiança evoluem, influenciar outros atores do sistema de incubação. Portanto, as configurações institucionais formais e informais moldam a configuração das redes do empreendedor e são moldadas pela agência dos empreendedores em suas interações sociais.

Esse processo de inserção no ambiente de incubação é essencial para incluir a start-up no mercado, ao mesmo tempo que acarreta o risco de cercar a firma com laços fortes que podem dificultar a inovação ao estreitar o leque de variação de novas ideias. As start-ups mostram um processo de imersão gradual, a partir de relacionamentos distantes[20] que evoluem em direção a redes integradas[21]. A diversidade de relações que as start-ups estabelecem com outros atores mostra como as relações econômicas são sustentadas por diferentes tipos de laços sociais.

A imersão pode ser medida por três critérios: duração do relacionamento, multiplexidade e o tamanho e densidade da rede (UNIDO, 2011). As relações de longo prazo tendem a ser mais enraizadas, como é o caso das start-ups que participam de um programa de incubação de empresas há mais de dois anos. Com o tempo, laços de confiança são construídos, e as trocas de informações são facilitadas. Multiplexidade se refere à multiplicidade de tipos de vínculos entre os atores. Esse é um:

> [...] indicador da força e durabilidade dos vínculos de uma organização porque eles permitem que a conexão entre uma organização e seu parceiro seja sustentada, mesmo que um tipo de vínculo se dissolva. (PROVAN; FISH; SYDOW, 2007, p. 484, tradução própria).

Essa medida reflete a diversidade de recursos trocados entre os atores; por exemplo, duas incubadas que compartilham as instalações de incubação e se tornam também parceiras de negócios em uma spin-off. Por último, o tamanho e a densidade referem-se ao número de laços na rede. Grandes redes com baixas densidades são características de relacionamentos distantes; enquanto redes grandes ou menores com altas

---

[20] "[C]aracterizados por transações e funções enxutas e esporádicas sem qualquer contato humano ou social prolongado entre as partes que não precisam entrar em relações recorrentes ou contínuas" (UNIDO, 2011, p. 49, tradução própria).

[21] "[C]aracterizadas por sua força, repetitividade, transmissão de informações tácitas, densas e adicionais e seu fundamento em normas de confiança e reciprocidade" (UNIDO, 2011, p. 49, tradução própria).

densidades são indicativas de redes mais integradas. Essa configuração impacta os tipos e a diversidade de recursos que estão disponíveis para a start-up. Duração, tamanho e densidade das redes de start-ups neste estudo são descritos no capítulo 5; a multiplexidade e outros aspectos relacionados ao tipo e à variedade de recursos trocados são discutidos qualitativamente no capítulo 6.

A inserção em redes de mercado pertence à dimensão micro dos sistemas econômicos definida por Dopfer, Foster e Potts (2004) e é o processo subjacente que liga micro a meso para a formação de uma população de firmas que estão sujeitas a relações de confiança, competição, fluxo de recursos etc. Redes integradas, para relacionamentos de longo prazo e trocas de recursos mais intensas ao longo do tempo, abrem espaço para o surgimento de instituições para adoção e retenção de novas regras. Por exemplo, empreendedores que se formaram em uma grande universidade criaram uma rede virtual informal por meio da qual trocam regularmente informações sobre seus negócios, oportunidades de financiamento, chamadas para fornecedores e compradores dentro da rede, entre outros assuntos. Esse exemplo é interessante por seu alto nível de informalidade geral, alta velocidade e grande disseminação do fluxo de informações e baixos relacionamentos hierárquicos. Essa meso-estrutura facilita um cenário em que atores mais conectados do que outros podem formar sub-redes com as características típicas de imersão.

3.6 EPISÓDIOS DE APRENDIZAGEM CRÍTICOS

O conceito de Episódio de Aprendizagem Crítico (EAC) foi originalmente concebido no nível da rede, referindo-se a mudanças de longo prazo nas práticas, estruturas e interpretações da rede e permitindo uma análise comparativa entre redes em diferentes setores (KNIGHT; PYE, 2004, 2007). Neste livro, as ferramentas teóricas e metodológicas desenvolvidas pelas fundadoras do conceito são teoricamente adaptadas ao nível do indivíduo e da firma. A conceituação de um EAC relaciona-se com a noção de que, embora as experiências de aprendizagem possam ser discretas ou contínuas, EACs são aqueles que se tornam significativos porque requerem reflexão e o desenvolvimento de novos significados, relacionamentos e práticas (ERAUT, 2004a; 2004b).

EACs são definidos como eventos delimitados no continuum da história de uma start-up, com limites temporais e estruturais. Como Knight e Pye (2004, p. 481) afirmam,

> [...] [e]stas ações e interações não são uniformemente distribuídas no tempo ou entre os atores, mas podem ser vistas como coalescendo em uma série de "subenredos" que são componentes críticos do enredo do episódio. Os subenredos podem ser comparados entre os episódios. (tradução própria).

Esses subenredos refletem o desenvolvimento de novos significados, compromissos e métodos.

O desenvolvimento de novos significados reflete mudanças de atitude, nos valores e na cultura dos empreendedores, o que seria referido como aprendizagem de nível superior ou de ciclo duplo por outros autores (COPE, 2003; ARGYRIS; SCHON, 1978; FIOL; LYLES, 1985). Em termos evolutivos, desenvolver novos significados corresponde à geração de uma variação de ideias, alicerçada nas capacidades cognitivas dos empreendedores (DOPFER, 2004). O processo cognitivo, por meio do qual a variação é gerada, envolve a compreensão das demandas de um EAC, reconhecendo quais conhecimentos e habilidades são relevantes, adaptando novas informações às demandas do EAC e integrando conhecimentos novos e existentes para pensar e agir sobre o gatilho (ERAUT, 2004a).

O desenvolvimento de novos compromissos sinaliza reconfigurações do papel desempenhado pelos atores, no cenário institucional da start-up, em relação às demandas de um EAC. Envolve todas as dinâmicas de rede descritas anteriormente. O desenvolvimento de novos métodos, por sua vez, reflete mudanças nos padrões de comportamento, observáveis pela forma de fazer as coisas. Eventualmente, implica novas rotinas operacionais.

O conceito de EACs combina diferentes níveis de análise, conectando fatores exógenos e endógenos (NELSON; WINTER, 1982; FELDMAN; PENTLAND, 2003) a dinâmicas em nível do indivíduo (DOPFER, 2004; ABBAD; BORGES-ANDRADE, 2014), da rede (GRANOVETTER, 1983), da organização (PENROSE, 1980 [1959]; MINER; CIUCHTA, GONG, 2008) e entre organizações (COOKE; MORGAN, 1998; BEST, 1990; GÖSSLING, 2007). Esses episódios variam em termos de propriedades como tipo e duração, combinação de estratégias de aprendizagem para alcançar um determinado conteúdo (RIDING; RAYNER, 1998; WARR; DOWNING, 2000), tipos de uso de recursos (PENROSE, 1980 [1959]), tipos de resultados de aprendizagem (MORAES; BORGES-ANDRADE, 2010) e conteúdo das rotinas organizacionais resultantes (NELSON; WINTER, 1982; FELDMAN, 2000; LAZARIC, 2011). Além disso, essenciais para um estudo evolutivo, os componentes dos EACs fornecem parâmetros para comparações, ao longo do tempo, de episódios entre start-ups, de modo que os processos evolutivos baseados em aprendizagem possam ser investigados sistematicamente. Em suma, os EACs são a menor unidade de análise dos processos evolutivos nas firmas.

Na formulação original, Knight e Pye (2004) definem três elementos narrativos: contexto, conteúdo e processo. Aqui, o contexto é redefinido como o ambiente institucional da start-up, incluindo redes de mercado específicas e atores além delas, como centros de pesquisa, agências regulatórias, governos etc. O conteúdo é o foco de um EAC, para o qual as estratégias de aprendizagem são direcionadas. Os resultados da aprendizagem são reconceitualizados como uma etapa do episódio, e não como parte do conteúdo. Isso facilita a identificação da natureza desses resultados e a sua relação com as rotinas organizacionais.

Um resumo dos conceitos envolvidos, em cada subenredo, é mostrado no Quadro 6 (adaptado de KNIGHT; PYE, 2004, 2007). Apesar da aparente linearidade de uma coluna para a outra, não há correspondência direta entre os três subenredos de conteúdos de aprendizagem e as três categorias de resultados de aprendizagem (KNIGHT; PYE, 2007).

Conforme definido aqui, EACs se encaixam na literatura de aprendizagem por meio de "eventos descontínuos" (COPE, 2003), foco em "mudança sobre estabilidade" (KNIGHT; PYE, 2007) e mudança de regra desencadeada por fatores endógenos ou exógenos (NELSON; WINTER, 1982). Portanto, esses episódios são responsáveis por grandes saltos na evolução das start-ups.

Vale ressaltar que esta abordagem com foco em eventos descontínuos de aprendizagem não descarta a importância da aprendizagem contínua. Na prática, a aprendizagem contínua se relaciona com os EACs de tal modo que estratégias de aprendizagem e dinâmicas de rede fora de episódios específicos dão suporte às interpretações dos resultados nos capítulos 5 e 6. Portanto, a distinção entre os dois tipos de aprendizagem não está definida a priori; em vez disso, essa distinção é baseada na percepção do empreendedor sobre a criticidade de cada episódio de aprendizagem. As vantagens de focar em EACs são:

a. a conceituação de EACs permite enquadrar o processo de busca para fins analíticos e teóricos;

b. em entrevistas retrospectivas, eventos críticos são mais facilmente lembrados do que processos contínuos suaves;

c. assumindo que a evolução ocorre em saltos, as comparações entre as trajetórias das firmas têm mais probabilidade de se basear em eventos críticos do que em processos de aprendizagem contínua.

Quadro 6 – Subenredos de aprendizagem, conteúdo e resultados

Subenredos	Exemplo	Conteúdo de aprendizagem	Resultados de aprendizagem
Processos de desenvolvimento de significado	De funcionário a mentalidade empreendedora	Mudanças de valores e cultura	Mudanças nas interpretações
Processos de desenvolvimento de compromisso	Construção de rede de negócios com atores de mercado	Contribuições de diferentes atores moldam a mudança	Mudanças nas estruturas de rede
Processos de desenvolvimento de método	Criação de uma nova máquina	Aplicação de mudança nas atividades operacionais	Mudanças nas práticas

Fonte: a autora, com base em Knight e Pye (2004, 2007)

3.7 OBSERVAÇÕES FINAIS

Este capítulo situa teoricamente os EACs no cerne da evolução de start-ups. O ciclo de gatilho-busca-rotina e as etapas de busca, começando pelas estratégias de aprendizagem para alcançar conteúdos de aprendizagem e resultados de aprendizagem, contribuem para:

a. operacionalizar diferentes componentes de busca em um ciclo de aprendizagem definido por EACs que são delimitados no tempo e uso de recursos;

b. reconhecer o papel entrelaçado de agência e estrutura que conecta os níveis de análise individual e organizacional;

c. combinar fatores exógenos e endógenos e dinâmicas, nos níveis individual, de rede, organizacional e interorganizacional.

d. demonstrar a natureza tripartite desses processos de aprendizagem e evolução, as suas dimensões cognitiva, social e prática.

É digno de nota que as rotinas organizacionais novas ou modificadas se parecerão vagamente com os processos em sua origem (NELSON; WINTER, 1982). Isso acontece por vários motivos. Em primeiro lugar, os EACs envolvem tantas transformações de recursos entre o gatilho e a rotina resultante que não há uma ligação direta necessária entre os recursos no gatilho e na rotina. Em segundo lugar, o conteúdo interpretativo aprendido pode não ser imediatamente identificável na dimensão performativa (FELDMAN; PENTLAND, 2003). Terceiro, existem resultados de aprendizagem sobre o que não fazer pela sobrevivência da firma (MINER; CIUCHTA; GONG, 2008). Esses resultados não selecionados permanecem como memória organizacional ou são esquecidos. Embora esse seja um tópico de pesquisa interessante, está fora do escopo deste livro examiná-lo em profundidade.

Este capítulo também definiu o foco da pesquisa no nível micro, representado por start-ups e processos de aprendizagem de empreendedores. Nesse nível, é importante destacar o papel mais proeminente da busca em relação às rotinas. Isso difere da maioria da literatura sobre economia evolucionária.

Do ponto de vista da mudança econômica, o foco deste livro é como os empreendedores combinam capacidades com recursos do ambiente institucional para criar uma nova firma. O marco analítico para investigar esse processo combina contribuições teóricas complementares para uma explicação mais abrangente da evolução de start-ups. Em seus próprios domínios, essas contribuições descrevem um processo no qual a firma identifica necessidades, busca recursos para atendê-las e transforma esses recursos em serviços que são incorporados ao funcionamento da empresa. Esses recursos incluem finanças, tecnologia, competências gerenciais, redes sociais etc.

4

INCUBADORAS DE EMPRESAS, START-UPS E EMPREENDEDORES

Este capítulo define os programas de incubação de empresas e descreve as incubadoras no contexto brasileiro. Caracteriza as incubadoras, start-ups e empreendedores que participaram desta pesquisa. Define incubadoras de empresas como ambientes que combinam oportunidades de aprendizagem formais e informais para empreendedores.

4.1 PROGRAMAS DE INCUBAÇÃO DE EMPRESAS

Um programa de incubação de empresas é um serviço de apoio a negócios para pequenas e médias empresas, projetado para empresas individuais ou empreendedores (ALTENBURG; STAMM, 2004; DCED, 2001). Estratégias de incubação de empresas são recomendadas quando "[...] mudanças qualitativas e quantitativas na capacidade do empreendedor e da empresa são necessárias" (LICHTENSTEIN; LYONS, 2006, p. 383, tradução própria). Para isso, são prestados serviços operacionais e estratégicos. Os serviços operacionais são aqueles que atendem às necessidades diárias e funcionam em três níveis: básico (ex., telefone), legalmente exigido (contabilidade) e avançado (serviços ou ferramentas especializadas) (ALTENBURG; STAMM, 2004). Os serviços estratégicos visam a aumentar "[...] a capacidade de longo prazo de uma empresa para competir" pela prestação de serviços como treinamento, consultoria, pesquisa e desenvolvimento e desenvolvimento de tecnologia" (ALTENBURG; STAMM, 2004, p. 13, tradução própria). Os serviços estratégicos são mais caros do que os operacionais, pois exigem um maior grau de customização para lidar com necessidades específicas. As incubadoras de empresas são um tipo de serviço de apoio a negócios que atuam como provedores ou, pelo menos, mediadores de acesso a esses serviços.

Alguns autores afirmam que o atual sistema de incubação, como um todo, é uma proposta racional de utilização de recursos naturais, técnicos, financeiros e humanos para transformar ideias e tecnologia em produtos e empregos (HERNÁNDEZ; ESTRADA, 2006). Portanto, os principais atores sociais, como universidades, centros de pesquisa, empreendedores e governo, podem contar com o trabalho de incubadoras para melhorar o desenvolvimento regional. No modelo de hélice tríplice, as incubadoras de empresas são organizações híbridas que se concentram na tríade universidade-indústria-governo (ETZKOWITZ; MELLO; ALMEIDA, 2005). Esse modelo diz respeito à integração institucional da ciência e tecnologia, lidando com quatro níveis de transformação: a intrainstitucional, a influência mútua entre instituições, a criação de novas estruturas baseadas na interação das três hélices e os impactos nas instituições sociais (ALMEIDA, 2005). No entanto uma limitação dessa abordagem é que ela assume papéis relativamente fixos para cada ator, ou seja, governo como regulador, universidade como fonte de conhecimento e tecnologia etc. Em contrapartida, esta obra apresenta uma perspectiva dinâmica sobre os papéis de cada ator que se baseia nos recursos trocados entre eles. Por exemplo, governos locais que também são prestadores de serviços, universidades que se tornam compradores, entre outras possibilidades de papéis.

Outra abordagem que fornece ferramentas analíticas úteis é o marco de inovação da Organização para a Cooperação e o Desenvolvimento Econômico (OCDE) (OCDE, 2005). As incubadoras de empresas são colocadas em uma rede de contatos entre vários atores, facilitando os três tipos de vínculos descritos nas diretrizes da OCDE: fontes abertas de informação, aquisição de conhecimento e tecnologia e cooperação para a inovação. Esse marco analítico de inovação é coerente com o principal requisito do Sebrae para inovação nas candidaturas aos programas de incubação. Adota um conceito mais amplo de inovação que inclui a dimensão institucional dos processos de inovação e traz aprendizagem e redes para o centro da discussão sobre acesso, produção e fluxo de conhecimento.

Neste livro, incubadoras de empresas são conceituadas como ambientes de aprendizagem, pois incorporam um conjunto de serviços estratégicos específicos. Os serviços estratégicos que se reconhecem como aprendizagem são as consultorias formais, que proporcionam a formação dentro de orientações gerais. Exemplos de tópicos abordados são ponto de equilíbrio, fluxo de caixa e estratégias de marketing. Além desses serviços estratégicos de aprendizagem amplamente reconhecidos, há um alto grau de intercâmbios e iniciativas informais entre os próprios empreendedores. Os principais conteúdos dessas trocas são finanças, mercado, concorrentes, posição no mercado e questões gerais. Esse empreendedor afirma que, ao sair da incubadora,

> [...] nos primeiros meses aqui, me senti estranho. Porque eu saía e dizia "Com quem vou falar hoje?" [...] Eu perdi isso. Mas é preciso continuar, né? [...] Às vezes ainda nos encontramos, conversamos, mas não é a mesma coisa. Por quê? Porque às vezes é preciso... agora estamos separados. Não vou sair daqui para ir lá bater um papo. Às vezes tem o que conversar... [mas] não é como sair dois ou cinco minutos e conversar um pouco. (Firma08, §255-263).

Vários atores figuram entre aqueles com quem os empreendedores aprendem diariamente. Os mais citados são as demais incubadas, frequentemente seguidas pelo gerente da incubadora. Esses processos de aprendizagem muitas vezes eram externalidades da concentração de empreendedores em um único lugar — o efeito cafeteria (GIULIANI, 2007). Porém nem sempre é o caso, uma vez que algumas incubadoras organizam reuniões de negócios com empreendedores graduados e cultivam um ambiente cooperativo de conversas de corredor e espaços compartilhados em que os empreendedores podem "sair" e compartilhar suas experiências tomando uma xícara de café. As feiras de negócios também têm um papel, porém menor do que se poderia esperar. Elas parecem funcionar mais para *benchmarking*, por meio da observação dos produtos dos concorrentes, do que para estabelecer novos relacionamentos.

As críticas ao papel das incubadoras de empresas sugerem que as configurações institucionais fornecidas por elas podem resultar em barreiras ao desenvolvimento de start-ups e em uma relação de dependência com a incubadora (MCADAM; MARLOW, 2007). Alguns resultados de pesquisas mostram, por exemplo, que, "[...] à medida que uma empresa cresce, diminui a relevância da incubadora adicionar credibilidade" (MCADAM; MARLOW, 2007, p. 370, tradução própria), devido à necessidade crescente de apresentar uma imagem estabelecida aos clientes. Os achados neste livro sugerem que isso pode variar por setor, uma vez que, em áreas tecnológicas, a associação a uma universidade, por meio de uma incubadora de empresas, é vista de forma positiva pelo mercado.

Para os incubados, a incubadora também pode representar uma ameaça ao sigilo quando concorrentes potenciais também são incubados. Episódios desse tipo de competição, embora raros, foram relatados por alguns empreendedores. Se o sigilo atingir níveis elevados, as atividades de relacionamento entre empreendedores podem ser prejudicadas (MCADAM; MARLOW, 2007). Em termos do programa, as incubadoras de empresas requerem um investimento significativo de tempo e recursos, combinados com pessoal qualificado para executar atividades relacionadas ao desenvolvimento empresarial e apoio às empresas para níveis posteriores de desenvolvimento (LICHTENSTEIN; LYONS, 2006).

4.1.1 Incubadoras de empresas no Brasil

O Brasil foi pioneiro na implementação de programas de incubação de empresas, na América Latina, no início dos anos 1980. Em 1984, o Brasil criou cinco fundações tecnológicas para a transferência de tecnologia das universidades para o setor produtivo. No entanto as primeiras incubadoras brasileiras se consolidaram apenas em 1987, no Seminário Internacional de Parques Tecnológicos, no Rio de Janeiro. Ainda em 1987, em outubro, foi criada a Associação Brasileira de Parques Tecnológicos e Incubadoras de Empresas (Anprotec) (ARANHA, 2008).

Relatórios anuais publicados pela Anprotec (ANPROTEC, 2003, 2004, 2005, 2006, 2007)[22] mostram que o número de incubadoras no Brasil aumentou em média 20% ao ano até 2007, principalmente nas duas regiões menos desenvolvidas do país, Norte e Nordeste, com 55,6% e 51,4% mais incubadoras, de 2004 a 2005, respectivamente (ANPROTEC, 2005)[23]. Vale ressaltar que as incubadoras estão localizadas predominantemente nos estados mais desenvolvidos e, dentro de cada estado, concentradas nas áreas metropolitanas. A distribuição geográfica das incubadoras e dos parques tecnológicos encontrados no Brasil corrobora a tendência de os serviços de apoio a negócios estarem localizados em áreas ricas em recursos, geralmente centros urbanos ou áreas não distantes de aeroportos (WALKER, 2000).

---

[22] O último desses relatórios anuais foi publicado em 2006; os dados de 2007 foram obtidos durante o trabalho de campo e não foram publicados.

[23] Ver dados atualizados, no capítulo 1, da versão brasileira do livro. Destaca-se que o ambiente institucional no momento do trabalho de campo é o mais importante na contextualização dos dados desta pesquisa.

Os relatórios anuais da Anprotec apresentam estatísticas descritivas para várias características dos programas de incubação de empresas; porém as comparações longitudinais são dificultadas pela disponibilidade apenas de dados agregados, usando diferentes intervalos de valores e rótulos de variáveis. Em 2009, o Brasil tinha 400 incubadoras em funcionamento (FRANCO *et al.*, 2009). Em seu relatório anual de 2005, a Anprotec mostra que os principais objetivos das incubadoras de empresas eram o incentivo ao empreendedorismo (97%), o desenvolvimento econômico regional (88%), a geração de empregos (84%) e o desenvolvimento tecnológico (72%). Embora a mesma incubadora possa trabalhar com empresas de diversos setores econômicos, elas tendem a se concentrar em Tecnologia da Informação e Comunicação (18%), Agronegócio (11%), Eletroeletrônica (11%), Mecânica/Biotecnologia (8%), Serviços (15%), e outros (37%). Essas áreas correspondem aos segmentos prioritários da política nacional de desenvolvimento em vigor à época da coleta de dados deste trabalho (BRASIL, 2003). Em 2007, cerca de 4.300 empresas foram incubadas ou graduadas em programas de incubação (ANPROTEC, 2007).

Em média, as start-ups incubadas faturaram, individualmente, cerca de 55 mil reais/ano, o equivalente a 12,06 salários-mínimos em valores de 2007[24]. As empresas graduadas, por sua vez, faturaram individualmente, em média, cerca de 410 mil reais/ano, ou 89,91 salários-mínimos (ANPRO-TEC, 2007). Os números nacionais comparativos mostram que 36% do total de PMEs ativas, em 2005, tinham receita bruta anual de até 60 mil reais; seguidas por um segundo grupo de 23% de PMEs com receita bruta anual entre 60 mil e 120 mil reais; apenas 6% das PMEs ativas, em 2005, tinham receita bruta anual entre 360 mil e 600 mil reais (SEBRAE, 2007).

Uma observação importante é que esses valores escondem uma grande variedade dentro dos grupos. As start-ups ainda em incubação tendem a ser mais homogêneas, em termos de escala, escopo e receitas, mas, para o grupo de start-ups graduadas, esses números positivos são enganosos. Um cálculo mais preciso foi apresentado por um gerente de incubadora, com base nos 20 anos do movimento de incubação de empresas no Brasil. Ele indicou que, embora o valor total de faturamento das empresas graduadas tenha sido estimado em cerca de 1,6 bilhão de reais pela Anprotec (2007), as três primeiras empresas — operando há mais de uma década — faturaram, juntas, cerca de 1,4 bilhão de reais.

---

[24] O salário-mínimo, em 2007, era de 380 reais.

Essa estimativa se confirmou a partir de uma consulta aos faturamentos dessas três empresas, disponíveis on-line. Duas delas faturaram 730 milhões de reais, em 2008, e a terceira faturou 244,5 milhões de reais em 2007 (em 2008, essa última foi vendida a outro empreendimento). Ao todo, é possível estimar um faturamento acima de 1 bilhão de reais, em 2007, para essas três empresas sozinhas, representando mais de 60% do faturamento estimado para o grupo de start-ups graduadas. Esse gerente acredita que esses números de faturamento reportados nos relatórios da Anprotec estão inflados, mas, mesmo assim, indicam que o movimento de incubação no Brasil não vai bem em termos de geração de receitas.

Essa variação dentro do grupo de start-ups graduadas pode ser atribuída a diversos fatores. O primeiro é o tempo de operação. Espera-se que as firmas que sobrevivam aos primeiros anos críticos sem se fundirem ou serem adquiridas por outras tenham crescido em escala e escopo em comparação com start-ups recém-formadas. O segundo fator é o tipo de atividade econômica. As firmas que desenvolvem atividades com alto nível de P&D e que sobrevivem por si mesmas têm maior potencial para obter receitas mais altas após os primeiros anos do que as pequenas empresas em atividades com baixa intensidade de P&D que atendem aos mercados locais ou regionais. Ambos os tipos podem estar em operação por longos períodos de tempo, mas a diferença entre suas contribuições para o desenvolvimento econômico aumentará gradualmente durante sua fase de maturação[25].

O terceiro fator é a localização geográfica. Instalar uma firma, em uma área rica em recursos, com estruturas de mercado e um ambiente institucional favorável, é uma das chaves para promover o crescimento. Muitas start-ups localizadas em pequenas cidades, onde instituições de ensino superior ou escolas técnicas estão ausentes, relataram que a escassez de mão de obra qualificada representa um dos problemas mais desafiadores para a produção de qualidade, a inovação e o crescimento. O treinamento no local de trabalho torna-se uma estratégia comum, mas consome tempo e recursos, de modo a diminuir o ritmo geral de desempenho e a formação de rotinas de produção.

---

[25] A fase de maturidade é definida por Lichtenstein e Lyon (2006, p. 379) como aquela em que a empresa "[...] alcançou com sucesso as vantagens de tamanho e estabilidade, uma forte posição no mercado (por exemplo, participação no mercado), um forte nível de lucratividade, fluxo de caixa positivo e uma forte equipe de gestão com um sistema eficaz de controles em vigor" (tradução própria).

O quarto fator é o ambiente político local. A implementação de cursos de treinamento e outras instalações (como um prédio adequado para a incubadora, uma área de distrito industrial para start-ups graduadas etc.) depende de percepções políticas sobre a importância da incubadora de empresas e das start-ups para o desenvolvimento local, a criação de empregos, a atração de investimentos, e assim por diante, combinadas com a vontade de implementar mudanças.

Este estudo analisou esses pontos focalizando start-ups incubadas e graduadas há menos de quatro anos. Portanto, as start-ups aqui são semelhantes, em termos de tempo de operação, receita e estágio de desenvolvimento. Elas estão envolvidas em atividades com baixa e alta intensidade de P&D. Sua localização geográfica reflete a variação intraestadual no grau de desenvolvimento (seção 4.3).

As estatísticas oficiais mostram que incríveis 80% das firmas participantes de um programa de incubação sobrevivem no mercado por uma média de quatro anos (ANPROTEC, 2007)[26]. Embora esse número seja questionável, por ser fornecido por fonte não independente e não informar o cálculo em que se baseia, esse é o único dado disponível no Brasil sobre a taxa de sobrevivência de start-ups após um programa de incubação de empresas. Apesar de esse número poder ser um tanto enganoso, ele indica algum grau de eficácia dos programas de incubação, em termos de taxas de sobrevivência das firmas.

Na maioria dos contratos de incubação, um programa de incubação dura dois anos, prorrogáveis por um ano adicional. O período de incubação é dedicado à implementação do plano de negócios, ao desenvolvimento de competências gerenciais, ao desenvolvimento do produto ou serviço e à sua apresentação ao mercado (ARANHA, 2008). Ao fim desses dois ou três anos, espera-se que a start-up consiga sobreviver no mercado, por si só, sem depender mais do apoio da incubadora. O estudo de campo, contudo, constatou algumas exceções, nas quais a start-up ficou incubada por mais de três anos. Isso é típico, mas não exclusivamente, de firmas de biotecnologia, que investem fortemente na construção de infraestrutura dentro da incubadora e dependem de licenças governamentais para seu

---

[26] Mapeamento da Anprotec (2019) adota uma forma alternativa de cálculo que considera a taxa de sobrevivência em relação ao percentual de incubadoras. Os dados para 2019 indicam, por exemplo, que 75,01% a 99,99% das empresas graduadas sobreviveram ao quinto ano de operação em 30,38% das incubadoras. Em seguida, vem a taxa de sobrevivência de 25,01% a 50,00% de incubadas reportada por 25,32% das incubadoras participantes desse mapeamento.

funcionamento e produção. Visto que os procedimentos regulatórios, como o licenciamento de instalações e o registro de um produto pela Agência Nacional de Vigilância Sanitária (Anvisa), podem levar três anos ou mais, essas firmas ficam presas à incubadora. Se mudarem de endereço, os procedimentos de registro recomeçam do início, e os anos anteriores de investimento são subutilizados ou perdidos.

Em relação aos pacotes de serviços, dados dos relatórios anuais da Anprotec indicam que vão desde instalações, como salas de reuniões e laboratórios especializados, até serviços intangíveis, como orientação empreendedora e consultoria em finanças. Outros serviços comuns são secretariado, fornecimento de *showroom*, biblioteca ou auditório, apoio à cooperação com universidade ou centro de investigação, assistência jurídica, apoio à propriedade intelectual e apoio à exportação, estando cada um presente em mais de 35% das incubadoras (ANPROTEC, 2005). Vale ressaltar que as pesquisas da Anprotec, até 2007, não levantaram dados sobre as atividades de relacionamento promovidas por incubadoras de empresas. Conforme foi discutido teoricamente no capítulo 3 e será demonstrado nos capítulos 5 e 6, o relacionamento é um dos serviços mais estratégicos que as incubadoras podem oferecer. As implicações dessa "invisibilidade" dos serviços de relacionamento em rede para os programas de incubação de empresas são discutidas no capítulo 7.

Um fator que pode diferenciar pacotes de serviços é o modelo de incubação. As duas configurações mais comuns, na literatura e nas estatísticas brasileiras, são incubadoras tecnológicas e tradicionais (CHANDRA, 2007; LALKAKA; SHAFFER, 1999). Além dessas, o Brasil tem relatado outros modelos alternativos de incubação, como incubadoras cooperativas, culturais, agroindustriais, sociais e de serviços, que são tipos de incubadoras setoriais (ARANHA, 2008; ANPROTEC, 2004; ANPROTEC, 2005). Cada configuração ou modelo "[...] tem uma dinâmica própria em relação aos potenciais clientes, às práticas internas da incubadora, à rede de instituições com que se relaciona e à possibilidade de aceder a fontes de financiamento" (ALMEIDA, 2005, p. 268). Diferentes configurações, portanto, estão associadas a diferentes pacotes de serviços, ou seja, incubadoras tecnológicas dependem mais de vínculos com universidades e centros de pesquisa, enquanto as incubadoras tradicionais dependem mais de redes com governos locais e atores do mercado. Dentre todas essas categorias, os dados mostram que 40% das incubadoras brasileiras são tecnológicas (foco em atividades altamente intensivas em P&D), 18% são tradicionais (foco em atividades pouco intensivas em P&D) e 23% são mistas (foco em ambos os tipos de start-ups) (FRANCO *et al.*, 2009; ANPROTEC, 2005). Essas três categorias principais são as selecionadas para este livro[27].

4.2 O AMBIENTE INSTITUCIONAL DAS INCUBADORAS DE EMPRESAS PESQUISADAS

O trabalho de campo foi realizado nos dois estados mais ricos em recursos do Brasil: São Paulo e Minas Gerais. O capítulo 2 apontou semelhanças entre eles, em termos de atividades de P&D, e mostrou que diferem, em termos de investimento empreendedor nessas atividades, com São Paulo representando uma proporção acima da média nacional e Minas Gerais abaixo dela. O papel do governo, no financiamento das atividades de P&D, nas empresas mineiras, é maior do que em São Paulo, e isso implica um conjunto de fatores que se organiza de forma diferenciada para apoiar as start-ups.

Enquanto, no Estado de São Paulo, 45% de todas as incubadoras são tradicionais[28]; em Minas Gerais, essa categoria está ausente. Informações do trabalho de campo mostram que mesmo incubadoras mistas no Estado de São Paulo apoiam start-ups predominantemente de base tecnológica. Essa diferença foi explicada pelo gerente administrativo da Rede Mineira de Incubadoras. Segundo ele, houve desinteresse da Secretaria de Estado de Ciência e Tecnologia de Minas Gerais em instalar incubadoras para start-ups com baixa intensidade de P&D, aproximadamente desde 2007. Em vez disso, existe um programa semelhante, embora menos estruturado, que oferece treinamento em inclusão digital e orientação para empreendedores, em parceria com o Sebrae. Portanto, em geral, a disponibilidade de incentivos econômicos e financeiros determina o tipo de modelo de incubação em âmbito estadual. Além da disponibilidade de recursos financeiros, a localização das incubadoras de empresas nesses estados é influenciada pela proximidade de recursos críticos, como atores do mer-

---

[27] Um esforço para simplificar essa diversidade de categorias encontra-se no relatório conjunto Anprotec--MCT (ANPROTEC; MCT, 2012), que define três categorias: incubadoras de economia solidária, incubadoras de empresas de base tecnológica e incubadoras de empresas com foco em produtos e tecnologias tradicionais. Por razões de coerência com os termos utilizados à época do trabalho de campo, este livro mantém a terminologia vigente em 2007-2012.

[28] Total de incubadoras por estado: $N_{\text{São Paulo}} = 86$; $N_{\text{Minas Gerais}} = 25$.

cado, dinamismo econômico regional e a força relativa das instituições de apoio locais e regionais.

Do lado da demanda, dados do Sebrae (2007) mostram que 55% dos empreendedores buscaram algum tipo de auxílio na gestão de suas empresas, sendo o contador o ator mais importante (65%), seguido do próprio Sebrae (19%). As políticas apontadas como mais necessárias para as PMEs são o regime tributário diferenciado (68%), o crédito preferencial (juros e prazos) (63%) e os programas de formação de pessoal (39%).

4.2.1 Quadro jurídico

Um marco na legislação nacional que facilitou substancialmente a formação e a continuidade de start-ups no Brasil é a lei geral da micro e pequena empresa[29] (Lei Complementar n.º 123), introduzida em 2006 (BRASIL, 2006). Essa lei federal reduziu os impostos para a abertura de novos negócios, instituiu um sistema fiscal simplificado para pequenas empresas (o Simples Nacional), reduziu a burocracia necessária para formalizar uma nova empresa, facilitou o acesso direto e indireto (por meio de parceria com empresas maiores) aos contratos governamentais e licitações, estimulou atividades associativas que melhoram a competitividade e a inserção nos mercados nacional e internacional e tornou o crédito mais acessível, por meio da oferta de linhas de crédito específicas para PMEs e cooperativas de crédito.

Essa lei evoluiu a partir de algumas iniciativas de base previstas em leis anteriores que se referiam a várias características das PMEs, no contexto mais amplo da inovação tecnológica, tais como a Lei n.º 11.196/2005 (BRASIL, 2005), que menciona brevemente o apoio às PMEs em relação aos seus investimentos em P&D para inovação tecnológica, e o Decreto-Lei n.º 5.563/2005 (BRASIL, 2005), que regulamenta a Lei n.º 10.973/2004 sobre incentivos à inovação e à pesquisa científica e tecnológica em ambientes produtivos. Outros desdobramentos da Lei Complementar n.º 123/2006 são encontrados na Lei Complementar n.º 128/2008 (BRASIL, 2008), que avança na definição e regulamentação das microempresas individuais, detalha alguns aspectos fiscais do sistema Simples Nacional, cria a Rede Nacional para a Simplificação do Registro e da Legalização de Empresas e

---

[29] Na nomenclatura brasileira, o termo "microempresa" corresponde a pequenas empresas formais, e o termo "pequena empresa" corresponde às pequenas e médias empresas na literatura internacional (BRASIL, 2006; FARBMAN; LESSIK, 1989).

Negócios e estabelece o papel do Agente de Desenvolvimento, que garante que esta lei seja implementada de acordo com as especificidades locais.

Os principais avanços no marco legal a partir da Lei n.º 123/2006 (BRASIL, 2006) que impactam a evolução de start-ups e pequenas empresas são:

a. tratamento diferenciado das PMEs, permitindo-lhes participar em contratos governamentais, potenciando o desenvolvimento econômico e social local e regional, o alargamento da eficácia das políticas públicas e o incentivo à inovação tecnológica (Art. 47);

b. ênfase na orientação, e não na fiscalização punitiva, com orientações sobre direitos trabalhistas, métricas, saneamento, impactos ambientais e segurança, seguida de visita de acompanhamento e, se necessário, aplicação de sanções (Art. 55);

c. articulação entre instituições financeiras e de apoio para promover programas de formação, desenvolvimento gerencial e capacitação tecnológica de pequenos empreendedores (Art. 59);

d. um conceito de inovação que, apesar do foco subjacente em inovação tecnológica, inclui valor agregado pela introdução de novas funcionalidades ou características do produto que aumentam a competitividade;

e. enumeração dos principais atores do sistema nacional de inovação: agências de apoio à promoção e desenvolvimento da ciência, tecnologia e inovação; instituições de ciência e tecnologia que realizam pesquisas básicas e aplicadas; núcleos de inovação tecnológica para a gestão da política de inovação de uma ou mais dessas instituições de ciência e tecnologia; e instituições de apoio que patrocinam projetos de pesquisa, ensino, extensão e desenvolvimento institucional, científico e tecnológico;

f. desenho de um sistema específico de apoio à inovação em PMEs, por meio de programas multiatores mantidos em todos os níveis de governo e nas instituições listadas no item anterior, incluindo explicitamente a start-up em incubadoras de empresas. Um impacto financeiro desse sistema é que, pelo menos, 20% dos recursos alocados para o desenvolvimento da inovação devem ser destinados às PMEs; outro é a possibilidade de reduzir a zero o nível de impostos sobre produtos importados e transações relacionadas para a aquisição de equipamentos, máquinas, instrumentos, acessórios e ferramentas por PMEs dedicadas à inovação tecnológica. O Ministério da Ciência e Tecnologia é o ator central de controle e monitoramento do sistema.

Esse novo marco legal aborda a principal dificuldade relatada por empreendedores de sucesso em um estudo do Sebrae (2007) sobre as razões do sucesso e do fracasso das start-ups brasileiras. Os impactos diretos positivos desse marco legal nacional em editais específicos de financiamento foram amplamente reportados por empreendedores que desenvolvem produtos com alta intensidade de P&D, especialmente no que se refere ao Prime, programa apresentado a seguir, cujo anúncio dos resultados coincidiu com o período de trabalho de campo desta pesquisa.

4.2.2 Fontes formais de financiamento

Os governos federal e estadual são as duas principais fontes de financiamento para start-ups incubadas, por meio de suas fundações de apoio à pesquisa. Todos os programas de financiamento de pesquisa são direcionados a projetos inovadores, principalmente aqueles que envolvem P&D, excluindo as iniciativas de baixa intensidade de P&D. Esta subseção apresenta apenas as principais fontes de financiamento relatadas pelos empreendedores durante o trabalho de campo. Muitos programas menores, em termos de escala ou importância, conforme percebidos pelos empreendedores, não são relatados aqui. Informações adicionais sobre as principais fontes de financiamento vêm de pesquisas documentais em websites institucionais e outros documentos obtidos em campo.

Um programa que teve cobertura nacional, o Prime, foi de grande importância para muitas das start-ups de base tecnológica entrevistadas neste livro[30]. O Prime foi criado no início de 2009, e é administrado pela Financiadora de Estudos e Projetos (Finep), com o objetivo de fornecer subvenções a empresas nascentes de alto valor agregado. O programa beneficiou 5 mil empresas, em todo o país, e conta com parcerias insti-

---

[30] Note-se que a participação no Prime não foi um critério de seleção dos entrevistados para este livro. No entanto não é possível assegurar em que medida a participação no Prime tenha influenciado as indicações de possíveis entrevistados pelos gestores de incubadoras de maior porte. Isso não se aplica às incubadoras menores, uma vez que, nelas, todas as start-ups que se enquadravam nos critérios de seleção foram entrevistadas. Dos 15 entrevistados que desenvolvem alguma atividade intensiva em P&D, 10 foram contemplados por esse programa.

tucionais descentralizadas para sua implantação (FINEP, 2012). Os candidatos elegíveis são empresas nascentes, com até 24 meses de operação, que incluam um alto nível de inovação em seus produtos ou serviços. Os planos de negócios dessas start-ups devem demonstrar potencial de crescimento e um conjunto de desafios e metas viáveis. Além disso, uma vez selecionados, os empreendedores devem participar de um curso especial sobre empreendedorismo e gestão empresarial.

Beneficiários-empreendedores e gestores de incubadoras afirmaram que esse programa preencheu a lacuna de subvenção na teia de apoio governamental às PMEs: um subsídio com rubrica para contratação de consultores especializados em gestão e outras áreas. O pacote inclui subvenção econômica de 120 mil reais para recursos humanos qualificados e serviços especializados em estudos de mercado, jurídico, financeiro, certificação e custos de serviços, entre outros, pelo período de um ano. As empresas bem-sucedidas têm o direito de se candidatar a um programa de empréstimos a taxas de juros zero, bem como a outros programas Finep, por exemplo, para acessar capital inicial. Esse programa vai, portanto, um passo além dos modelos comuns de financiamentos a fundo perdido de P&D, que se limitam à aquisição de bens de capital e insumos tecnológicos para o desenvolvimento de produtos e às bolsas de mestrado e doutorado exclusivamente para pesquisadores de P&D.

No âmbito estadual, as instituições mais fortes na provisão de recursos financeiros são as fundações de apoio à pesquisa científica e tecnológica: Fundação de Amparo à Pesquisa do Estado de São Paulo (Fapesp) e Fundação de Amparo à Pesquisa do Estado de Minas Gerais (Fapemig). No Estado de São Paulo, o Pesquisa Inovativa em Pequenas Empresas (Pipe) é um programa iniciado, em 1997, e administrado pela Fapesp que já apoiou mais de mil projetos de pesquisa no estado[31] (FAPESP, 2012). É um programa de financiamento que visa a:

a. apoiar a P&D como ferramenta de desenvolvimento da inovação tecnológica, promovendo o desenvolvimento empreendedor e aumentando a competitividade das pequenas empresas;

b. criar as condições adequadas para melhorar as contribuições da pesquisa para o desenvolvimento social e econômico;

---

[31] Dados disponíveis na Fapesp (2012) indicam 963 projetos concluídos, 118 em andamento, 1.719 bolsas concluídas e 71 em andamento em novembro de 2012.

c. induzir ao aumento do investimento privado em pesquisa tecnológica;

d. facilitar parcerias entre pequenas empresas e pesquisadores em projetos de pesquisa para inovação tecnológica;

e. contribuir para formar núcleos de desenvolvimento tecnológico em pequenas empresas e inserir pesquisadores no mercado empresarial.

O programa está estruturado em três fases: a) análise de viabilidade técnico-científica (até seis meses), b) desenvolvimento da proposta de pesquisa (até 24 meses) e c) aplicação dos resultados visando a comercialização do produto ou processo gerado nas primeiras fases. A Fapesp fornece recursos para as duas primeiras fases, embora a terceira fase seja obrigatória para a aprovação da concessão. Existem várias condições para receber recursos do programa. Uma delas é que o pesquisador responsável pelo projeto esteja vinculado à pequena empresa e esteja disponível, pelo menos, 24 horas semanais para trabalhar no projeto. Outra condição é que a pequena empresa não tenha mais de 100 funcionários e mostre que tem as condições para realizar as pesquisas e captar os recursos necessários para a terceira fase. Quatro dos oito empreendedores que desenvolvem atividades altamente intensivas em P&D, no Estado de São Paulo, nesta pesquisa contam com subvenções desse programa.

Em Minas Gerais, o principal programa citado pelos empreendedores é o Prime, seguido pela atuação da Fapemig no lançamento de programas, como o Programa de Apoio à Pesquisa em Empresas (Pappe) e o Programa de Apoio à Melhoria e à Inovação Tecnológica (Amitec). O primeiro é realizado em parceria com a Finep e visa apenas a pequenas empresas; o último é implantado em parceria com o Sebrae e a FIEMG e é voltado para pequenas e médias empresas. Uma condição importante desses programas é que as inovações tecnológicas, uma vez introduzidas no mercado, tenham impacto social ou comercial. Dados sobre quais desses programas são os mais utilizados pelas start-ups mineiras não estão disponíveis. Seis das nove start-ups desta pesquisa que desenvolvem atividades intensivas em P&D, no Estado de Minas Gerais, se beneficiaram de subvenções da Fapemig para desenvolver seus produtos e serviços.

Vale ressaltar que esses programas, em ambos os estados, são voltados fortemente para start-ups inovadoras com projetos em tecnologia. Isso mostra que o ambiente financeiro formal para essas start-ups é habitado, sobretudo, por instituições de apoio governamental, em vez de investidores privados e bancos públicos e privados. Os requisitos de entrada desses os tornam inacessíveis para start-ups. A Firma18 descreve bem a existência de uma lacuna de financiamento no mercado financeiro brasileiro para start-ups:

> Estamos aqui há três anos, investindo o que temos [...] para viabilizar o negócio. Então, estamos assumindo todo o risco. Até a FAPESP não assume mais o risco, conosco. Porque todos os outros, todas as outras linhas de investimento, dão um passo à frente, que é quando o empreendimento já está em movimento, já em andamento. [...] Então eu acho que tem um vale ali, tem uma lacuna ali, um pouco complicado de... receber do governo. [...] Então, você tem outro lado, certo? Se eu estivesse vendendo salgadinhos, eu conseguiria cerca de 20.000 reais, 30.000 reais, de investimento. Não é verdade? (§185).

Do outro lado do *spectrum* de intensidade de P&D, as possibilidades de financiamento das start-ups são muito mais escassas. Em sua maioria, elas contam com incentivos financeiros mínimos do Sebrae, por meio das incubadoras de empresas. Esses incentivos incluem participação em feiras de negócios, visitas técnicas e consultorias regulares sobre finanças e marketing. No entanto não há incentivo financeiro direto para inovação de produto ou processo. Incentivos financeiros indiretos estão inseridos em uma rede de instituições.

O Sebrae passou a apoiar a implantação, o desenvolvimento e o fortalecimento de incubadoras de empresas com start-ups de baixa intensidade de P&D, em 1991 e, em parceria com a Anprotec, em 1998. Os primeiros editais de subvenção apoiaram 35 projetos de incubação em 15 estados; em 2002, esse número havia subido para 234 projetos em 99% do território nacional[32]. Os montantes absolutos alocados por start-up com baixa intensidade de P&D são esporádicos e correspondem a cerca de 1/100 ou menos do valor das subvenções tecnológicas para start-ups intensivas em P&D. Além disso, existe uma grande lacuna entre o poder financeiro dos Sebraes estaduais em São Paulo e Minas Gerais. Um edital do Sebrae-SP, em 2010, teve orçamento de 20 milhões de reais, teto por proposta de um milhão de reais e garantia de 50% do valor da proposta pela instituição proponente. O Sebrae-MG, por sua vez, não lança editais

---

[32] Informação obtida do Sebrae-SP por e-mail.

de subvenção, e seus principais serviços são, em certa medida, compará-veis aos que também se encontram no Estado de São Paulo, quais sejam, disponibilidade de informações sobre como abrir uma empresa, o que é um plano de negócios, outras informações gerais básicas para empreende-dores iniciantes, consultorias e orientações pontuais. Portanto, conforme afirma o gerente administrativo da RMI, o Sebrae-SP investe muito mais em incubadoras de empresas do que o Sebrae-MG. Enquanto, em São Paulo, os recursos são disponibilizados para start-ups individuais, por meio de incubadoras de empresas, incluindo start-ups pouco intensivas em P&D; em Minas Gerais, os recursos são direcionados para arranjos produtivos locais, como no setor de calçados.

No que se refere ao acesso aos bancos, os empreendedores de meia idade e idosos contam com o seu perfil individual para se candidatarem ao crédito pessoal e adquirirem equipamentos para a constituição da firma. Um dos requisitos bancários para que os empreendedores se inscrevam em programas de financiamento ou sejam elegíveis para empréstimos comerciais comumente relatado é dois anos de operação e uma carteira de comprado-res. Todavia as taxas de juros são mais altas para as empresas jovens do que para as maiores e já estabelecidas. Fica claro que o sistema financeiro formal impõe barreiras intransponíveis durante os anos mais críticos de start-ups.

Casos excepcionais de start-ups com baixa intensidade de P&D con-taram com investidores privados locais de pequena escala, mas esses só entraram na firma por volta do segundo ou terceiro ano de operação. Mais uma vez, durante os primeiros dois a três anos, as start-ups ficam com uma lacuna de apoio financeiro, que é preenchida pelos próprios recursos dos empreendedores, por empréstimos informais de familiares e amigos ou pelas primeiras vendas. Essa dinâmica do ambiente institucional financeiro para start-ups de baixa intensidade de P&D favorece claramente quem tem recursos próprios ou nas suas redes para suportar os custos fixos e de desenvolvimento de uma start-up, pelo menos nos primeiros dois anos.

4.2.3 Distribuição geográfica das incubadoras pesquisadas

Por abrigar o segundo maior número de incubadoras de empresas do país, os estados de São Paulo e Minas Gerais forneceram estudos de caso relevantes para este livro. No estado de São Paulo, as incubadoras estão espalhadas por todas as sub-regiões. Em Minas Gerais, concentram-se nas regiões Centro-Oeste, Centro e Sul do estado; muitos municípios possuem duas ou mais incubadoras de empresas, enquanto a maioria das cidades do estado não possui nenhuma. Existem três fatores principais que explicam essa distribuição de incubadoras em cada estado: grau de intensidade de P&D, disponibilidade de recursos e outros incentivos e vontade política de instituições de apoio e governos locais. Esta subseção discute o primeiro fator.

O grau de intensidade de P&D explica porque as incubadoras tecnológicas estão localizadas dentro ou próximas de universidades e centros de pesquisa. As start-ups vinculadas a essas incubadoras costumam ser frutos de pesquisas acadêmicas (spin-offs) e precisam de parcerias com laboratórios de pesquisa para desenvolver o produto ou serviço. A incubadora, então, representa uma ponte entre a expertise acadêmica e a tecnologia de ponta e as oportunidades de mercado para o desenvolvimento de produtos. Nesse sentido, os dois estados compartilham o mesmo padrão, em que a distribuição geográfica das incubadoras tecnológicas segue a distribuição regional das principais universidades e centros de pesquisa. Essas também são regiões em que é mais fácil acessar redes de conhecimento específicas.

A dispersão geográfica das incubadoras de empresas, no estado de São Paulo, se deve às incubadoras tradicionais, cujas incubadas dependem mais da existência de fornecedores, compradores e instituições locais. Contudo, segundo o Sebrae (informações verbais de reunião com dirigentes do Sebrae Nacional em 2012), a tendência é o encolhimento das incubadoras tradicionais, por meio de fusões, encerramentos ou conversão em incubadoras tecnológicas.

4.2.4 Importância dos atores no cenário institucional

Esta subseção destaca o papel das instituições estaduais na criação e dispersão geográfica de diferentes tipos de incubadoras de empresas. No estado de São Paulo, a forte presença do Sebrae, no estabelecimento de parcerias com as prefeituras, é o pilar de sustentação das incubadoras tradicionais. Para aquelas poucas incubadoras tradicionais que contam com a presença de uma universidade ou centro de pesquisa, o estabelecimento de parcerias com essas instituições, contudo, não é uma tarefa fácil. Desse modo, essas incubadoras enfrentam desafios relacionados à escassez de mão de obra qualificada, barreiras à inovação e distância de centros economicamente dinâmicos. A ampliação do escopo dos compradores, por exemplo, exige esforços extras, pois esses estão a centenas de quilômetros de distância; há dependência dos empreendedores em relação aos representantes comerciais, e episódios de inadimplência ou cópia do produto por esses representantes comerciais ou fornecedores terceirizados são desfechos relativamente comuns desses esforços para o crescimento. Apesar desse cenário, a vantagem dessas incubadoras tradicionais permanece sendo a criação de oportunidades de emprego, industrialização local, treinamento de empreendedores e formação de uma cultura empreendedora local (ALBERT; BERNASCONI; GAYNOR, 2004).

Além da importância das instituições de apoio, nos níveis federal e estadual, para a implantação de incubadoras de empresas, há o papel dos governos locais. Essa vontade política foi destacada em entrevistas com muitos gestores de incubadoras. Há histórias de incubadoras de empresas que fecharam por falta de apoio do governo local e de dificuldades no estabelecimento de novas incubadoras em regiões remotas devidas à falta de visão estratégica dos governos locais sobre as incubadoras como mecanismos de desenvolvimento. Além disso, esses governos locais carecem dos incentivos de uma rede institucional poderosa para estabelecer tais programas com chances de sucesso.

Outro tipo de ator que poderia ter uma presença mais forte, no cenário institucional de incubadoras de empresas, mas está quase ausente, são as associações industriais estaduais: Fiesp, em São Paulo, e Fiemg, em Minas Gerais. Até o final de 2007, a Fiesp era a entidade gestora de mais de 30 incubadoras de empresas que atendiam start-ups de baixa intensidade de P&D em São Paulo. Contudo a saída inesperada da Fiesp da rede de apoio deixou uma grande lacuna. Empreendedores dessas incubadoras tradicionais relatam que a saída da Fiesp implicou perdas de oportunidades de treinamento, redução e mudanças drásticas em consultorias antes regulares, estagnação da incubadora de empresas por falta de um ator para gerir os recursos repassados pelo Sebrae, e assim por diante. Em alguns casos, outra incubadora assumiu a função da Fiesp; para outros, o governo local o fez, mas outros apenas permaneceram desativados.

Em suma, o ambiente institucional de start-ups é formado pelos seguintes atores principais: instituições de financiamento (como Finep, Sebrae, Fapemig, Fapesp), governos locais, entidades gestoras de incubadoras (como universidade, governo local, grandes incubadoras de empresa), outras instituições de apoio (como as câmaras de comércio), atores do mercado (como compradores e fornecedores), a própria incubadora, como uma instalação física e ambiente de aprendizagem, e outros incubados.

4.3 DESCRIÇÃO DAS INCUBADORAS DE EMPRESAS PESQUISADAS

Dezessete incubadoras de empresas, 10 em São Paulo e sete em Minas Gerais, foram visitadas. As entrevistas foram conduzidas preferencialmente com gerentes ou com a equipe principal de apoio. A Tabela 3 apresenta a distribuição das entrevistas por localização geográfica, tipo de incubadora de empresas e categoria de entrevistado. Embora a pesquisa tenha sido delimitada a incubadoras tradicionais e tecnológicas, duas incubadoras mistas foram incluídas, em Minas Gerais, a fim de investigar a evolução de start-ups com baixa intensidade de P&D naquele estado. Em um caso, embora o gerente da incubadora tenha relatado que ela se tornou tecnológica após uma revisão de sua estratégia, aqui ela é classificada como mista, uma vez que as start-ups entrevistadas são pouco intensivas em P&D e foram incubadas antes dessa mudança na incubadora. O número de incubadoras incluídas neste trabalho considerou o tipo de incubadora, dentro das peculiaridades de cada estado.

A Tabela 4 detalha as características demográficas e econômicas de cada município. Em geral, cada cidade possui uma incubadora. Porém, em Minas Gerais, existem duas cidades com duas incubadoras cada. Em Santa Rita do Sapucaí, uma incubadora faz parte de um instituto privado, e a outra, da prefeitura local. Em Belo Horizonte, uma faz parte de uma fundação de tecnologia da informação e a outra faz parte de uma universidade federal. As linhas em cinza indicam incubadoras tecnológicas, e as incubadoras 16 e 17 são mistas (a 17ª é aquela que recentemente se transformou em tecnológica).

A Tabela 4 mostra que:

a. o tamanho da população das cidades varia de 6.715 a 11.037.593. A população média, excluindo os extremos (São Paulo e Jaborandi), é de 459.029;

b. o PIB anual per capita médio é de 17.755 reais; excluindo os valores extremos a média é de 17.498;

c. em todas as cidades, mais de 94% dos empreendimentos estão ativos, segundo o IBGE-Cidades (IBGE, 2009);

d. na maioria das cidades, a taxa de ocupação para quem tem renda mensal fixa ou com carteira assinada é superior a 80%, exceto Jaborandi (77,2%) e Novo Horizonte (71,7%);

e. serviços é o setor econômico que mais contribui para o PIB em todas as cidades, variando de 52,95%, em Santa Rita do Sapucaí, a 83,04%, em Belo Horizonte.

Tabela 3 – Distribuição das entrevistas

Estado	Tipo de Incubadora	Incubadora (n / N)	Entrevistas				Total
			Gerentes + Equipe central	Incubados	Graduados	Casos de comparação	
SP (9 de 28 sub-regiões)	Tradicionais	6/36	6	11	7	1	25
	Tecnológicas	4/20	4+1	9	4	2**	20
Total		10/86*	11	20	11	3	45
MG (3 de 12 sub-regiões)	Tecnológicas	5/15	3+2	6	6	1	18
	Mista / outros	2/10	2	3	3		8
Total		7/25	7	9	9	1	26
Outras entrevistas	Rede Mineira de Inovação						1
	Escritório Local do SEBRAE - RP / SP						1
	Escritório Local do SEBRAE - SP / SP (e-mail)						1
	Escritório Local do SEBRAE - ATB / SP (e-mail)						1
	SEBRAE Regional - MG (e-mail)						1
Total							5
TOTAL GERAL							76

Fonte: a autora

*A diferença (30 incubadoras de empresas) refere-se a tipos de incubadoras diferentes das tradicionais e tecnológicas. **Esse total inclui uma entrevista que foi indicada como caso de comparação, mas na verdade era um graduado de outra incubadora.

Tabela 4 – Contexto local de incubadoras de empresas

Código da Incubadora*	Município	População	PIB per capita	N Empresas (% ativo)	Emprego (% fixo)	Serviços (% PIB)
01	Botucatu	130348	19054	4199 (97,07)	38313 (86,72)	53,27
02	Jaborandi	6715	9446	157 (94,90)	617 (77,15)	59,42
03	Olímpia	50602	16404	1974 (97,97)	13064 (80,66)	61,75
04	Penápolis	59597	16389	2349 (97,87)	14600 (80,90)	75,14
05	Barra Bonita	36214	12018	1670 (98,56)	15182 (86,82)	70,29
06	Novo Horizonte	36271	16840	1644 (96,84)	7122 (71,67)	68,99
07	Santo André	673396	20044	23406 (96,85)	209885 (84,85)	61,41
08	Ribeirão Preto	563107	23692	30110 (97,05)	207839 (81,08)	81,55
09	Campinas	1064669	26133	44881 (96,05)	408418 (85,60)	73,44
10	São Paulo**	11037593	29394	520533 (94,90)	5241615 (86,39)	77,96
11, 13	Santa Rita do Sapucaí	36150	16508	1506 (96,75)	10860 (82,28)	52,95
12	Itajubá	90225	13377	3304 (97,22)	25840 (82,83)	57,86
14, 15	Belo Horizonte**	2452617	15835	100464 (94,54)	1412412 (89,72)	83,04
16	Patos de Minas	139841	10670	4661 (96,52)	32282 (80,74)	69,78
17	Uberlândia	634345	20520	21492 (95,88)	183888 (84,85)	71,36

Fonte: IBGE Cidades (2009)

*As incubadoras 1 a 10 estão em São Paulo e 11-17 em Minas Gerais. **Capitais.

4.3.1 Pacotes de serviços prestados

Todas as incubadoras de empresa, exceto uma, fornecem serviços operacionais e estratégicos (ALTENBURG; STAMM, 2004)[33]. Os serviços operacionais incluem escritório e espaço de trabalho para cada start-up (tamanho variável), infraestrutura compartilhada (por exemplo, salas de reuniões, refeitório ou cozinha, manutenção de edifícios), instalações de negócios (secretaria, segurança) e instalações de informação (internet). Os empreendedores pagam taxas abaixo dos preços de mercado, que podem assumir a forma de um pagamento mensal regular ou uma quantia variável compartilhada para cobrir as despesas das instalações. Apenas uma incubadora de empresas não cobra de seus incubados, e outra tem valores escalonados de acordo com o tempo de utilização das suas instalações (desde taxas muito baixas até o alcance gradual dos preços de mercado).

Em relação aos pacotes de serviços estratégicos, apesar das variações entre incubadoras, duas categorias principais são destacadas pelos empreendedores: formação empresarial e relacionamento. Outros tipos de serviços são o apoio financeiro para participação em feiras, para acesso a ou desenvolvimento de tecnologia, credibilidade que facilita o acesso ao mercado, gestão de conflitos e acesso a informações críticas muito caras ou não disponíveis no mercado. A distribuição desses serviços é apresentada na Tabela 5.

Os itens relacionados à formação empresarial, reportados 57 vezes, incluem consultoria regular, cursos e treinamentos. A maioria das incubadoras oferece assessoria mensal de consultores financeiros e de marketing, que elaboram programas de desenvolvimento de competências sob medida, geralmente baseados em um programa geral de competências elaborado pelo Sebrae. Outras consultorias podem depender das demandas dos empreendedores (por exemplo, consultor jurídico ou de design) e variam substancialmente. Os cursos se concentram em competências gerenciais (ex., ponto de equilíbrio, como se inscrever em editais), conhecimento técnico (fluxo de caixa, capital de risco etc.), atitude empreendedora e como assumir riscos calculados (o curso mais cotado é o Empretec, pelo Sebrae).

---

[33] A exceção é a incubadora de agronegócios, na qual não há empresas fisicamente incubadas, uma vez que essa incubadora atende negócios em suas propriedades agrícolas. Nesse caso, todos os serviços são considerados estratégicos.

Tabela 5 – Serviços estratégicos prestados pelas incubadoras de empresas (n=49 empreendedores)

Tipo de recurso	Serviços estratégicos	N incubadoras
Formação empreendedora	Consultoria regular (principalmente em finanças e marketing) e consultorias específicas (sob medida)	32
	Cursos e treinamentos sobre questões específicas (e.g., fluxo de caixa, formação de preços, marketing, aplicação a fundos governamentais)	13
	Monitoramento regular e suporte contínuo em questões gerenciais (e.g., gestão de contratos, estabelecimento de parcerias)	4
	Orientação para elaboração de plano de negócios Redefinição do produto ou serviço ou mesmo do foco do negócio	3
	Redefinição do produto ou serviço ou mesmo do foco do negócio	3
	Ambiente de aprendizagem para relacionamento e cooperação entre incubados	2
Rede	Mediação entre start-up e investidores (organização de eventos de capital de risco)	5
	Mediação entre start-ups e órgãos de regulação	4
	Acesso a compradores ou mediação entre start-ups e compradores	4
	Mediação entre start-ups e universidade ou centro de pesquisa	3
	Mediação entre start-ups para a formação de redes de mercado e acesso a associações comerciais	2
	Mediação entre start-ups e governo	1
Apoio financeiro	Suporte para participação em feiras de negócios (oportunidades de vendas, benchmarking, contato de negócios); ou para P&D (visitas técnicas, núcleo de inovação)	10
Credibilidade	A "marca" da incubadora facilita a entrada no mercado (acesso a compradores, investidores) e o acesso ao crédito (empréstimos bancários)	5
Gestão de conflito	Mediação entre sócios em situações de conflito (dissolução de sociedade)	2
Informações	Acesso a informações críticas que seriam muito caras ou que não estão disponíveis no mercado	2

Fonte: a autora

Os serviços de relacionamento são reportados 19 vezes, com itens específicos, mostrando que as incubadoras de empresas mediam os contatos entre as incubadas e diversos outros atores, desde investidores privados (exclusivamente para incubadoras tecnológicas), a agências governamentais, centros de pesquisa, compradores e outras incubadas. Embora as redes de relacionamento não constem entre os serviços prestados pelas incubadoras de empresas, seja nos relatórios da Anprotec, seja nos sites das incubadoras, ou mesmo no relato da maioria dos seus gestores, essa é a segunda categoria mais importante de serviços estratégicos do ponto de vista dos empreendedores. Conforme discutido nos capítulos anteriores, estabelecer redes de relacionamento é complementar ao desenvolvimento de competências internas e é fundamental para promover o acesso a fornecedores, compradores, investidores, tecnologia e outros recursos essenciais para a sustentabilidade da firma.

A formação empreendedora e o relacionamento são a manifestação do conceito de incubadoras de empresas como ambientes de aprendizagem. Para aquelas necessidades de aprendizagem que são mais frequentemente compartilhadas entre os empreendedores e reconhecidas pelos gestores das incubadoras, o treinamento formal representa uma solução econômica para acomodar e prevenir EACs indesejáveis. Além disso, as trocas informais regulares tornam-se essenciais para as necessidades diárias, para lidar com EACs específicos e para avaliar o desempenho dos empreendedores.

Vale ressaltar que esses dois contextos de aprendizagem (formal e informal) interagem de maneiras diferentes. A aprendizagem informal pode acontecer durante um seminário ou curso formal, quando os empreendedores compartilham suas experiências (ERAUT, 2004b), e as trocas informais podem evoluir para relações comerciais formais, dependendo do grau de complementaridade entre os recursos e as competências dos empreendedores.

4.3.2 Critérios de seleção para novos incubados

Em relação aos critérios de seleção, os requisitos, para a maioria das incubadoras, são muito semelhantes. Após chamadas públicas da incubadora, os empreendedores se inscrevem com um plano de negócios, que é selecionado por um conselho formado pelo gestor da incubadora e pelos parceiros do programa.

Observou-se que os critérios de seleção evoluem de acordo com as taxas de sucesso e insucesso anteriores, principalmente nos primeiros anos de funcionamento da incubadora. Gestores que estão na mesma incubadora, desde o início, relatam episódios de aprendizagem, no âmbito da incubadora, sobre como selecionar as melhores candidaturas. Essas informações, colhidas em entrevistas com gestores de incubadoras individuais, aglutinam-se com a avaliação geral do gestor administrativo da RMI sobre o processo de maturação das incubadoras. Ele afirma que o ponto crítico é quando se forma a primeira turma de start-ups, dois anos após o primeiro processo seletivo. A questão das taxas de sobrevivência de start-ups por estágio de maturidade da incubadora aparece como um tópico importante para pesquisas futuras, mas está além do escopo deste livro.

4.3.3 Parcerias

O estabelecimento de parcerias para patrocínio e prestação de serviços é um fator fundamental para a sobrevivência das incubadoras de empresas. O Gráfico 6 apresenta a participação de cada parceiro por tipo de incubadora e indica que:

a. o Sebrae é um parceiro fundamental, que fornece recursos financeiros e especialistas indispensáveis para a maioria das empresas. Possui maior participação em incubadoras tradicionais e mistas;

b. os governos locais são, na maioria das vezes, responsáveis por fornecer recursos econômicos, também considerados mais importantes para incubadoras tradicionais e mistas;

c. universidades e centros de pesquisa não têm papel nas parcerias com incubadoras tradicionais, mas são essenciais para incubadoras tecnológicas e mistas — nessas últimas, para start-ups mais intensivas em P&D;

d. o núcleo de atores de apoio às incubadoras tradicionais é o Sebrae e o governo local; já para incubadoras tecnológicas, o conjunto de atores é mais amplo, e sua importância relativa é distribuída quase uniformemente.

Gráfico 6 – Parceiros de incubadoras de empresas por tipo de incubadora

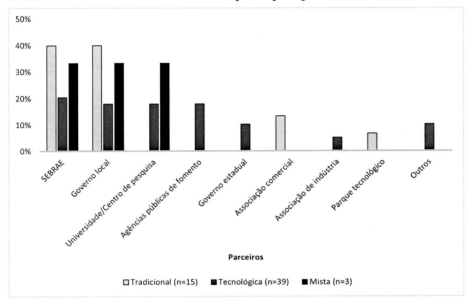

Fonte: a autora, a partir de entrevistas com gestores de incubadoras de empresas e pesquisa documental em materiais de relações públicas e websites de incubadoras de empresas

4.3.4 Os gerentes

Uma breve descrição do perfil dos gestores conclui a caracterização destas 17 incubadoras de empresas. Os gestores são atores fundamentais para estabelecer relacionamentos, uma vez que atuam como eixo entre as instituições de apoio, prestadores de serviços, órgãos governamentais, outras incubadoras e incubadas. Eles desempenham um papel fundamental dentro da incubadora de empresas, na criação de um ambiente de cooperação entre as incubadas e no contato próximo com as necessidades dos empreendedores para providenciar os serviços adequados (CORRADI, 2012).

A formação educacional desses 17 gestores, por tipo de incubadora, é:

a. incubadoras tradicionais – um engenheiro agrônomo, um administrador e um biólogo;

b. incubadoras tecnológicas – duas gestoras com ensino superior (área não definida), dois engenheiros, um engenheiro especializado em gestão estratégica de negócios, um engenheiro e administrador, dois administradores, um mestre em área não declarada e um advogado especializado em gestão da inovação tecnológica;

c. quatro deles não referiram sua formação educacional, e essa informação não foi encontrada em outras fontes;

d. a maioria dos gestores (11 dos 17) trabalha na incubadora há, pelo menos, cinco anos; alguns deles também são seus fundadores.

O papel do gestor de incubadora, na criação de um ambiente de aprendizagem, é tão forte que, em três incubadoras em que houve rotatividade frequente no cargo de gestor, os empreendedores relatam impactos baixos ou negativos da incubadora na evolução de suas start-ups. Não quer dizer que o gestor seja o único responsável pelos serviços prestados pela incubadora, mas parece que a estabilidade, no âmbito da gestão da incubadora, sinaliza algum grau de qualidade e continuidade nos serviços prestados, nas redes estabelecidas com fornecedores e instituições de apoio e legitimidade para desempenhar funções de mediação entre incubados e outros atores, como bancos, laboratórios universitários etc. (CORRADI, 2016). Algumas evidências são fornecidas por uma empreendedora, ao descrever um evento de negociação entre o gerente da incubadora e o município para organizar uma exposição que incluísse vendas:

> O conhecimento que ele tem, ele está sempre disposto a transmitir. [...] Tudo o que você precisa, vai até ele e diz a ele; ele entende. Ele nos ofereceu, uma vez, algumas salas para uma exposição. Isso também foi muito bom, porque tínhamos muito estoque. Era para vendas (Firma07, §170).

No entanto o papel desempenhado pelos gestores é incorporado e condicionado pela rede de instituições de apoio, especialmente a instituição gestora da incubadora, a quem essa se subordina. No exemplo a seguir, trata-se da universidade.

> Então, infelizmente, os parceiros não consideram a incubadora um projeto viável. [Em reunião com vários parceiros de incubação no estado] tinha todo mundo que toma decisões. E a incubadora aqui era representada pelo seu gestor, que não tinha poder de decisão em relação aos demais parceiros (Firma38, §150).

4.4 AS START-UPS

Esta seção apresenta as características dos 43 casos válidos, para análise nos capítulos 5 e 6. Os casos restantes foram descartados por falta de dados, ou seja, em um caso, havia questões de confidencialidade que impossibilitaram a inclusão; em outros dois casos, as entrevistas foram agendadas pela incubadora, mas verificou-se que essas firmas haviam aderido ao programa muito recentemente, por fim, um caso era de uma empresa associada que já estava no mercado há cerca de 15 anos. Além disso, conforme mencionado antes, a seleção de uma região rica em recursos não facilitou o acesso a casos de comparação como esperado. Para o pequeno número de entrevistas obtidas para essa condição, não foram possíveis comparações justas entre casos de incubação e não incubação, pelo que essas entrevistas não são consideradas para a análise de EACs e trajetórias. O Quadro 7 sumariza as start-ups do banco de dados final. O Anexo B detalha algumas características individuais dessas start-ups.

Quadro 7 – Número de start-ups no banco de dados final (n=15 incubadoras[34], 43 start-ups)

Tipos de incubadoras de empresas	Estado de São Paulo	Estado de Minas Gerais
Tradicionais	9 incubadas 6 graduadas	Nenhuma
Tecnológicas	6 incubadas 4 graduadas	6 incubadas 6 graduadas
Mistas	Nenhuma	3 incubadas 3 graduadas

Fonte: a autora

Esta seção descreve as características dessas 43 firmas com base em um conjunto de características da empresa e do mercado, incluindo tipo de atividade econômica, tipo de mercado, intensidade de P&D e tipo de

---

[34] Note-se que duas das incubadoras originalmente incluídas neste trabalho foram excluídas do banco de dados final. Uma opera no setor de agronegócios e foi descartada devido às suas peculiaridades, como o modelo de incubação exclusivamente não residente, a predominância de negócios familiares e atividades de manufatura muito recentes. A outra interrompeu contato com a pesquisa após a demissão do seu gerente.

incubadora de empresas. Os capítulos 5 e 6 reportam seus resultados em relação aos EACs e trajetórias evolutivas, respectivamente.

A classificação das atividades econômicas aqui utilizada segue a International Standard Industrial Classification of All Economic Activities (ISIC) Rev. 4 (UNITED NATIONS, 2008). As três atividades econômicas exercidas por essas start-ups são manufatura (n=24), informação e comunicação (n=11) e atividades profissionais, científicas e técnicas (n=8), conforme mostra a Tabela 6. A maioria dessas indústrias está concentrada no estado de São Paulo (principalmente têxteis e calçados). Isso já era esperado devido à forte tradição industrial da região (IBGE, 2008). Em Minas Gerais, houve melhor equilíbrio entre a manufatura (principalmente produtos baseados em sistemas elétricos ou eletrônicos) e as atividades de informação e comunicação (websites, desenvolvimento de software).

A Tabela 6 também mostra a distribuição dos casos por tipo de mercado, com base no Sistema de Contas Nacionais (SCN) (EUROPEAN COMMISSION *et al.*, 2009). Há uma distribuição uniforme dos casos, nas primeiras quatro categorias da Tabela, exceto no atendimento ao consumidor final, que inclui apenas duas empresas. Como esperado, São Paulo possui um número maior de start-ups produzindo bens intermediários e de consumo do que Minas Gerais, devido ao seu maior nível de industrialização e maior mercado consumidor. O Anexo C apresenta uma lista de todos os participantes do estudo com suas correspondentes categorizações por atividade industrial e tipo de mercado[35].

As start-ups também foram comparadas em termos de intensidade de P&D e tipo de incubadora de empresas a que estavam vinculadas. Uma vez que algumas start-ups possuem mais de um produto ou serviço e podem diferir em termos de intensidade de P&D, esta análise considerou apenas o produto ou serviço principal, aquele correspondente ao plano de negócios no momento da inscrição no programa. Os resultados mostram que nenhuma das incubadoras tradicionais ou mistas hospeda start-ups que realizam atividades com alto nível de P&D; ao passo que 62,5% das incubadoras tecnológicas hospedam start-ups com alto índice de P&D (X^2 (1, n=43) = 18,24, p <0,01). Esses números são consistentes com os grupos-alvo de cada tipo de incubadora de empresas. Uma observação importante é que algumas atividades pouco intensivas em P&D em incubadoras tecnológicas

---

[35] Quando a start-up produzia mais de um tipo de bem, somente o mais importante, no momento da entrevista, foi utilizado para essa categorização.

ainda possuem uma base tecnológica considerável, como start-ups que projetam intranets. Todavia elas são categorizadas como start-ups de baixa intensidade de P&D porque a tecnologia que usam é bem desenvolvida, e a start-up não tem que investir em P&D para criar produtos.

Tabela 6 – Características das start-ups (n=43)

Características	Percentuais
ISIC Rev. 4	
Fabricação	55,8
Informação e comunicação	25,6
Atividades Científicas, Técnicas e Similares	18,6
SCN	
Bens de capital	25,6
Bens de consumo	25,6
Serviços para empresas	23,3
Bens intermediários	20,9
Serviços ao consumidor final	4,7
OUTROS	
Médias de anos de operação (Desvio padrão)	3,8 (1,9)

Fonte: a autora

Quanto aos recursos financeiros iniciais, esses referem-se ao número e à diversidade de tipos de fontes financeiras, e não aos valores específicos disponíveis para investimento na firma. Considera-se aqui que, no início de uma empresa, os tipos e a diversidade de fontes de financiamento são mais importantes do que os valores em si porque eles sinalizam alguma estabilidade das entradas e diferentes influências sobre a evolução das trajetórias. Os resultados mostram que 32 start-ups (74,4%, diferença não-significativa entre níveis de intensidade de P&D) contaram com apenas uma fonte de financiamento, sendo os recursos próprios do empreendedor a fonte mais comum. Esse resultado corrobora os achados do Sebrae, em que mais de 88% das start-ups contavam com recursos próprios do empreendedor para investimento fixo e capital de giro (SEBRAE, 2007). No entanto, ao olhar os tipos de fontes mais de perto, diferenças significativas aparecem, com start-ups pouco intensivas em P&D contando mais com as fontes do próprio empreendedor e empreendedores em atividades altamente intensivas em P&D contando com financiamentos a fundo perdido e vendas de produtos ou serviços secundários (X^2 (1, n=43) = 25,12, p <0,01). Diferenças qualitativas aparecem na análise de trajetórias (capítulo 6), uma vez que essas fontes iniciais de financiamento informarão diferentes trajetórias típicas.

Outro aspecto importante para caracterizar essas start-ups é uma análise da riqueza de seu cenário institucional inicial. Aqui, o cenário institucional é medido pelo tamanho da rede e pela diversidade de atores que a compõem. Os resultados mostram que não há diferença significativa por nível de intensidade de P&D, uma vez que ambos os grupos possuem entre dois e quatro tipos de atores em suas redes iniciais. Uma análise aprofundada, considerando os diferentes tipos de atores e recursos trocados dentro dessas redes, bem como as comparações entre as configurações iniciais e atuais, é discutida nos capítulos 5 e 6.

A última análise descritiva, no âmbito das start-ups, explora a cobertura de mercado esperada ou estimada pela empresa nascente. A Tabela 7 mostra o tamanho do mercado dessas start-ups em quatro níveis: local, regional, nacional e internacional, novamente dividindo-as por intensidade de P&D.

Tabela 7 – Distribuição das start-ups por intensidade de P&D e tamanho inicial do mercado (n=43 start-ups)

Tamanho do Mercado	Intensidade de P&D (%)	
	Baixa	Alta
Local (n = 10)	80	20
Regional (n = 12)	100	0
Nacional (n = 18)	38,9	61,1
Internacional (n = 3)	33,3	66,7

X^2 (3, n = 43) = 14,19, p <0,01

Fonte: a autora

Os resultados indicam que os mercados locais e regionais são predominantemente explorados por start-ups com baixa intensidade de P&D; ao passo que os mercados nacional e internacional são o alvo de start-ups com alta intensidade de P&D. Esses números corroboram distinções entre incubadoras de empresas tradicionais e tecnológicas, em relação aos seus objetivos principais e aos tipos de negócios a que visam e que selecionam. Mudanças no tamanho do mercado, ao longo do tempo, e para diferentes produtos e serviços fazem parte da análise de trajetórias no capítulo 6.

4.5 OS EMPREENDEDORES

Dados do Sebrae (2007) mostram que 79% dos empreendedores, em 2005, haviam cursado o ensino superior, embora nem todos o tivessem concluído; 51% tinham experiência de trabalho em empresas privadas, 60% tinham alguma experiência, em sua área de negócios, antes de iniciar um novo empreendimento, e 60% eram empreendedores por oportunidade. O mesmo relatório indica que a dedicação total à empresa é fundamental para a sobrevivência, uma vez que 70% das empresas ativas foram administradas por empreendedores totalmente dedicados desde o primeiro ano, em comparação com apenas 42% das empresas falidas. As áreas de conhecimento mais importantes apontadas por esses empreendedores foram planejamento, organização empresarial, marketing, vendas, relações humanas e análise financeira.

Nesta obra, a maioria dos empreendedores (84%) iniciou uma empresa movida pela identificação de uma oportunidade. Essa elevada percentagem de empreendedores por oportunidade, muito superior aos números nacionais, ilustra a sua motivação para crescer e buscar serviços de apoio especializados, como incubadoras de empresas, as quais, por sua vez, buscam esse tipo de motivação nos seus processos seletivos. Além disso, a maioria dos casos não tinha experiência empreendedora ou modelos de referência antes de iniciar o negócio (56% de 43 empreendedores). Para aqueles que tinham modelos de referência em empreendedorismo, nenhuma dessas referências atuava na mesma área que a start-up. Nenhuma das 43 start-ups era empresa familiar. Apenas 16% (sete empreendedores) tiveram alguma educação formal empreendedora na forma de cursos sobre empreendedorismo ou participação em feiras de negócios organizadas pela faculdade ou universidade. Esse perfil é diferente da literatura sobre empreendedorismo, na qual as empresas familiares, os modelos de comportamento empreendedor e a expertise têm desempenhado um papel importante (PRAAG, 1999; MADSEN; NEERGAARD; ULHØI, 2003). Quase metade dos empreendedores possuía ensino superior e experiência profissional na área da start-up, mas esses dois fatores não se correlacionam (p> 0,05). Ensino superior e nenhuma experiência profissional estão moderadamente correlacionados (r^2 = 0,27, p <0,01), refletindo aquelas start-ups iniciadas por estudantes de engenharia recém-formados. Outro grande grupo é formado por empreendedores com experiência profissional, os quais iniciam suas empresas com algum conhecimento de produção, mercado etc. Porém essa experiência profissional na mesma área é comumente baseada em atividades operacionais específicas desempenhadas em empregos anteriores. A experiência profissional em gestão apareceu em apenas um caso. Essas características demográficas principais são apresentadas na Tabela 8. Sempre que possível, os dados do Sebrae (2007) são utilizados para fins comparativos.

A elevada percentagem (64%) de empreendedores com experiência anterior de trabalho, na mesma ou noutra área, também pode proporcionar condições importantes que conduzem a uma carreira empreendedora. São elas (AUDIA; RIDER, 2005, p. 26):

a. exposição a informações que podem sinalizar a existência de oportunidades empreendedoras (por exemplo, novas tecnologias, necessidades não atendidas do cliente);

b. oportunidades para desempenhar funções úteis para administrar organizações empreendedoras, de modo que os funcionários adquiram confiança em sua capacidade de estabelecer uma nova organização por conta própria;

c. contato com colegas de outras áreas funcionais com os quais os funcionários possam formar equipes fundadoras;

d. acesso direto aos principais detentores de recursos, como fornecedores, clientes ou investidores que possam estar dispostos a apoiar um novo empreendimento.

É interessante analisar essas características empreendedoras em relação a algumas características da start-up, quais sejam, intensidade de P&D, tipo de incubadora de empresas e recursos financeiros iniciais. A Tabela 9 apresenta as características empreendedoras comparadas por intensidade de P&D da start-up. Empreendedores em start-ups com baixa e alta intensidade de P&D têm perfis semelhantes em relação ao empreendedorismo por oportunidade, à falta de experiência empreendedora, aos tipos de modelos de papel empreendedor e educação empreendedora. As diferenças aparecem em termos de nível educacional e experiência profissional. Os empreendedores envolvidos em atividades altamente intensivas em P&D apresentam, caracteristicamente, o grau de doutor e são originários de carreiras acadêmicas, enquanto os empreendedores envolvidos em atividades pouco intensivas em P&D tendem a ter bacharelado e experiência profissional na mesma área da start-up. Apesar dessas tendências, o coeficiente de correlação, entre nível educacional e experiência profissional, não é significativo.

Tabela 8 – Características dos empreendedores (n=43 start-ups)

Características dos empreendedores	Percentuais
Empreendedorismo por oportunidade vs. Necessidade	
Empreendedores por oportunidade (impulsionados por oportunidades de negócios)[a]	83,7
Experiência empreendedora	
Sem experiência empreendedora	83,7
Modelos de referência	
Ausência de modelos de papel empreendedor	55,8
Educação Empreendedora	
Sim – níveis de graduação e / ou pós-graduação	16,3
Escolaridade	
Educação superior[b]	46,5
Doutorado	23,3
Não mencionado / ensino médio	18,6
Mestrado	11,6
Trajetória Profissional	
Experiência de trabalho na mesma área da start-up[c]	48,8
Nenhuma experiência profissional	20,9
Experiência em uma área diferente daquela da start-up[d]	16,3
Carreira acadêmica	14,0

Fonte: a autora

Sebrae (2007): a = 60%; b = 79%; c = 60% (conhecimento desse tipo de negócio); d = 51% (ou mesmo campo)

Tabela 9 – Características empreendedoras por intensidade de P&D das start-ups (n=43 start-ups)

Características dos empreendedores	Intensidade de P&D (%)	
	Baixa (n = 28)	Alta (n = 15)
Empreendedorismo de oportunidade vs. Necessidade*		
Empreendedores impulsionados por oportunidades de negócios	89,3	73,3
Experiência empreendedora*		
Sem experiência empreendedora	78,6	93,3
Modelos de papel empreendedor*		
Ausência de modelos de papel empreendedor	50,0	66,7
Educação empreendedora*		
Sim – níveis de graduação e / ou pós-graduação	17,9	13,3
Nível educacional (χ^2 (4, n=43) = 14,16, p <0,01)		
Graduação	53,6	33,3
Doutorado	7,1	53,3
Mestrado	10,7	13,3
Trajetória profissional (χ^2 (3, n=43) = 13,65, p <0,01)		
Experiência de trabalho na mesma área	57,1	33,3
Nenhuma experiência profissional	21,4	20,0
Experiência de trabalho em uma área diferente	21,4	6,7
Carreira acadêmica	0	40,0

Fonte: a autora

*Valores de χ^2 não significativos

A seguir, são comparadas as características dos empreendedores por tipo de incubadora de empresas (Tabela 10). Essa análise traça o perfil dos empreendedores mais típicos de cada modelo de incubação e pode ser interpretada como um proxy da demanda para cada modelo. Os empreendedores em incubadoras tecnológicas tendem a ter menos experiência empreendedora e menos modelos de papel empreendedor; no entanto podem contar com uma educação empreendedora mais formal. Os perfis diferem, novamente, em termos de formação e experiência profissional, com incubadoras tradicionais caracterizadas por empreendedores com bacharelados; enquanto as incubadoras tecnológicas incluem graduação, mestrado e doutorado. Em relação à trajetória profissional, os empreendedores em incubadoras tradicionais tendem a ter experiência de trabalho na mesma ou em áreas diferentes; ao passo que as incubadoras tecnológicas geralmente possuem empreendedores com experiência na mesma área, sem experiência profissional ou oriunda de carreira acadêmica.

Tabela 10 – Características dos empreendedoras por tipo de incubadora de empresas (n=43 start-ups)

Características dos empreendedores	Incubadora de Empresas	
	Tradicional (n = 19)	Tecnológica (n = 24)
Empreendedorismo de oportunidade vs. Necessidade*		
Empreendedores impulsionados por oportunidades de negócios	89,5	79,2
Experiência empreendedora (X^2 (1, n=43) = 5,85, p <0,05)		
Sem experiência empreendedora	68,4	95,8
Modelos de papel empreendedor (X^2 (2, n=43) = 6,07, p <0,05)		
Ausência de modelos de papel	42,1	66,7
Educação empreendedora		
Sim – níveis de graduação e / ou pós-graduação	5,3	25,0
Nível educacional (X^2 (4, n=43) = 15,80, p <0,01)		
Graduação	57,9	37,5
Mestrado	0	20,8
Doutorado	5,3	37,5
Trajetória profissional (X^2 (3, n=43) = 13,52, p <0,01)		
Experiência de trabalho na mesma área	68,4	33,3
Sem experiência profissional	5,3	33,3
Experiência de trabalho em uma área diferente	26,3	8,3
Carreira acadêmica	0	25,0

Fonte: a autora

*Valores de χ^2 não significativos

A última análise das características dos empreendedores considera as fontes iniciais de financiamento. A Tabela 11 mostra que os perfis são semelhantes quanto ao tipo de empreendedorismo, à falta de experiência empreendedora, à ausência de modelos de papel e ao nível educacional. Diferenças significativas aparecem em relação à formação profissional, com aqueles que começam com uma fonte de financiamento tendo experiência de trabalho na mesma área, enquanto aqueles que contam com duas fontes de financiamento normalmente não têm experiência de trabalho ou são originários de carreiras acadêmicas. Essas duas fontes de financiamento são comumente as famílias e vendas de produtos ou serviços secundários.

Um resultado interessante em relação à educação é que 37% dos empreendedores aumentaram sua escolaridade inicial após o início de suas firmas. A maior parte desses empreendedores referiu que mais escolaridade é fundamental para desenvolver mais competências e melhor gerir a empresa, daí a aposta nos cursos de gestão empresarial e nas especializações em gestão do conhecimento. Outros concluíram os cursos de graduação ou pós-graduação que cursavam no início da empresa.

4.6 CONCLUSÃO

As incubadoras de empresas mobilizam, catalisam e disponibilizam recursos por meio de serviços operacionais e estratégicos. No entanto a prestação desses serviços é limitada pelo ambiente institucional, ou seja, pelas políticas de desenvolvimento nos níveis nacional e subnacional. Apesar do pequeno número de participantes neste trabalho, eles constituem bons exemplos do contexto geral de ambientes ricos em recursos, por exemplo, no que diz respeito aos tipos de serviços prestados por incubadoras de empresas e à importância relativa das parcerias com um amplo leque de instituições. As incubadoras de empresas aqui selecionadas representam os tipos mais comuns encontrados nos estados de São Paulo e Minas Gerais.

Esta obra inova ao redefinir as incubadoras de empresas como ambientes de aprendizagem. Uma combinação de ambientes de aprendizagem formais e informais torna as incubadoras um tipo distinto de serviço de apoio, uma vez que a aprendizagem planejada e as trocas informais estão concentradas no mesmo espaço diariamente. É importante não dar como certo que a aprendizagem informal acontecerá espontaneamente, como uma externalidade positiva da aglomeração de empreendedores. As incubadoras de empresas, em geral, e os gerentes de incubadoras, em particular, têm um papel ativo na criação de um ambiente de confiança e cooperação para essas trocas (CORRADI, 2012, 2016). Nesse sentido, os processos de aprendizagem informal se tornam uma espécie de "serviço invisível", conforme discutido no capítulo 7.

Tabela 11 – Características dos empreendedores e recursos financeiros iniciais

Características dos empreendedores	Número de fontes iniciais de recursos financeiros	
	Um (n = 32)	Dois (n = 11)
Empreendedorismo de oportunidade vs. Necessidade*		
Empreendedores impulsionados por oportunidades de negócios	81,2	90,9
Experiência empreendedora*		
Sem experiência empreendedora	78,1	100
Modelos de referência*		
Ausência de modelos de papel empreendedor	50,0	72,7
Educação empreendedora (X^2 (1, n=43) = 4,38, p <0,05)		
Sim – níveis de graduação e / ou pós-graduação	9,4	36,4
Escolaridade*		
Graduação	43,8	54,5
Mestrado	9,4	18,2
Doutorado	21,9	27,3
Trajetória profissional (X^2 (3, n=43) = 9,44, p <0,05)		
Experiência de trabalho na mesma área	59,4	18,2
Sem experiência profissional	12,5	45,5
Experiência de trabalho em uma área diferente	18,8	9,1
Carreira acadêmica	9,4	27,3

Fonte: a autora

*Valores de χ^2 não significativos.

Este capítulo também discutiu a canalização de recursos financeiros governamentais para start-ups com alta intensidade de P&D, para desenvolvimento de produtos e aprimoramento de competências gerenciais. As start-ups com baixa intensidade de P&D dependem, principalmente, de seus próprios recursos e de apoio indireto. Esse cenário levanta a seguinte questão: a disponibilidade de crédito suavizaria esses dois primeiros anos se os empreendedores tradicionais pudessem ter acesso a pequenos empréstimos para abrir o negócio?

Embora responder essa pergunta esteja além do escopo desta pesquisa, a sua relevância, nas entrevistas com empreendedores e nos debates sobre empreendedorismo, requer algum comentário sobre o tema. A literatura ajuda em parte a responder essa questão, mostrando que o desenvolvimento das capacidades da firma pode ser mais crítico do que a disponibilidade de recursos financeiros para o seu crescimento (HORMIGA; BATISTA-CANINO; SÁNCHEZ-MEDINA, 2011). Isso não significa que os recursos financeiros não sejam críticos, mas que há casos em que esses recursos não teriam evitado o colapso. O que falta, então, é alguma ferramenta de avaliação ou sistema de garantias que possa ser usado pelo sistema financeiro para selecionar aqueles empreendedores com capacidade de aprendizagem para administrar melhor tanto os recursos financeiros como as condições ambientais gerenciáveis. Enquanto isso não ocorre, os casos estudados utilizam estratégias baseadas em rede para contornar as exigências bancárias. Por exemplo, os pais dos empreendedores assinam como fiadores de empréstimos bancários quando eles conseguem cumprir as exigências dos bancos. Outros empreendedores contam com o gerente da incubadora para fazer a mediação entre eles e gerentes de bancos. Nesse último caso, a confiança do banco no gestor da incubadora é uma garantia formal da confiabilidade do empreendedor. Contudo a relação entre finanças e competências de aprendizagem, nos anos iniciais de start-ups, merece investigação empírica e intervenções-piloto específicas para diferentes perfis de empreendedores e start-ups, a fim de gerar respostas robustas e informar políticas de fomento às pequenas empresas de baixa tecnologia que sejam baseadas em evidência.

A seção sobre start-ups mostrou que a distinção entre baixa e alta intensidade de P&D parece ser importante para traçar o perfil de empreendedores e recursos dentro do modelo tradicional ou do modelo tecnológico de incubação. As start-ups com alta intensidade de P&D começam com redes iniciais que são mais diversas do que aquelas de start-ups com baixa intensidade de P&D. Além disso, exigem um ambiente institucional mais amplo, no qual vários atores são necessários para o fornecimento de diferentes recursos. Essa amplitude também se reflete na cobertura de mercado de start-ups com alta e baixa intensidade de P&D, com as primeiras direcionadas para os mercados nacional e internacional e as últimas para os mercados local e regional. Essa configuração de fatores pode justificar o alto nível de investimento governamental em start-ups intensivas em P&D para garantir que suas maiores demandas por recursos financeiros e institucionais para a geração de desenvolvimento tecnológico sejam atendidas.

No entanto essa política de incentivo deixa um grupo significativo de start-ups de fora. As start-ups pouco intensivas em P&D, por estarem inseridas no ambiente institucional local e regional, são aquelas com maior potencial de impacto no desenvolvimento econômico local, pois atendem e estimulam o mercado local, por meio de suas cadeias produtivas (fornecedores e compradores), da geração de renda e da capacitação para a mão de obra local. Os recursos que usam, os resultados que produzem, as redes que estabelecem, estão todos enraizados em instituições e mercados locais e regionais. As start-ups intensivas em P&D, por sua vez, nascem em redes nacionais, com funcionários recrutados nacionalmente. A complexidade das habilidades que elas exigem não pode ser superada pelo treinamento no local de trabalho, como é possível em start-ups com pouca pesquisa e desenvolvimento.

Em relação aos perfis empreendedores, o capítulo mostrou que os empreendedores aqui apresentam um perfil semelhante ao descrito pelo Sebrae (2007) em termos de escolaridade e trajetória profissional. Como esperado, existem diferenças de perfil entre aqueles envolvidos em atividades de alta e baixa intensidade de P&D, aqueles que se candidatam a incubadoras de empresas tradicionais ou tecnológicas e aqueles com uma ou mais fontes iniciais de financiamento. Nota-se que às vezes a falta de modelos de papel empreendedor e experiência empreendedora é compensada pelo treinamento formal para o empreendedorismo. Essa descoberta indica que, embora a literatura destaque a importância dos modelos, os empreendedores também podem ser formados ou educados para desenvolver suas ideias criativas ou inovadoras em novas firmas.

5

EPISÓDIOS DE APRENDIZAGEM CRÍTICOS

> Quando um indivíduo se depara com uma situação difícil e precisa fazer uma escolha precisa, ou elaborar uma estratégia, o desafio é conseguir implementar uma solução que não seja fruto apenas de aprendizagens anteriores. O ato de inventar então se baseia em analogias e ações combinadas com intuição e razão. (LAZARIC, 2008, p. 214, tradução própria).

Este capítulo é baseado em histórias narradas por empreendedores-fundadores de 43 start-ups. Está organizado em três estudos. O Estudo 1 é metodológico e visa a explicar como EACs podem ser identificados em narrativas de empreendedores. Este estudo apresenta resultados quantitativos descritivos para os principais tipos de EACs e analisa-os à luz de um conjunto de variáveis explicativas.

O Estudo 2 fornece um exame aprofundado da dinâmica interna dos EACs de acordo com a sequência de etapas descritas no marco analítico. Essas análises mostram como o ciclo de necessidade-aquisição-transformação de recursos ocorre ao longo desses episódios. O Estudo 2 também faz uma verificação empírica do marco analítico, resultando em refinamentos teóricos. O Estudo 3 concentra-se em duas dimensões desses processos de aprendizagem: uso de recursos e estabelecimento de redes de contatos. A primeira é discutida teórica e empiricamente; a última fornece uma visão longitudinal das mudanças nas configurações da rede de contato em dois pontos no tempo.

A conclusão do capítulo retoma os pontos-chave, em termos da dinâmica interna dos EACs, e discute as relações entre as diferentes fases de um EAC e o papel intrincado das dimensões cognitiva, social e prática na formação de rotinas organizacionais. Aborda ainda a dinâmica dos conhecimentos declarativos e procedimentais e como ela pode afetar o potencial de mudança organizacional, o papel das competências gerenciais para lidar com eventos críticos, a importância da criação de recursos e o processo de inserção nas redes de incubadoras de empresas.

5.1 ESTUDO 1: IDENTIFICAÇÃO DE EACs

O Estudo 1 descreve o processo de coleta de dados e os procedimentos utilizados para identificar subenredos nas narrativas dos empreendedores que caracterizam marcos na evolução de suas firmas. O material primário, portanto, são as entrevistas semiestruturadas (ver roteiro no Anexo A), nas quais os empreendedores contam a história da empresa, destacando os eventos que foram críticos porque, para enfrentá-los, tiveram que buscar novos conhecimentos e recursos. Esse tipo de entrevista, baseada em eventos críticos que são percebidos como tendo um forte impacto nas rotinas e práticas, e que requerem mais conhecimento ou habilidades do que antes, é uma técnica de pesquisa comum para investigar processos de aprendizagem em contextos informais (ERAUT, 2004b).

A maioria das entrevistas foi individual, exceto em dois casos, nos quais dois membros da equipe de sócios estiveram presentes e se complementaram nas narrativas. O fio condutor para iniciar as narrativas foi "Por favor, conte-me a história da sua empresa a partir daqueles episódios que marcaram a sua trajetória; pense em episódios que mostram mudanças críticas na maneira de fazer as coisas na empresa". Essa pergunta-âncora era ajustada ao fluxo da interação inicial (*rapport*), em cada entrevista, porém sempre se referindo às duas pontas de um EAC: primeiro os gatilhos de eventos críticos e, no final do processo, as novas rotinas, que poderiam se referir a mudanças nas atividades, identidade, objetivo principal da empresa, produto etc. Essa pergunta é propositalmente conducente, uma vez que o objetivo do estudo era compreender plenamente esses eventos de aprendizagem críticos. Também foi importante deixar claro aos entrevistados que não havia expectativa de coletar apenas a parte de sucesso de suas histórias, dado que, em anos anteriores a este trabalho de campo, o Sebrae e a Rede Mineira de Inovação haviam produzido livros de histórias de sucesso a partir de narrativas de empreendedores (RMI; SEBRAE-MG, 2007, 2008).

Outro aspecto aqui é que essas narrativas são muito ricas em detalhes, uma vez que os empreendedores contextualizam cada evento crítico, em vez de narrá-los como episódios independentes[36]. Havia muitas informações sobre o aprender com eventos não críticos, bem como sobre mudanças organizacionais que ocorreram de forma tranquila e não afe-

---

[36] Cada entrevista durou entre 1h e 1h50min.

taram substancialmente as rotinas organizacionais. Esses detalhes foram cruciais para tecer os EACs na trajetória da firma. Os poucos casos em que EACs foram descritos sem essa contextualização tiveram que ser descartados porque os dados eram insuficientes para reconstruir a narrativa de forma sistemática. As informações essenciais sobre cada EAC eram: duração, como o episódio começou, quem eram os atores envolvidos e qual seu papel, como os empreendedores procuraram ou criaram uma solução, quais foram os resultados e como essas soluções afetaram a operação da firma. A maior parte dessas informações foi narrada espontaneamente. Quando não era o caso, a autora pedia esses detalhes.

Apesar do risco de viés de memória causado pela saliência[37], a literatura tem apontado que esse fenômeno cognitivo pode ser uma vantagem para estudos sobre episódios críticos, uma vez que eventos incomuns são mais facilmente lembrados (ERAUT, 2004a). Além disso, a coerência interna das histórias foi avaliada seguindo estes elementos principais: o início da ideia, os primeiros passos para montar a firma, a evolução da firma com base em, pelo menos, dois EACs, o estado atual da firma e as perspectivas para o futuro. A espinha dorsal de cada história são seus EACs. O gatilho e as novas rotinas organizacionais resultantes constituem os limites de um EAC. Episódios em andamento, quando as rotinas estão sendo criadas, são relatados como tais nos resultados. Outras questões, processos e fatores contextuais ajudam a ilustrar a relação da start-up com o ambiente externo, como dinâmica setorial, relacionamento com fornecedores, compradores, concorrentes e outras incubadas.

As entrevistas forneceram muitas informações, não apenas sobre as características específicas dos empreendedores, como sua formação acadêmica e profissional e sua motivação para iniciar a firma, mas também sobre a start-up, tais como as características do produto, indicadores de crescimento etc. Cada narrativa foi codificada do geral para o específico, em rodadas sucessivas de análise e refinamento da codificação. Por exemplo, a primeira rodada de codificação identificou quaisquer conteúdos relacionados a EACs e distinguiu-os de outros não relacionados, a segunda codificou os gatilhos e rotinas resultantes de EACs, a terceira identificou os demais elementos dos EACs, a quarta rodada identificou subcategorias dentro desses elementos (como em redes de contato,

---

[37] Saliência é "[...] a propriedade de um estímulo que o faz se destacar em relação a outros estímulos em um determinado contexto" (HOGG; VAUGHAN, 2010, p. 38, tradução própria). Pode influenciar quais episódios são lembrados primeiro e afetar o julgamento dos empreendedores sobre o quão críticos eles foram.

cujas subcategorias incluem relações de confiança, relações comerciais, relações com a incubadora etc.), e assim por diante. Uma vez que esses elementos estivessem codificados, novas rodadas de análise buscaram as relações entre eles, de modo a possibilitar a reconstrução dos EACs em sua sequência cronológica[38].

Gatilhos e demandas criadas por novas rotinas foram usados como marcadores iniciais de um EAC. As narrativas de episódios potenciais geralmente começavam com expressões que sinalizavam a importância de um evento. Por exemplo, "O que realmente nos empurrou para frente foi [...]" ou "Conforme as coisas evoluíram [...]", ou ainda "Nossa crítica foi aceitar que em um determinado momento [...]".

Seguindo essas expressões, os empreendedores relatavam os gatilhos dos episódios. Por exemplo, "Nós tínhamos acompanhamento das pessoas que prestam consultoria, que começaram a passar informações sobre [...]", "Então você entra em um mercado, um mercado enorme; é um choque; é um grande choque [...]", "Até o final de 2006 não ganhamos nada; a gente trabalhava 12 horas por dia e não ganhava nada [...]" e "Para ser honesta, quando comecei, eu nem sabia que existia área comercial, área financeira [...]".

Quanto às rotinas, a identificação do final de um EAC poderia ter dois conjuntos de expressões possíveis: aquelas que indicavam novas rotinas e aquelas que indicavam ações em andamento. Episódios concluídos eram sinalizados pela descrição de novas rotinas, como "Onde agregamos mais? Eu acho que foi na cultura empreendedora [...]", "Agora criamos nossos próprios documentos, nossos próprios registros [de qualidade] [...]", "Primeiro estabelecemos o modelo [de negócios], depois as estratégias para cumprir esse modelo; na verdade, foi uma coisa gradual [...]", "Já temos todo um sistema de gerenciamento de projetos; nosso foco é o desenvolvimento; temos parcerias com várias universidades [...]".

Episódios em que rotinas estavam em desenvolvimento foram indicados por expressões como "É o começo, estamos nas primeiras etapas nesta parte [...]", "Atualmente a maior barreira é o sócio tendo que trabalhar em outra coisa para poder sobreviver, mas [com a subvenção] você não precisa tecer várias outras coisas ao mesmo tempo [...]", "[Agora]

---

[38] Isso se fez necessário porque as narrativas dependem da memória do empreendedor, e muitas vezes essa não segue a sequência cronológica dos acontecimentos a rigor. Daí a importância dos marcadores temporais e dos elementos complementares aos episódios críticos para possibilitar a reorganização cronológica dessas narrativas.

temos um problema aqui, de gerenciamento de demanda; não temos conseguido atender a demanda [...]". Vale ressaltar que, embora algumas dessas expressões possam também sugerir um gatilho, por estarem fora de contexto, os exemplos citados surgiram nas narrativas dos empreendedores como consequências de um episódio crítico.

5.1.1 Categorização de EACs

Depois que todos os EACs foram identificados, a etapa seguinte foi agrupá-los em categorias abrangentes. Essa foi uma tarefa desafiadora, dados os muitos elementos envolvidos em cada EAC, como tipos de gatilhos, tipos de atores, tipos de recursos etc. Categorizações preliminares, baseadas nas propriedades empíricas desses episódios, foram revisadas e ajustadas de acordo com a literatura (STRETTON, 1999). O elemento que melhor funcionou para desenvolver essa categorização de EACs, por permitir indicar os principais desafios de ativação de um processo de busca, foram os gatilhos, apesar de muitas vezes não refletirem o conteúdo principal do episódio nem terem uma relação direta com o conteúdo das rotinas resultantes.

A primeira categorização baseada nos gatilhos foi verificada por dois especialistas independentes do International Institute of Social Studies. Cada um deles recebeu uma ficha de avaliação com as definições de cada categoria de gatilho e uma breve descrição de uma amostra de 56 episódios. As avaliações desses especialistas foram comparadas, e as incompatibilidades orientaram as revisões seguintes e o refinamento de categorias específicas. Ao final desse processo, as 10 categorias de EACs ficaram assim definidas:

a. **acesso e relacionamento com fornecedores** – refere-se a encontrar uma combinação viável de qualidade e preço e conseguir comprar desses fornecedores; inclui o estabelecimento de relações de confiança que facilitam a negociação e o comércio;

b. **acesso à tecnologia** – refere-se à produção de nova tecnologia, por meio do emprego de recursos endógenos, como a experiência do empreendedor, ou do estabelecimento de parcerias, como nas interações com universidades ou outras empresas. Inclui produtos e serviços com baixa e alta intensidade de P&D e o desenvolvimento de protótipos;

c. **acesso a capital de investimento** – refere-se à necessidade de cobrir altos custos de desenvolvimento de produto. Abrange duas fontes principais de investimentos, subsídio público para P&D e capital de risco ou de investidor-anjo. Cada fonte de capital de investimento tem seus próprios requisitos e impõe demandas diferentes aos empreendedores;

d. **gatilhos específicos do empreendedor** – refere-se a decisões de empreendedores que desencadeiam EACs. Relacionam-se, por exemplo, à necessidade de desenvolver habilidades gerenciais, decisões para expandir o negócio, participação em programas de empreendedorismo universitário etc. Essa categoria se relaciona com a literatura sobre aprendizagem orientada pelo aprendiz, que reivindica a agência do indivíduo nos processos de aprendizagem (MORAES; BORGES-ANDRADE, 2010), e com a literatura sobre inovação, que afirma o papel proativo da agência para mudar o próprio conhecimento e mudar a empresa (XU, 2011);

e. **entrada e sobrevivência no mercado** – essa categoria tem três dimensões, que são entrar em um mercado bem estabelecido, entrar ou criar um novo nicho de mercado e sobreviver a ameaças. Os mercados estabelecidos contam com instituições e estruturas de oferta e demanda, bem como apelam ao diferencial competitivo de novos entrantes para atrair compradores. Os novos mercados carecem de estruturas de mercado tanto do lado da oferta como da demanda, e as instituições, se existentes, são incipientes. Nesse caso, acessar compradores em potencial, que nunca ouviram falar daquele produto ou serviço inovador, é o episódio crítico. Uma vez no mercado, as empresas estão sujeitas a outros episódios críticos desencadeados por ameaças à sobrevivência, como é o caso de episódios relacionados com guerras de preços e concorrência desleal;

f. **dissolução de sociedade** – refere-se à dissolução da associação entre os fundadores, desencadeando uma reorganização da firma e a distribuição do seu patrimônio ou suas dívidas. Isso muda as rotinas gerenciais, em vários níveis, uma vez que a start-up tem que lidar com perdas financeiras e de expertise;

g. **problemas de força de trabalho** – refere-se à falta de trabalhadores qualificados ou especializados, altas taxas de rotatividade (por exemplo, cargos e salários mais atraentes em grandes empresas) e má gestão de pessoas;

h. **falta de capital de giro** – capital de giro é a diferença entre o ativo circulante e o passivo circulante. Para empreendimentos nascentes, é comum que não haja nenhum ativo circulante além da poupança do empreendedor, desencadeando episódios críticos para levantar os recursos financeiros necessários;

i. **problemas de regulamentação** – refere-se a lidar com custos de conformidade, custos de registro e gerenciamento da duração dos procedimentos regulatórios que afetam a sobrevivência da empresa. Os agentes reguladores podem ser instituições governamentais ou setoriais, como a Anvisa, e associações setoriais ou profissionais que estabelecem padrões de qualidade, regras e sanções sobre as atividades econômicas;

j. **outros gatilhos** – essa categoria agrupa alguns outros gatilhos não cobertos pelas categorias anteriores. Os exemplos são um caso de preconceito de gênero contra a empreendedora e um caso de um executivo sênior demitido de uma multinacional.

A distribuição desses EACs é apresentada na Tabela 18. Foram identificados 207 EACs, com uma média de 3,3 tipos diferentes de EACs por start-up. As frequências são ordenadas por valores descendentes das duas primeiras colunas. O episódio mais comum, relatado por 35 start-ups (82%), é a entrada e sobrevivência no mercado, aparecendo, pelo menos uma vez, em 25% dos EACs. Quando várias ocorrências são contadas, nas duas últimas colunas da Tabela 12, essa categoria é responsável por 35% de todos os EACs. Dada a sua prevalência, os episódios desencadeados pela necessidade de entrar e sobreviver no mercado são analisados mais detalhadamente no Estudo 3.

Tabela 12 – Distribuição de EACs em 10 categorias de gatilhos

Tipos de gatilhos	Frequência por start-up		Total de ocorrências	
	N	%	N	%
Entrada e sobrevivência no mercado	35	24,65	73	35,27
Gatilhos específicos do empreendedor	29	20,42	43	20,77
Outros gatilhos	15	10,56	18	8,70
Problemas de força de trabalho	13	9,15	17	8,21
Falta de capital de giro	10	7,04	10	4,83
Acesso e relacionamento com fornecedores	9	6,34	10	4,83
Acesso ao capital de investimento	10	7,04	14	6,76
Dissolução da sociedade	8	5,63	8	3,86
Problemas de regulamentação	8	5,63	9	4,35
Acesso a tecnologia	5	3,52	5	2,42
Total	142	100,00	207	100,00

Fonte: a autora

Observação: as primeiras duas colunas de valores consideram uma ocorrência de cada episódio por start-up. As outras duas contam várias ocorrências.

Essas categorias foram agrupadas em cinco categorias mais amplas com base nas funções-chave de uma empresa: relações de mercado, produção, gestão e questões específicas do empreendedor. Essas categorias são semelhantes às reconhecidas no Sebrae (2007) como as mais importantes para a sobrevivência das start-ups[39]. São elas:

a. **entrada e sobrevivência no mercado** – definida anteriormente;

b. **problemas de produção** – agrega acesso e relacionamento com fornecedores, acesso à tecnologia, acesso a capital de investimento, questões de força de trabalho e questões de regulamentação;

c. **questões específicas do empreendedor** – definida anteriormente;

---

[39] Conforme mostrado no capítulo 4, as categorias do Sebrae (2007) são: planejamento, organização empresarial, marketing, vendas, relações humanas e análise financeira.

d. **problemas gerenciais** – combinação de dissolução de sociedade, falta de capital de giro e alguns episódios da categoria "outros" que refletiam gatilhos relacionados à gestão;

e. **outros** – os demais episódios em "outros".

Esse agrupamento mais parcimonioso facilitou a análise comparativa entre EACs dentro do marco analítico (Estudo 2) e a investigação de trajetórias (capítulo 6). A Tabela 13 apresenta a distribuição resultante.

Tabela 13 – Distribuição de EACs em cinco categorias de gatilhos

Categorias	n	%
Entrada e sobrevivência no mercado	73	35,27
Problemas de produção	55	26,57
Questões específicas do empreendedor	43	20,77
Problemas gerenciais	26	12,56
Outros	10	4,83
TOTAL	207	100,00

Fonte: a autora

Os valores na Tabela 13 incluem recorrências do mesmo tipo de EAC em cada caso. Entrada e sobrevivência no mercado continuam a ser o gatilho mais frequente, seguido por problemas de produção, questões específicas do empreendedor e problemas de gestão. A porcentagem de outros gatilhos é marginal. Um exemplo de cada tipo de EAC é apresentado a seguir, nos Quadros 8 a 11, seguindo a trajetória da Firma30, uma start-up de tecnologia de informação e comunicação.

Cada quadro contém os elementos teóricos de um EAC na primeira coluna e o conteúdo empírico na segunda coluna correspondente. Eles são ordenados de acordo com a sequência em que esses EACs ocorreram nesta firma:

a. Quadro 8 – EAC específico do empreendedor;

b. Quadro 9 – EAC de entrada e sobrevivência no mercado;

c. Quadro 10 – EAC de produção;

d. Quadro 11 – EAC desencadeado por questões gerenciais.

Esses exemplos mostram como as informações sobre cada etapa de um EAC foram organizadas e fornecem uma ideia sobre a riqueza do conteúdo que é agregado nas análises que se seguem.

Quadro 8 – EAC: questões específicas do empreendedor

Seq01	Duração: 2006-2008, *foco no produto principal.*
Tema do episódio	Desenvolvimento de competências gerenciais.
Gatilho e ator(es) inicial(is)	Todos os sócios da área de TI; necessidade de competências gerenciais. Atores: sócios, start-up.
Dinâmica de recursos	Acesso ao conhecimento gerencial.
Estratégias de aprendizagem	Participação em cursos e seminários para o desenvolvimento de competências gerenciais (gestão de pessoas, custos, finanças, marketing etc.); consultorias de marketing e finanças; e monitoramento trimestral (indicadores da incubadora). Ex.: elaboração e implementação de plano de marketing e estratégias de vendas. Realização de mestrados para cobrir as áreas mais fracas. Busca de ajuda interpessoal/interorganizacional + Aplicação prática + Reflexão intrínseca + Reflexão extrínseca.
Conteúdo de aprendizagem	Desenvolvimento de significado e método.
Resultados de aprendizagem	*Interpretação*: um sócio fez mestrado em produção e gestão de projetos e o outro em gestão do conhecimento. *Rede*: apresentações a potenciais compradores pela incubadora de empresas; intercâmbios com outras incubadas, informalmente e para vendas, e parcerias em projetos. *Práticas*: aplicação de técnicas de gestão do conhecimento para fazer frente à perda de conhecimento por alta rotatividade de funcionários e estagiários.
Rotina	Desenvolvimento e uso de estratégias tecnológicas para explicitar o conhecimento tácito (CRN, Twik, banco de dados de erros etc.)
Fontes de recursos	Incubadora de empresas, cursos, seminários, consultores da incubadora, cursos de mestrado universitário, outras incubadas.
Notas	A incubação de empresas foi "quase um MBA de graça" (§076).

Fonte: a autora

Quadro 9 – EAC: entrada e sobrevivência no mercado

Seq02	2006, *foco no produto principal*
Tema do episódio	Primeiras vendas
Link na sequência	EAC complementar à Seq01, pois coincide com o desenvolvimento de competências gerenciais.
Gatilho e ator(es) inicial(is)	Duas vendas muito grandes desde o início. Atores: compradores, start-up.
Dinâmica de recursos	Criação de condições de produção para lidar com grandes vendas.
Estratégias de aprendizagem	Contratação de trabalhadores, todos os sócios dedicados à programação para desenvolver o software e lidar com atrasos; (mais tarde) metade dos sócios se dedica a revisar o modelo de negócios. Busca de ajuda interpessoal/interorganizacional + Aplicação prática + Reflexão extrínseca.
Conteúdo de aprendizagem	Desenvolvimento de significado e método.
Resultados de aprendizagem	*Interpretação*: "Vimos que o projeto era muito maior do que tínhamos previsto. Demos um passo muito grande e o valor era muito baixo para o tamanho dele" (§029). Os empreendedores perceberam a tempo que a sua estratégia precisava ser revista, de modo que a metade deles parou de programar para desenvolver uma estratégia de trabalho alternativa. *Rede*: perda de um comprador; relação de confiança com o outro. *Práticas*: renda suficiente para cobrir despesas; módulos entregues a cada 6 meses; criação de um portal web, no qual o comprador pode administrar o conteúdo.
Rotina	(final de 2006) Modularização do sistema; vendas mais fáceis e menos carga de trabalho com o portal web; parcerias para desenvolvimento de produtos
Fontes de recursos	Compradores, sócios

Observações	Como a segunda venda seguiu de perto a primeira, os empreendedores não tiveram tempo de perceber o escopo do projeto antes de vendê-lo ao segundo comprador.
	O projeto que haviam planejado para três meses, em 2006 ainda estava em andamento, em 2009, com o desenvolvimento de um módulo por semestre. Um comprador recomenda a start-up a outros compradores, atuando como uma espécie de "parceiro" (§033).
	Sobre o portal, "[...] este é o que nos proporcionou volume de negócios aqui; é o que nos deu fôlego"(§033).
	A mesma rotina foi aplicada, com poucas adaptações, ao mercado varejista em 2007 e obteve sucesso. Nenhum EAC relacionado à entrada nesse novo mercado é relatado.
	A fábrica de software foi retomada, em 2009, atendendo às demandas dos compradores por softwares customizados. Uma das rotinas de trabalho é o pagamento regular por hora de trabalho. "Ele [o comprador] tem algumas horas por mês; ele envia a demanda e nós fazemos [o software, o módulo etc.] para ele" (§043).

Fonte: a autora

Quadro 10 – EAC: questões de produção

Seq03	Desde 2006, *foco no produto principal*
Tema do episódio	Treinamento e rotatividade de trabalhadores.
Link na sequência	EAC complementar a Seq01 e Seq02 pelo estabelecimento das primeiras rotinas gerenciais e pela necessidade de mão de obra qualificada e altamente valorizada no mercado.
Gatilho e ator(es) inicial(is)	Pouca mão de obra qualificada e alta rotatividade de trabalhadores qualificados. Atores: trabalhadores, grandes empresas. EAC inicialmente classificado como questões de força de trabalho.
Dinâmica de recursos	Perda de recursos devido à perda de trabalhadores treinados para grandes empresas.
Estratégias de aprendizagem	Treinamento de alunos de graduação para se tornarem programadores qualificados. Busca de ajuda interpessoal/interorganizacional + Reflexão extrínseca.
Conteúdos de aprendizagem	Desenvolvimento de método.

Resultados de aprendizagem	*Interpretação*: o treinamento demorado de trabalhadores estava fornecendo mão de obra qualificada para grandes empresas que ofereciam empregos mais atraentes; criar um plano de carreira para reter os melhores trabalhadores. *Práticas*: desenvolvimento de uma "universidade corporativa" própria com cursos web em módulos que incluem treinamento, testes, pontuação e avanço gradativo no nível de competência.
Rotina	Redução do trabalho de formação para três meses, por meio do sistema de treinamento web seguido de um treinamento em serviço e trabalho real em graus de dificuldade; elevado número de estagiários para fazer face a uma maior rotatividade.
Fontes de recursos	Trabalhadores, grandes empresas, o sistema de formação desenvolvido pela start-up, empreendedores
Observações	Um exemplo dessa dinâmica de força de trabalho qualificada é a contratação de três dos melhores trabalhadores dessa start-up que nem haviam concluído o bacharelado por uma grande empresa de tecnologia com escritório em Belo Horizonte. "O cara [da grande empresa] falava assim 'Não, você termina os cursos em Belo Horizonte e eu vou pagar cinco vezes mais do que você ganha aqui' [...] Esses caras são muito valorizados. Portanto, temos grandes dificuldades em pagar. Hoje em dia, já pagamos muito mais do que antes." (§062). Os números mostram que metade dos trainees permanece na empresa, a outra metade percebe que não gosta do trabalho. Da metade que sobra, alguns deles serão levados por grandes empresas antes de concluírem o bacharelado. Assim, a rotatividade de funcionários é incorporada à rotina.

Fonte: a autora

5.1.2 Resultados quantitativos descritivos

Esta subseção começa com a distribuição temporal dos EACs, sequenciados de acordo com o período de início de cada EAC. O Gráfico 7 mostra que episódios desencadeados por questões específicas do empreendedor predominam nas duas primeiras sequências (Seq01 e Seq02), após as quais sua frequência cai consideravelmente. A partir da sequência 2, as relações de mercado e as questões de produção ganham importância, até a sequência 6 (Seq06). Os episódios desencadeados pela necessidade de entrar e sobreviver no mercado tornam-se os mais frequentes, a partir da sequência 3, e encontram-se bastante presentes em todas as sequências. A maioria dos episódios ocorre entre as sequências 1 e 5, representando 85% de todos os EACs.

Quadro 11 – EAC: questões gerenciais

Seq04	2006, *foco no produto principal*
Tema do episódio	Manutenção da sociedade.
Link na sequência	EAC causado pela Seq02, o consumo de tempo dos empreendedores no desenvolvimento do primeiro produto.
Gatilho e ator(es) inicial(is)	Ausência de renda para os empreendedores, até o final de 2006, e dificuldades para dar continuidade ao empreendimento. Atores: sócios. EAC inicialmente classificado como falta de capital de giro.
Dinâmica de recursos	Criação de organização interna para geração de renda.
Estratégias de aprendizagem	Gerenciamento de cada situação para manter a equipe de sócios; ou seja, substituir um sócio que saiu da sociedade por um funcionário de alto potencial; entradas financeiras por parte de um sócio que deixou a start-up por um tempo por um bom emprego na Motorola. Busca de ajuda interpessoal/interorganizacional + Aplicação prática + Reflexão extrínseca.
Conteúdos de aprendizagem	Desenvolvimento de compromisso e método.
Resultados de aprendizagem	*Interpretação*: revisão das metas de vendas para aumentar a renda dos empreendedores e mantê-los exclusivamente dedicados à start-up. *Práticas*: manutenção da estrutura de cinco sócios.
Rotina	Estrutura administrativa clara com foco em resultados para geração de receita; desde 2008: rendimento estável para todos os sócios.
Fontes de recursos	Sócios, funcionário de alto potencial na área de marketing.
Observações	A estratégia de aumentar a receita dos sócios foi gerar mais receitas na start-up. "Até o final de 2006 não recebíamos nada. Estávamos trabalhando doze horas por dia sem renda." (§058). Um dos sócios "não aguentou" (§058) e deixou a sociedade para estudar diplomacia e ter uma vida estável.

Fonte: a autora

Gráfico 7 – Distribuição de EACs por tipo e sequência de ocorrência

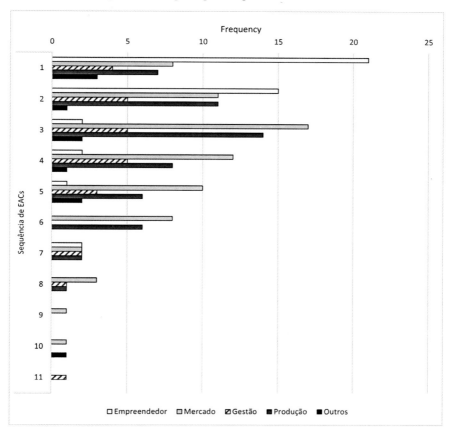

Fonte: a autora

A análise da distribuição dos EACs também considerou características da firma, institucionais, sociais e individuais. O Gráfico 8 ilustra um padrão para cinco variáveis: intensidade de P&D, região, recursos financeiros iniciais, tipo de empreendedor e tipo de incubadora de empresas. A parte superior do Gráfico 8 indica um perfil dos casos com maior percentual de EACs. São aqueles com alta concentração de empreendedores por oportunidade, aqueles que começaram com uma fonte de financiamento (para 70% deles, essa fonte eram recursos próprios) e as start-ups que desenvolvem produtos de baixa intensidade de P&D. Um perfil espelhado, referente às porcentagens mais baixas de EACs, é observado na extremidade inferior da figura. Ele se caracteriza por casos de empreendedores por necessidade, com duas fontes de financiamento e alta intensidade de P&D. No meio do Gráfico 8, com menor discrepância entre as distribuições (entre 40% e 60%), estão as regiões de São Paulo e Minas Gerais e os dois tipos de incubadoras de empresas, tradicional e tecnológica. Os testes estatísticos mostraram diferenças no número de EACs apenas por tipo de empreendedor[40], com empreendedores por oportunidade experimentando episódios de aprendizagem significativamente mais críticos do que empreendedores por necessidade (t $(4, n=207) = 2,17$, p $<0,05$). Não foram encontradas diferenças significativas em relação aos demais pares de variáveis.

Outro resultado interessante mostra que os empreendedores com experiência empreendedora relatam raros EACs desencadeados por questões gerenciais e muito poucos desencadeados por questões específicas do empreendedor (t $(4, n=207) = 9,70$, p $<0,05$) (Gráfico 9). Para EACs relacionados à entrada e sobrevivência no mercado e à produção, no entanto, até mesmo empreendedores experientes relataram episódios críticos. Esse resultado sugere que o conhecimento gerencial e empreendedor de experiências anteriores é um ativo para a start-up. Esse conhecimento prévio traz recursos que são úteis ao lidar com episódios que, de outra forma, seriam considerados críticos. Além disso, como nenhuma das experiências anteriores dos empreendedores foi no mesmo tipo de negócio, isso pode explicar o percentual de EACs desencadeados por questões de produção e de mercado.

As análises descritas até agora foram baseadas nas cinco categorias de EACs que resultaram das narrativas dos empreendedores. Uma análise estatística de agrupamento (*clusters*) adiciona um teste de hipótese dessa agregação de EACs a partir de um amplo conjunto de variáveis explicativas. Essas 24 variáveis são: tipo de atividade industrial (ISIC), tipo de mercado (SCN), histórico profissional, nível educacional, tipo de empreendedor, experiência empreendedora, estratégias de aprendizagem (separadamente: reflexão intrínseca, reflexão extrínseca, busca de ajuda em material escrito, busca de ajuda interpessoal ou interorganizacional e aplicação prática), mercado novo versus estabelecido versus sobrevivência no mercado, dinâmica de recursos, intensidade de P&D do primeiro produto, foco do EAC, cobertura de mercado (cada categoria, de local para internacional), papel empreendedor, educação empreendedora, tempo em operação, ano de início do EAC, duração do EAC, diversidade de recursos financeiros iniciais e redes iniciais, somatório do número de estratégias de aprendizagem utilizadas.

---

[40] O número médio de EACs (média = 4,80) foi o ponto de corte para a divisão do grupo, uma vez que a média correspondeu ao terceiro quartil da distribuição.

Gráfico 8 – Distribuição de EACs por intensidade de P&D, região, fontes iniciais de financiamento, tipo de empreendedor e tipos de incubadora de empresas

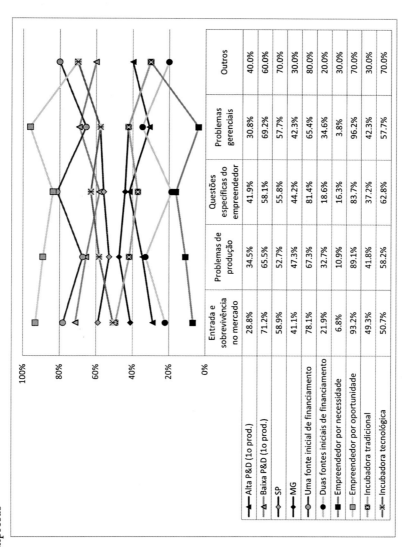

Fonte: a autora

Gráfico 9 – Distribuição de EACs por experiência empreendedora

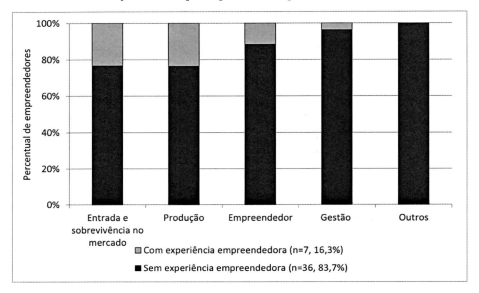

Fonte: a autora

Essa análise fornece dois parâmetros principais: o número de agrupamentos e a importância relativa das variáveis explicativas para o agrupamento. Os resultados mostram quatro agrupamentos com medida de adequação de modelo (coesão e separação) pobre, pouco acima de zero. As cinco variáveis principais para esse agrupamento são: histórico profissional, nível educacional, tipo de atividade industrial, intensidade de P&D e tipo de mercado. A importância relativa de cada preditor varia por agrupamento, embora o histórico educacional e profissional permaneça entre os três principais preditores.

Com base nesses resultados, uma nova análise de agrupamento foi feita somente com as variáveis que apresentaram relevância preditora acima de 0,2. Essas sete variáveis são: histórico profissional, nível educacional, tipo de atividade industrial, intensidade de P&D, tipo de mercado, educação em empreendedorismo e tamanho da cobertura de mercado. Resultaram quatro grupos, cuja medida de adequação do modelo melhorou para boa. A importância relativa de cada preditor mostra que o tipo de atividade industrial, indicada pela classificação do ISIC, foi o principal preditor geral e o mais importante preditor específico nos agrupamentos

1, 3 e 4, correspondendo às empresas de manufatura, informação e comunicação, e atividades profissionais, científicas e técnicas, respectivamente. O agrupamento 2 teve como principal preditor a experiência profissional dos empreendedores, com predominância daqueles sem experiência profissional. O Quadro 12 sumariza os fatores mais relevantes por agrupamento. A gradação de cinza indica a importância geral do preditor para explicar essa configuração de agrupamentos de modo geral, ao passo que a sequência nas linhas indica a ordem de importância dentro do agrupamento. Quanto mais escuro, maior é a importância geral do preditor, e, quanto mais acima, maior é a importância dentro daquele agrupamento.

Uma tabulação cruzada entre esses quatro agrupamentos e as start-ups individuais, em busca de algum padrão com base na natureza de produtos e serviços, mostrou resultados pouco consistentes. Embora o primeiro e o quarto agrupamentos sejam consistentes quanto ao perfil das start-ups agrupadas, os outros dois não são. O primeiro agrupamento inclui start-ups de baixa intensidade de P&D que operam em atividades de manufatura em setores tradicionais da economia. O quarto agrupamento inclui start-ups de alta intensidade de P&D que operam no setor de biotecnologia. O segundo e terceiro agrupamentos combinam start-ups de alta e baixa intensidade de P&D; no segundo predominam start-ups que operam no setor de eletroeletrônicos, e no terceiro predominam as start-ups de software e de consultoria.

Uma análise de qui-quadrado desses quatro agrupamentos em relação às cinco categorias de EACs para identificar padrões na distribuição de EACs entre esses agrupamentos não mostrou valores significativos (χ^2 (12, n=207) = 5,96, n.s.). Isso indica que todos os tipos de EACs ocorrem, em todos os agrupamentos, sem distinção significativa. Assim, os Estudos 2 e 3 seguem a classificação em cinco categorias de EACs, por tipo de gatilho, para aprofundar a análise qualitativa, sem utilizar os agrupamentos resultantes dessa análise estatística.

5.2 ESTUDO 2: EACs E O MARCO ANALÍTICO

Este estudo descreve a dinâmica dos EACs de acordo com as relações conceituais definidas no capítulo 3. Cada subseção é organizada por par de conceitos para facilitar uma narrativa da interação dinâmica entre eles.

Quadro 12 – Configuração de preditores de agrupamentos das start-ups em quatro grupos

Clusters

Input (Predictor) Importance
☐ 1.0 ☐ 0.8 ☐ 0.6 ☐ 0.4 ☐ 0.2 ☐ 0.0

Cluster Label	1	2	3	4
Size	30.0% (62)	29.5% (61)	26.1% (54)	14.5% (30)
Inputs	ISIC, Rev.4 - Classificação das atividades econômicas	Experiência profissional	ISIC, Rev.4 - Classificação das atividades econômicas	ISIC, Rev.4 - Classificação das atividades econômicas
	Nível educacional	Educação empreendedora	Sistema de contas nacionais - bens e serviços	Experiência profissional
	Experiência profissional	Nível educacional	Nível educacional MA (40.7%)	Nível educacional PhD (90.0%)
	Tamanho do mercado - cobertura ou estimativa	Sistema de contas nacionais - bens e serviços	Intensidade de P&D do produto ou serviço principal	Intensidade de P&D do produto ou serviço principal
	Intensidade de P&D do produto ou serviço principal	ISIC, Rev.4 - Classificação das atividades econômicas	Tamanho do mercado - cobertura ou estimativa	Sistema de contas nacionais - bens e serviços
	Sistema de contas nacionais - bens e serviços	Tamanho do mercado - cobertura ou estimativa	Experiência profissional	Tamanho do mercado - cobertura ou estimativa
	Educação empreendedora	Intensidade de P&D do produto ou serviço principal	Educação empreendedora	Educação empreendedora

Fonte: a autora

5.2.1 Gatilhos e estratégias de aprendizagem

A análise das estratégias de aprendizagem em relação aos gatilhos busca investigar: existem padrões no uso de estratégias de aprendizagem de acordo com os tipos de EACs? Essa análise leva em consideração as subcategorias de estratégias de aprendizagem mais frequentemente aplicadas: reflexão intrínseca, reflexão extrínseca, busca de ajuda interpessoal ou interorganizacional e aplicação prática (Gráfico 10). Testes estatísticos de qui-quadrado mostram diferenças significativas em relação à reflexão intrínseca (χ^2 (4, n=207) = 14,58, p <0,01), à reflexão extrínseca

$(\chi^2 (4, n=207) = 38,67, p<0,01)$ e à aplicação prática $(\chi^2 (4, n=207) = 36,22, p<0,01)$. No entanto esta subseção se concentra nos padrões de combinações de estratégias para interpretar corretamente esses resultados, pois 80,7% dos EACs utilizaram combinações de estratégias.

Gráfico 10 – Distribuição das estratégias de aprendizagem mais comuns por tipo de EAC

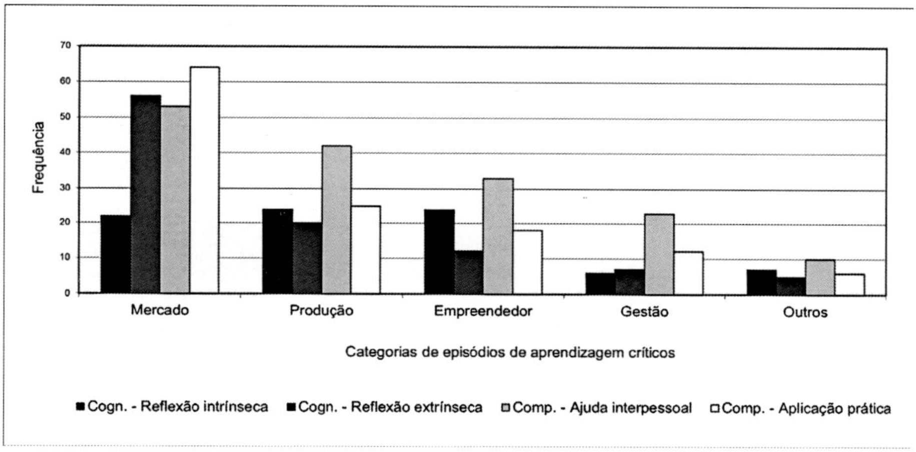

Fonte: a autora

Notas: Cog.: Estratégias cognitivas, Comp.: Estratégias comportamentais

Observa-se um padrão para episódios de entrada e sobrevivência no mercado. A aplicação prática de novos conhecimentos às rotinas atuais é a estratégia mais comum, seguida pela estratégia cognitiva de reflexão extrínseca e busca de ajuda interpessoal ou interorganizacional. Portanto, esse tipo de EAC parece ser resolvido com o aprender fazendo. Esse tipo de aprendizagem inclui o uso de recursos internos, cuja utilização é combinada com reflexões sobre a interação entre essas atividades internas e informações do ambiente externo; daí as trocas interpessoais e interorganizacionais (por exemplo, com concorrentes). Esse é um resultado esperado, uma vez que o empreendedor tem pouco controle sobre como o mercado responderá às suas ações comerciais.

Um padrão diferente é observado nos episódios desencadeados por problemas de produção, questões específicas do empreendedor e outros, nos quais a estratégia mais comum é o relacionamento com atores detentores de recursos, seguida de estratégias cognitivas de reflexão intrínseca e estratégias comportamentais de aplicação prática. Esse resultado sugere que as informações são coletadas de outros atores e processadas pelo empreendedor, tanto cognitivamente como em atividades práticas, para alcançar uma solução para os gatilhos.

O terceiro padrão aparece em gatilhos relacionados à gestão, que são resolvidos, principalmente, por meio de trocas interpessoais, sobretudo com consultores de incubadoras e outras incubadas. Esse resultado fornece uma perspectiva social dinâmica e baseada em episódios para a aquisição de competências gerenciais em start-ups. Vale ressaltar que a maioria desses gatilhos está relacionada à dissolução de sociedade e à falta de capital de giro. É importante observar que a necessidade de desenvolver competências gerenciais, como parte de um gatilho, localiza-se na categoria de EACs sobre questões específicas do empreendedor, uma vez que esses episódios começam com a percepção do empreendedor sobre suas próprias lacunas gerenciais.

Esta subseção corrobora o caráter contingente das estratégias de aprendizagem (RIDING; RAYNER, 1998) e demonstra a necessidade de seu uso combinado para criar variação na gama de soluções possíveis para o gatilho. Etapas posteriores, no episódio de aprendizagem, demonstram a eficácia dessas variações. Duas proposições são extraídas desses resultados.

Proposição 1a. As estratégias de aprendizagem são combinadas para gerar variação de recursos para lidar com todos os tipos de EACs.

Proposição 1b. Essas combinações variam por tipo de EAC.

5.2.2 Estratégias e conteúdos de aprendizagem

Esta subseção responde à pergunta: existem padrões específicos associados a estratégias e conteúdos de aprendizagem de modo que, para aprender o conteúdo A, uma combinação de estratégias X e Y é preferível a outras combinações? Os conteúdos de aprendizagem podem referir-se ao desenvolvimento de novos significados, novos compromissos e novos métodos. Respectivamente, eles se referem a, por exemplo, criar a identidade da empresa, construir redes de mercado e estabelecer rotinas operacionais.

As estratégias de aprendizagem individuais preferidas são as mesmas analisadas anteriormente: reflexão intrínseca, reflexão extrínseca, busca de ajuda interpessoal ou interorganizacional e aplicação prática. Porcentagens combinadas mostraram uma preferência pelo uso de uma estratégia de aprendizagem cognitiva e duas comportamentais em todos os três tipos de conteúdos de aprendizagem.

O Gráfico 11 mostra que o padrão geral entre os conteúdos de aprendizagem é o mesmo, com percentuais entre 36% e 50% no uso de estratégias cognitivas e entre 58% e 90% no uso de estratégias comportamentais. Os testes de qui-quadrado mostram diferenças significativas entre a reflexão extrínseca e o desenvolvimento de novos compromissos (χ^2 (1, n=207) = 4,40, p<0,05), com valor observado inferior ao esperado. Outras diferenças significativas, em que o valor observado foi superior ao esperado, estão entre reflexão extrínseca e desenvolvimento de novos métodos (χ^2 (1, n=207) = 4,55, p<0,05), busca de ajuda interpessoal ou interorganizacional e desenvolvimento de novos compromissos (χ^2 (1, n=207) = 13,76, p<0,01), e aplicação prática e desenvolvimento de novos métodos ($\chi 2$ (1, n=207) = 18,30, p<0,01).

Gráfico 11 – Distribuição de estratégias de aprendizagem preferidas por conteúdos de aprendizagem

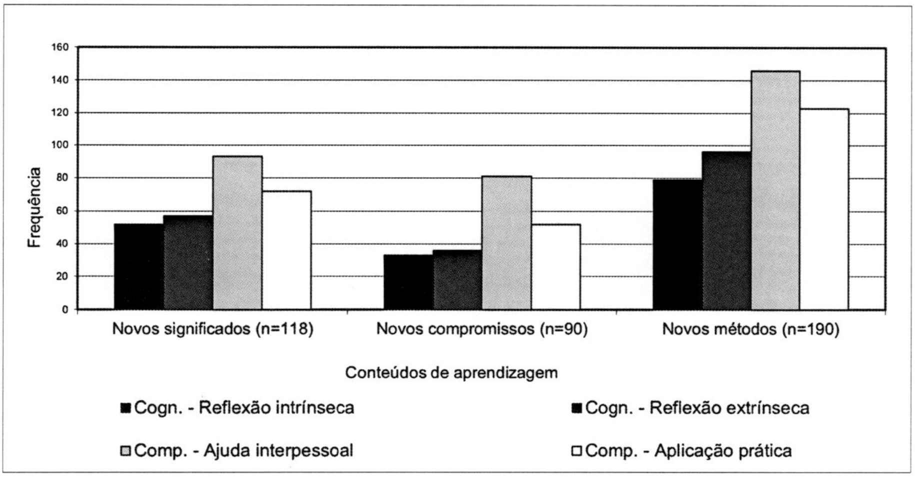

Fonte: a autora

Não há resultados de testes de qui-quadrado nem coeficientes de correlação significativos entre o desenvolvimento de novos significados e qualquer estratégia de aprendizagem específica. Esse resultado, além de valores percentuais, os quais mostram que 60% do desenvolvimento de novos significados (n=70 EACs) foram baseados em combinações de duas ou três estratégias de aprendizagem, sugere que esse conteúdo de aprendizagem pode ser mais exigente do que os outros, em termos de combinações de estratégias de aprendizagem.

Observou-se correlação positiva significativa entre o desenvolvimento de novos compromissos e o uso de busca de ajuda interpessoal ou interorganizacional (r=0,25, p<0,01). Esse resultado é esperado, visto que o desenvolvimento de novos compromissos refere-se a mudanças nas configurações das redes de relacionamento de empreendedores. O papel proeminente do estabelecimento de redes para desenvolver novos compromissos é corroborado pela baixa combinação com outras estratégias, uma vez que 57% desses episódios (n=51 EACs) utilizaram apenas uma ou duas estratégias de aprendizagem.

Para o desenvolvimento de novos métodos, houve correlações positivas com o uso de uma combinação de estratégias de aprendizagem (r=0,25, p<0,01), principalmente aplicação prática (r=0,30, p<0,01), seguida de reflexão extrínseca (r=0,15, p<0,05). Esse resultado indica, como esperado, que o desenvolvimento de novos métodos requer a aplicação de novas informações a rotinas de trabalho, ou a procedimentos de tentativa e erro para desenvolver novos métodos de trabalho adaptados às necessidades da start-up. No entanto isso só é eficaz se houver uma compreensão das conexões entre as diferentes partes do trabalho. Observe que 63% do desenvolvimento de novos métodos (n=119 EACs) foram baseados em combinações de duas ou três estratégias de aprendizagem.

A partir desses resultados, as proposições a seguir são extraídas.

Proposição 2a. Combinações de estratégias de aprendizagem cognitivas e comportamentais são importantes para alcançar todos os tipos de conteúdos de aprendizagem.

Proposição 2b. O desenvolvimento de novos significados requer combinações relativamente equilibradas das dimensões cognitiva, social e prática da aprendizagem.

Proposição 2c. Uma estratégia baseada em rede, como busca de ajuda interpessoal ou interorganizacional, é a mais coerente para alcançar conteúdos de aprendizagem para construir ou expandir redes de relacionamento.

Proposição 2d. O desenvolvimento de novos métodos requer uma combinação de aplicação prática de novos conhecimentos e reflexão extrínseca para combinar essa nova prática com as rotinas de trabalho.

5.2.3 Estratégias de aprendizagem ao longo do tempo

Esta subseção examina os padrões de uso de estratégias de aprendizagem na sequência dos EACs. Essa análise longitudinal responde à pergunta: os padrões no uso de estratégias de aprendizagem mudam com o tempo? A hipótese é que, mesmo que o uso de estratégias de aprendizagem seja contingente a cada EAC, firmas com mais recursos disponíveis e mais rotinas com as quais contar influenciarão os tipos de estratégias de aprendizagem utilizadas para lidar com novos EACs em função da dependência de trajetória. Essa análise considerou apenas as estratégias de aprendizagem mais frequentes: reflexão intrínseca, reflexão extrínseca, busca de ajuda interpessoal ou interorganizacional e aplicação prática. O Gráfico 12 mostra a distribuição dessas estratégias de aprendizagem por sequência. Os testes estatísticos de qui-quadrado mostraram que apenas o uso de reflexão extrínseca mudou significativamente ao longo do tempo ($\chi^2 (10, n=207) = 19,33$, $p<0,05$), com valores observados abaixo dos valores esperados nas duas primeiras sequências, mudando para valores acima dos esperados nas sequências 4 a 9 (essa estratégia de aprendizagem não é encontrada nas Sequências 10 e 11).

Esses resultados sugerem que as contingências para a aprendizagem são semelhantes, durante o período inicial, com grande importância das estratégias de aprendizagem comportamental, especialmente o estabelecimento de relações, para adquirir e criar recursos. No nível cognitivo, entretanto, conforme a sequência de EACs aumenta, relacionar informações de fontes internas e externas, em diferentes níveis, torna-se mais importante. Isso significa que as start-ups passam a contar com rotinas estabelecidas, cuja eficácia é avaliada cognitivamente quando os empreendedores se deparam com um novo EAC. Essa avaliação sugere um processo de substituição do modo de cognição deliberativo ou analítico, típico de eventos críticos iniciais, pelo modo de cognição rápido ou intuitivo (ERAUT, 2004b). O modo intuitivo de cognição requer

> [...] familiaridade com a maioria ou todos os aspectos da situação, mas não pode ser descrito como conhecimento procedimental se não levar a decisões rápidas. Isso pode ocorrer porque nenhuma opção sensata vem à mente ou porque o nível de risco sugere que o entendimento original deve ser verificado antes de se tomar qualquer ação adicional (ERAUT, 2004b, p. 253, tradução própria).

Proposição 3a. À medida que as rotinas internas são estabelecidas, o processamento cognitivo intuitivo da informação, por meio da reflexão extrínseca, torna-se, cada vez mais, importante. Essa é uma implicação da combinação do caráter contingente das estratégias de aprendizagem com a dependência de trajetória na evolução da firma.

Gráfico 12 – Distribuição de estratégias de aprendizagem ao longo do tempo

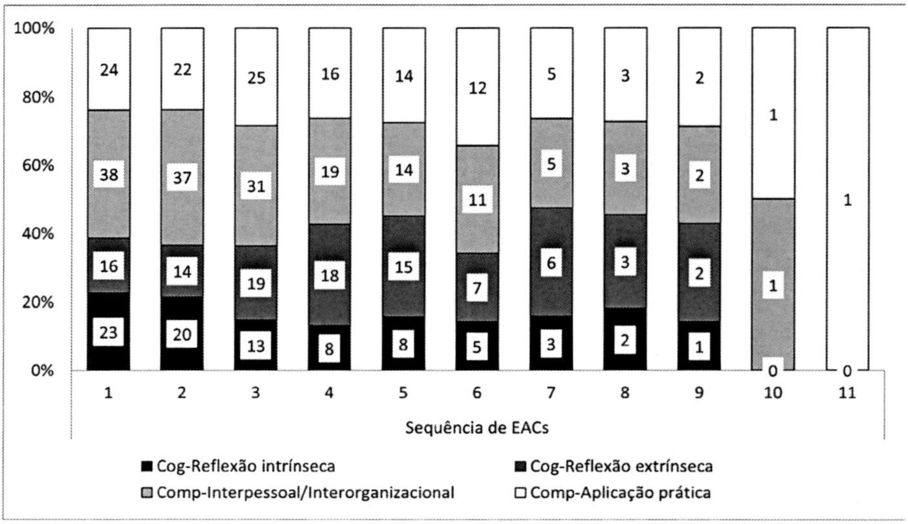

Fonte: a autora

5.2.4 Conteúdo de aprendizagem e resultados

A análise dos resultados de aprendizagem, em relação aos conteúdos de aprendizagem, investiga a pergunta: os conteúdos de aprendizagem percebidos como necessários, no início de um EAC, levam a tipos específicos de resultados de aprendizagem? A tabulação cruzada entre os dois indica que a resposta é negativa. Conforme mostra o Gráfico 13, o padrão na distribuição dos conteúdos de aprendizagem é o mesmo em todos os tipos de resultados de aprendizagem. A busca por desenvolver novos métodos é o conteúdo mais frequente em todos os resultados de aprendizagem, indicando que, mesmo quando os empreendedores estão apenas em busca de novos métodos de trabalho, eles podem desenvolver novas interpretações e novas redes de relações também. Da mesma forma, a busca pelo desenvolvimento de novos significados provavelmente resultará em novas redes e novas práticas; e a busca por novas redes também pode levar a novas interpretações e novas práticas. Esse efeito cruzado entre conteúdos de aprendizagem e resultados de aprendizagem foi examinado estatisticamente.

Gráfico 13 – Distribuição dos resultados de aprendizagem pelos conteúdos de aprendizagem

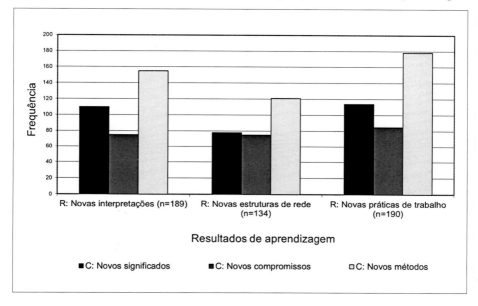

Fonte: a autora

Os resultados mostram correlações significativas positivas importantes entre processos de busca e resultados de aprendizagem. Primeiro, entre a busca pelo desenvolvimento de novos significados e a geração de novas interpretações (r=0,35, p <0,01) e novas práticas (r=0,17, p<0,05). Segundo, entre a busca pelo desenvolvimento de compromissos e resultados de novas configurações de rede (r=0,35, p<0,01). Terceiro, entre a busca pelo desenvolvimento de novos métodos e novas práticas (r=0,26, p<0,01). Além disso, os testes de qui-quadrado mostram resultados significativos para os mesmos pares de variáveis[41].

---

[41] Resultados de testes de qui-quadrado significativos: Novos significados e novas interpretações: χ^2 (1, n=207) = 24,55, p<0,01; Novos significados e novas práticas: χ^2 (1, n=207) = 8,47, p<0,01; Novos compromissos e novas estruturas de rede: χ^2 (1, n=207) = 24,13, p<0,01; Novos métodos e novas práticas: χ^2 (1, n=207) = 11,04, p<0,01. Em todos os casos, o valor observado ficou acima do valor esperado. Comparações entre todos os outros pares de variáveis resultaram em p-valor não significativo.

Assim, embora alguns pares de associações sugiram uma conexão mais forte dentro das dimensões (por exemplo, entre o desenvolvimento de novos métodos e resultados na forma de novas práticas), a complexidade dos EACs envolve mais de um conteúdo de aprendizagem e mais de um resultado de aprendizagem dentro do mesmo episódio. Esses achados confirmam a literatura sobre EACs em relação à não linearidade entre essas dimensões (KNIGHT; PYE, 2007).

As proposições extraídas desses resultados, portanto, são as seguintes.

Proposição 4a. Os conhecimentos cognitivos e procedimentais são interdependentes. Essa proposição indica a necessidade de refinamentos teóricos na literatura que divide essas duas dimensões do conhecimento (FELDMAN; PENTLAND, 2003), a fim de melhor especificar onde essa distinção ocorre. Os resultados aqui sugerem que essa distinção pode estar relacionada ao tipo de conhecimento que é identificável na observação das rotinas organizacionais. Contudo, durante um processo de aprendizagem, essas dimensões estão necessariamente interligadas.

Proposição 4b. O processamento cognitivo da informação é tão importante quanto a aplicação prática de novos conhecimentos. Essa proposição se opõe ao ramo da literatura que afirma a superioridade da dimensão cognitiva (COPE, 2003) e se aproxima da literatura que afirma a complementaridade entre diferentes dimensões (ERAUT, 2004a; 2004b).

Proposição 4c. Os processos de aprendizagem criam múltiplas variações que cruzam as dimensões cognitiva, social e prática dos resultados da aprendizagem.

Proposição 4d. A agência deliberada do empreendedor, representada por conteúdos de aprendizagem, só pode prever parcialmente as variações decorrentes de um EAC. Essa proposição concorda com a literatura que clama um papel para a imprevisibilidade dos resultados de aprendizagem na criação de recursos para a firma (EISENHARDT; MARTIN, 2000).

5.2.5 Resultados de aprendizagem e rotinas

Os resultados de aprendizagem, que são específicos a cada episódio, e as rotinas organizacionais, que só existem em nível da firma, diferem em sua ontologia e estabilidade relativa ao longo do tempo. No entanto o marco analítico afirma que eles podem ser semelhantes, no início da start-up, quando as primeiras rotinas são simples e estão vagamente inter-

-relacionadas. Essa é a questão investigada nesta subseção, examinando variações nos resultados de aprendizagem e rotinas organizacionais para EACs desencadeados pela necessidade de entrar e sobreviver no mercado. Esse tipo de EAC foi utilizado para esta análise por ser o mais rico em exemplos dessa dinâmica, dada a sua prevalência em toda a sequência de EACs.

Esta análise considera as três dimensões dos EACs de entrada e sobrevivência no mercado: entrar em um mercado bem estabelecido, criar um novo nicho de mercado para um produto inovador e sobreviver às ameaças à sobrevivência. Os Quadros 13 e 14 apresentam a análise de uma amostra desses episódios, a qual compara as três categorias de resultados de aprendizagem com as rotinas resultantes ao longo de dois anos. O gatilho do episódio também é apresentado para mostrar como cada EAC começou, de modo a demonstrar o ciclo representado pelo marco analítico. O conteúdo específico dos resultados de aprendizagem é detalhado no texto.

Em geral, esta análise mostra um alto dinamismo das redes de relacionamento nos primeiros dois anos. Mesmo quando os empreendedores não visavam a alterar a configuração de suas redes, em 35% (Ano 1) e 36% (Ano 2) desses episódios, houve resultados de manutenção, expansão ou fortalecimento das redes, inclusive durante as crises. Esse padrão não é observado nos anos posteriores.

Na análise por ano, o Quadro 13 mostra que a necessidade de entrar em um mercado estabelecido gera resultados de aprendizagem que mostram o desenvolvimento de novas interpretações sobre forma de trabalhar, mudanças na identidade da firma e agregação de diferentes atores na rede de contatos. Algumas start-ups relatam mudanças drásticas, com novas rotinas expressando sua adaptabilidade às demandas de nicho de mercado, por meio do redirecionamento do negócio, reconfiguração de redes estratégicas e equilíbrio entre o desenvolvimento de produtos e as oportunidades de mercado.

Em casos de necessidade de criar ou entrar em um novo mercado, os resultados da aprendizagem incluíram o desenvolvimento de novos significados, comumente a formação de uma identidade da firma ligada ao desenvolvimento de produtos e serviços alternativos. Novas rotinas também refletem mudanças profundas, como redirecionar o negócio para um mercado de entrada mais fácil. Há ainda novas rotinas impulsionadas pelo crescimento, como a ampliação do portfólio de produtos ou serviços e a criação de spin-offs.

Quadro 13 – EACs que começaram no primeiro ano da start-up (n = 11 de 17)

Gatilho	Atores	Resultado de aprendizagem	Rotinas
Mercado estabelecido (n=8)			
Recusa dos clientes em aceitar recibos (para não pagarem impostos)	Compradores	I, P	Combinação de formalidade e informalidade nas transações comerciais.
Necessidade de lidar com altas barreiras para entrada no mercado de instrumentos cirúrgicos	Grandes empresas	I, R, P	Desenvolvimento de uma nova linha de produção com um novo negócio e novos parceiros. Busca contínua de mercados mais fáceis nos quais possa aplicar sua capacidade produtiva.
Reorientação da start-up para o mercado atacadista	Start-up	I, R, P	Negociações com compradores de produtos alternativos para manter os preços baixos e a qualidade alta.
Desenvolvimento de softwares que não eram comercializáveis	Start-up	I, R, P	Prêmio Melhor Empresa 2008; o empreendedor tem que conhecer seu mercado; foco em agir; foco na relação entre desenvolvimento e mercado.
Novo mercado (n=6)			
Necessidade de embalagem solúvel em água para fermentação de etanol	Compradores	R, P	Prestação de serviços em embalagens de produtos químicos de acordo com fórmulas feitas sob medida.
Aumento da demanda pelos produtos	Compradores	I, P	Formalização da empresa; estruturação do trabalho formal.
3º lugar em um concurso de empreendedorismo na universidade (incubação+ dinheiro)	Universidade	I, P	Orientação para depois da comercialização; fim temporário da bolsa para estagiários.

A pesquisa de mercado mostrou um período de dois a três anos para gerar renda	Núcleo para pesquisa tecnológica, Incubadora	I, R, P	Criação de um departamento educacional, além da atividade principal. A firma é um investimento de longo prazo.
Sobrevivência no mercado (n=3)			
Muitas vendas para a capacidade de produção (4000-8000 pares de sapatos)	Start-up	I, R, P	Melhor equilíbrio entre a capacidade de vendas e a produtividade.
Perda pelo fracasso do segundo produto para entrar no mercado	Compradores	I, R, P	Redução do uso de favores financeiros de amigos, empréstimos bancários causam mais custos; foco em serviços para o setor alimentício.
Clientes em inadimplência	Compradores	I, R, P	Sistema bancário para gerar faturas para os clientes em vez de transferências bancárias para suas contas pessoais.

I = Nova interpretação; R = Nova configuração de rede; P = Nova prática

Fonte: a autora

Episódios relacionados à sobrevivência no mercado são, já no primeiro ano, típicos de empreendedores com alguma expertise e rede de contatos no setor, e de start-ups pouco intensivas em P&D. Os resultados da aprendizagem indicam reavaliar comportamentos anteriores e substituí-los pelo uso de novas rotinas, como substituir o fazer tudo sozinho pela incorporação de consultoria especializada e por serviços de apoio a negócios para fazer a gestão financeira.

No segundo ano (Quadro 14), as novas rotinas refletem mudanças menos profundas do que as ocorridas no primeiro ano, indicando alguma dependência de trajetória. Em vez de redesenhar toda a firma, parece haver um esforço maior no desenvolvimento de variações no mix de produtos ou serviços existentes e no desenvolvimento de inovações tecnológicas baseadas nos produtos ou serviços que já estão sendo comercializados. É no segundo ano que as start-ups com elevado nível de P&D registram os primeiros episódios de entrada e sobrevivência no mercado, representando a maioria entre aqueles que criam ou entram num novo mercado.

Quadro 14 – EACs que começaram no segundo ano da start-up (n = 12 de 22)

Gatilho	Atores	Resultados de aprendizagem	Rotinas
Mercado estabelecido (n=4)			
Necessidade de novos compradores	Start-up	R	Maior carteira de clientes.
Necessidade de participar em feiras para entrar no mercado	Consultores da incubadora	R	Relações comerciais de parceria para compartilhar os custos relacionados à entrada no mercado.
Publicidade negativa e concorrência desleal por parte de seu antigo empregador	Grandes empresas	I, P	Produção de peças regulares e especiais, com alta qualidade e bom preço para poder competir.
Duas vendas grandes demais logo no início	Compradores; Start-up	I, R, P	Modularização de sistemas; criação de aplicação web (vendas mais fáceis, menos carga de trabalho). Parcerias para o desenvolvimento de novos produtos.
Novo mercado (n=9)			
Primeiro contato com potenciais compradores	Empreendedores; Compradores	I, R, P	Spin-off da primeira start-up para o setor agrícola; equilíbrio entre as necessidades do mercado e o desenvolvimento de tecnologia.
Resistência dos laboratórios aos resultados de P&D	Compradores	I, R, P	Criação de condições para desenvolver inovações em maior escala frente às exigências do mercado; possibilidade de se aproveitar dos royalties.
Demanda de serviços de empresas em áreas similares ao setor alvo	Compradores; Ministério da Agricultura	I, R, P	Expansão do escopo da firma para outros setores na produção de alimentos.

Pesquisa com alto potencial econômico, mas sem especialização em industrialização	Start-up	I, P	Mudança de equipamento (pesquisa versus produção); pesquisa versus prazos fixos.
Sobrevivência no mercado (n=9)			
A crise financeira internacional atinge as indústrias (compradores); não há novos contratos	Compradores	R	Os contratos de manutenção são uma alternativa à crise do mercado.
Demanda de mercado para novas criações mensais	Compradores	I, R, P	Divisão de tarefas entre sócios: uma sócia faz exclusivamente a modelagem; criação mensal.
Cliente importante em inadimplência	Compradores	I, R, P	Fim dos problemas de capital de giro, dadas as facilidades do banco para a empresa (a partir do 2º ano)
Rápida aceitação do 1º produto e demanda por uma diversidade de produtos	Compradores	P	Desenvolvimento rápido de novas tecnologias e produtos derivados; foco no desenvolvimento para inovação tecnológica.

I = Nova interpretação; R = Nova configuração de rede; P = Nova prática

Fonte: a autora

Episódios de entrada em um mercado estabelecido, a partir do segundo ano, mostram os resultados de aprendizagem, a partir da expansão das redes de relacionamento e do desenvolvimento de novas interpretações sobre como se tornar competitivo e sobre o escopo do produto em termos de demandas de P&D. Novas práticas se relacionam a uma melhor organização da produção. Esses resultados estão bem refletidos em novas rotinas de chegar ao mercado, melhorar o processo de produção e estabelecer parcerias para reduzir os custos de entrada no mercado e diversificar o mix de produtos.

Episódios desencadeados por gatilhos para entrar ou criar um novo mercado mostram resultados de aprendizagem resultantes da expansão de redes de contato dentro do mesmo mercado ou em mercados relacionados.

Esses episódios visam a lidar com novas oportunidades, ampliando os serviços e a capacidade produtiva vinculados a elas, bem como o desenvolvimento de tecnologia. Em termos de novas interpretações, o segundo ano é marcado pela compreensão da dinâmica entre mercado e tecnologia de forma a conjugar as suas exigências com as competências do empreendedor. Existem rotinas de participação em feiras de negócios com o apoio da incubadora de empresas e de crescimento até níveis de produção semi-industrial. Outros episódios relacionados à expansão e ao crescimento mostram rotinas de investimento em setores semelhantes ao mercado-alvo e a criação de spin-offs.

No conjunto de episódios desencadeados pela necessidade de sobreviver no mercado, no segundo ano, os compradores são os principais atores, apresentando predominantemente barreiras. Episódios desencadeados pela crise financeira internacional de 2008, por exemplo, afetaram as configurações das redes de relacionamento e resultaram em rotinas de manutenção de clientes e contingenciamento de despesas. Em três casos, os resultados foram redesenhar as práticas de produção para lidar com as demandas do mercado e a concorrência, resultando em novas rotinas de expansão dos processos de inovação por meio de um ciclo de criação de produto reduzido e uma maior variedade de produtos.

Destaca-se que um único EAC pode gerar mais de uma rotina, cobrindo uma ampla diversidade de conteúdos. Assim, as 300 rotinas identificadas, nos 207 EACs, foram categorizadas por temas de acordo com o seu conteúdo, como rotinas relacionadas ao mercado (por exemplo, desenvolver estratégias de marketing), rotinas relacionadas à visão da firma e da atividade empreendedora (por exemplo, parear a pesquisa e a inovação tecnológica com as necessidades do mercado) e rotinas de gestão (por exemplo, reestruturação interna para dar conta do crescimento), entre outras categorias relevantes, apresentadas na Tabela 14. Uma lista detalhada das rotinas incluídas em cada uma dessas categorias encontra-se no Anexo D.

Esses resultados mostram um cenário dinâmico que inclui a organização interna da firma e suas relações com atores externos. Ao mesmo tempo que se desenvolve o conhecimento procedimental, há muita informação fluindo e desencadeando mudanças na busca por novas soluções. Porém, durante os dois anos iniciais, sinais do processo de acumulação e de apego ao conhecimento procedimental já são identificáveis e podem afetar a criatividade na inovação (LAZARIC, 2008). Isso acontece quando a atenção é canalizada para os procedimentos, e o sistema atual de rotinas de trabalho estimula a redução da flexibilidade.

Tabela 14 – Distribuição das categorias de rotinas organizacionais (n=207 EACs)

Categorias	Número de ocorrências
Rotinas relacionadas ao mercado	62
Rotinas de caráter cognitivo ou interpretativo	48
Rotinas de gestão administrativa	47
Rotinas de produção	30
Estrutura organizacional	28
Gestão financeira	25
Desenvolvimento tecnológico	19
Redes de relacionamento	19
Gestão de pessoas	17
Outros	8
TOTAL	**300**

Fonte: a autora

Esses sinais indicam aumento do automatismo cognitivo e redução da atenção a muitos detalhes, para que os empreendedores possam se concentrar nas diferentes ou novas demandas da firma. Conforme detalhado por Lazaric (2008), há dois tipos de processamento de informação, ambos importantes para a adaptação ao ambiente: processos controlados e automáticos.

A chave para processos automáticos é a repetição de rotinas bem-sucedidas. Contudo, cada vez que uma rotina é aplicada, ela evoca dimensões automáticas e deliberadas de seu funcionamento. As primeiras permitem a sua estabilidade, e as últimas abrem possibilidades de adaptação e evolução. É por meio desse processo de repetição e adaptação gradual de rotinas de sucesso que os resultados de aprendizagem individuais podem afetar o nível organizacional. O desempenho das rotinas, portanto, carrega o potencial de criar "[...] novas estratégias, enfrentar a incerteza e projetar o futuro" (LAZARIC, 2008, p. 215). É por meio desses processos que os mesmos recursos são utilizados para diferentes serviços e que determinados recursos e os serviços por eles prestados se tornam obsoletos e substituídos por novos.

As principais proposições resultantes desta análise são apresentadas a seguir.

Proposição 5a. A dinâmica das redes de relacionamento marca a formação das rotinas organizacionais nos primeiros dois anos de start-ups.

Proposição 5b. O primeiro ano da start-up é o mais instável e dinâmico, devido à flexibilidade dos empreendedores em aplicar os recursos disponíveis aos mais variados usos.

5.2.6 Rotinas organizacionais e gatilhos

O marco analítico indicou que as rotinas podem desencadear mudanças à medida que sua execução gera novos gatilhos. No entanto esse processo pode não ser tão dinâmico e efetivo. As rotinas são muito difíceis de mudar, não apenas porque isso implicaria uma avaliação negativa da prática anterior, mas também porque tal mudança envolve um período de desorientação enquanto velhas rotinas são gradualmente desaprendidas e novas rotinas gradualmente desenvolvidas (ERAUT, 2004b). Esta subseção examina o desencadeamento de novos EACs por rotinas operacionais por meio de análise longitudinal qualitativa. Os resultados mostram que as rotinas organizacionais se tornam gatilhos sob duas condições principais: a) quando a rotina de trabalho se torna obsoleta e não fornece mais os serviços de que a start-up precisa; e b) quando a reprodução de uma rotina de trabalho gera novas necessidades que implicam em mudanças críticas no sistema de rotinas.

O Quadro 15 ilustra a primeira condição ao descrever um contexto no qual uma rotina é formada e posteriormente substituída por outra. Essa condição implica uma sequência particular de eventos que não acarreta relações entre EACs. Os detalhes do caso, que é uma start-up originalmente formada no setor de engenharia médica, mostram que a primeira rotina foi formada quando a start-up contava com três sócios que dividiam responsabilidades e diferentes atividades voltadas para a prestação de serviços. Com a diminuição da disponibilidade de mão de obra, foram adquiridas competências gerenciais e desenvolvido um produto alternativo, tornando ineficaz a rotina inicial de prestação de serviços. O caso mostra que todo o mix de recursos e serviços potenciais importa tanto para o fim de uma rotina de trabalho como para a adoção de uma nova.

Quadro 15 – Rotinas como gatilhos: obsolescência

Firma27: no primeiro EAC, foi desenvolvida uma rotina de prestação de serviços com o objetivo de gerar capital de giro para a start-up e renda para os empreendedores. Essa rotina foi concebida para ser uma solução temporária enquanto o produto principal, um equipamento intensivo em P&D, era desenvolvido. Por um período de um ano, esse arranjo temporário tornou-se a identidade da firma, consumindo todos os seus recursos, principalmente a capacidade e o tempo dos empreendedores. Isso atrapalhava o desenvolvimento do produto principal na start-up. Nessa fase, a equipe de sócios foi dissolvida (3º EAC), os pedidos de bolsas de P&D demandavam os recursos da empresa na forma de procedimentos burocráticos (desde o 1º EAC), o produto principal estava longe de ser desenvolvido e a fabricação de um equipamento alternativo, com menor intensidade de P&D, havia começado recentemente (4º EAC), impondo barreiras para chegar aos compradores (5º EAC). No sexto EAC, o empreendedor percebe que a rotina de prestação de serviços não é mais funcional e redefine o foco do negócio para o setor de manufatura.

Fonte: a autora

A segunda condição na qual as rotinas acionam EACs está alinhada com teorizações sobre mudanças nas rotinas que decorrem de iterações em suas performances (FELDMAN, 2000; FELDMAN; PENTLAND, 2003). A diferença aqui é o foco nas mudanças ou na criação de rotinas diferentes, em vez de mudanças na mesma rotina. Um exemplo ilustrativo é mostrado no Quadro 16. É o caso de um pequeno fabricante de pedais de guitarra, que desenvolveu o produto do zero e precisou manter técnicas de produção manual para garantir a identidade da firma. Com rápido crescimento, o empreendedor desenvolveu uma rotina de treinamento no local de trabalho e começou a pressionar o governo local para trazer alguns cursos de treinamento técnico para a cidade em benefício de outras empresas e mão de obra local. Desse modo, pôde manter a rotina de produção manual de seus produtos.

Esses casos mostram não apenas que a mudança pode ser endógena, mas que eventos ou processos endógenos podem causar descontinuidade nas formas atuais de fazer as coisas. Conforme afirma Lazaric (2008), com a evolução da memória organizacional, parte do conhecimento existente é ativado, mas apenas parte dele se repete de forma aparentemente automática.

Proposição 6a. A evolução das rotinas organizacionais depende de processos endógenos que podem ser contínuos ou descontínuos.

Quadro 16 – Rotinas como gatilhos: rotinas adicionais

Firma06: desde a formação da firma, o empreendedor buscou criar produtos alternativos às técnicas de som digital disponíveis no mercado. Com o slogan "O vintage na lata", ele desenvolveu pedais de guitarra que não distorcem os sons originais. O desenvolvimento do produto é caracterizado por estratégias de aprendizagem pela prática e tentativa e erro (2º e 3º EACs) e é seguido por uma entrada inesperada no mercado (4º EAC). Para fazer frente às demandas de vendas, esse empreendedor teve que contratar funcionários, o que deu origem a outro EAC: a cidade não tem mão de obra especializada em eletrônica, nem cursos que potenciais funcionários possam seguir. No quinto EAC, então, essa start-up desenvolve uma rotina de "treinamento constante em serviço" dos funcionários, com aqueles com os melhores desempenhos sendo rapidamente contratados para cargos de tempo integral.

Fonte: a autora

5.2.7 Casos ilustrativos

Esta subseção reconta a história das duas start-ups descritas no início do capítulo 2 à luz do marco analítico e da dinâmica empírica dos EACs investigados no Estudo 2. Esses casos são representados em fluxogramas, organizados da seguinte forma:

a. eixo Y – linha do tempo;

b. círculos – o conteúdo dos episódios principais;

c. lado esquerdo de cada círculo – a rede de suporte e os recursos trocados ou adquiridos;

d. retângulos do lado direito – principais resultados de cada episódio, incluindo citações.

O primeiro caso mostra a evolução de uma start-up de baixa intensidade de P&D no setor de vestuário. Começando na parte inferior, a Figura 5 mostra que, antes de entrar na incubadora de empresas, a empresa operava informalmente em casa, com uma rotina de receber conselhos de especialistas da família e comprar de fornecedores de baixa qualidade. Como a empresa se tornou grande demais para operar na casa da família (gatilho), os proprietários procuraram instalações maiores na incubadora de empresas. Os primeiros seis meses de incubação ampliaram a rede de apoio ao introduzir importantes atores regionais e locais (estratégia de aprendizagem) que forneceram consultorias para profissionalizar o sistema de produção (conteúdo de aprendizagem referente a desenvolvimento de novos significados, compromissos e métodos). Técnicas de produção inovadoras começaram a ser implementadas (resultado de aprendizagem), até que a Fiesp, principal parceira das incubadoras tradicionais no Estado de São Paulo, retirou seu apoio a esses programas. Isso levou ao colapso dessa rede de apoio (gatilho), levando a start-up a retomar o apoio de especialistas da família e as consultorias que ainda estavam disponíveis na incubadora (limitadas a finanças e marketing) (estratégia de aprendizagem, resultado de aprendizagem).

Para sobreviver e crescer (gatilho), a empreendedora tentou expandir sua rede de compradores e distribuidores, vendendo grandes quantidades também fora do estado. Ela também diversificou o mix de produtos em vários momentos (gatilho), tentando trabalhar em diferentes subsetores (por exemplo, cardigans de inverno, shorts, uniformes, modelos de moda) (estratégia de aprendizagem). A maioria de seus experimentos deu errado (resultado de aprendizagem), então ela decidiu manter os dois produtos de sucesso: regatas básicas e tamanhos especiais (extragrande e maior), embora esse último ainda estivesse em um estágio inicial no momento da entrevista (nova rotina).

Apesar desses esforços de vendas, com a crise financeira internacional (gatilho), a start-up enfrentou vários problemas com a inadimplência de distribuidores, o que levou à perda de crédito bancário. As estratégias de enfrentamento incluíram demissão de funcionários e redução do tamanho. No momento da entrevista, a empreendedora havia decidido vender apenas para compradores confiáveis, dentro do estado (estratégia de aprendizagem), a fim de "colocar a casa em ordem" (resultado de aprendizagem).

O segundo caso é uma start-up, no setor de tecnologia da informação, que possui dois produtos principais: um sistema embarcado para bares e restaurantes e um sistema de controle de custos para pequenas e médias empresas. A Figura 6 mostra que os empreendedores fundaram a start-up a convite de um colega da universidade (gatilho). Desde o início, buscaram o apoio da incubadora de empresas, pois nenhum dos sócios tinha formação empreendedora (estratégia de aprendizagem). A incubadora forneceu orientação e acesso aos cursos durante os seis meses de elaboração do plano de negócios (estratégia de aprendizagem, conteúdo de aprendizagem). A start-up se inscreveu no programa de incubação, em meados de 2006, e logo percebeu que a ideia inicial de produzir software sob demanda não daria certo (resultado de aprendizagem). Então, os proprietários decidiram criar seu primeiro produto (resultado de aprendizagem). Nesse ponto, sua rede havia se expandido para outros empreendedores incubados e ex-colegas que trabalhavam em grandes empresas e dos quais obtiveram acesso a informações sobre inovações, tendências e tecnologia (estratégia de aprendizagem, resultado de aprendizagem).

Apesar dessa rede relativamente ampla, eles enfrentaram várias dificuldades para acessar o mercado (gatilho). "Vender a qualquer custo" (estratégia de aprendizagem) levou a perdas financeiras, e o conhecimento insuficiente do mercado levou a parcerias de vendas malsucedidas (resultados de aprendizagem). Enquanto isso, um investidor-anjo se interessou por sua tecnologia e capacidades, e eles começaram a desenvolver um novo projeto juntos, com uma abordagem oposta à anterior: vender antes de desenvolver (estratégia de aprendizagem). O projeto não deu certo, mas eles se "conscientizaram" do mercado (resultado de aprendizagem) e aprenderam a começar com o mercado, antes de investir tempo no desenvolvimento de produtos (nova rotina).

O tempo gasto, no desenvolvimento do primeiro produto (quase dois anos), consumiu seu capital de giro (gatilho). Então, eles decidiram aprender a vender e experimentaram vários modelos de negócios por um período de oito meses (estratégias e conteúdo de aprendizagem). Finalmente, eles adotaram o modelo de negócios mais comum no mercado, e as vendas dispararam. No espaço de um ano, desenvolveram novos produtos, conquistaram o mercado regional anteriormente dominado por empresas maiores de outra região (resultados de aprendizagem), receberam o prêmio de Melhor Empresa de 2008 (resultado de aprendizagem) e tiveram um projeto aprovado com bolsa Prime/Finep (estratégia e resultado de aprendizagem). Também fizeram uma parceria com um professor universitário para desenvolver outro produto (rotina para desenvolvimento de produto).

Em contraste com o primeiro exemplo, essa start-up ampliou sua rede de apoio, criou inovação tecnológica, em um campo dominado por grandes empresas, estabeleceu parcerias de longo prazo com outras incubadas, fez parceria com um professor universitário para desenvolvimento de produtos e buscou constantemente aconselhamento dos consultores da incubadora. As novas rotinas mostram a maturidade da empresa em explorar o mercado e equilibrar o investimento de recursos entre as demandas e oportunidades do mercado e o desenvolvimento de tecnologia.

VENCER O VALE DA MORTE: APRENDIZAGEM E EVOLUÇÃO DE EMPRESAS NASCENTES

Figura 5 – Evolução da Firma07 – Camisetas femininas

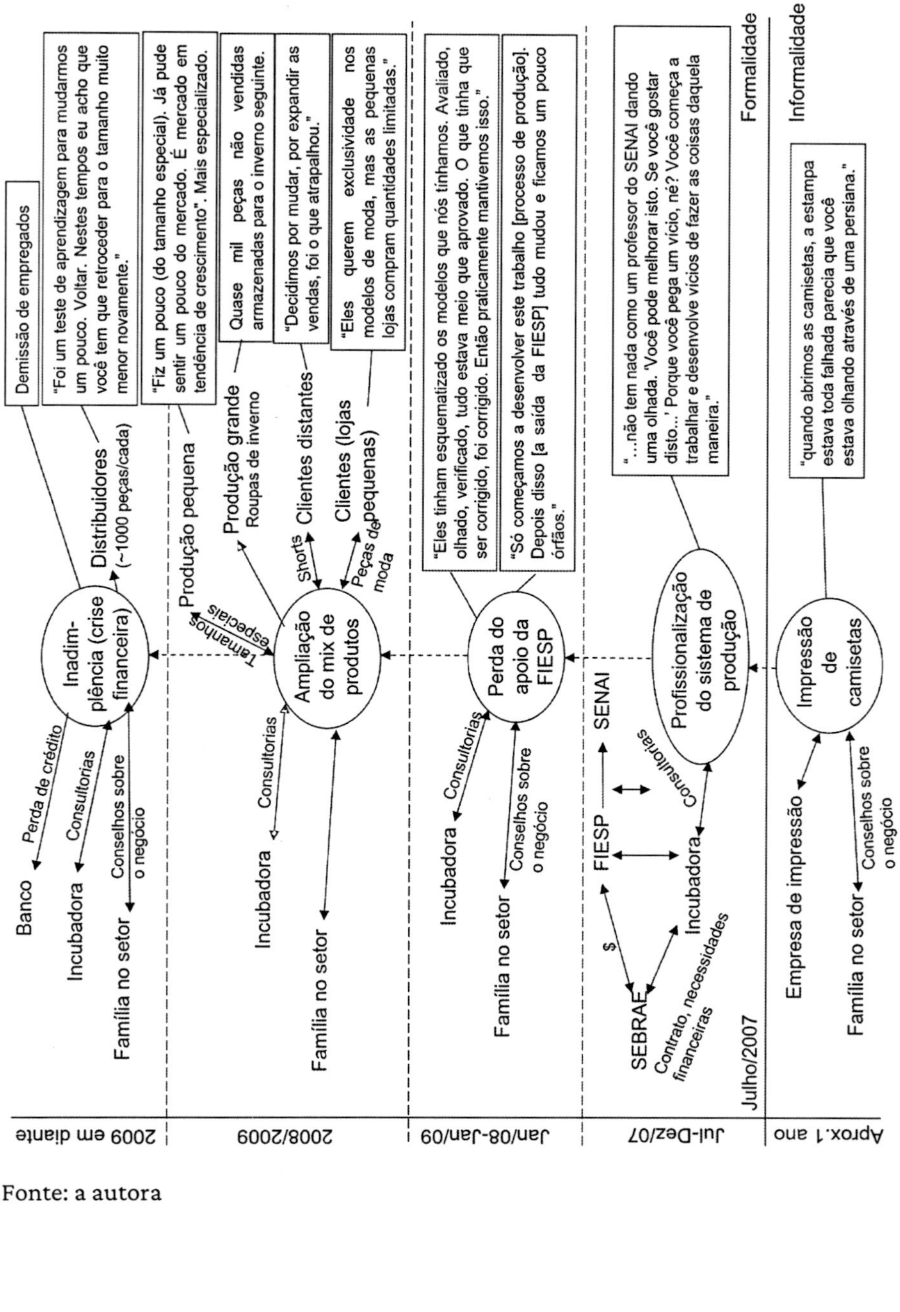

Fonte: a autora

Figura 6 – Evolução da Firma32 – Sistemas móveis para comércio

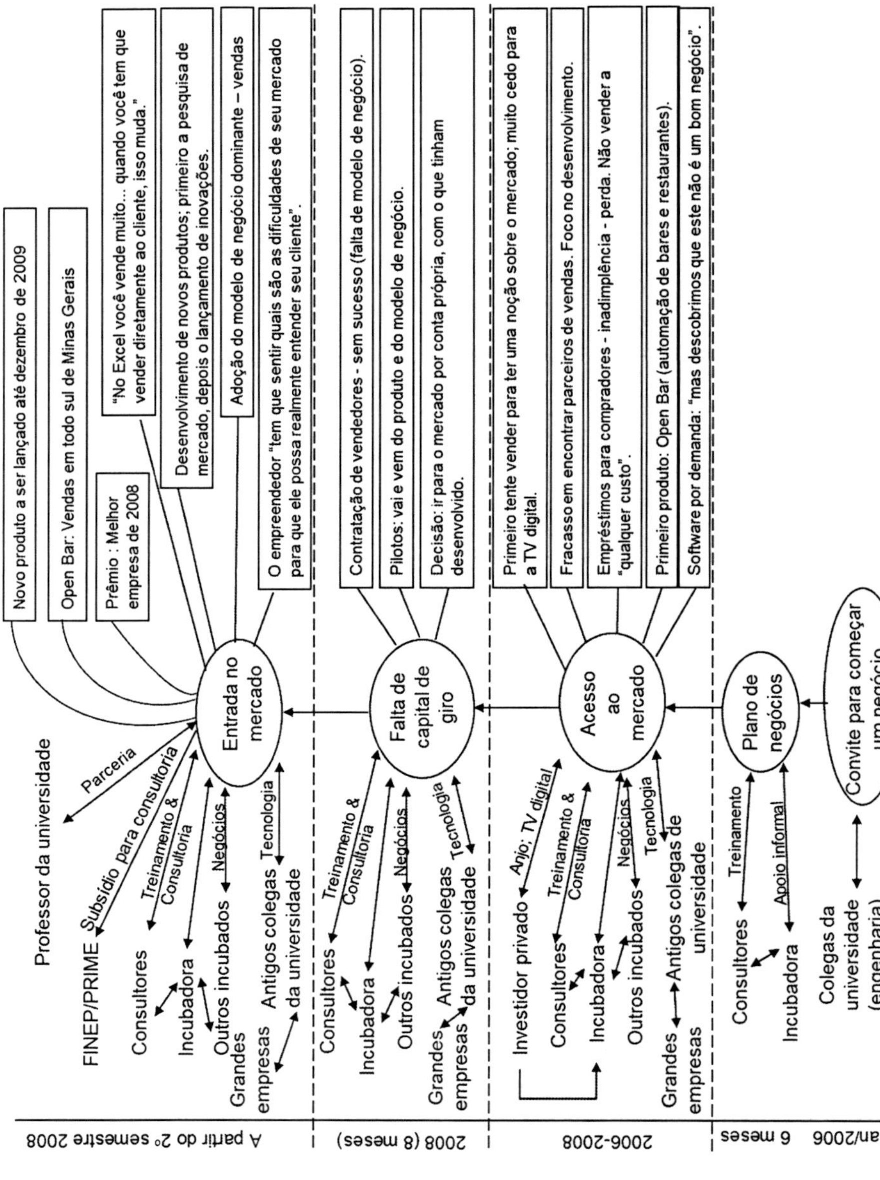

Fonte: a autora

5.3 ESTUDO 3: USO DE RECURSOS E REDES DE RELACIONAMENTO

O Estudo 3 realiza uma análise aprofundada de dois aspectos do Estudo 2 que são essenciais para compreender a evolução de start-ups: as dinâmicas dos recursos que acionam os EACs e as de relacionamentos que afetam a configuração das redes das start-ups e, portanto, os recursos que são transacionados nessas redes. Este estudo tem dois objetivos: a) expandir o conceito de uso de recursos para incluir a criação e a perda de recursos como gatilhos para EACs e b) explorar mudanças longitudinais nas redes de relações de empreendedores, levando em consideração as mudanças na diversidade de atores como um proxy para a diversidade de recursos.

5.3.1 Acesso e criação de recursos

Penrose (1980 [1959]) definiu duas categorias de uso de recursos: acesso e subutilização. Esta subseção amplia a perspectiva penrosiana ao apresentar o conceito de criação de recursos, que emergiu das narrativas dos empreendedores como uma terceira categoria de dinâmica de recursos que é crítica para as start-ups. A principal distinção entre acesso e criação de recursos é baseada na disponibilidade.

As start-ups podem adquirir recursos disponíveis comprando ou ingressando em um programa ou rede profissional que permite o acesso a eles. No primeiro caso, a contratação de consultoria específica para o desenvolvimento de produtos é uma forma de adquirir recursos de conhecimento bastante específicos. Nesse último, uma parceria comercial para vendas pode abrir o acesso a feiras de negócios, apresentando o produto da start-up ao mercado. No entanto as start-ups neste estudo raramente adquiriam recursos essenciais, pois os altos custos de insumos especializados eram frequentemente inatingíveis, tais como aqueles para aquisição de maquinários importados e orientações especializadas para estruturação interna de rotinas específicas. Uma estratégia para reduzir os custos de acesso à consultoria especializada e infraestrutura é a adesão a um programa de incubação de empresas. Além disso, a imagem e a credibilidade das incubadoras de empresas são recursos essenciais que aumentam as oportunidades de acessar capital de investimento público e privado e chegar aos compradores (ALBERT; BERNASCONI; GAYNOR, 2004).

Da mesma forma, a participação em redes profissionais, como associações empresariais, redes virtuais de graduados universitários e redes virtuais gerais, é fonte de conhecimento, mão de obra qualificada, fornecedores e compradores. Essas redes de contato, por suas características específicas, são fontes de recursos específicos, que reduzem os custos de pesquisa no mercado a partir de conhecimento limitado do empreendedor sobre onde e o que pesquisar (SHANE, 2003). Essas redes de especialistas funcionam como atalhos para acessar recursos e como fontes de novas ideias e parcerias para criar recursos alternativos ou inexistentes. Ao desempenharem essas funções, as redes de contato se tornam uma fonte de capital social (XU, 2011).

No caso de recursos que podem não existir, como uma máquina específica ou uma determinada tecnologia, os processos de criação podem assumir duas formas. Em muitas start-ups, os recursos são criados internamente, por meio da aprendizagem por tentativa e erro para desenvolver partes do produto ou do processo de produção. Conforme narrado pela Firma06, que produz pedais de guitarra eletrônica,

> [...] para desenvolver um produto como o nosso, era um pouco mais complexo [em comparação ao setor de confecções], porque a gente não sabia; ninguém nos mostrou como fazer e tivemos que aprender. Certo? Como trabalhar com as ferramentas [...] E depois o desenvolvimento de [...] tecnologia interna. Como operar certos [...] softwares, até a elaboração dos circuitos. Pra fazer a placa de circuito impresso que faz parte [...] é eletrônico, né? Então, como desenvolver a placa. No começo, a prancha era feita aqui. Passamos por processos de aprendizagem como o uso de material fotossensível, depois passamos para a serigrafia, também ninguém sabia fazer. Tivemos que aprender a fazer a serigrafia, a fazer as letras. A pintura era [...] a gente estava aprendendo e desenvolvendo com o que tínhamos aqui, na empresa (§050).

Uma segunda forma de criar recursos ainda inexistentes é formar parcerias com outras start-ups, a fim de combinar conhecimentos complementares para o desenvolvimento de um produto, tecnologia ou processo. Em contraste com a aquisição, isso inclui o desenvolvimento interno de recursos com base em trocas com o ambiente social externo por meio de redes de relacionamento. Um exemplo é a parceria entre duas start-ups para desenvolver uma máquina para processos químicos em pequena escala. Equipamentos semelhantes existem no mercado, mas são projetados para grandes fábricas. O desenvolvimento desse equipamento para produção em pequena escala é um recurso que foi criado. É comum que incubadoras de empresas construam deliberadamente essas parcerias, conectando empreendedores, ou seja, oferecendo um ambiente cooperativo por meio de cursos e orientações gerais. Outras parcerias para a inovação têm origem em redes pessoais anteriores com outras empresas, não necessariamente ligadas a uma incubadora de empresas. Essa segunda forma de criação de recursos é mais coletiva do que a forma interna de tentativa e erro e destaca o maior valor agregado das competências complementares, em comparação com o poder de compra de produtos e serviços do mercado. A Firma29 fornece um exemplo claro da distinção entre aquisição e criação.

> Durante o processo de aconselhamento, o consultor de capital de risco disse "este produto [...] Todos os seus produtos têm potencial, mas este aqui tem potencial, pode até virar um novo negócio.". Então separamos esse produto do resto do negócio e começamos a estudá-lo e ficamos muito assustados com o tamanho do mercado ao qual o produto se vincularia. [...] Porque envolveria uma parte da tecnologia que a gente não dominava, que é a parte da internet [...]. Fizemos uma parceria com o pessoal da Firma32* para fazer mais esse empreendimento. E então, o que poderíamos dar a eles? Eu disse "Olha, temos um negócio monstruoso nas mãos. Montei o negócio e estou financiando desde o início, 51% é meu e você entra com 49%. Então, eu dou 49% do empreendimento e, em troca, você desenvolve a web, o sistema de internet, e entra na gestão do negócio.". Eles toparam. Seguimos em frente e o negócio decolou. Agora assinamos o primeiro contrato do produto. (§033-035).
> *Nome da empresa alterado de acordo com a denominação utilizada nessa pesquisa.

A Firma29 não poderia simplesmente adquirir o conhecimento necessário, pois o software teve que ser desenvolvido com o novo produto. Esse recurso não estava disponível, além disso era fundamental para a continuidade da existência dessa spin-off. Vale ressaltar que a distinção entre aquisição e criação de recursos é mais óbvia quanto mais o recurso é tangível, ou seja, criação de software sob medida, desenvolvimento de máquinas etc. Porém, no caso de recursos intangíveis, como os de natureza gerencial, essa distinção pode, em certa medida, ficar dificultada. Uma forma de esclarecer essa distinção é levar em consideração os processos de aprendizagem e a especificidade dos ativos. Um recurso gerencial que é adquirido (planilha de controle financeiro) não requer uma combinação complexa de estratégias de aprendizagem e é encontrado em todas as empresas. Por outro lado, o desenvolvimento do conhecimento interno dos sistemas de gestão é um tipo de recurso gerencial muito mais específico e requer mais esforços de aprendizagem para ser desenvolvido; o investimento em aprendizagem é maior.

5.3.2 Dinâmica de recursos em EACs

Esta subseção apoia-se num pressuposto fundamental: as dinâmicas de recursos são baseadas no acesso, subutilização (PENROSE, 1980 [1959]), criação e perda de recursos. A análise dessas dinâmicas vincula-se aos gatilhos dos EACs. Ela não considera os recursos resultantes do processo de busca, observáveis no nível dos resultados e rotinas de aprendizagem. Esse enfoque pode levantar questões como "E quanto à dinâmica dos recursos durante ou após um EAC?". Uma vez que, por definição, ao final de cada EAC, algo se aprende, pode-se supor que uma análise da dinâmica de recursos sob a perspectiva dos resultados de um EAC destacaria as dinâmicas de aquisição ou criação de recursos em comparação com a subutilização e a perda de recursos. Além disso, a análise das rotinas resultantes dos EACs, apresentada no Estudo 2, fornece uma boa perspectiva geral dos recursos resultantes em diferentes categorias de rotinas. Outra razão para enfatizar a análise de dinâmicas de recursos a partir de gatilhos é consistente com Penrose (1980 [1959]), para quem o uso de recursos desencadeia o crescimento e expansão das empresas.

> Os serviços produtivos não utilizados são, para a empresa empreendedora, ao mesmo tempo um desafio para inovar, um incentivo para se expandir e uma fonte de vantagem competitiva. Eles facilitam a introdução de novas combinações de recursos - inovação - dentro da firma (p. 85, tradução própria).

Por fim, existem dificuldades metodológicas para distinguir cada recurso na dinâmica intra e inter EACs, uma vez que os mesmos recursos são utilizados em diferentes serviços ao longo desses episódios críticos. Uma análise dessa natureza requer um estudo aprofundado no nível dos recursos, o que escapa ao foco em EACs desta obra.

As quatro dinâmicas de recursos em relação aos gatilhos de EACs, aplicadas ao contexto de start-ups, são:

a. **acesso a recursos** – de acordo com Penrose (1980 [1959]), essa categoria se refere a qualquer recurso existente que a start-up adquire para estabelecer suas rotinas e sobreviver. Um exemplo é a aquisição de competências gerenciais por meio de cursos e consultorias;

b. **subutilização de recursos** – conforme Penrose (1980 [1959]), refere-se à disponibilidade de recursos dentro da start-up que não são totalmente usados. Por exemplo, a start-up cria todas as condições para a produção, mas o processo é atrasado por meses à espera de licenças governamentais;

c. **criação de recursos** – essa categoria refere-se à inovação em produtos, serviços e processos internos, seja pela impossibilidade de acesso a recursos porque não existem ou não são alcançáveis pelo empreendedor, seja porque o empreendedor decide desenvolvê-los internamente. É o caso de start-ups que desenvolvem novas tecnologias e inovações em menor escala que dão suporte ao produto principal;

d. **perda de recursos** – a perda de recursos também pode desencadear EACs. É comum, por exemplo, que as sociedades sejam dissolvidas, nos primeiros anos, e os sócios restantes tenham que fazer frente à perda de expertise e/ou recursos financeiros. Em alguns casos, isso ajudou no crescimento, pois acabou com desentendimentos entre os sócios. Outro tipo de perda, em alguns casos, é a saída da incubadora de empresas.

Esses tipos de uso de recursos foram analisados em relação aos aspectos temporais (sequência de episódios), individuais (estratégias de aprendizagem), das firmas (EACs) e estruturais da evolução dessas start-ups (dentro de trajetórias, discutidas no capítulo 6). A análise dessas quatro dinâmicas de recursos, ao longo da sequência de EACs, mostra diferenças não significativas nos testes de qui-quadrado. No entanto o Gráfico 14 sugere alguns padrões. Em geral, acesso e criação de recursos são as duas categorias mais proeminentes de uso de recursos encontradas na primeira sequência. Isso reflete a necessidade de estabelecer as primeiras rotinas organizacionais, como a aquisição de competências gerenciais iniciais e o desenvolvimento do produto. Na sequência 3, os gatilhos que demandam a criação de recursos e perda de recursos tornam-se mais frequentes. Esses são causados, principalmente, pela inserção dessas start-ups no mercado, quando elaboram suas estratégias de mercado e passam a ser notadas pelos concorrentes. Dois tipos principais de perdas foram relatados nessa terceira sequência de EACs: concorrência desleal por meio de cópia de produtos, ou guerra de preços, e atração de funcionários treinados por grandes empresas.

Gráfico 14 – Uso de recursos em sequências de EACs

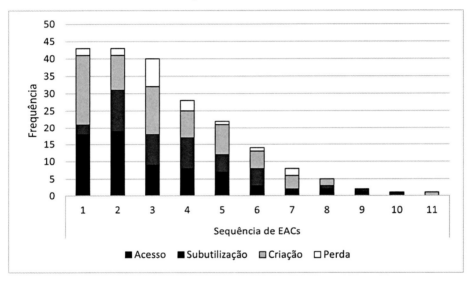

Fonte: a autora

Essa dinâmica de recursos agora é examinada em relação aos tipos de EACs (Tabela 15). O padrão geral mostra que, excetuando-se a perda de recursos, todas as categorias de dinâmica de recursos são encontradas em todos os tipos de EACs. Testes estatísticos de qui-quadrado examinaram diferenças nesta distribuição. Os resultados mostram que o acesso, a subutilização e a perda de recursos tiveram distribuições significativamente diferentes dos valores esperados (células em cinza, na Tabela 15).

Existem mais ocorrências de acesso a recursos (χ^2 (4, n=207) = 15,09, p<0,01) do que o esperado em EACs desencadeados por problemas de produção e questões específicas do empreendedor. O principal recurso acessado é o conhecimento gerencial. É utilizado para assuntos específicos, como gestão financeira, gestão de pessoas, questões técnicas sobre o tipo de negócio etc. Outros recursos que comumente demandam esforços de acesso são capitais de investimento e de conhecimento sobre a produção (como organização da produção e técnicas de produção), seguidos por conhecimento sobre o mercado, especialização tecnológica e instalações para desenvolvimento de produtos. É digno de nota, e provavelmente típico de start-ups, que a maioria desses recursos é baseada no conhecimento. Isso aumenta a necessidade de redes de relacionamento, uma vez que esse conhecimento é predominantemente adquirido de outras pessoas.

Tabela 15 – Uso de recursos por tipo de EAC (n = 207 EACs)

Dinâmica de recursos	Mercado	Produção	Empreendedor	Gestão	Outros
Acesso	14	19	21	7	6
Subutilização	20	17	4	7	0
Criação	28	16	18	7	4
Perda	11	3	0	5	0

Fonte: a autora

As células em cinza indicam valores observados significativamente acima dos valores esperados

Em relação à subutilização, há mais ocorrências dessa dinâmica do que o esperado em EACs desencadeados pela necessidade de entrar e sobreviver no mercado e por problemas de produção (χ^2 (4, n=207) = 10,44, p<0,05). O recurso mais comumente subutilizado para entrar no mercado é o desenvolvimento de produtos para os quais não há mercado ou para os quais as barreiras de entrada bloqueiam a start-up. Outros recursos subutilizados referem-se a investimentos de produção e esforços de gestão voltados para um único comprador. Se esse comprador cancelar o contrato, a start-up passa por uma grande reorganização interna. Para gatilhos relacionados à produção, dois recursos são comumente subutilizados. O primeiro é a força de trabalho, pois conflitos dentro do grupo de funcionários e entre funcionários e empreendedores atrapalham a produção e a sustentabilidade da firma. O segundo são os insumos de produção, que não podem ser usados antes da obtenção de registros, patentes e licenças. Os atrasos na formalização das atividades da firma podem durar de meses a anos, dependendo do tipo de atividade.

Perda de recursos, (χ^2 (4, n=207) = 12,46, p<0,05), por sua vez, é significativamente frequente em EACs desencadeados pela necessidade de entrar e sobreviver no mercado e por questões gerenciais. Isso se reflete em perdas financeiras como resultado de tentativas de entrada no mercado; por exemplo, vender mais do que a firma pode produzir, usar modelos de negócios que não funcionam e perceber que o mercado-alvo esperado não está interessado no produto. Em relação à gestão, essas perdas referem-se à dissolução de sociedade e, consequentemente, à falta de capital de giro e perda de expertise e capital de investimento.

5.3.3 A dinâmica dos recursos, estratégias de aprendizagem e serviços pela start-up

Esta subseção investiga a pergunta: existem padrões no uso de estratégias de aprendizagem em relação à dinâmica dos recursos? A distribuição das estratégias de aprendizagem por tipo de uso de recursos é mostrada na Tabela 16. Em geral, as estratégias de aprendizagem preferidas em todas as dinâmicas de recursos são comportamentais, especialmente busca de ajuda interpessoal ou interorganizacional e aplicação prática. Nuances nessas distribuições são identificadas estatisticamente.

Os testes de qui-quadrado mostram apenas duas diferenças significativas. Uma deles é o alto uso de reflexão intrínseca para lidar com EACs que exigem acesso a recursos (χ^2 (3, n=207) = 18,38, p<0,01). Isso indica que apenas adquirir informações de outras pessoas, como indicado pela alta frequência de busca de ajuda interpessoal ou interorganizacional, não é suficiente para resolver um EAC. Há também uma necessidade urgente de compreender essas novas informações antes que possam ser aplicadas. Nota-se que o uso de reflexão intrínseca é ligeiramente mais frequente do que o uso de aplicação prática em relação ao acesso a recursos.

A outra diferença significativa está na distribuição de estratégias de aprendizagem autorregulatórias em EACs desencadeados pela subutilização de recursos (χ^2 (4, n=207) = 24,00, p<0,01). Esses EACs concentram todas as ocorrências de controle emocional. Esse é um indicador claro da angústia envolvida nesses episódios. Um conteúdo de aprendizagem para resolver gatilhos causados pela subutilização de recursos e nos quais estratégias autorregulatórias de controle da emoção foram utilizadas é aprender a combinar capacidade produtiva e vendas quando picos de vendas inesperados e descontínuos exigem um aumento insustentável dos insumos de produção. Outros conteúdos referem-se à inadimplência de compradores importantes ou ao cancelamento de contratos pelo único comprador.

Tabela 16 – Tipos de uso de recursos e estratégias de aprendizagem (n=207 EACs)

Estratégias de aprendizagem	Acesso	Subutilização	Criação	Perda
Cognitivas				
- Reflexão intrínseca	39	12	29	3
- Reflexão extrínseca	25	22	43	10
- Reprodução	3	1	2	0
Comportamentais				
- Ajuda em material escrito	10	5	10	0
- Ajuda interpessoal / interorganizacional	57	35	55	14
- Aplicação Prática	35	27	51	12
Autorregulatórias				
- Controle de emoção	0	7	0	0
- Controle de motivação	0	3	2	0
- Monitoramento de compreensão	4	2	4	0

Fonte: a autora

As células em cinza indicam valores observados significativamente acima dos valores esperados.

A última análise de recursos e suas dinâmicas refere-se aos múltiplos serviços prestados à start-up. Os Quadros 17 a 20 agrupam esses recursos por categoria de dinâmica de recursos. As linhas são sequenciadas em ordem decrescente de frequência. O Quadro 17 mostra que o conhecimento gerencial é o mais importante dos recursos adquiridos. Os empreendedores precisam ter acesso a esse conhecimento, principalmente para montar o novo negócio.

Quadro 17 – Recursos adquiridos e serviços correspondentes

Tipo do recurso adquirido	Serviços resultantes para a start-up
Conhecimento gerencial	Estabelecimento das primeiras rotinas gerenciais da start-up. Redesenho das rotinas de uma empresa falida adquirida. Superação de falhas de tentativas fracassadas de empreendedorismo. Gestão de crescimento inesperado. Desenvolvimento de competências de negociação.
Fundo de investimento	Desenvolvimento de projetos de start-ups.
Informações sobre o mercado	Molde da ideia inicial. Compreensão da dinâmica do mercado.
Conhecimento sobre elaboração de propostas de subvenção para investidores públicos e privados	Acesso a capital de investimento para desenvolver o produto principal.
Conhecimento de como usar a tecnologia para desenvolver um produto	Definição do nicho de mercado. Transformação da tecnologia em produto.
Experiência específica	Substituição do conhecimento perdido pela dissolução da sociedade inicial.
Finanças e rede	Estabelecimento de parceria de negócios.
Infraestrutura e outras instalações	Substituição das instalações até então disponibilizadas pela incubadora de empresas.

Fonte: a autora

O Quadro 18 mostra que o recurso mais subutilizado é a capacidade produtiva. Esta tabela detalha o impacto de longas esperas por procedimentos regulatórios, licenças e concessões de P&D.

O Quadro 19 lista os recursos que são criados e os serviços correspondentes. Os procedimentos para iniciar uma nova firma e as competências gerenciais são os dois recursos mais importantes aqui. O primeiro se refere ao agrupamento de recursos dentro da firma-organização; o último refere-se aos primeiros desenvolvimentos de rotinas de organização interna e interação com os atores do mercado.

Quadro 18 – Recursos subutilizados e serviços relacionados

Tipo do recurso subutilizado	Serviços resultantes para a start-up
Capacidade produtiva	Competências focadas em apenas um comprador versus diversificação de compradores. Sócios totalmente dedicados à start-up, mas as vendas não aconteceram como esperado. Foco em apenas um grande cliente. Foco em prestação de serviços para sobreviver quando o negócio principal é a indústria. Esforços desviados para resolver problemas causados por contabilidade ineficiente. Espera pela implementação de bolsas de P&D . Vendas não saudáveis; nicho de mercado muito amplo.
Esforços de vendas	Barreiras impostas por grandes players do mercado. Foco em um mercado que não está mais interessado nos serviços da start-up. Falta de conhecimento sobre a duração do ciclo de vendas.
Recursos financeiros escassos	Fornecedores caros (ligados à falta de conhecimento sobre o cálculo de custos).
Especialidade	Foco em apenas um setor devido à falta de conhecimento sobre setores semelhantes. Desentendimentos entre sócios sobre a divisão de funções para lidar com o crescimento.
Relacionamento com funcionários	Conflitos com funcionários que desejam participar de questões gerenciais.
Potencial tecnológico	Desconhecimento do potencial da tecnologia criada pela firma.
Capital humano	Início de uma firma para uso e desenvolvimento das competências em pesquisa do empreendedor, as quais vinham sendo subutilizadas no emprego.

Fonte: a autora

Quadro 19 – Recursos que são criados e serviços correspondentes

Tipo do recurso criado	Serviços resultantes para a start-up
Novas operações	Redesenho da linha de produção de uma start-up falida. Implementação da empresa. Estabelecimento de condições mínimas para formar a firma.
Competências gerenciais	Gestão de vendas no atacado em vez de varejo. Gestão do crescimento. Procedimentos de qualidade com base nos requisitos da Organização Internacional para Padronização (normas ISO). Gestão de pessoas para lidar com o crescimento. Processo de tomada de decisão para lidar com ofertas de grandes empresas (parcerias de risco). Combinação de consultoria e conhecimento acadêmico para lidar com as restrições da firma. Desenvolvimento de serviços terceirizados para ampliar o mix de serviços e reduzir custos fixos.
Relações de mercado	Expansão no mix de serviços. Desenvolvimento de relações de confiança com compradores. Redes com fornecedores para redução de custos. Desenvolvimento de estratégias para enfrentar a concorrência desleal. Parceria de negócios para as primeiras interações com o mercado.
Capacidade produtiva	Trabalhadores aprendem habilidades de manufatura no trabalho. Encurtamento do ciclo de produção. Alcance do ponto de equilíbrio com mão de obra qualificada limitada. Estabelecimento de uma equipe interna de especialistas.
Tecnologia	Desenvolvimento do produto. Metodologia para teste de software. Equipamentos em engenharia médica. Condições para desenvolver o protótipo em produto.

Tipo do recurso criado	Serviços resultantes para a start-up
Segundo produto ou serviço	Atendimento a uma oportunidade em um campo semelhante. Novos produtos com a mesma tecnologia. Sobrevivência da empresa enquanto o produto principal é desenvolvido.
Recursos financeiros	Configuração da estrutura de produção. Melhora do ciclo de produção para aumentar o capital de giro. Superação de barreiras para acessar bolsas de P&D.
Infraestrutura	Substituição das instalações da incubadora de empresas.
Condições para lidar com os regulamentos	Cumprimento dos requisitos regulamentares para produção e comercialização.
Interesses empreendedores	Abertura de uma empresa em vez de ser funcionário.
Desenvolvimento de parcerias	Combinação de competências de pesquisa e de mercado.

Fonte: a autora

O Quadro 20 conclui esta análise mostrando que o capital humano é o recurso que corre maior risco na start-up, principalmente a expertise, bem como o capital financeiro que se perde quando ocorre uma dissolução de sociedade.

Quadro 20 – Recursos perdidos e serviços restantes

Tipo do recurso perdido	Serviços resultantes para a start-up
Capital humano	Reorganização das competências e força de trabalho restantes.
Instalações da Incubadora	Planejamento de condições para funcionar fora da incubadora.
Comprador	Competências para lidar com competição por guerra de preços.

Fonte: a autora

5.3.4 Dinâmica de redes de relacionamento

Esta subseção examina as mudanças nas configurações de rede de start-ups, comparando o início da firma (rede inicial) e o momento da entrevista (rede atual). Foram aplicadas técnicas de análise de redes sociais (SCOTT, 2005) para descrever os atores detentores de recursos nesses dois momentos. A base da análise são os EACs de entrada e sobrevivência no mercado porque são os mais frequentes e normalmente envolvem interações entre a empresa e o ambiente externo. Além disso, como, de modo geral, os EACs são interrelacionados, é provável que esses resultados possam ser generalizados para outros EACs.

Os resultados mostram três tipos de atores: familiares ou amigos que fornecem suporte financeiro ou experiência, conhecidos de empregos anteriores e instituições de apoio. Para a rede inicial, as medidas de centralidade de grau de entrada[42], identificaram os seguintes atores, do mais para o menos central: outras empresas incubadas, universidade, compradores, consultores de incubação de empresas e professores universitários. Os atores centrais são aqueles que fornecem informações e apoio; eles ocupam uma posição de poder na rede porque possuem recursos críticos. Portanto, universidades e compradores são atores esperados nessa análise. Um resultado inesperado é a alta centralidade de outras empresas incubadas, com as quais os empreendedores mantêm laços de amizade e parentesco.

Na rede atual, novos atores foram incluídos, ao passo que outros foram excluídos, com evidência de uma crescente inserção dessas start-ups no mercado. Essas mudanças nas redes de relações indicam uma seleção mais rigorosa de fornecedores, compradores e reconfigurações na equipe de sócios. Esses atores são, dos mais aos menos centrais: compradores, consultores de incubação, universidade, outras empresas incubadas, fornecedores, instituições de apoio (Sebraes estaduais), professores universitários, especialistas familiares e duas incubadoras de empresas. Também há uma mudança qualitativa nos recursos trocados. Por exemplo, a universidade, inicialmente, é uma fonte de ideias de negócios e parte das redes informais. Posteriormente, a universidade passa a ser fonte de

---

[42] A centralidade é uma medida de rede inteira que considera todas as indicações de relacionamento entre todos os atores. A centralidade de grau de entrada é uma medida de quanto esses atores são indicados pelos empreendedores como fontes de recursos. Como, aqui, as relações com outros atores foram narradas pelos empreendedores, em relação a EACs, pode haver sub-representação de outras relações.

parcerias para desenvolvimento de produtos e atualização tecnológica. Essas relações tendem a ser mais formalizadas, e, em alguns casos, existem contratos que regulam os direitos de propriedade intelectual.

Essas duas redes são comparadas em termos de densidade, distância geodésica, componentes e relações centro-periferia (Tabela 17). Os indicadores apontam para uma rede atual mais densa, com distâncias mais curtas para alcançar outros atores (distância geodésica) e mais atores agrupados em laços estreitos (componente principal). A rede atual é menos fragmentada do que a rede inicial e pode permitir um fluxo mais intenso de recursos entre os atores.

Tabela 17 – Medidas estruturais comparando configurações de rede em dois pontos no tempo

Medida	Rede inicial	Rede atual
Densidade (proporção de laços efetivos)	0,236	0,263
Distância geodésica (número médio de intermediários entre dois atores)	3,54	2,89
Componentes	18 (137 atores no componente 1)	9 (147 atores no componente 1)
Centro-periferia	Atores centrais: Incubadora01, Incubadora04, Incubadora10, Empresas incubadas, Sebrae/SP, Sebrae/MG, Fiesp, Consultores de incubadoras.	Atores centrais: Incubadora01, Incubadora04, Incubadora05, Incubadora10, Incubadora12, Incubadora14, Empresas incubadas, Sebrae/SP, Sebrae/MG, Consultores de incubadoras, Universidade, professores universitários, ParqTec, consultores do ParqTec.

Fonte: a autora

A análise de centro-periferia identifica quais atores são mais estratégicos na rede, ou seja, por estarem em posições mais centrais, eles envolvem-se em relações mais importantes e controlam mais recursos. Atores periféricos estão mais distantes do centro da rede, possuem menos relações, dependem dos atores centrais e podem permanecer no anonimato por não serem vistos como fontes de recursos importantes. A análise dessas relações entre atores centrais e periféricos na rede indica que os atores centrais da rede inicial são: três incubadoras de empresas, empresas incubadas, instituições de apoio (Sebrae, Fiesp) e consultores de incubadoras. A rede atual apresenta mais atores centrais e relacionamentos mais fortes. Isso inclui mais incubadoras de empresas, instituições de apoio, consultores de incubadoras, universidades e professores universitários. É por meio deles que mais recursos são trocados e de quem os atores periféricos buscam recursos. O processo de inserção no cenário institucional das incubadoras de empresas merece destaque, com 43% das incubadoras de empresas deste livro posicionadas no núcleo da rede atual.

Dentro da incubadora, as empresas incubadas desempenham um papel importante, seja apresentando seus conhecidos aos serviços de apoio a negócios, seja proporcionando trocas informais de informação sobre financiamento, práticas de gestão e suporte social. Mais tarde, algumas dessas relações informais se tornam parcerias formais para o desenvolvimento de produtos ou a prestação de serviços. Resultados dessa natureza corroboram a literatura sobre os efeitos da detenção de recursos de conhecimento para a centralidade de atores poderosos nas redes sociais (NIENHÜSER, 2008). Uma vez que essas redes são baseadas em narrativas de empreendedores, as mudanças observadas na centralidade de alguns atores refletem mudanças na percepção da necessidade dos recursos que esses atores fornecem.

Em estudos de inovação, isso se relaciona com a dinâmica do capital social no ciclo de feedback entre os resultados da inovação e as configurações de rede (XU, 2011). Outros preditores de mudança, na configuração das redes de start-ups, são as dinâmicas de mercado (como as relações de competição), decisões empreendedoras (como a decisão de investir em um novo nicho de mercado) e atividades de rede (como o acesso a investidores).

5.4 CONCLUSÃO

Este capítulo mostrou, em três estudos, a metodologia para identificar e categorizar EACs, como eles fornecem substrato empírico para o marco analítico e as principais dinâmicas de recursos e relacionamentos em EACs. O Estudo 1 descreveu como EACs foram identificados e categorizados com base em gatilhos e demonstrou a aplicação dos princípios da teoria fundamentada às narrativas de empreendedores, usando o marco analítico para guiar a análise em relação a por onde começar e quais relações observar em primeiro lugar. Além disso, esta abordagem indutiva contribuiu para uma categorização que inclui o papel da agência (gatilhos específicos do empreendedor), condições da firma (como capital de giro), fatores sociais (como questões de força de trabalho), dinâmica do mercado (como a entrada em um novo mercado) e fatores institucionais (como as questões de regulação). O Estudo 1 mostrou que entrada e sobrevivência no mercado é a mais proeminente de todas as categorias de EACs. Além disso, essa categoria apresenta padrões próprios em várias análises, marcados por sua presença constante, ao longo do tempo, e sua própria configuração de estratégias de aprendizagem, quando comparada a outros tipos de EACs.

Duas características empreendedoras são destacadas na distribuição de EACs: os empreendedores de oportunidade experimentam mais EACs, enquanto ter experiência empreendedora prévia está associado a um menor número de EACs. Esse perfil parece combinar proatividade, assunção de riscos e capital humano específico para o empreendedorismo. Essas são características individuais clássicas na literatura de empreendedorismo (GELDEREN; THURIK; BOSMA, 2006; CASSON *et al.*, 2006). Esses resultados corroboram parcialmente os achados do SEBRAE (2007) e de Nichter (2005) sobre o papel da experiência no sucesso e crescimento das PMEs. A literatura explora a experiência de trabalho como um proxy para conhecer o mercado e como um indicador de melhor preparação para uma start-up. Nesta obra, a experiência de trabalho parece reduzir o impacto dos gatilhos relacionados à produção, mas não reduz a criticidade de outros tipos de gatilhos. A experiência empreendedora, portanto, parece ser uma medida específica das capacidades individuais para lidar com as demandas de operação dos primeiros anos de start-up e continuar a ser considerada nos estudos de empreendedorismo.

O Estudo 2 explorou empiricamente as relações entre conceitos dentro de um EAC, seguindo a sequência do marco analítico e refinando a teoria por meio da inclusão da criação e perda de recursos como parte das dinâmicas de recursos que compõem os gatilhos de EACs. Este estudo mostrou que as dimensões cognitiva, social e prática da aprendizagem atuam em conjunto. Essas combinações de dimensões, ou efeitos interdimensionais, aparecem entre estratégias de aprendizagem e conteúdos de aprendizagem na geração de todos os tipos de resultados, esperados ou não. Isso implica que a seleção da variação envolve modelos mentais e testes para avaliar os efeitos de ações alternativas (ERAUT, 2004b), incluindo aprender com resultados malsucedidos (EISENHARDT; MARTIN, 2000). Esse processo indutivo de seleção (BATAGLIA; MEIRELLES, 2009) é implementado por meio de aprendizagem. Uma explicação dos mecanismos pelos quais isso ocorre é encontrada em Lazaric (2008).

Lazaric (2008) discute os impactos da memória organizacional e dos automatismos cognitivos no conhecimento procedimental e declarativo. O conhecimento declarativo, por meio da interpretação e seleção, é convertido em conhecimento procedimental. A conversão ocorre por meio de um mecanismo de compilação de interpretações que são mantidas e repetidas na memória dos indivíduos. A repetição bem-sucedida dessas regras de ação aumenta a eficiência no desempenho, a velocidade de reação e a probabilidade de que sejam selecionadas novamente no futuro. Cada vez que uma rotina é executada, ela evoca as dimensões declarativas e procedimentais desse conhecimento, e isso traz potencial para mudança. Consequentemente, a descontinuidade pode resultar de processos (aparentemente) contínuos e (temporariamente) estáveis. As rotinas, aliás, têm funções que vão além de garantir o funcionamento regular da firma. À medida que aumenta a dependência delas, as rotinas se tornam uma fonte de soluções para novos gatilhos como um dos recursos endógenos; ou elas próprias se tornam gatilhos.

O Estudo 2 mostrou que as mudanças nas rotinas são mais dinâmicas no primeiro ano, quando os recursos estão sendo experimentados e ainda não estão comprometidos em sistemas de rotinas bem estabelecidos. Portanto, os resultados de aprendizagem têm um impacto maior nas rotinas organizacionais durante o primeiro ano. Eles dependem de uma combinação de fatores, incluindo interações entre EACs e entre a start-up e o ambiente externo para promover mudanças no nível organizacional. A mudança organizacional torna-se mais custosa à medida que processos de complexidade interna e interdependência entre rotinas tomam forma, com crescente dependência de sua eficácia e maior inserção no mercado e nas redes institucionais. Assim, o sistema de rotinas organizacionais tende a prevalecer sobre os resultados de EACs individuais à medida que a firma se consolida.

Romper essa dependência de trajetória exige, em grande medida, que o empreendedor, na condição de agente, leia bem o gatilho e decida quais recursos usar e como usá-los (ERAUT, 2004b; XU, 2011). De forma proativa, essa agência é crucial para fazer combinações das três estratégias de aprendizagem em busca de mudar a base de recursos da firma em prol da inovação, competitividade e sustentabilidade. O Estudo 3 contribui para a compreensão dessa dinâmica de recursos. Ele mostrou que a rede de relacionamentos é essencial para lidar com todos os tipos de EACs, para estabelecer redes de negócios e para se inserir nas relações de mercado. O Estudo 3 também demonstrou os efeitos longitudinais dessas redes, dentro de programas de incubação de empresas, para configurações de rede e inserção no mercado.

Essa inserção nas redes de relações de mercado é essencial para o acesso e a troca de informações (GRANOVETTER, 1985), mas pode ser uma barreira para a sustentabilidade da firma quando, ao final do programa de incubação, a firma ainda é muito dependente da rede da incubadora. Isso ocorre com algumas start-ups que relataram EACs relacionados à saída da incubadora. Porém, de modo geral, os resultados mostram que os atores do mercado em torno da firma tornam-se gradualmente mais centrais à medida que a empresa se aproxima do fim do programa de incubação. Além de mudanças em quem são os atores, ocorrem mudanças em seus papéis, com a formação de redes multiplex (WASSERMAN; FAUST, 2006) que tendem a ser mais fortes e duradouras. Nessas redes, múltiplos tipos de relacionamentos emergem, como quando a universidade, além de fornecer informações tecnológicas, se torna uma compradora da start-up.

Em suma, esses três estudos demonstram o que autores como Feldman e Pentland (2003), Lazaric (2008) e Dopfer (2004) afirmam sobre os microfundamentos das rotinas e da dinâmica econômica em geral. Especificamente, este livro contribui para preencher a lacuna sobre o conceito de busca na literatura da economia evolucionária ao oferecer uma explicação do processo de seleção de variações desenvolvido pelas start-ups (BATAGLIA; MEIRELLES, 2009). Os processos de aprendizagem geram variação e usos de recursos para resolver EACs. Os resultados bem-sucedidos são selecionados, retidos e disseminados dentro da firma como componentes do seu sistema de rotinas (ZOLLO; WINTER, 2002). Essas novas rotinas apoiam a sustentabilidade da firma em face das demandas ambientais e endógenas (ERAUT, 2004b) e contribuem para mudanças futuras. As proposições do Estudo 2 destacam as principais contribuições teóricas deste livro para a literatura sobre rotinas, busca e aprendizagem nas organizações. Esses e outros aspectos são discutidos mais detalhadamente no capítulo 7.

6

TRAJETÓRIAS EVOLUTIVAS

> [...] a análise econômica não está equipada para analisar esses determinantes não econômicos das idéias e do comportamento empreendedor. Consequentemente, fazemos a suposição simples de que as firmas estão em busca de lucros. Essa suposição sempre criou dificuldade para muitos, em parte porque em um mundo incerto não há uma única trajetória objetivamente identificável para o maior lucro e diferentes empreendedores com temperamentos diferentes escolhem caminhos diferentes, e em parte porque os lucros em dinheiro não abrangem toda a ambição empreendedora. Essas duas dificuldades se reforçam. (PENROSE, 1980 [1959], p. 184-185, tradução própria).

O capítulo 3 definiu trajetórias evolutivas como arranjos de EACs na história de uma start-up, que emergiram da análise da dinâmica de recursos dentro e entre os EACs. Logo, uma trajetória tem dois elementos principais: EACs e as relações entre eles. Essas relações são caracterizadas por múltiplos fatores, sendo o mais importante as decisões empreendedoras em relação aos possíveis usos dos recursos para lidar com um novo gatilho. Trajetórias evolutivas, portanto, são moldadas por quais e como recursos são usados em cada episódio.

Essa complexidade inerente às trajetórias torna cada trajetória de start-up única. Este capítulo descreve as etapas analíticas usadas para revelar padrões entre percursos individuais que poderiam agregar as 43 histórias desta obra e mostra como, por meio da investigação das configurações de recursos em EACs, cinco trajetórias típicas foram encontradas. Essas são, então, agregadas em duas metacategorias de trajetórias, distinguindo aquelas empresas exclusivamente dedicadas ao produto ou serviço principal daquelas que combinam produtos e serviços principais e secundários. Propriedades dessas trajetórias também são exploradas e discutidas, em termos de fatores individuais, da firma, sociais e institucionais.

6.1 CONSTRUINDO UMA DEFINIÇÃO DE TRAJETÓRIAS

Seguindo o marco analítico apresentado no capítulo 3, os EACs são vistos como blocos de construção de trajetórias evolutivas. Embora o capítulo 5 descreva várias dinâmicas nos EACs, ele não aborda como esses blocos se interconectam ou quais fatores explicam os diferentes arranjos dos EACs. As trajetórias de start-ups individuais podem ser agrupadas em categorias? A primeira tentativa de analisar isso foi examinando as sequências de tipos de EACs de cada start-up. Os resultados mostram que as questões específicas do empreendedor são o gatilho mais comum para iniciar trajetórias evolutivas, seguidos por EACs acionados por problemas de produção ou de entrada e permanência no mercado. Essa sequência gerou um primeiro agrupamento de casos, cujas trajetórias foram denominadas A, B, C e D. Esse agrupamento foi analisado à luz de fatores associados ao desempenho e mudança da firma (MICHOR *et al.*, 2010) e de características do empreendedor.

As características da firma são:

a. atividades industriais (UNITED NATIONS, 2008) – fabricação (n=24), informação e comunicação (n=11) e atividades profissionais, científicas e técnicas (n=8);

b. tipo de mercado (EUROPEAN COMMISSION *et al.*, 2009) – bens de capital (n=11), bens intermediários (n=9), bens de consumo (n=11), serviços empresariais (n=10) e serviços ao consumidor final (n=2);

c. situação da start-up – incubada (n=18), graduada (n=25);

d. região – São Paulo (n=25), Minas Gerais (n=18);

e. tempo de operação – até dois anos (n=3), 2,1 a 3 anos (n=10), 3,1 a 4 anos (n=10), 4,1 a 5 anos (n=9), 5,1 a 6 anos (n = 5), ou mais de 6 anos (n=6).

As características do empreendedor são:

a. experiência profissional – sem experiência de trabalho (n=9), experiência na mesma área da start-up (n=21), experiência em outra área (n=7), carreira acadêmica (n=6);

b. formação educacional – ensino médio (n=1), ensino superior (n=20), mestrado (n=5), doutorado (n=10) ou não mencionado (n=7);

c. experiência empreendedora – nenhuma (n=36), ou alguma experiência empreendedora anterior (n=7).

A trajetória A pode ser simplificada como uma sequência de EACs desencadeados por EMPREENDEDOR – PRODUÇÃO – MERCADO e é típica de start-ups no setor de manufatura, de empreendedores com nível superior e localizados em ambas as unidades federativas, entre outras características.

A trajetória B foi caracterizada por EACs de MERCADO – PRODUÇÃO – EMPREENDEDOR e é típica do setor de informação e comunicação, relatado com mais frequência por empresas mais antigas (operando entre cinco e seis anos) e por aqueles empreendedores com experiência empreendedora.

A Trajetória C, EMPREENDEDOR – MERCADO – PRODUÇÃO – MERCADO, é típica de empreendedores com doutorado e carreira acadêmica.

Por fim, a Trajetória D, simplificada como EMPREENDEDOR – MERCADO – EMPREENDEDOR, é típica de start-ups no setor de serviços a empresas, com menos de dois anos de existência e geridas por empreendedores com experiência no mesmo ramo de atividade.

Observa-se que EACs desencadeados por questões gerenciais não foram incluídos nessa primeira categorização de trajetórias. Isso ocorre porque os episódios relacionados à gestão não seguem um padrão nas sequências de EACs. Eles podem aparecer antes ou depois de qualquer um dos outros três tipos de episódios. Uma possível explicação é que a baixa frequência desse tipo de EAC não permite a identificação de padrões na sua ocorrência. Outra é que as competências gerenciais são mais importantes como recursos usados ou criados para lidar com os EACs do que como gatilhos para eles.

Apesar de alguns insights interessantes dessa primeira categorização, apenas alguns casos reais se encaixam na distribuição estatística de atributos das Trajetórias A a D. Portanto, essa estratégia de categorização falhou em identificar padrões representativos dos dados empíricos. Contudo ela foi um passo analítico importante para mostrar que as trajetórias típicas não são específicas do setor ou guiadas por apenas uma variável principal.

Esse achado gerou uma busca por combinações de variáveis ao longo do tempo. Essa estratégia, em vez de testar o peso de variáveis que são a priori estáticas, incorporou o conceito de trajetória à dinâmica temporal. Assim, a busca de trajetórias típicas mudou para uma abordagem correlacional, que investigou variáveis que poderiam estar relacionadas a tipos específicos de EACs, à sua duração e à sua diversidade. Essas variáveis foram além das mencionadas anteriormente e incluíram, por exemplo, estratégias de aprendizagem, redes iniciais, fatores estruturais e temporais. Essa abordagem linear de trajetórias também falhou em identificar padrões e explicar processos, possivelmente porque foi baseada apenas em gatilhos e sequências de gatilhos, os quais muitas vezes não refletem o conteúdo ou os resultados de um EAC. Embora esses resultados não tenham respondido à questão sobre a agregação das trajetórias de start-up em grupos, eles forneceram achados interessantes em relação às associações entre variáveis do processo de aprendizagem e esses fatores. Assim, o estudo a seguir explora essas relações.

6.2 RESULTADOS CORRELACIONAIS DESCRITIVOS

Esta seção apresenta os resultados da análise preliminar das trajetórias de firmas individuais seguindo as relações lineares entre as variáveis anteriores. Uma nota metodológica importante é que essas análises cumprem propósitos descritivos, uma vez que testes estatísticos avançados ficam comprometidos pelo tamanho da amostra[43]. Esses resultados se concentraram em três aspectos principais: tipo de EAC, tamanho da sequência de EACs e diversidade de EACs. O tipo de EAC refere-se às cinco categorias descritas no capítulo 5, o comprimento da sequência de EACs refere-se ao número de episódios relatados pelo empreendedor (intervalo de 2 a 11 EACs), e a diversidade de EACs refere-se às combinações de diferentes categorias de EACs na trajetória de cada start-up (intervalo de 1 a 5 tipos).

6.2.1 Resultados correlacionais por tipo de EAC

Correlações centradas nos tipos de EACs mostraram que a entrada e a sobrevivência no mercado estão associadas a uma maior complexi-

---

[43] Uma regra prática para este número sugerida por Tabachnick e Fidell (1996) é 50 + 8m (m = número de variáveis independentes). Para esta pesquisa, deveria haver no mínimo 270 casos.

dade de fatores em comparação com os outros tipos de EACs. Um trecho da matriz de correlação é apresentado na Tabela 18 (somente valores significativos ao nível de p<0,05).

A entrada e a sobrevivência no mercado se correlacionam positivamente com as estratégias de aprendizagem em geral e, especificamente, com as estratégias cognitivas (particularmente a reflexão extrínseca) e comportamentais (particularmente a aplicação prática). Esse resultado corrobora a necessidade de combinações de recursos internos e externos nesse tipo de EAC. A entrada e a sobrevivência no mercado, como esperado, também se correlacionam positivamente com as start-ups que enfrentam EACs para sobreviver no mercado. Elas se correlacionam com o ano de operação da start-up em que esses EACs iniciaram, confirmando a difusão deste tipo de EAC ao longo do tempo. Além disso, a correlação entre entrada e sobrevivência no mercado com perda de recursos indica a saída de recursos críticos, como capital humano e de investimento.

Quanto aos EACs desencadeados por problemas de produção, esses se correlacionam positivamente apenas com as start-ups que puderam contar com fontes iniciais de recursos, como concursos de planos de negócios e outras fontes pontuais de financiamento.

As questões específicas do empreendedor se correlacionam com a estratégia de aprendizagem de reflexão intrínseca, dinâmicas de acesso a recursos, conteúdos de aprendizagem referentes ao desenvolvimento de novos significados e novos métodos e com EACs de entrada em um novo mercado. Essa combinação de correlações confirma a descrição desse tipo de EAC como aquisição de conhecimento sobre partes e rotinas específicas que estão vinculadas a produtos inovadores, para os quais há pouco *benchmarking* possível.

Por fim, os EACs desencadeados por questões gerenciais se correlacionam positivamente com os resultados de aprendizagem referentes ao desenvolvimento de novas interpretações. Isso indica que esse tipo de EAC tende a resultar em novos recursos no nível cognitivo, possivelmente em relação ao entendimento do funcionamento da firma e do relacionamento com os sócios.

Tabela 18 – Correlações positivas significativas entre tipos de EACs e variáveis de processo e da firma

	Entrada e sobrevivência no mercado	Problemas de produção	Questões específicas do empreendedor	Questões de gestão
Estratégias de aprendizagem – reflexão intrínseca			0,16	
Estratégias de aprendizagem – reflexão extrínseca	0,42			
Soma das estratégias de aprendizagem cognitiva (1 a 3)	0,20			
Estratégias de aprendizagem – aplicação prática	0,41			
Soma das estratégias de aprendizagem comportamental (1 a 3)	0,23			
Soma de todas as estratégias de aprendizagem (1 a 9)	0,28			
Conteúdo de aprendizagem – Desenvolvimento de novos significados			0,20	
Conteúdo de aprendizagem – Desenvolvimento de novos métodos			0,15	
Resultados de aprendizagem – Desenvolvimento de novas interpretações				0,14
Ano de início de EACs	0,25			
Entrada em um novo mercado			0,15	
Sobrevivência no mercado	0,24			
Dinâmica de recursos – Acesso			0,18	
Dinâmica de recursos – Perda	0,15			
Outras fontes iniciais de financiamento		0,16		

Fonte: a autora

Todas as correlações apresentadas têm $p < 0,05$.

6.2.2 Resultados correlacionais para o comprimento das sequências de EACs

Os resultados correlacionais referentes ao tamanho das sequências de EACs (no centro da Figura 7) mostram correlações positivas significativas diretas e indiretas entre uma combinação de características de empreendedores, estratégias de aprendizagem, características da firma e redes iniciais. Do centro, os fatores diretamente correlacionados com sequências mais longas de EACs (p<0,05) incluem estar em fase de sobrevivência (r=0,45), falta de experiência anterior de trabalho (r=0,21), EACs de entrada e permanência no mercado (r=0,23), diversidade de tipos de EACs (r=0,39), uso da estratégia cognitiva de reflexão extrínseca (r=0,22) e estratégia de autorregulação de controle emocional (r=0,14).

Start-ups com sequências mais longas tendem a experimentar EACs de subutilização de recursos (r=0,16), e foco em produtos ou serviços complementares (r=0,30) ou independentes (r=0,21). Elas tendem a ser administradas por empreendedores por oportunidade (r=0,20), desenvolvem produtos ou serviços secundários, que são pouco intensivos em P&D (r=0,20), e se beneficiam de redes iniciais com instituições de apoio, como o Sebrae (r=0,15), e outras (r=0,20). Um amplo conjunto de atores das redes iniciais de empreendedores apresentou correlações positivas com a primeira camada de fatores, como incubadora de empresas, outros empreendedores, universidade, amigos e familiares com expertise e outras instituições de apoio.

Algumas dessas correlações são esperadas. Por exemplo, encontrar correlação significativa entre empreendedores sem experiência de trabalho e maior número de EACs justifica-se por evidências da literatura sobre o papel da experiência de trabalho na mesma área como um amortecedor para as percepções de criticidade sobre eventos comumente percebidos como críticos por recém-chegados (KELLEY; BOSMA; AMORÓS, 2010; NICHTER; GOLDMARK, 2005). Espera-se que as start-ups em estágio de sobrevivência tenham um maior número de EACs devido ao maior tempo de exposição ao mercado e, decorrente disso, à maior probabilidade de terem experienciado EACs desencadeados pela necessidade de entrar ou sobreviver no mercado.

Figura 7 – Mapa mental de correlações positivas em torno do comprimento das sequências de EACs

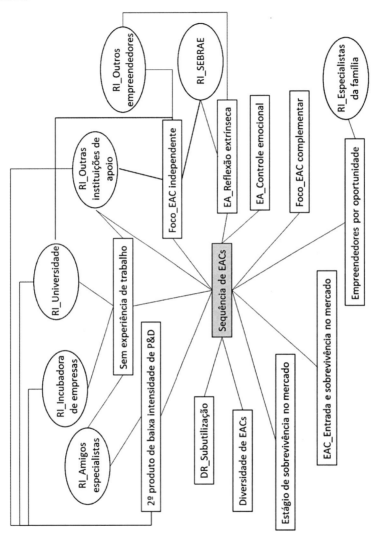

Fonte: a autora

RI: rede inicial, EA: estratégia de aprendizagem, DR: dinâmica de recursos do gatilho.

No entanto a correlação positiva entre o número de EACs e as redes iniciais com instituições de apoio foi inesperada. Uma possível explicação é que essas instituições assumem papéis de liderança em levar os empreendedores a ações que são críticas para mudar o negócio, como engajar-se em redes de mercado ou fornecer treinamento que acelera o ritmo de crescimento.

6.2.3 Resultados correlacionais para a diversidade de EACs

As correlações positivas entre a diversidade de EACs e variáveis individuais, da firma, institucionais e de processo são ilustradas na Figura 8. A diversidade de EACs se correlaciona com não ter experiência de trabalho ($r=0,27$) e ter experiência em outra área ($r=0,31$), indicando que esses empreendedores têm demandas de aprendizagem mais diversificadas com a evolução de suas firmas. Uma correlação complementar aparece entre a diversidade de EACs e os resultados de aprendizagem que resultam em novas interpretações ($r=0,16$), indicando uma expansão de conhecimentos do empreendedor à medida que lida com desafios diversos. Outras correlações positivas foram encontradas entre a diversidade de EACs e start-ups que produzem bens de consumo ($r=0,32$), administradas por empreendedores por oportunidade ($r=0,31$) e com finanças iniciais provindas de familiares ou amigos ($r=0,14$) ou da equipe de sócios ($r=0,15$).

A diversidade de EACs correlaciona-se positivamente com start-ups em estágio de sobrevivência ($r=0,15$), experimentando EACs com foco em produtos ou serviços independentes entre si ($r=0,37$) e desenvolvendo atividades pouco intensivas em P&D para os produtos e serviços principais ($r=0,17$) e secundários ($r=0,26$). Esse conjunto de correlações sugere o efeito do tempo (sendo o estágio de sobrevivência um proxy para o tempo de operação) e do desenvolvimento de produtos ou serviços secundários, especialmente quando eles têm baixa intensidade de P&D.

Quanto às redes de relacionamento iniciais, a análise mostrou que a diversidade de EACs se correlaciona positivamente com o Sebrae ($r=0,41$) e outras instituições de apoio ($r=0,47$), corroborando o papel proativo dessas instituições na promoção de aprendizagem diversificada na start-up. Uma ampla gama de redes iniciais se relaciona indiretamente com a diversidade de EACs, como especialistas nas redes de familiares e amigos, instituições de apoio e atores do mercado. O papel do Sebrae é destacado aqui pelas diversas correlações positivas com tipo de empreendedor, formação profissional, tipo de mercado, fonte de financiamento, intensidade de P&D do primeiro produto ou serviço e diversidade de EACs.

Figura 8 – Mapa mental de correlações positivas (p<0,05) em torno da diversidade de EACs

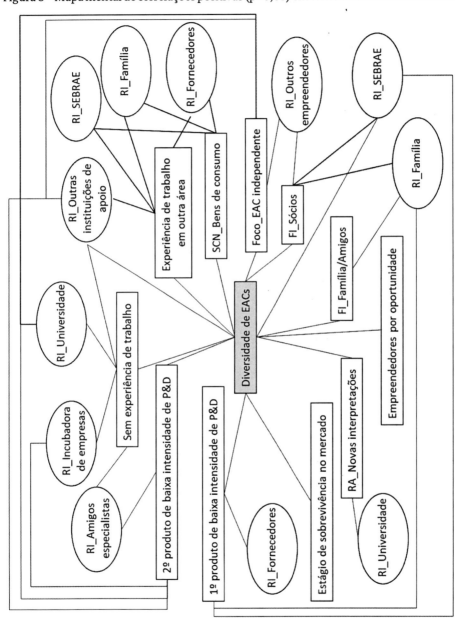

Fonte: a autora

RI: rede inicial, RA: resultado de aprendizagem, FI: fontes iniciais de financiamento, SCN: Sistema de Contas Nacionais.

6.3 AS CINCO TRAJETÓRIAS EVOLUTIVAS TÍPICAS

Uma vez que as tentativas analíticas descritas anteriormente, com base em categorias a priori, comuns na literatura, para explicar o desenvolvimento industrial e o crescimento das firmas, não puderam fornecer um argumento substantivo para a evolução das start-ups nesta pesquisa, uma estratégia profundamente qualitativa e indutiva foi adotada para reanalisar todas as entrevistas. Princípios da teoria fundamentada forneceram a solução metodológica para investigar esses processos evolutivos. Esta seção descreve como esses princípios levaram à identificação de padrões nas trajetórias individuais das firmas e explica como cinco trajetórias típicas emergiram dessa análise, caracterizando-as.

6.3.1 Princípios de teoria fundamentada

Strauss e Corbin (1998) afirmam que a teoria fundamentada é uma estratégia para identificar, indutivamente, os blocos de construção de uma teoria. Eles apresentam uma série de técnicas para identificar categorias e suas propriedades e dimensões. Definir conceitos, em termos de suas propriedades e dimensões específicas, é uma análise precursora da teorização. Propriedades diferenciam entre classes de eventos e mostram variações dentro de um intervalo, permitindo a diferenciação dentro das classes. Esses autores denominam essa fase de ordenamento conceitual, o qual pode ser de três tipos. Neste estudo aplicou-se a ordenação dos dados em etapas, guiada pela sequência das narrativas e tendo o marco analítico como pano de fundo. Esta subseção descreve as propriedades e dimensões de trajetórias que caracterizam a evolução de start-ups com o objetivo de construir blocos teóricos precursores de uma teoria sobre os processos evolutivos de firmas.

As análises das entrevistas, nessa fase, foram ancoradas em códigos para EACs, dinâmicas de rede, características das firmas, recursos financeiros iniciais, características das incubadoras e fatores institucionais e setoriais. Esses foram delimitados por sua posição cronológica em relação a outros EACs e sua duração. Desse modo, as histórias das relações entre esses EACs assumiram uma posição central nessa rodada de análise. Portanto, os princípios da teoria fundamentada foram aplicados para investigar as relações entre EACs em vez das dinâmicas intra-EACs.

A aplicação de um novo conjunto de variáveis de agregação foi testada em cada entrevista:

a. relações entre EACs - em vez de sequência;

b. motivadores ou princípios orientadores da start-up;

c. formação e atitude empreendedora;

d. experiência empreendedora e experiência na área da start-up;

e. escopo do mercado-alvo;

f. inserção na cadeia de valor;

g. utilização de recursos;

h. fontes de recursos na trajetória da firma;

i. redes iniciais e atuais;

j. questões específicas do setor;

k. perspectiva de crescimento;

l. grau de inovação.

Nenhuma dessas variáveis parecia diferenciar grupos de start-ups, mas, dessa investigação sistemática, emergiu outro fator que poderia revelar trajetórias: a razão de ser da firma. Por "razão de ser", entende-se o propósito central do empreendedor quando decidiu iniciar uma empresa, como desenvolver máquinas, prestar serviços ao setor X etc. Observou-se que a utilização dos recursos, por vezes, foi direcionada às necessidades desse produto ou serviço principal, ressaltando que a ideia inicial continuava no centro da firma. No entanto, por vezes, o uso de recursos era direcionado para atividades secundárias, que eram desenvolvidas para garantir a sobrevivência da firma, mas que afetavam o desenvolvimento do produto ou serviço principal de diferentes formas. Isso levantou a seguinte questão: essas configurações alternativas de recursos moldariam as trajetórias de acordo com o foco no produto ou serviço principal versus secundário?

Para responder a essa pergunta, cada EAC foi codificado como produto/serviço principal ou secundário, com base no objetivo para o qual os recursos naquele episódio estavam sendo adquiridos, criados e transformados. À medida que a análise avançava, foram observadas diferenças entre esses produtos ou serviços secundários. Essas diferenças foram baseadas na extensão em que a base de recursos[44] desses produtos ou serviços secundários se sobrepunha à base de recursos do produto ou serviço principal. Essa diferenciação resultou em uma categorização de produtos ou serviços secundários, como segue:

a. **complementar** – a base de recursos do produto ou serviço secundário é complementar à do principal. Esse produto secundário abre caminho para o produto principal entrar no mercado. Conforme definido por Wernerfelt (1984, p. 175, tradução própria), recursos complementares são aqueles que "[...] combinam efetivamente com aqueles que você já possui". Um exemplo é a Firma31. Seu principal produto são os jogos de entretenimento voltados para o mercado internacional. O desenvolvimento desses jogos requer pelo menos uma equipe de especialistas em gestão, programação, arte e conteúdo, a qual precisa ser específica para cada jogo. O acesso ao mercado se dá por meio de representantes de vendas, que vinculam desenvolvedores de pequena escala às multinacionais do setor de jogos. Como esse mercado exige padrões elevados, a equipe de empreendedores precisava de verbas de P&D para contratar o conhecimento necessário para formar uma equipe. O produto complementar é um jogo educativo para o ensino de idiomas, voltado para o mercado local. É necessária a mesma experiência em gestão, programação, arte e conteúdo. Contudo as relações de mercado para o produto secundário ocorrem em âmbito local, e os jogos são muito mais personalizados em comparação com o cenário para o produto principal;

b. **independente** – enquanto o produto ou serviço principal está sendo desenvolvido, produtos ou serviços secundários são implementados na forma de spin-offs. Para esse grupo, a base de recursos do produto ou serviço secundário é independente da

---

[44] Base de recursos é definida neste livro como o arranjo de recursos interconectados que fornece uma gama de serviços específicos para a firma e molda seus padrões de interação com o ambiente. Estão incluídos os capitais financeiro, social e humano. A importância de cada recurso depende de EACs específicos e, de modo geral, da trajetória da firma. Exemplos de recursos são base tecnológica, conhecimento de produção, competências gerenciais, infraestrutura, insumos de produção e tipos de capital de investimento. As interações com o ambiente incluem mercados-alvo, parcerias comerciais, tipo de atividade industrial e redes específicas de conhecimento com instituições de apoio.

base de recursos do principal. Um exemplo é a Firma36. Seu produto principal são equipamentos para o diagnóstico precoce da surdez, o que requer P&D para o desenvolvimento do protótipo, seguido de aportes de capital para desenvolver o produto, testá-lo, certificá-lo e, por fim, iniciar sua produção. A base de recursos requer conhecimento atualizado em engenharia médica, licenças e certificações, (futuras) parcerias para um chão de fábrica e redes na indústria de equipamentos audiométricos. O produto secundário, criado para gerar renda, é a oferta de um curso de tecnologia (sistemas microcontrolados), cujo material está disponível para compra on-line. Os principais parceiros são a universidade, para utilização do auditório, e a incubadora de empresas, para mediação desta parceria. Esse produto secundário é uma spin-off que funciona independentemente do produto principal e conta com um conselho de administração rudimentar para coordenar a gestão das duas start-ups;

c. **competidor** – o produto ou serviço secundário compete pela base de recursos do principal. O primeiro esgota esses recursos e dificulta, ou impede, a possibilidade de desenvolver o produto ou serviço principal. Um exemplo é a Firma37. Seu produto principal era a produção de software livre, para o qual expertise e tempo de desenvolvimento são as pré-condições mais importantes. No entanto diversas dificuldades de geração de capital de giro levaram a start-up a se tornar um prestador de serviços temporário em projetos de curto prazo. Um desses projetos, mediado pela incubadora de empresas, combinou *open source* com teste de software. Esse foi o ponto de entrada para uma oportunidade de negócio com um grande comprador do mercado de testes de software. A demanda aumentou tão rapidamente que a carga de trabalho da maioria dos funcionários e estagiários passou a ser dedicada a esse cliente. Uma vez nesse mercado, a equipe de sócios passou a ampliar a base de recursos em testes de software; eles identificaram outras oportunidades, construíram redes específicas e começaram a se especializar em um subnicho de mercado por meio de integração vertical e um projeto de P&D para desenvolver uma metodologia própria de teste de software. Claramente, as bases de recursos dos produtos e serviços principal e secundário tornaram-se incompatíveis, e os últimos assumiram a posição dos primeiros.

Os EACs cujos recursos eram direcionados a produtos ou serviços secundários foram codificados de acordo com essa tipologia. Como resultado, as start-ups foram agregadas em cinco trajetórias que refletem esses conjuntos de recursos e usos feitos por empreendedores. A etapa final desse trabalho de construção de blocos teóricos foi identificar as propriedades emergentes dessas cinco dimensões. Isso resultou em duas propriedades principais dessas trajetórias: dedicação total da base de recursos ao produto ou serviço principal (65% dos casos) e dedicação compartilhada da base de recursos a uma combinação de produtos principais e secundários (35% dos casos). Vale ressaltar que essas propriedades não eram óbvias no início da análise, até porque a mesma propriedade de dedicação exclusiva ao produto ou serviço principal agrega tanto firmas tradicionais como tecnológicas. A Figura 9 mostra a estrutura de trajetórias resultante.

Figura 9 – Estrutura das trajetórias evolutivas típicas

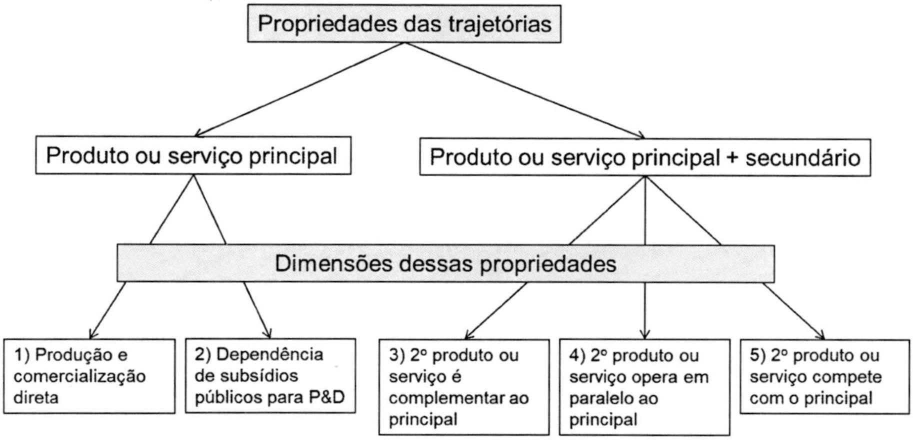

Fonte: a autora

O Quadro 21 apresenta as start-ups enquadradas em cada trajetória. Somente os produtos ou serviços principais são listados nas Trajetórias 3 a 5. Observa-se uma distribuição não convencional de casos se critérios clássicos baseados, por exemplo, na intensidade de P&D, forem considerados. Para compreender melhor essas trajetórias, o próximo passo foi caracterizá-las com base em um conjunto de características relacionadas aos EACs, às start-ups e suas cadeias de valor, aos empreendedores e às configurações de recursos.

Quadro 21 – Start-ups distribuídas por trajetória evolutiva

Produto ou serviço principal		Produto ou serviço principal + secundário		
Trajetória 1: Produção e comercialização direta (n=23)	Trajetória 2: Dependência de subsídios públicos para P&D (n=5)	Trajetória 3: O produto ou serviço secundário é complementar ao principal (n=6)	Trajetória 4: O produto ou serviço secundário é paralelo ao principal (n=6)	Trajetória 5: O produto ou serviço secundário compete com o principal (n=3)
Firma01- Automação industrial	Firma16-Sistemas informacionais (recuperação de informação)	Firma10-Móveis em acrílico	Firma02- Instruments cirúrgicos	Firma27- Automação residencial
Firma03- Ingredientes alimentícios em pó	Firma17- Biotecnologia (vacina)	Firma23- Inteligência artificial	Firma19- Biotecnologia (anticorpos e testes para agricultura)	Firma37- Tecnologia da informação (testagem de software)
Firma04- Tecelagem	Firma18- Biotecnologia (rastreamento genético)	Firma31-Jogos eletrônicos	Firma22-Saúde (bases de dados e consultoria)	Firma42- Engenharia elétrica
Firma05- Máquinas industriais	Firma20-Sistemas informacionais (tradução)	Firma32-Sistemas informacionais (tecnologia embarcada)	Firma29- Tecnologia automotiva	
Firma06- Pedais eletrônicos	Firma21- Produtos industriais de silicone	Firma34-Saúde (equipamento eletromédico)	Firma30- Fábrica de software	
Firma07, Firma14, Firma15- Roupas		Firma43- Biotecnologia (testes fisiológicos)	Firma36- Engenharia médica (equipamento eletromédico)	
Firma08- Embalagens de papelão				

Produto ou serviço principal		Produto ou serviço principal + secundário		
Trajetória 1: Produção e comercialização direta (n=23)	Trajetória 2: Dependência de subsídios públicos para P&D (n=5)	Trajetória 3: O produto ou serviço secundário é complementar ao principal (n=6)	Trajetória 4: O produto ou serviço secundário é paralelo ao principal (n=6)	Trajetória 5: O produto ou serviço secundário compete com o principal (n=3)
Firma09- Vedações industriais				
Firma11, Firma13- Calçados				
Firma12- Biotecnologia (fermentação de álcool)				
Firma24- Biotecnologia (testes bioquímicos)				
Firma25-Farmácia				
Firma26- Carregadores de bateria				
Firma28-Paineis industriais				
Firma33- Acessórios eletrônicos				
Firma35- Biotecnologia (marcadores de nutrição animal)				
Firma38-Websites corporativos				
Firma39- Monitoramento de veículos				

Produto ou serviço principal		Produto ou serviço principal + secundário		
Trajetória 1: Produção e comercialização direta (n=23)	**Trajetória 2:** Dependência de subsídios públicos para P&D (n=5)	**Trajetória 3:** O produto ou serviço secundário é complementar ao principal (n=6)	**Trajetória 4:** O produto ou serviço secundário é paralelo ao principal (n=6)	**Trajetória 5:** O produto ou serviço secundário compete com o principal (n=3)
Firma40- Marketing e propaganda				
Firma41- Consultoria agroindustrial				

Fonte: a autora

6.3.2 Condições iniciais e atuais

As condições iniciais referem-se aos recursos iniciais, disponíveis para o empreendedor no momento da constituição da firma (Quadro 22). As condições atuais referem-se ao status desses e de outros recursos no momento da entrevista (Quadro 23). Essas condições são um conjunto de variáveis mais ou menos estáveis que apoiam a interpretação das trajetórias típicas. Algumas delas foram comparadas ao longo do tempo, conforme indicado no Quadro 23.

6.3.3 Trajetória 1: produção e comercialização direta do produto ou serviço principal

Nessa trajetória, os empreendedores podem fabricar diretamente o produto ou fornecer o serviço principal, sem a necessidade de desenvolver produtos secundários. Esse é um modelo linear de desenvolvimento de start-ups e agrega 53,5% dos casos. Essas start-ups relatam, em média, até três EACs nos primeiros três anos (dp = 1,53). Apenas duas start-ups desse grupo, ambas no setor de vestuário, reportaram mais de cinco EACs nos primeiros três anos (Firma07 e Firma15).

Quadro 22 – Condições iniciais das trajetórias evolutivas típicas

Formação empreendedora: a educação formal em empreendedorismo é relatada como influente na tomada de decisão de iniciar uma empresa em vez de se tornar um empregado.

Experiência empreendedora e experiência na área: são indicadores de conhecimentos prévios sobre como abrir uma empresa (ainda que em outra área) e de experiência na área da start-up, não necessariamente como empreendedor. Essas informações fornecem dicas sobre uma linha de base de competências.

Princípios orientadores ou **motivações:** cinco categorias foram encontradas, oportunidade empreendedora (identificação de uma oportunidade de negócio), desenvolvimento tecnológico (transformar tecnologia de ponta em produtos comercializáveis), investimento para a vida (aposentadoria, sonho pessoal), tendências de mercado (forças de mercado favoráveis ao empreendedorismo) e retorno aos investimentos da sociedade (universidades públicas e centros de pesquisa). Esses princípios orientadores não são considerados exclusivos entre si ou fixos ao longo do tempo, uma vez que representam processos motivacionais[45].

Atitude empreendedora: como os empreendedores percebem os riscos e as dificuldades, a dinâmica do mercado e suas capacidades para lidar com desafios, como EACs. Também considera se os empreendedores iniciaram a empresa por sua própria iniciativa (empreendedor por oportunidade) ou como resultado de outros fatores (empreendedor por necessidade).

Inserção na cadeia produtiva: é um proxy para a posição das start-ups como tomadoras de preços ou criadoras de preços e para o quanto a start-up se articula com outros atores versus está em dependência dos líderes na cadeia produtiva. Essa categoria não envolve análises da cadeia produtiva, mas se beneficia dessa perspectiva para entender as relações entre as start-ups e os atores de mercado vinculados às suas atividades. É uma dimensão de análise útil para compreender, por exemplo, as barreiras à entrada impostas pela forte concorrência, o poder de grandes atores no estabelecimento de marcos regulatórios e de parcerias para superar as limitações de tamanho e escopo.

Tamanho do mercado: refere-se ao tamanho esperado ou estimado do mercado da start-up. É dividido em quatro níveis, local, regional, nacional e internacional. Quando a start-up atua em diferentes mercados, são fornecidas informações sobre cada produto ou serviço nesses mercados.

Recursos financeiros iniciais: refere-se a quaisquer fontes iniciais de financiamento, e não aos valores disponíveis para investimento na firma. Diferentes tipos de recursos financeiros incluem empréstimos de amigos, recursos para P&D, apoio econômico para iniciar a firma (como a doação ou empréstimo de equipamento).

Rede inicial: medida pelo número de atores (tamanho) e a riqueza de recursos transacionados (assume-se que a diversidade de atores tenha impacto sobre a diversidade de recursos).

Fonte: a autora

---

[45] A motivação para iniciar um negócio é comumente categorizada em dois grupos: oportunidade e sobrevivência (BERNER; GOMEZ; KNORRINGA, 2008). Dentro do grupo de empreendedores por oportunidade, que é o grupo investigado nesta pesquisa, a literatura tem destacado motivações, como aumento de renda, desejo de independência e seguir uma tradição familiar (GRIMM; KNORRINGA; LAY; 2012).

Quadro 23 – Condições atuais das trajetórias evolutivas típicas

Princípios orientadores: os princípios orientadores iniciais mudaram desde o início? Os resultados mostram que essas motivações são bastante estáveis e tendem a permanecer as mesmas nos primeiros anos para a maioria das start-ups estudadas.
Atitude empreendedora: mudou desde o início? Os resultados mostraram algum refinamento das atitudes empreendedoras na maioria dos casos, com mais referências às dinâmicas de mercado na forma como os empreendedores se posicionam e posicionam a firma.
Tamanho do mercado: pode ter mudado após a entrada da start-up no mercado, devido a mudanças em produtos ou serviços, criação de novos produtos e serviços voltados para diferentes mercados-alvo e como resultado de fatores exógenos. Além disso, o tamanho do mercado percebido inicialmente foi baseado mais nas expectativas dos empreendedores, enquanto nas condições atuais, o tamanho do mercado se baseia nas trocas reais com os compradores.
Inserção na cadeia produtiva: a inserção na cadeia produtiva pode mudar com a evolução dos produtos ou serviços da start-up. Além disso, a inserção em uma cadeia produtiva pode resultar em mudanças nas redes da start-up, trazendo intermediários ou criando atalhos para chegar aos consumidores. Também, aqui, existem diferenças entre o que os empreendedores esperavam no início e a inserção real na cadeia produtiva após alguns anos.
Configuração de rede atual: comparações qualitativas entre a rede de relacionamentos inicial e a rede atual. Os resultados mostram uma expansão em direção aos atores do mercado, indicando uma expansão das fontes de recursos disponíveis e potenciais. Essas comparações também revelam a dinâmica de inserção no mercado.
Questões específicas do setor: informações gerais sobre o setor de atividade da start-up e seus impactos na evolução da firma, relatadas pelos empreendedores. A dinâmica do setor fornece percepções sobre a concorrência e o potencial de cooperação para a start-up.
Perspectiva de crescimento: indicadores de crescimento narrados pelo empreendedor e expectativas de crescimento futuro. Os dados variam de estimativas de crescimento a taxas de crescimento reais. Incluem também indicadores qualitativos dos processos de crescimento, como negociações de parcerias com empresas maiores, ofertas de fusões etc.
Grau de inovação: segundo a definição da OCDE (2005), refere-se ao grau de inovação de atividades e setores menos intensivos em comparação com alta intensidade de P&D.

Fonte: a autora

Os tipos de episódios mais frequentes, na Trajetória 1, estão relacionados à entrada ou sobrevivência no mercado (36,1%). Onze casos (47,8%) não relataram EACs relacionados à produção, dos quais oito já possuíam experiência profissional no mesmo tipo de atividade. Esse resultado indica que a expertise do empreendedor proporcionou à firma capacidade interna para lidar com as questões produtivas, possivelmente prevenindo a ocorrência desse tipo de EAC ou afetando a percepção de criticidade sobre eventos desse tipo. No entanto empreendedores experientes também relatam EACs desencadeados por problemas de produção. Esses episódios versam, por exemplo, sobre a alta rotatividade de funcionários, questões regulatórias e acesso à tecnologia, indicando que a experiência profissional, por si só, não é suficiente para diluir a criticidade de fatores externos oriundos de concorrentes, marcos regulatórios e limitações tecnológicas.

A maioria das start-ups incluídas neste livro desenvolve produtos ou serviços principais com baixa intensidade de P&D (n=28, 20 delas na Trajetória 1), cujos mercados têm instituições estabelecidas. Em geral, start-ups com baixa intensidade de P&D podem começar a produzir e comercializar diretamente seus principais produtos com mais facilidade do que start-ups com alta intensidade de P&D se considerarmos que a tecnologia de produção é acessível, fornecedores e compradores estão no mercado e estratégias de marketing são bem conhecidas. Consequentemente, os principais desafios dos empreendedores são levantar capital de investimento, encontrar fornecedores, desenvolver competências gerenciais e chegar aos compradores. No âmbito da firma, as principais tarefas podem ser resumidas a estabelecer a unidade de produção, produzir e vender. Essa linearidade aparentemente simples, entretanto, não deve ofuscar as dificuldades enfrentadas por essas firmas, como demonstram os EACs nessa trajetória.

Essa é uma trajetória comumente refletida na literatura. Porém um resultado inesperado nesta pesquisa é a presença de três start-ups com alta intensidade de P&D, todas desenvolvendo produtos ou serviços baseados em biotecnologia. Isso se explica pelas características desses casos. Dois deles (Firma24 e Firma25) são prestadores de serviços para grandes empresas em mercados semelhantes ao dessas start-ups (testes biotecnológicos para medicamentos e cosméticos e tecnologia para a indústria farmacêutica, respectivamente) e um (Firma35) é um fabricante de pequena escala de insumos para pesquisas acadêmicas. Os fundadores dessas três start-ups tinham fornecedores e compradores em suas redes de relacionamento iniciais. Essas redes facilitaram a aquisição de insumos de fornecedores e a realização das primeiras vendas para entrar no mercado. Todos eles são pesquisadores, em sua área de atuação, e continuam contando com suas redes universitárias para acessar a inovação e estabelecer parcerias em P&D. Esses casos reforçam o argumento de que, para start-ups com baixa e alta intensidade de P&D, o acesso a um arranjo institucional estabelecido é um cenário facilitador para que empresas nascentes entrem no mercado diretamente com seu produto principal.

Uma figura completa da evolução de start-ups na Trajetória 1, portanto, combina competências empreendedoras (como conhecimento sobre processos de produção) com um ambiente institucional em que os atores do mercado já estão operando, e os empreendedores estão conectados a esses atores desde o início. As duas variáveis-chave para facilitar essa trajetória evolutiva são a posse de tecnologia para a produção e a inserção em mercados específicos e redes institucionais. A especificidade dessas redes é inerente à base de recursos exigida pelo produto ou serviço principal.

Em relação às condições iniciais e atuais, a grande maioria dessas start-ups é impulsionada pela oportunidade empreendedora (n=13) ou porque o empreendedorismo é visto como um investimento para toda a vida (n=8). Dezoito dos entrevistados não tinham experiência empreendedora e os outros cinco são distribuídos da seguinte forma: um entrevistado tinha empreendimentos anteriores fracassados (Firma06), dois tinham iniciado negócios no mesmo ramo da start-up, mas com produtos diferentes (Firma38 e Firma40), e dois tinham experiência empresarial em um ramo diferente (Firma01 e Firma04). O tamanho do mercado variou entre local, regional, nacional e internacional, indicando que a abrangência do mercado parece não influenciar essa trajetória. Em relação às estratégias para chegar aos compradores, 12 empresas fizeram vendas diretas, seis vendas diretas e indiretas por meio de representantes de vendas (Firma04, Firma06, Firma09, Firma13, Firma26 e Firma35) ou por meio de parcerias de negócios (Firma01), três, que atualmente vendem apenas por meio de representantes comerciais, iniciaram pela venda direta quando o escopo da firma era menor (Firma07, Firma15 e Firma33), e um dependia de atacadistas (Firma11) que mantinham um controle rígido sobre a qualidade e o preço do produto.

A evolução das redes de relacionamento, desde o início da firma até o momento da entrevista, mostrou uma expansão em direção aos laços empreendedores. Todas as empresas relataram atores do mercado em suas redes atuais. Quinze empreendedores (65,2%) relataram atores de mercado em suas redes iniciais com diferentes forças de laços (Firma01, Firma03, Firma04, Firma05, Firma06, Firma07, Firma11, Firma12, Firma13,

Firma15, Firma24, Firma25, Firma28, Firma38 e Firma41). Para alguns, essas eram relações de parentesco dentro do ramo da start-up; para outros, eram amigos donos de pequenas empresas em diferentes ramos; e para outros, esses atores eram parte de suas redes profissionais em empregos anteriores. Esses últimos atores incluíam relacionamentos iniciais com fornecedores ou compradores. Um resultado interessante é a presença do governo local na rede atual de três start-ups (Firma03, Firma12 e Firma35). Para a primeira, o governo ocupa a posição de comprador; para as outras duas, o governo local desempenha o papel de instituição de apoio, ao disponibilizar recursos (como acesso a terreno e edificação) para a instalação da unidade produtiva após o programa de incubação de empresas.

Os resultados dessa análise levam às proposições a seguir.

Proposição 7a. A evolução linear de start-ups está ancorada na posse de tecnologia de produção e na integração em redes específicas de recursos.

Proposição 7b. Experiência na área, acesso à tecnologia e um ambiente institucional favorável são os maiores facilitadores da evolução linear de start-ups. Essa proposição é parcialmente sustentada pela literatura sobre inovação e capital social, a qual afirma que a imersão em redes de relacionamento com recursos está ligada ao acesso a instituições que facilitam o estabelecimento da firma e sua inserção no mercado (XU, 2011).

6.3.4 Trajetória 2: dependência de capital de investimento para desenvolver o produto principal, sem produtos secundários

A segunda trajetória é caracterizada por start-ups altamente intensivas em P&D — duas no setor de biotecnologia, duas em informação e comunicação e uma na fabricação de produtos químicos — que dependem totalmente de capital de investimento, principalmente subvenções públicas de P&D, para desenvolver o produto ou serviço principal. Outros produtos ou serviços, quando eventualmente desenvolvidos, não são comercializados, uma vez que toda a base de recursos é direcionada para P&D. Na verdade, após quatro ou mais anos de investimentos, essas start-ups nem chegaram a entrar no mercado, o que é uma característica fundamental dessa trajetória. Apenas a Firma17 mencionou brevemente a possibilidade de entrar no mercado com subprodutos gerados a partir da plataforma tecnológica por eles desenvolvida. No entanto esta start-up já existia, havia cinco anos, e essa primeira inserção no mercado ainda era uma possibilidade vaga.

EACs ocorrem, tipicamente, nos primeiros dois anos dessas start-ups, quando os pedidos de subvenções governamentais para P&D são elaborados, e a estrutura interna da firma é construída. Os gatilhos relacionados à produção, principalmente o acesso ao capital de investimento, são os que mais demandam recursos, representando 42,1% de todos os EACs nessa trajetória típica. Como esperado, os EACs de entrada ou sobrevivência no mercado são raros (apenas uma ocorrência, correspondendo a 5,3%). O número médio de EACs, nos primeiros três anos, é três (dp=1,02), semelhante à Trajetória 1.

As start-ups nessa trajetória são motivadas, principalmente, pelo desenvolvimento tecnológico, que pode se transformar em oportunidade empreendedora após anos de esforços para estabelecer a ideia inicial da firma. Esse longo período antes de se observar essa mudança na principal motivação para a firma explica-se, nessa trajetória típica, pelo apego ao produto principal, o que impede a expansão da base de recursos para oportunidades alternativas de empreendedorismo. Esses entrevistados não tinham experiência empreendedora, mas tinham anos de experiência profissional na área da start-up, como empregados ou pesquisadores. Todas start-ups, na Trajetória 2, eram voltadas para o mercado nacional, e duas (Firma17 e Firma20) tinham potencial de internacionalização. Sua possível inserção em uma cadeia produtiva não era clara, pois nenhuma havia entrado no mercado até o momento da entrevista e seus empreendedores não tinham ideias claras sobre como fazê-lo.

Em relação às redes, essas start-ups começaram bem conectadas a atores acadêmicos, como a universidade; duas também se vincularam a atores de incubação de empresas. Suas redes se expandiram, mas em menor extensão do que em outras trajetórias, em direção aos atores do mercado. Suas redes atuais ainda estão muito inseridas no círculo universitário, incluindo empreendedores que se formaram na mesma universidade. A Firma17 se diferencia por suas conexões com uma rede nacional de atores detentores de recursos no setor de biotecnologia; e a Firma21 se diferencia por ter todo o conhecimento tecnológico interno. Essa última não depende da universidade para tecnologia, já que o empreendedor possui expertise tecnológica, mais de 20 anos de experiência profissional naquele tipo de produto e redes de relacionamento no mercado, resultantes de empregos anteriores. Apesar dessas características, o desenvolvimento do produto inovador da Firma21 depende totalmente de financiamento com recursos governamentais para P&D, e ela não comercializa subprodutos.

Os resultados para essa trajetória desafiam a literatura sobre a integração em redes e inovação, a qual afirma que integração em redes homogêneas relaciona-se à imitação, e a integração em redes heterogêneas relaciona-se a rotinas menos padronizadas e níveis mais altos de inovação. Conforme discutido, a Trajetória 2 combina as características de ser a única formada exclusivamente por start-ups de alta tecnologia e, ao mesmo tempo, ter as redes mais homogêneas e menos mutáveis, formadas, principalmente, por universidades e institutos de pesquisa. Essas redes apresentam maior densidade, confiança, coordenação e especialização de tarefas, resultando em maior intensidade de compartilhamento de informações tecnológicas (GRANOVETTER, 1985; XU, 2011).

Proposição 8a. A dinâmica das redes de relacionamento na Trajetória 2 favorece a integração e a homogeneidade com os centros de tecnologia para o desenvolvimento tecnológico.

Proposição 8b. A dependência exclusiva de subvenções de P&D afeta negativamente o ritmo de desenvolvimento de produtos devido ao longo tempo despendido nesses procedimentos e ao consequente atraso no contato com o mercado.

6.3.5 Trajetória 3: produto secundário como meio de entrar no mercado enquanto o principal é desenvolvido

A terceira trajetória é composta de start-ups que entraram no mercado com um produto ou serviço secundário enquanto o produto principal estava sendo desenvolvido. A base de recursos do produto ou serviço secundário é semelhante à do principal (por exemplo, mesmo tipo de tecnologia, mesmos insumos para produção etc.), de modo que entrar no mercado com esse produto secundário corresponde ao estabelecimento de redes de mercado com aqueles que serão os fornecedores, compradores ou outros atores relacionados ao produto principal. Os casos aqui demonstram que essa é uma estratégia interessante para a geração mais rápida de renda e a construção de redes de relacionamento que abrem o caminho para o produto principal. O número médio de EACs, nos primeiros três anos, é cinco (dp=2,56).

De modo geral, os tipos de episódios mais frequentes estão relacionados à produção (34,4%) e à entrada e sobrevivência no mercado (34,4%). A dinâmica nessa trajetória, comparando o produto ou serviço principal e o secundário, mostra que, enquanto para alguns casos os EACs estão espalhados ao longo dos anos (Firma10 e Firma43), para outros há uma avalanche de episódios simultâneos que começa nos primeiros dois anos (Firma31 e Firma34). Esse resultado corrobora a literatura sobre a fragilidade das start-ups nos primeiros dois anos (CRESSY, 2008 [2006]). Além disso, esses episódios enfocam produtos ou serviços principais e secundários, predominantemente em relação a questões de produção. Isso indica que a base de recursos para produtos principais e secundários é desenvolvida simultaneamente.

Os empreendedores relatam que a mudança para um produto secundário é impulsionada por três fatores principais: necessidade de aplicar capital de giro e de investimento (Firma32 e Firma43), oportunidade de negócios (Firma23, Firma31 e Firma32) e orientação de consultores da incubadora de empresas sobre estratégias alternativas (Firma10). Uma exceção é a Firma34, que adota uma forte perspectiva gerencial na estruturação da start-up, em consonância com a trajetória de gestão empresarial desse empreendedor.

Um resultado importante dessa trajetória é que o produto secundário não é necessariamente bem-sucedido. Por exemplo, a Firma32 foi abordada por um capitalista de risco com quem os empreendedores passaram meses trabalhando em planos de negócios, pesquisa de mercado e prototipagem para um produto secundário. Ao perceberem que não haveria mercado para aquela inovação, a parceria foi desfeita, e o empreendedor retomou o desenvolvimento do produto principal. Contudo a base de recursos foi ampliada pelo conhecimento sobre estratégias alternativas de desenvolvimento e marketing de produto.

Três dessas seis start-ups desenvolvem produtos ou serviços principais com alta intensidade de P&D, e quatro desenvolvem produtos ou serviços principais e secundários intensivos em P&D. O principal fator que influencia o nível de P&D é o impulso que leva a esse produto secundário. Os quatro casos com alta intensidade de P&D são aqueles em que o produto secundário resultou de uma oportunidade de negócio, às vezes combinada com acesso a capital de investimento.

As características dos contextos iniciais e atuais mostram que três start-ups foram motivadas pelo desejo do empreendedor de fazer um investimento para o resto da vida (Firma23, Firma31 e Firma34), duas pela oportunidade empreendedora (Firma10 e Firma32) e uma pelo desenvolvimento tecnológico (Firma43). Nenhum dos fundadores tinha tido experiência empreendedora, embora três deles contassem com referências de papel na família (Firma10 e Firma31) ou de outros empreendedores (Firma34). Em relação à cobertura de mercado, cada start-up descreveu diferentes inserções em suas cadeias produtivas, dependendo do tipo de produto. Quatro delas abordam os mercados regionais e nacionais. A Firma43 era a única com potencial de internacionalização do produto principal, mas prestava serviços, em âmbito regional, enquanto esse produto principal estava sendo desenvolvido.

As redes de relacionamento iniciais dos empreendedores de três start-ups são caracterizadas por atores acadêmicos, como universidades, ex-colegas de universidade e pesquisadores (Firma31, Firma32 e Firma43). Três já contavam com algumas instituições de apoio em suas redes iniciais (Firma31, Firma32 e Firma34) ou com algum grau de expertise empreendedora de familiares (Firma10 e Firma31).Poucos atores do mercado, como outras incubadas, foram indicados nas redes iniciais de três start-ups (Firma10, Firma32 e Firma34).

As redes atuais, entretanto, indicam maior presença de instituições de apoio e atores do mercado, especialmente outras incubadas. Os relacionamentos com outros empreendedores incubados são muito diversos. Para três start-ups (Firma31, Firma34 e Firma43), são uma fonte de informações sobre mercados, gestão e soluções para problemas comuns da firma. Dois casos (Firma10 e Firma32) relataram start-ups incubadas ou graduadas como parceiras de negócios no desenvolvimento de produtos e na criação de projetos spin-off. Uma start-up (Firma32) teve outras incubadas como compradores. Outro ator crucial, nas redes atuais de dois casos (Firma31 e Firma34), são os investidores privados. Num deles, o acesso aos investidores foi articulado pela incubadora de empresas, e no outro os investidores foram atraídos pelo produto, quando esse foi lançado no mercado. Investidores públicos, como órgãos governamentais de pesquisa científica e tecnológica, também estão presentes no desenvolvimento de produtos com alta intensidade de P&D. Vale ressaltar que tanto os investimentos privados como os públicos se concentram no produto principal.

Com base nesses resultados, têm-se as proposições a seguir.

Proposição 9a. A similaridade entre as bases de recursos de produtos e serviços principais e secundários favorece o desenvolvimento concomitante de múltiplos produtos e a geração de capital de giro, capital de investimento, redes de mercado e expertise interna dentro de uma plataforma tecnológica específica.

Proposição 9b. Produtos ou serviços secundários agregam mais valor se criados a partir de uma oportunidade de negócio.

6.3.6 Trajetória 4: produtos ou serviços independentes ou complementares que se tornam spin-offs com estruturas administrativas paralelas

A quarta trajetória é caracterizada pelo desenvolvimento de produtos ou serviços independentes ou complementares que se tornam spin-offs da firma principal com estrutura administrativa própria. Essas estruturas paralelas criam uma situação de firmas relativamente independentes, quase como se houvesse dois produtos ou serviços principais. No entanto sempre há um produto ou serviço que é considerado pelo empreendedor como o principal. O surgimento dessas spin-offs está relacionado à identificação de uma oportunidade de negócio além do escopo da primeira firma (Firma19, Firma22 Firma29 e Firma30) ou à necessidade de gerar capital de giro enquanto o produto principal está sendo desenvolvido (Firma02 e Firma36). Semelhante aos resultados da Trajetória 3, três das spin-offs impulsionadas por oportunidades de negócios são altamente intensivas em P&D (Firma19, Firma29 e Firma30), enquanto as outras, impulsionadas pela necessidade de gerar capital de giro, são de baixa intensidade de P&D. Em termos de números, a média de EACs, nos primeiros três anos, é cinco (dp=1,21).

Muitas características diferenciam a Trajetória 4 de outras trajetórias relacionadas ao desenvolvimento de produtos ou serviços secundários. A primeira e mais importante é que os negócios principais e as spin-offs da Trajetória 4 têm bases de recursos distintas, portanto funcionam em paralelo. Isso implica necessidades independentes, que são atendidas por meio de estruturas de firmas relativamente independentes. Essas estruturas administrativas paralelas baseiam-se em parcerias com outras empresas (Firma02, Firma19, Firma22 e Firma29) ou na reorganização interna de tarefas na equipe de sócios (Firma30 e Firma36). Ambas as estratégias distribuem os recursos gerenciais internos de uma forma que permite focar no desenvolvimento do produto ou serviço principal e em esforços menores para administrar a spin-off. A segunda característica distintiva é que o produto ou serviço da spin-off não consome tantos recursos quanto o principal, em contraste com o observado na Trajetória 3.

A terceira característica distintiva é que, na Trajetória 4, o produto secundário não deve ser descontinuado depois que o principal for introduzido no mercado. Uma vez que a base de recursos dos produtos ou serviços principais e secundários é tão diferente, a perspectiva de crescimento para muitos dos empreendedores nesse grupo depende da separação completa entre uma firma e a outra (Firma02, Firma29, Firma30 e Firma36), com identidades jurídicas independentes e nichos de mercado e configurações institucionais diferentes. Esse é o caso para metade dessas start-ups (Firma19, Firma22 e Firma30). Para a Firma19, o primeiro negócio tornou-se uma empresa de P&D fornecedora da spin-off, a qual une a pesquisa básica aos produtos de mercado. Não existe um padrão na distribuição de EACs, mas está claro que o produto principal exige a maior parte dos esforços dessas start-ups. Em geral, os episódios desencadeados pela necessidade de entrar ou sobreviver no mercado são os mais comuns (55,6%), seguidos dos episódios de produção (19,4%).

Em relação aos fatores contextuais, as motivações diferem entre os empreendedores, incluindo oportunidade empreendedora, investimento para a vida, desenvolvimento tecnológico e retorno à sociedade do seu investimento em pesquisa. Vale ressaltar que, após o relativo sucesso da primeira firma, a motivação para o desenvolvimento de subprodutos ou para a criação da spin-off é ter encontrado uma oportunidade empreendedora. Esses empreendedores parecem ter aprendido, durante os primeiros anos, que suas motivações iniciais só podem ser alcançadas se houver uma oportunidade de mercado para suas ideias de negócios. Por isso, passam a combinar seus interesses com a identificação dessas oportunidades. Os empreendedores, na Trajetória 4, compartilham a característica de nenhum deles ter experiência empreendedora, mas ter expertise na área, seja como clientes, funcionários ou pesquisadores (exceto na Firma22). Esse contato prévio e os conhecimentos sobre a área são fundamentais para determinar o tipo de negócio que responde aos interesses dos empreendedores. As finanças iniciais, para a maioria dos casos, originaram-se da venda de produtos ou serviços da start-up. Quatro casos (Firma19, Firma22, Firma29 e Firma36) visam ao mercado nacional, mas têm potencial ou já iniciaram algumas atividades internacionais. Com exceção da Firma22, todas essas são start-ups intensivas em P&D.

Uma comparação entre a rede de relacionamentos inicial e a atual mostra a expansão em direção aos atores de mercado para todas as start-ups. Empreendedores que atuam em atividades intensivas em P&D reportaram redes iniciais com universidades e centros de pesquisa, enquanto os demais tiveram redes iniciais com familiares ou amigos, outros empreendedores e instituições de apoio, como incubadoras de empresas ou Sebrae. As redes atuais mostram sistematicamente a presença de parceiros de negócios, instituições de apoio ou pessoas com conhecimento especializado para aconselhamento e de investidores, permitindo que essas start-ups desenvolvam produtos principais intensivos em P&D e uma spin-off. Outras start-ups incubadas e graduadas novamente figuram nas redes atuais, como compradores (Firma30), parceiros de negócios (Firma29) ou consultores informais (Firma36).

Essa trajetória corrobora a literatura que ilustra o importante papel da cooperação entre firmas para a redução dos custos de transação e a expansão das fronteiras da firma, por meio de custos reduzidos de transmissão de conhecimento (PFEFFER; SALANCIK, 1978; FOSS, 1999). Além disso, a interdependência formal entre as empresas reduz a incerteza sobre a aquisição de recursos, práticas de produção e comercialização de produtos (CASCIARO; PISKORSKI, 2005). Nesse caminho, as parcerias são fundamentais para capitalizar os recursos de um parceiro, a fim de expandir a base de recursos de cada start-up. Isso possibilita o desenvolvimento de produtos e serviços que uma start-up sozinha não consegue realizar. Apesar do aumento da dependência em relação à spin-off, esse arranjo permite o desenvolvimento concomitante do produto ou serviço principal, que tende a ser mais específico e tácito, impactando a vantagem competitiva dessas firmas (EISENHARDT; MARTIN, 2000). Assim, a Trajetória 4 leva às proposições a seguir.

Proposição 10a. O desenvolvimento concomitante de produtos e serviços principais e secundários com diferentes bases de recursos é possível por meio de parcerias comerciais para criar "spin-offs".

Proposição 10b. Enquanto as "spin-offs" entre firmas aumentam a interdependência entre elas, permitem que cada start-up desenvolva seu principal produto ou serviço de forma independente.

Proposição 10c. As "spin-offs" entre firmas tendem a desenvolver produtos e serviços altamente intensivos em P&D se a criação da spin-off for motivada por uma oportunidade de negócio.

6.3.7 Trajetória 5: o produto secundário se torna o produto ou serviço principal ou compete com seu desenvolvimento

Essa trajetória evolutiva é caracterizada pelo desenvolvimento de um produto ou serviço secundário, a base de recursos do qual é tão diferente do principal que se torna o produto ou serviço principal, ou compete com seu desenvolvimento. Essa trajetória difere das demais pelo maior número médio de EACs, nos primeiros três anos (média=6; dp=0,47), e pelos esforços paralelos para desenvolver duas bases de recursos incompatíveis. Os EACs não se concentram em um ano, mas se distribuem ao longo dos primeiros três a cinco anos.

Os tipos de EACs mais frequentes são problemas de produção (34,8%) e entrada e sobrevivência no mercado (26,1%), sempre para o produto secundário. Apesar dessas semelhanças, os três casos nessa categoria são muito diferentes uns dos outros em suas trajetórias individuais. A Firma27 e a Firma42 desenvolveram serviços secundários para gerar capital de giro — necessário a partir da conscientização dos empreendedores sobre os custos e o tempo necessários para desenvolver o produto principal. Assim, o desenvolvimento de uma base de recursos para o produto ou serviço secundário desviou o foco, tempo e esforço da base de recursos do produto principal. Isso, em consequência, teve um impacto na identidade dessas firmas. A Firma37, por outro lado, foi pressionada pela incubadora para definir seu foco e rapidamente mudou para um novo nicho de mercado, na sequência de uma oportunidade de negócio articulada pela incubadora. Essa start-up passou a se especializar nesse novo nicho, remodelando a identidade da firma. Essa nova base de recursos permitiu à start-up superar sua crise financeira interna, embora tenha se tornado dependente de um único comprador. Dois casos nessa trajetória desenvolveram serviços menos intensivos em P&D, e um, a Firma27, desenvolveu um novo projeto principal altamente intensivo em P&D.

As condições iniciais e atuais desses casos mostram que todos eram movidos por oportunidades de empreendedorismo (Firma27 e Firma42), e um deles combinava essa motivação com outras (Firma37). Nenhum deles possuía experiência empreendedora, pois iniciaram suas firmas logo após a conclusão da graduação ou pós-graduação. Todavia o empreendedor da Firma37 viu, em seus pais, modelos empreendedores. Cada start-up tinha uma cobertura de mercado diferente, nos âmbitos local, regional e internacional. Em termos de posicionamento na cadeia produtiva, duas eram terceirizadas, e uma era fornecedora de grandes empresas. Essa posição subordinada, na cadeia produtiva, é ilustrada pela Firma27, cujo produto desapareceu em favor da marca do parceiro, que faz a comercialização. As redes iniciais das três firmas incluíram atores acadêmicos, a incubadora de empresas e outras PMEs locais do setor. Elas se expandiram para atores de mercado, outras PMEs, parceiros de negócios, compradores, fornecedores e investidores (esses últimos, na Firma42).

A dinâmica dessa trajetória fornece um exemplo do saldo entre o sistema de seleção ambiental de firmas e os processos de adaptação organizacional para gerar variações que permitam à firma alinhar-se à seleção ambiental (BATAGLIA; MEIRELLES, 2009). Segundo essa literatura, esse equilíbrio entre a sobrevivência dos mais bem adaptados e a mudança nas organizações menos adaptadas reduz os custos de aprendizagem das últimas, uma vez que a adaptação é considerada um processo mais tranquilo quando comparada à seleção ambiental. Esse argumento, junto à noção de inércia estrutural que acarreta, explica a quase impossibilidade de retomar o desenvolvimento do produto ou serviço principal, ainda que ele tenha potencial para agregar mais valor. Essa inércia estrutural se constitui pela propagação seletiva, na firma, de variações que emergem em resposta a pressões externas ou a erros internos. Nesta obra, isso implica afirmar que as rotinas para desenvolver o produto secundário requerem uma base de recursos que é tão discrepante daquela exigida pelo produto ou serviço principal que os custos humanos, financeiros, gerenciais, de infraestrutura e outros para retomar o desenvolvimento do produto principal se tornam insuportáveis. As proposições a seguir derivam da Trajetória 5.

Proposição 11a. Bases de recursos incompatíveis entre produtos ou serviços principais e secundários resultarão na substituição do principal pelo secundário, que tende a ser menos intensivo em P&D — mesmo quando o principal já era um produto de baixa intensidade em P&D.

Proposição 11b. Os custos das rotinas de aprendizagem de bases de recursos incompatíveis não podem ser arcados por start-ups sozinhas.

6.3.8 Agrupamento estatístico

Uma análise de agrupamento (*two-step cluster*) (IBM, 2011) testou estatisticamente essa agregação qualitativa de casos em trajetórias típicas. Vinte e oito variáveis foram inseridas no modelo: tipo de atividade industrial, tipo de mercado (SCN), experiência profissional, experiência empreendedora, nível educacional, educação empreendedora, referências de papel empreendedor, tipo de empreendedor (por oportunidade ou necessidade), tipo de EAC (cinco categorias), estratégias de aprendizagem (separadamente: reflexão intrínseca, reflexão extrínseca, busca de ajuda em material escrito, busca de ajuda interpessoal ou interorganizacional e aplicação prática), mercado (novo, estabelecido ou sobrevivência no mercado), tipo de uso de recursos, intensidade de P&D do primeiro produto, foco do EAC (produto ou serviço principal versus secundário), cobertura de mercado (de local para internacional), tempo em operação, diversidade de EACs, ano de operação em que o EAC teve início, duração do EAC, diversidade dos recursos financeiros iniciais, soma das estratégias de aprendizagem (cognitivas, comportamentais e todas) e redes iniciais.

Os resultados mostram três agrupamentos com medida de adequação (coesão e separação) de modelo pobre, pouco acima de zero, possivelmente devido ao alto número de entradas, pequeno número de casos (n=207 EACs) e baixa variância de algumas entradas e variáveis binárias. As variáveis principais para o agrupamento geral, com relevância preditora acima de 0,2, são: experiência profissional, nível educacional, tipo de atividade industrial, intensidade de P&D do produto ou serviço principal, tamanho do mercado, educação empreendedora e tipo de mercado. O peso relativo de cada indicador varia de acordo com o agrupamento, embora experiência profissional e nível educacional permaneçam entre os três principais preditores.

Com base nesses resultados, uma nova análise de agrupamento foi feita somente com essas sete variáveis principais. Os resultados reproduziram os quatro agrupamentos observados no Quadro 12, capítulo 5, e não serão reapresentados neste capítulo. A tabulação cruzada entre esses quatro grupos e as cinco trajetórias típicas mostra valores qui-quadrado significativos (χ^2 (12, n=207) = 72,48, p <0,001).

A Tabela 19 apresenta a distribuição de valores observados e esperados entre agrupamentos e trajetórias típicas. Observa-se uma distinção entre atividades de baixa e alta intensidade de P&D nos Agrupamentos 1 e 4, correspondendo às Trajetórias 1 e 2, respectivamente. Isso justifica a sua separação em duas trajetórias típicas. Dada a característica de sua base de recursos, essas duas trajetórias são agrupadas sob a propriedade de dedicação ao produto ou serviço principal (Figura 9). Start-ups classificadas na Trajetória 3, correspondem ao Agrupamento 2, e aquelas na Trajetória 4, correspondem ao Agrupamento 3. Somente as start-ups na Trajetória 5 distribuíram-se entre os Agrupamentos 2 e 3. Esses resultados confirmam a propriedade de produto ou serviço principal com um secundário. Também confirmam as distinções entre essas trajetórias típicas específicas, apesar dos resultados ambíguos para a Trajetória 5, os quais precisam levar em conta o pequeno número de start-ups nesse grupo e a alta heterogeneidade entre elas. Portanto, os resultados quantitativos corroboraram as análises de dimensões e propriedades emergentes da análise de teoria fundamentada.

Tabela 19 – Distribuição de valores observados e esperados entre agrupamentos e trajetórias evolutivas típicas

Trajetórias típicas		Agrupamentos				Total
		1	2	3	4	
Trajetória 1 – Produto ou serviço principal	Valor observado	49	21	16	11	97
	Valor esperado	29,1	28,6	25,3	141	97
Trajetória 2 – Dependência de subsídios para P&D	Valor observado	0	3	6	10	19
	Valor esperado	5,7	5,6	5,0	2,8	19
Trajetória 3 – Produto ou serviço complementar	Valor observado	6	15	8	3	32
	Valor esperado	9,6	9,4	8,3	4,6	32
Trajetória 4 – Spin-off	Valor observado	7	10	13	6	36
	Valor esperado	10,8	10,6	9,4	5,2	36
Trajetória 5 – Produto ou serviço competidor	Valor observado	0	12	11	0	23
	Valor esperado	6,9	6,8	6,0	3,3	23
Total	Valor observado	62	61	54	30	207
	Valor esperado	62	61	54	30	207

Fonte: a autora

Nota: células em cinza indicam valores observados muito superiores aos valores esperados.

6.3.9 Análise comparativa entre trajetórias evolutivas

Esta subseção examina as diferenças e semelhanças entre as cinco trajetórias evolutivas.

O Quadro 24 compara o foco das configurações de recursos e das atividades de produção. Um aspecto importante é que a maioria dessas start-ups produz famílias de produtos, por exemplo, diversificam produtos dentro de uma mesma plataforma tecnológica ou em torno de um produto ou serviço (como diferentes tipos e formatos de tesouras para diferentes usos cirúrgicos, ou diferentes currículos em cursos de formação técnica). Para as análises e teorizações nesta obra, esse tipo de diversificação de saídas de produção não representa inovações na base de recursos, portanto esses produtos e serviços são considerados como um produto ou serviço. Em consequência, o termo "secundário" representa novas saídas de produção advindas de uma base de recursos distinta daquela do produto ou serviço principal.

Quadro 24 – Trajetórias evolutivas típicas por foco da base de recursos e produção

		Foco de produção			
		Produto principal	**Produto secundário**	**Ambos**	**Sem produção**
Base de recursos principal	Produto principal	*Trajetória 1*	*Trajetória 3*	*Trajetória 4*	*Trajetória 2*
	Produto secundário		*Trajetória 5*		

Fonte: a autora

A seguir, a Tabela 20 resume as informações sobre o número de start-ups, as características dos EACs e a intensidade de P&D para produtos ou serviços principais e secundários por trajetória. Mesmo considerando os cinco primeiros anos, a maioria dos EACs inicia-se entre o primeiro e o terceiro anos, com durações médias de um a dois anos. Esses primeiros dois anos correspondem ao vale da morte, durante os quais as start-ups são mais instáveis e suscetíveis ao fracasso (BATAGLIA; MEIRELLES, 2009; CRESSY, 2008 [2006]). Esse vale da morte parece ser maior, na Trajetória

5, devido ao número considerável de EACs começando no terceiro ano, à amplitude e ao número médio mais alto de EACs. Entre as trajetórias, os gatilhos de gestão não aparecem nos tipos mais comuns de EACs. Isso sugere o papel prevalente da aquisição de competências gerenciais como estratégia para lidar com outros tipos de EACs e menos relevante para gerar gatilhos por si próprias.

A descrição dessas diferenças levanta a questão de quais fatores conduzem uma start-up a uma ou outra trajetória. Para as Trajetórias 1 e 2, a resposta é mais óbvia e guiada pelos ambientes institucionais nos quais essas firmas estão inseridas. Conforme discutido na Trajetória 1, o acesso aos atores de mercado reuniu start-ups produzindo negócios com baixa e alta intensidade de P&D para a produção direta e comercialização do produto ou serviço principal. Na Trajetória 2, as conexões estreitas com atores acadêmicos mantiveram esses empreendedores dependentes de subvenções públicas para o desenvolvimento de suas atividades intensivas em P&D enquanto ingressar no mercado permaneceu como um objetivo secundário da firma.

Para as outras trajetórias, os resultados mostraram as múltiplas influências de combinações de necessidade de capital de giro e investimento com oportunidades de negócios para impulsionar o desenvolvimento de produtos e serviços secundários. Além disso, a escolha por determinado tipo de produto ou serviço se explica pela capacidade empreendedora, pelos recursos intrafirma e pela possibilidade de cooperação com outras firmas. Oportunidades de negócios são cruciais para estimular o desenvolvimento de produtos e serviços secundários com alta intensidade de P&D. O nível de alerta para essas oportunidades pode ser aumentado por consultores de incubadoras de empresas, capitalistas de risco, compradores e concorrentes. Além disso, os empreendedores vislumbram oportunidades de negócios, por meio da inovação tecnológica, durante o desenvolvimento do produto ou serviço principal, e por meio da identificação de nichos de mercado e do contato com os atores do mercado.

A seção a seguir explora a evolução dessas trajetórias com base em três dimensões: características individuais dos empreendedores, características das firmas e dinâmicas de uso de recursos. As implicações dessas descobertas são discutidas no capítulo 7.

Tabela 20 – Resumo das principais características das trajetórias evolutivas típicas

	Trajetórias evolutivas típicas				
	1	2	3	4	5
Número de start-ups	23	5	6	6	3
Número mínimo e máximo de EACs	2-8	3-5	3-9	5-8	6-11
Número de EACs (5 anos/ total)	83/97	18/19	29/32	29/36	21/23
Número médio (dp) de EACs (χ^2 (32, n=207) = 281,51, p<0,01)					
	4,98 (1,96)	4,05 (1,03)	6,13 (2,12)	6,22 (1,22)	8,39 (2,55)
Ano mais crítico* (χ^2 (28, n=207) = 59,28, p<0,01)					
	2°	2°	2°	1°	3°
Duração média (dp) de EACs (em anos)** (χ^2 (20, n=122) = 32,28, p<0,05)					
	1,31 (1,40)	1,56 (1,01)	1,84 (1,21)	1,67 (1,50)	1,07 (0,88)
Tipo comum de EAC***	Entrada/ Sobrevivência no mercado	Produção; Empreendedor	Produção; Entrada/ Sobrevivência no mercado	Entrada/ Sobrevivência no mercado	Produção
Intensidade de P&D (produto principal) (χ^2 (4, n=43) = 15,37, p<0,01)					
	3 alta 20 baixa	5 alta	3 alta 3 baixa	3 alta 3 baixa	1 alta 2 baixa
Intensidade de P&D (produto secundário) (χ^2 (8, n=43) = 41,70, p<0,01)					
	-	-	4 alta 2 baixa	3 alta 3 baixa	3 baixa

Fonte: a autora

*Ano de início do maior número de EACs. **Exclui EACs em andamento (n=67); χ^2 calculado apenas para os primeiros 5 anos. ***Aqueles que representam mais de 30% dos EACs nos primeiros 5 anos.

6.4 TRAJETÓRIAS EVOLUTIVAS E FATORES INDIVIDUAIS

Esta seção compara as trajetórias com base em dois fatores individuais: características empreendedoras e estratégias de aprendizagem.

6.4.1 Trajetórias evolutivas e características empreendedoras

Três características empreendedoras são discutidas: experiência de trabalho, experiência empreendedora e a motivação para iniciar a firma. A experiência de trabalho parece estar associada à menor frequência de gatilhos relacionados à produção, dada a predominância de empreendedores experientes na Trajetória 1. Isso é explicado pelo capital humano como um fator que equipa os empreendedores com conhecimento sobre a indústria, métodos e processos de produção e com redes de mercado e de especialistas (NICHTER; GOLDMARK, 2005; GELDEREN; THURIK; BOSMA, 2006). No entanto a experiência de trabalho não impede a criticidade imposta por fatores exógenos, que fogem ao controle do empreendedor, como alta rotatividade de funcionários por melhores ofertas no mercado, requisitos de regulamentação e fatores dependentes de relacionamento estratégico, como acesso a tecnologia. A falta de experiência de trabalho, por sua vez, correlacionou-se positivamente com sequências mais longas e maior diversidade de tipos de EACs. A Firma37, aquela com a sequência mais longa de EACs, relata que:

> Agora eu acredito que o empreendedor que vai ter mais sucesso é aquele que trabalha no mercado por um tempo, pois ele consegue entender o que ele está trabalhando, ele vê uma oportunidade no que ele já está trabalhando, então sai para começar o seu próprio negócio. Por quê? Primeiro, ele já terá uma rede de contatos formada. Em segundo lugar, ele já dominará o negócio. E terceiro, ele já entende. Dependendo [do caso] ele já vai sair com um grande cliente, a empresa em que ele estava trabalhando. Eu acho que esse cenário é assim; para nós não foi. Tivemos muitas dificuldades porque não seguimos essa linha (§057).

A experiência empreendedora é outro fator que traz os resultados do aprendizado anterior para a nova firma (GELDEREN; THURIK; BOSMA, 2006). Todas as trajetórias, exceto a Trajetória 5, incluíram empreendedores com e sem experiência empreendedora. Essa experiência anterior pode ser potencialmente explorada na nova start-up, garantindo que os empreendedores estejam cientes das ameaças inerentes ao período de start-up e alertando-os sobre oportunidades de negócios em seus próprios setores ou em outros. Contudo a experiência anterior de empreendedorismo foi relatada por apenas sete empreendedores (16%). Um substituto para a experiência empreendedora é a presença de referências de papel empreendedor na família ou entre conhecidos, mas essas também eram infrequentes nos casos estudados (n = 11 start-ups). Nenhum dos casos era de empresas familiares.

A terceira característica empreendedora é o princípio norteador da firma, que alguns autores chamaram de motivação para começar (GELDEREN; THURIK; BOSMA, 2006; KELLEY; BOSMA; AMORÓS, 2010) ou oportunidade versus necessidade — como sinônimo de empreendedorismo por oportunidade versus necessidade (DELMAR; DAVIDSSON, 2000; GELDEREN; THURIK; BOSMA, 2006). Aqui, o termo princípio orientador refere-se à percepção do empreendedor sobre o motivo pelo qual ele se engajou e continua engajado nas atividades da start-up. Os princípios orientadores são a motivação subjacente à existência da firma, que influencia os processos de tomada de decisão do empreendedor a longo prazo. A literatura tem associado esse princípio orientador ao lucro e ao crescimento rápido para os casos de oportunidade, em oposição a empreendedores por necessidade e empreendedores que não contam com redes de mercado para acesso a recursos e suporte (NICHTER; GOLD-MARK, 2005).

Além da oportunidade empreendedora, este capítulo mostra que existem outros princípios orientadores relacionados aos esforços pró--crescimento em start-ups. Esses princípios são principalmente o desenvolvimento tecnológico e o investimento para a vida, sendo esse último semelhante ao argumento da preferência pelo trabalho autônomo apresentado por Delmar e Davidsson (2000). Embora o número de casos não permita maior elaboração sobre o papel específico desses princípios orientadores em cada trajetória, há algumas evidências de que o foco no desenvolvimento tecnológico de start-ups na Trajetória 2, por exemplo, influencia as decisões de focar no desenvolvimento do produto ou serviço principal, levando à consequente dependência de subvenções de P&D, mesmo quando a start-up já desenvolveu subprodutos comercializáveis.

6.4.2 Trajetórias evolutivas e estratégias de aprendizagem

Outro fator individual em que as trajetórias diferem é o padrão de uso de estratégias de aprendizagem. Novamente, assumindo que as estratégias de aprendizagem são contingentes ao contexto, parece que algumas trajetórias funcionam como contextos diferentes que exigem combinações distintas de estratégias de aprendizagem. O Gráfico 15 mostra a proporção de cada estratégia no número total de estratégias usadas em cada trajetória.

Essa figura mostra um padrão geral consistente entre as trajetórias, com um intervalo de 48% a 57% de estratégias comportamentais e de 37% a 45% de estratégias cognitivas, corroborando o que foi encontrado no capítulo 5 no nível dos EACs. A proporção de estratégias de autorregulação é marginal em todas as trajetórias. As discrepâncias entre as estratégias cognitivas e comportamentais foram maiores do que 15 pontos percentuais nas Trajetórias 1 (produção direta do produto ou serviço principal), 2 (dependência de subsídios para P&D para desenvolver o produto principal sem inserção no mercado) e 5 (produto secundário que se torna o produto ou serviço principal). Para as Trajetórias 3 (produto ou serviço secundário complementar ao principal) e 4 (produto ou serviço secundário como spin-off), essa diferença ficou entre 3 e 4 pontos percentuais. Esse resultado indica que o desenvolvimento de produtos secundários, com uma base de recursos complementar ao principal ou desenvolvida de forma independente, exige uma combinação mais equilibrada de estratégias de aprendizagem cognitiva e comportamental, uma vez que start-ups nessas trajetórias atuam em duas linhas paralelas de produtos ou serviços.

Uma análise das subcategorias mais frequentes de estratégias de aprendizagem, em cada trajetória evolutiva típica (Gráfico 16), mostrou um uso significativamente maior de reflexão extrínseca nas Trajetórias 3 e 4 (χ^2 (4, 207) = 19,69, p<0,01). Isso sugere que os empreendedores combinam mais frequentemente a reflexão extrínseca com a busca de ajuda interpessoal ou interorganizacional ao desenvolverem produtos ou serviços secundários que são complementares ou spin-offs do produto ou serviço principal. Essas estratégias ajudam os empreendedores a adquirirem informações de atores detentores de recursos, as quais são adaptadas internamente para desenvolver produtos ou serviços principais e secundários. Essas novas informações são incorporadas ou remodelam as rotinas atuais, influenciando a trajetória evolutiva. Esse padrão também sugere que a evolução dessas trajetórias é mais demandante em termos de processos de aprendizagem.

Gráfico 15 – Proporção das principais estratégias de aprendizagem por trajetória evolutiva

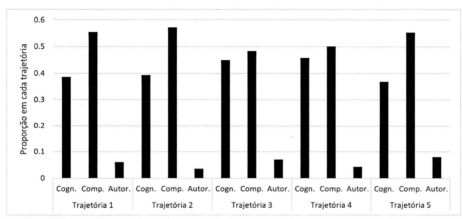

Fonte: a autora

Nota: Cogn.: estratégias cognitivas; Comp.: estratégias comportamentais; Autor.: estratégias autorregulatórias.

Em relação às demais trajetórias, embora não tenham sido encontradas outras diferenças significativas, destaca-se a preferência pela busca de ajuda interpessoal ou interorganizacional entre as estratégias comportamentais, frequentemente em combinação com a estratégia de aplicação prática. Apesar do uso de combinações semelhantes de estratégias, o conteúdo trocado é muito diverso, conforme descrito na seção 6.3.

6.5 TRAJETÓRIAS TÍPICAS E CARACTERÍSTICAS DAS FIRMAS

A literatura tem apontado que o crescimento das PMEs é influenciado pelas características das firmas, como formalidade e finanças (NICHTER; GOLDMARK, 2005). Neste livro, as questões financeiras estão incorporadas à discussão dos EACs desencadeados pela falta de capital de giro e pela necessidade de acesso a investimentos em P&D. Portanto, essa dimensão específica das firmas é tratada ao nível dos EACs e se reflete em algumas características das trajetórias evolutivas típicas, conforme apresentado na seção 6.3.

Gráfico 16 – As subcategorias mais comuns de estratégias de aprendizagem por trajetórias evolutivas (n=43 start-ups)

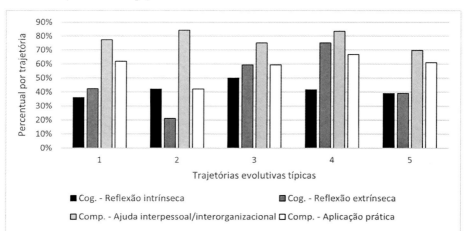

Fonte: a autora

Ao nível das trajetórias típicas, esta seção examina duas outras características da firma que influenciam a formação de diferentes trajetórias: graus de diversificação de produtos e serviços (as bases de recursos) e a intensidade das atividades de P&D. Essa análise é baseada nas interações entre recursos, decisões dos empreendedores, oportunidades de negócios e estruturas institucionais. As dinâmicas entre esses quatro fatores determinam o tipo de produto ou serviço de uma start-up. A Firma24 fornece um exemplo claro de como essa interação é crucial e quais impactos ela pode ter na trajetória da start-up.

> O projeto ficou um pouco mais ambicioso quando a gente colocou aqui [na incubadora]. Não foram apenas [testes] in vitro, mas também in vivo. Na verdade, tivemos acesso a uma consultoria, a um documento de uma consultoria que mostrava que o negócio de testes in vitro para desenvolver medicamentos e cosméticos era promissor e tal. Então entramos no mercado para fazer isso. [...] Quando íamos iniciar a fase operacional, uma das dificuldades que tínhamos era, de fato, que todos queriam que fizéssemos testes in vivo, não in vitro. Porque, no Brasil, os testes in vitro ainda não são reconhecidos pelos órgãos reguladores. Por isso, precisávamos de um espaço para criar os animais e esse

> espaço era algo que não era permitido aqui [na incubadora], porque não tem as instalações para criar os animais (§030). [Com isso a start-up foi transferida para outro município por alguns anos, até voltar para a primeira incubadora].

Esse exemplo mostra até que ponto a dinâmica do mercado e as estruturas regulatórias impediram o desenvolvimento de uma inovação, apesar da experiência de trabalho dos empreendedores e das capacidades internas da start-up. Além disso, a localização física da empresa foi determinada pelo acesso a recursos críticos para o desenvolvimento de um produto que seria aceito, no mercado nacional, sem perder o acesso a laboratórios universitários e grupos de pesquisa.

Em outros casos, quando os marcos regulatórios não impediam o desenvolvimento de produtos, a interação recursos-empreendedor-firma--mercado resultou na diversificação de produtos em torno de uma plataforma tecnológica central, por exemplo, no setor de engenharia médica. Conforme relatado pela Firma34, o lançamento do primeiro produto, que era inédito no mercado nacional, se beneficiou de uma rápida e ampla introdução no mercado e, logo, resultou em demandas dos compradores por variações daquele produto. "A partir desse primeiro produto, com a mesma tecnologia, fizemos quatro produtos; e depois houve mais desenvolvimento" (§058). Esses casos ilustram o que Nelson e Winter (1982) denominam de classes de tecnologias, desenvolvidas a partir de avaliações de seus atributos e potencial econômico.

Na Trajetória 1, a diversificação é mínima ou limitada à mesma base de recursos. Por exemplo, uma start-up que produz blusas femininas desenvolve variações em modelos, tecidos, cortes, cores etc., mas o produto final ainda são blusas femininas que serão comercializadas pelos mesmos canais de vendas e possivelmente para o mesmo mercado-alvo. Na Trajetória 2, devido à estagnação em termos de evolução da firma, a diversificação de produtos ou serviços e a interação dinâmica entre os fatores mencionados anteriormente dificilmente se aplicam. A avaliação das capacidades internas e do ambiente externo restringe-se, em grande medida, à candidatura a subsídios públicos para desenvolvimento tecnológico, com raras inserções em redes de mercado e pouca estruturação interna da firma. A base de recursos é limitada a atividades de P&D em uma fase de pré-comercialização.

A diversificação, nas Trajetórias 3 a 5, envolve o estabelecimento de novas bases de recursos, para o desenvolvimento de produtos ou serviços secundários. Em termos de potencial, a vantagem da diversificação, na Trajetória 3, é a especialização em um mercado ou mercados-alvo semelhantes com uma gama de produtos e serviços em diferentes níveis tecnológicos. Implica menos esforços de governança e algum grau de continuidade entre o produto ou serviço principal e o secundário devido às sobreposições entre as duas bases de recursos. Além disso, trata-se de firmas em maior interação com os níveis local e microrregional.

A Trajetória 4 tem a vantagem de favorecer a ação, em vários mercados, aproximadamente, na mesma medida. O grau de especialização pode ser menor em relação à diversificação de produtos, e existem mais demandas de governança porque as bases de recursos são relativamente independentes entre os produtos ou serviços. Porém há maior potencial de crescimento, especialmente para aquelas start-ups nas quais as firmas principais e spin-offs desenvolvem atividades altamente intensivas em P&D.

Na Trajetória 5, a necessidade imediata de gerar capital de giro e definir um foco para a start-up parece ter falhado em conduzir essas firmas a uma interação bem equilibrada entre recursos-empreendedor-firma-mercado, portanto apresentam trajetórias marcadas pela descontinuidade e pelo menor grau de inovação e valor agregado. São start-ups que atuam, no mercado regional, com baixo poder de transação, o que as mantém em posição de subordinação em relação a poucos compradores e parceiros de negócios. Firmas nessa trajetória usam muitos de seus recursos escassos para redefinir a identidade da firma e construir novas rotinas que têm conexões fracas com as existentes. Portanto, desenvolver bases de recursos discrepantes — ou incompatíveis — internamente é a trajetória evolutiva mais dispendiosa e difícil para a start-up.

6.6 TRAJETÓRIAS TÍPICAS E USO DE RECURSOS

Esta seção examina os padrões de uso dos recursos em relação às trajetórias evolutivas. Os recursos e serviços examinados aqui são os mesmos apresentados na seção 5.3, e as categorias de dinâmicas de recurso permanecem as mesmas: aquisição, subutilização, criação e perda.

A criação de recursos é a dinâmica mais importante na Trajetória 1. Os recursos criados são o desenho de uma nova firma, confiança, recursos financeiros, infraestrutura, competências gerenciais, estrutura de marketing, tecnologia, capacidade produtiva e redes com fornecedores. Para algumas start-ups, projetar a firma foi um episódio de criação em si e incluiu processos, como redesenhar a linha de produção de uma start-up falida adquirida ou cumprir todos os procedimentos de abertura de uma empresa. Uma dinâmica de recursos interessante é a criação de recursos financeiros, que não estão disponíveis no mercado financeiro para start-ups, pois não atendem aos requisitos bancários básicos para acesso ao crédito. Os serviços vinculados à geração de recursos financeiros são: montar a estrutura produtiva com parcerias para diminuir os custos dos investimentos e encurtar o ciclo produtivo para gerar capital de giro em ritmo mais acelerado. Embora o conhecimento gerencial geral já possa estar presente, novas facetas são criadas internamente para lidar com gatilhos específicos. Outro importante conjunto de recursos refere-se à criação de capacidade produtiva. Os serviços criados pela capacidade de produção incluem o treinamento contínuo dos trabalhadores, a redução do ciclo de produção, por meio de melhorias no layout e coordenação das tarefas, e a criação de um equilíbrio entre o aumento das vendas e a falta de mão de obra qualificada.

Entre os recursos adquiridos pelos empreendedores, os mais destacados são conhecimento gerencial e informações sobre o mercado, nomeadamente por meio do relacionamento no ambiente de incubação de empresas. O conhecimento gerencial é um recurso vinculado ao estabelecimento de rotinas de gestão e ao redesenho ou substituição de rotinas ineficazes. É fundamental para lidar com o crescimento inesperado. O conhecimento do mercado está ligado ao refinamento da ideia inicial do negócio e à compreensão de dinâmicas do mercado.

Também há casos de subutilização de recursos que constituem gatilhos para EACs. Eles incluem recursos financeiros escassos, estruturas de produção instaladas, expertise e relacionamento com os funcionários. A subutilização, ou mau uso desses recursos, gera serviços ineficientes por parte dessas start-ups, dificultando o crescimento. Alguns desses serviços ineficientes são vendas prejudiciais, má definição do nicho de mercado e descompasso entre capacidade de produção e facilidade de entrada no mercado. Alterações nessas rotinas ineficientes frequentemente resultam de EACs acionados por decisões dos empreendedores quando eles ficam cientes dessa ineficácia e de possibilidades de melhorias.

A última dinâmica de recursos está associada à perda. As instalações das incubadoras de empresas, os compradores e a experiência gerencial são percebidos como recursos perdidos quando deixam de prover serviços, como o estabelecimento de condições de funcionamento, o manejo de guerras de preços e o capital humano de sócios que deixam a start-up.

Para a Trajetória 2, a criação de recursos é mais importante para desencadear EACs do que outros tipos de dinâmicas. Condições de acesso a capital de investimento, um novo negócio, parceria comercial e capacidade produtiva são criadas para superar as barreiras de acesso a subvenções, desenvolver novas ideias, combinar pesquisa e competências de mercado e estabelecer condições internas de produção. Os recursos mais comumente adquiridos são capital de investimento, infraestrutura e outras instalações. Eles são usados para desenvolver o produto principal da start-up e substituir as instalações da incubadora de empresas. Existem episódios de subutilização de recursos, como capital humano e capacidade produtiva, associados ao uso limitado das capacidades dos empreendedores, em empregos anteriores, e a esperas no acesso a subvenções de P&D para desenvolver o produto principal.

Na Trajetória 3, a criação de recursos é o tipo mais comum de dinâmica. Os recursos criados incluem competências gerenciais, um segundo produto ou serviço, novos negócios, condições para atender regulamentações dos órgãos de controle e estratégias de competição. A maior parte dos serviços associados a esses recursos referem-se à estruturação interna da start-up para responder a novas oportunidades de negócios e demandas de crescimento. Novamente, a criação de recursos combina capacidades internas (como rotinas de gestão de pessoas, capacidade produtiva e capacidade tecnológica) e fatores externos, como oportunidades e competição.

Nessa trajetória, além do conhecimento gerencial, outros tipos de recursos são adquiridos. Essa aquisição inclui acesso a capital de investimento e a conhecimentos específicos. O capital de investimento é necessário para desenvolver novos produtos e serviços de base tecnológica. A aquisição de conhecimentos específicos, na Trajetória 3, refletiu-se na contratação de consultores externos em tecnologia, o que é algo raro nesse estágio de evolução.

A subutilização de recursos raramente é relatada por start-ups, na Trajetória 3, mas foi observada no caso de uma firma dependente de apenas um comprador. Assim como na Trajetória 1, também na Trajetória 3, a constatação da subutilização pelo empreendedor desencadeia mudanças nas rotinas organizacionais a fim de tornar o uso desses recursos mais eficaz.

Na Trajetória 4, novamente, a criação de recursos é o tipo mais frequente de dinâmica. Esses recursos criados incluem novos interesses empreendedores, parcerias comerciais, serviços secundários e tecnologia. Diferentes serviços derivam desses recursos, como a abertura de uma empresa e o desenvolvimento de estratégias de sobrevivência. Quanto aos recursos adquiridos, os mais importantes são o conhecimento sobre a transformação da tecnologia em produtos e serviços e o acesso a finanças e redes para desenvolver o produto principal. Serviços subutilizados são o potencial tecnológico e a capacidade produtiva, que prestam serviços em um determinado mercado em meio ao desconhecimento do potencial da start-up em outros mercados. Outros recursos são subutilizados devido a vários problemas causados por uma contabilidade ineficiente.

Na Trajetória 5, a aquisição de recursos se assemelha à Trajetória 3, em que se destacam o conhecimento gerencial e o acesso ao capital de investimento. Também aqui, os serviços incluem o estabelecimento de rotinas gerenciais iniciais e o desenvolvimento do produto principal. No entanto, ao nível da subutilização e criação de recursos, observam-se algumas diferenças.

Recursos subutilizados e criados são equilibrados, na Trajetória 5, sugerindo que subutilização é um motivo maior de preocupação para esses empreendedores do que para aqueles em outras trajetórias evolutivas. Eles relatam subutilização da capacidade produtiva associada a vendas insuficientes quando todos os sócios passam a se dedicar exclusivamente à start-up, bem como o foco em um único grande cliente e a alteração da natureza da firma – por exemplo, de manufatura para prestação de serviços. Nos dois últimos exemplos, os recursos existentes são redirecionados completamente para uma atividade em detrimento de outras, tão ou mais relevantes, como captação de clientes e foco no produto originalmente principal. Os esforços de vendas também foram subutilizados por não focarem o melhor nicho de mercado e por desconhecerem a duração do ciclo de vendas.

Recursos criados, na Trajetória 5, são o projeto de um novo negócio, competências gerenciais, tecnologia e capacidade de produção. Embora o tipo de recurso seja muito semelhante à Trajetória 1, no sentido de incluir competências gerenciais e capacidade produtiva, os serviços são distintos. Aqui, os serviços desses recursos estão relacionados ao desenvolvimento de novos ramos de negócios ou ao fortalecimento do segundo produto que foi inicialmente desenvolvido para a sobrevivência e, mais tarde, se tornou o produto ou serviço principal. Perda de recursos refere-se, principalmente, ao capital humano, devido à dissolução de sociedades.

De modo geral, esses resultados corroboram afirmações na literatura sobre as "[...] trajetórias múltiplas (equifinalidade) para as mesmas capacidades dinâmicas" (EISENHARDT; MARTIN, 2000, p. 1109, tradução própria). Um processo de base para isso é usar recursos de várias maneiras, a fim de que eles produzam variados serviços. Este capítulo mostra que, mais do que influenciar o desenvolvimento de capacidades internas, diferentes usos de recursos afetam a formação de diferentes bases de recursos (sistemas combinados de usos de recursos), que são determinantes para delinear a evolução de start-ups dentro de trajetórias evolutivas típicas.

6.7 CONCLUSÃO

A conclusão deste capítulo está organizada em torno dos seguintes tópicos: questões metodológicas, fatores explicativos das trajetórias evolutivas e o papel da aprendizagem.

Em relação à metodologia de identificação das trajetórias típicas, a passagem de uma análise quantitativa linear de sequências de EACs, conforme características empreendedoras e da firma, para uma análise aprofundada das entrevistas, por meio de princípios da teoria fundamentada, forneceu um conjunto de resultados completamente novo. Eles não apenas mostraram o papel dos EACs, na evolução das start-ups, mas também conduziram à identificação de trajetórias evolutivas típicas que agregam casos de uma forma contraintuitiva. Foi uma surpresa, por exemplo, encontrar start-ups de biotecnologia agrupadas com start-ups caracterizadas pela baixa intensidade de P&D em setores como vestuário e calçados. Esse achado traz uma mudança para as perspectivas predominantes, na literatura econômica, que enquadram as firmas de acordo com o tipo de atividade industrial ou setor econômico. Isso não significa, entretanto, que essas categorias não importem. O que este estudo indica é que o contexto e a dinâmica de cada start-up permitem esse agrupamento alternativo de casos em estágios muito iniciais, uma vez que as primeiras rotinas são semelhantes entre eles, quase independentemente de características específicas das firmas ou de categorizações de mercado. Todavia até que ponto as dinâmicas dessas firmas com níveis tecnológicos e mercados tão distintos convergem? Até que ponto da evolução dessas firmas esse marco analítico se aplica? Essas permanecem sendo questões empíricas emergentes desta pesquisa. Elas fazem um convite para novas pesquisas, e respondê-las está além dos objetivos desta obra.

Em relação à formação de trajetórias evolutivas, este capítulo demonstrou que a evolução de start-ups envolve um conjunto mais amplo de fatores do que a pesquisa e a prática classicamente presumem. As interações entre os vários fatores encontrados para determinar as trajetórias são diagramadas na Figura 10, que mostra as quatro principais fontes de recursos: empreendedor, redes de relacionamento, dinâmicas de mercado e da firma[46]. As setas indicam as interações entre essas fontes, que, por si próprias, também podem ser fontes de recursos, como ocorre na criação de spin-offs a partir da combinação de expertise de dois ou mais empreendedores, dos conhecimentos e rotinas de produção e marketing de suas start-ups e do encontro social entre eles. Todas essas interações estão, mais ou menos, inseridas em um ambiente institucional, que é outra fonte de recursos (como regulamentações que afetam os demais fatores, seja a dinâmica do mercado, os processos da firma, as decisões empreendedoras ou as relações sociais).

Como essas interações levam a diferentes trajetórias? O argumento começa examinando a base de recursos exigida pela start-up. A depender do tipo de recurso, os empreendedores buscarão diferentes fontes, recorrendo, por exemplo, a incubadoras de empresas, para capacitação gerencial, ou a universidades, para inovação tecnológica. As incubadoras de empresas fazem parte do ambiente institucional, com outras instituições de apoio e órgãos governamentais. Além disso, o ambiente institucional inclui marcos regulatórios na forma de leis, regulamentos de vigilância sanitária para questões ambientais e de saúde pública, entre outros elementos. Ao longo das trajetórias evolutivas, foi demonstrado que o ambiente institucional é uma fonte poderosa de incentivos e restrições para as start-ups; daí a inserção das outras relações dentro dele.

Esse modelo geral explica a Trajetória 1 para a aquisição e criação de recursos dentro da mesma base de recursos. Essa base de recursos é formada pela expertise do empreendedor naquele setor, acesso a equipamentos e instalações, orientação para adquirir e criar competências gerenciais que configuram as rotinas organizacionais e um ambiente institucional

---

[46] As variáveis sob o rótulo de condições iniciais e atuais são incluídas aqui.

favorável. Tecnologia de produção e redes de recursos específicos são recursos-chave, especialmente no início desta trajetória evolutiva linear. Nela, quando as start-ups entram no mercado, a base de recursos é reconfigurada para o desenvolvimento de rotinas de vendas e crescimento, a partir da interação entre os fatores da firma e as dinâmicas de mercado.

Figura 10 – Fatores-chave para definir trajetórias evolutivas

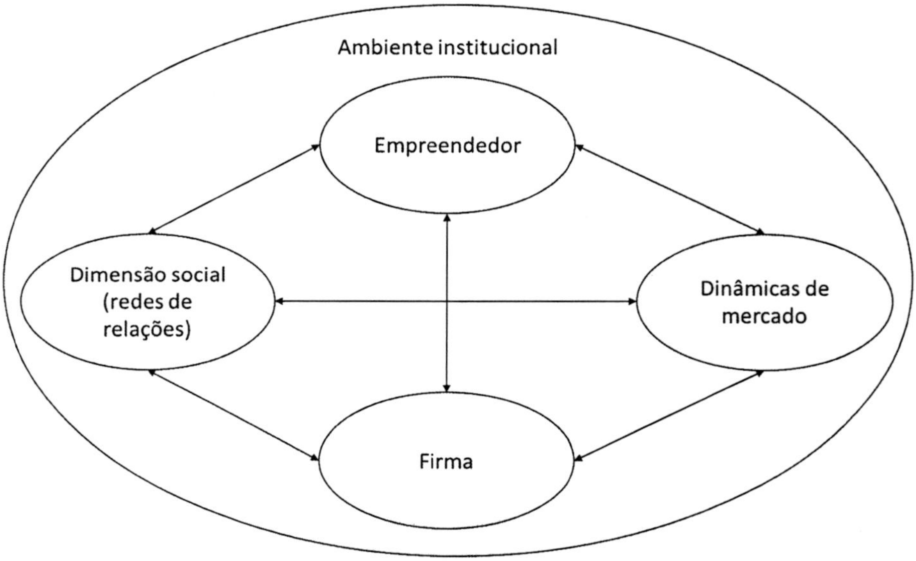

Fonte: a autora

A Trajetória 2, da mesma forma, se caracteriza pela aquisição e criação de recursos direcionados a uma única base de recursos. Aqui, entretanto, essa base de recursos é formada pela expertise tecnológica dos empreendedores, suas redes com centros de pesquisa e subvenções de P&D. As interações mais importantes são entre o empreendedor, as redes de relacionamento e o ambiente institucional. Poucas rotinas organizacionais são formadas, e a estrutura da firma é limitada. Prevê-se que as dinâmicas de mercado tenham um papel nas fases posteriores de evolução, quando, por exemplo, a start-up pode ser adquirida por uma empresa multinacional desse setor de atividade.

Esse modelo geral também se aplica às firmas que trabalham com mais de uma base de recursos. As três outras trajetórias evolutivas, então, são distinguidas pelo grau de sobreposição (versus discrepância) entre a base de recursos dos produtos ou serviços principais e secundários. Na Trajetória 3, essas duas bases de recursos são complementares, portanto adquirir e criar recursos para o produto ou serviço secundário expande a base de recursos do produto ou serviço principal. A complementaridade dessas bases de recursos é vista nas interações entre expertise do empreendedor no setor, rotinas e infraestrutura da firma, redes de relacionamento com profissionais e instituições de apoio nesse setor e relações de mercado com fornecedores de insumos que podem ser adaptados a ambas as bases de recursos. Em alguns casos, os compradores-alvo são semelhantes para produtos ou serviços principais e secundários. As principais distinções entre essas duas bases de recursos são a necessidade de subvenções de P&D, ou outras formas de capital de investimento na base de recursos do produto principal, e o papel mais forte das relações entre firma e mercado na base de recursos do produto ou serviço secundário.

A Trajetória 4 é caracterizada por bases de recursos independentes entre produtos ou serviços principais e secundários. A base de recursos do produto ou serviço principal é semelhante à da Trajetória 3, composta por experiência empreendedora no setor, rotinas e estrutura da firma, redes de relacionamento com profissionais e instituições de apoio no setor e capital de investimento para P&D. A base de recursos do produto ou serviço secundário, por sua vez, envolve, além da expertise empreendedora e das redes de relacionamento, o estabelecimento de parcerias para a criação de spin-offs. As rotinas e estruturas da firma são externalizadas e socializadas na cooperação com o parceiro de negócios. Essas estruturas gerenciais separadas são muito simples no início e tornam-se, cada vez mais, coordenadas pelas partes. Assim, as parcerias desempenham um papel crítico na redução das demandas sobre os escassos recursos internos, apesar do aumento da necessidade de coordenação (que representa outro elemento dessa base de recursos).

A Trajetória 5, por fim, assim como a Trajetória 4, é caracterizada por bases de recursos independentes entre produtos ou serviços principais e secundários. Isso significa que a experiência empresarial, as rotinas e a estrutura da firma, a configuração das redes de relacionamento e os esforços de desenvolvimento devem ser divididos entre produtos e serviços principais e secundários. Diferentemente da Trajetória 4, na Trajetória 5, há um grande esforço para desenvolver internamente ambas as bases de recursos. Dada a escassez de recursos internos (pessoas, maquinários, infraestrutura etc.) e a necessidade de geração imediata de capital de giro, por meio da comercialização do produto ou serviço secundário, a start--up fica impedida de investir na base de recursos do produto principal. Portanto, produto ou serviço secundários se tornam uma barreira para o desenvolvimento do principal. Vale ressaltar, porém, que essa trajetória não sinaliza um fracasso da start-up, mas sua transformação em uma firma construída em uma base de recursos diferente. Essa transformação é questionável do ponto de vista do valor agregado, uma vez que esse novo produto ou serviço principal tende a ser menos intensivo em P&D do que a ideia inicial.

Este capítulo também discutiu o papel da aprendizagem nessas trajetórias evolutivas. Com base na análise dos capítulos empíricos e no modelo geral proposto, parece que os esforços e resultados de aprendizagem são mais direcionados nas Trajetórias 1 e 2, uma vez que os empreendedores se concentram em uma base de recursos única. Em consequência, as rotinas organizacionais mudam em função dos EACs, mas, em essência, elas servem à mesma base de recursos.

Nas demais trajetórias evolutivas, existem situações específicas. Os esforços e resultados de aprendizagem, na Trajetória 3, beneficiam as bases de recursos dos produtos e serviços principais e secundários, gerando rotinas organizacionais que podem ser compartilhadas entre eles devido à sobreposição entre essas bases de recursos. Na Trajetória 4, os esforços de aprendizagem são compartilhados, por meio de parcerias de negócios, que podem ser associadas ao conceito de transações estratégicas[47] (HUET; LAZARIC, 2009). As rotinas organizacionais são separadas para o produto ou serviço principal e a spin-off. Diferentemente, os esforços de aprendizagem, na Trajetória 5, são incompatíveis com o desenvolvimento interno de duas bases de recurso distintas. Na medida em que conhecimento, competências, redes e relações de mercado redirecionam-se para a base de recursos secundária, os custos de aprendizagem para desenvolver as rotinas organizacionais referentes ao produto ou serviço principal tornam-se incompatíveis com o escopo da start-up.

Em suma, os resultados deste capítulo corroboram a afirmação de Penrose (1980 [1959], p. 70), de que os esforços para fazer uso total

---

[47] Nas transações estratégicas, o foco da parceria está na capacidade de inovação, na melhoria da qualidade e na mudança de práticas.

dos recursos disponíveis são susceptíveis de gerar trajetórias de firmas alternativas:

> Quando, no entanto, uma firma embarca em um programa de diversificação, novos tipos de recursos para prestação de serviços bastante diferentes daqueles exigidos para produzir seus produtos mais antigos serão adicionados à coleção de recursos da firma, e o problema de "equilibrar processos" pode levar a firma a direções inteiramente novas. (tradução própria).

Este livro mostra que as competências para fazer uso de recursos não funcionam no vácuo. Por exemplo, o lançamento de um novo produto muda todo o sistema de interações do modelo geral, pois os entendimentos sobre o mercado se aprofundam, os conteúdos transacionados, nas redes do empreendedor, se alteram, o sistema de rotinas organizacionais é reconfigurado, e as relações com as dinâmicas de mercado são moldadas à medida que ocorrem interações com compradores, fornecedores e concorrentes.

No ambiente institucional, as incubadoras de empresas aparecem como um mediador que facilita o acesso a recursos, como conhecimento, instalações e atores do mercado. Nesse sentido, a orientação e a mediação feitas por elas podem influenciar o tipo de trajetória evolutiva que a start-up seguirá, seja pelo foco no produto ou serviço principal, seja pelo desenvolvimento de produtos ou serviços complementares, independentes ou incompatíveis.

7

EVOLUÇÃO DE START-UPS

Esta obra analisa os microfundamentos da teoria da firma baseada em recursos, explicando a organização interna da start-up, a origem das primeiras rotinas, e explorando o nexo empreendedor-firma-redes-mercado-instituições. Este livro demonstra que a emergência do conhecimento empreendedor, no formato estrutural de uma firma, pode ser apreendida pelo estudo da formação de rotinas organizacionais, que colocam a serviço da firma os resultados da aprendizagem empreendedora. Assim, uma vez que essas rotinas estejam em operação, as atividades intra e interfirmas podem ser coordenadas, e a produção de bens e serviços, que requer atividades produtivas em múltiplos estágios, pode ocorrer. Portanto, além de se engajar em transações de mercado, as firmas demandam um grande número de recursos para estabelecer suas rotinas específicas de produção. Ao mesmo tempo que se formam os limites e a estrutura interna da firma, como parte desse processo, a firma interage com o ambiente externo, trocando e criando recursos. A longo prazo, padrões na dinâmica interna das firmas e em suas interações com o ambiente externo configurarão trajetórias únicas em seus detalhes, mas que, no entanto, compartilham características típicas.

Este capítulo final resume as principais contribuições deste livro para explicar a evolução de start-ups, destacando o papel da agência e dos processos de aprendizagem. Também explora os avanços teóricos e metodológicos empiricamente fundamentados desta obra para uma teoria da firma baseada em recursos que é multidisciplinar e sistêmica. Multidisciplinar porque combina as dinâmicas de aprendizagem individual dos estudos de Psicologia Organizacional com o conceito de rotinas organizacionais das literaturas de Economia e Administração; sistêmica porque demonstra como as análises no nível individual e da firma interagem e se retroalimentam.

O capítulo organiza uma ampla gama de tópicos em oito temas. Primeiro, tem-se uma visão geral dos conceitos-chave elaborados no capítulo

2. Retomam-se as perguntas da pesquisa, e as respostas encontradas são resumidas. Uma longa seção discute as contribuições deste livro para as teorias da firma baseadas em recursos, seguida por uma seção sobre as contribuições das trajetórias baseadas na aprendizagem para explicar a evolução de start-ups. Então, são abordados três temas relacionados aos serviços prestados pelas incubadoras de empresas. Este capítulo inclui ainda uma seção sobre contribuições metodológicas, contribuições para estudos do desenvolvimento, e a última seção apresenta limitações e uma agenda de pesquisa em torno de cinco tópicos principais.

7.1 REVISITANDO OS CONCEITOS-CHAVE

Este livro é construído sobre os seguintes conceitos-chave: recursos (e seu conceito derivado, base de recursos), firmas, rotinas organizacionais, EACs e trajetórias evolutivas (incluindo trajetórias típicas). Esta seção retoma esses conceitos em vista dos achados empíricos descritos nos capítulos anteriores. Ao contrário do que se observa na literatura, não há, a priori, papel dominante do ambiente (seleção ambiental) ou da firma (gestão). Aqui, o conhecimento sobre as firmas e sua organização interna está alicerçado nas narrativas dos empreendedores, que relatam como os fatores individuais, da firma, de mercado e institucionais se entrelaçam e se influenciam na evolução de start-ups. A configuração complexa e contingente de fatores resultante mostra que eventos ou variáveis de cada um desses níveis assumem um papel proeminente em diferentes eventos críticos ao longo da evolução dessas firmas.

Primeiro, este livro é sobre recursos. Na tradição penrosiana, recursos são tudo o que pode prestar serviços ao crescimento da firma por meio de decisões gerenciais. O desenvolvimento posterior da abordagem baseada em recursos introduziu uma perspectiva dinâmica, na qual os recursos podem ser substituídos, recombinados e descartados, formando configurações de recursos (EISENHARDT; MARTIN, 2000). Seguindo uma linha de argumentação semelhante, este livro mostra que diferentes recursos são importantes em diferentes pontos da trajetória da firma. Esses recursos podem ser capitais de investimento, capital social, capital humano, capital físico, tecnologia, informação, conhecimento e assim por diante. No entanto esses recursos não são vistos isoladamente; em vez disso, eles são combinados para formar a base de recursos da firma. Por exemplo, as informações podem ser adquiridas, por meio do capital social, e o capital físico pode resultar do capital de investimento, que pode ser combinado com informações e experiência para criar um novo produto.

A definição de base de recursos, além de ajudar a explicar como os diferentes tipos e usos de recursos afetam as trajetórias de uma firma individual, fornece uma resposta à crítica de que tudo pode ser um recurso (KRAAIJENBRINK; SPENDER; GROEN, 2010). O que as cinco trajetórias evolutivas típicas mostram é que os insumos de diferentes fontes funcionarão como recursos se forem importantes para a base de recursos de uma firma específica. Em suma, recursos são aqueles insumos individuais, da firma, sociais, de mercado e institucionais que se ajustam à base de recursos da firma ou, de outra forma, que são necessários para construir uma nova base de recursos. Consequentemente, os recursos não podem ser entendidos isoladamente. Neste livro, eles são contingentes aos EACs, os quais podem impactar uma ou mais bases de recursos, dependendo da trajetória da firma.

Em segundo lugar, este livro é sobre firmas. A teoria da firma baseada em recursos define as firmas como pacotes de recursos. Esses recursos, além de visarem a objetivos competitivos ou necessidades específicas que são intrínsecas à história da firma (PENROSE, 1980 [1959]; KRAAIJENBRINK; SPENDER; GROEN, 2010), são necessários para o funcionamento regular de qualquer empresa, como as redes de mercado e conhecimentos gerais de gestão. Esses se refletem nas rotinas organizacionais e caracterizam a organização interna das firmas. Essas rotinas bem estabelecidas controlam os recursos internamente e formam as fronteiras das firmas, o que pode ser considerado como a identidade da firma. Essa conceituação de firmas, em geral, e de start-ups, em particular, tem a mudança como um atributo inerente e a aprendizagem como seu processo central. Aqui, foi possível rastrear a formação e transformação das fronteiras e da organização interna das start-ups por meio dos EACs. Cada EAC mostrou como os recursos que são adquiridos, criados, subutilizados ou perdidos acionam mudanças, por meio de novas dinâmicas de recursos e integração à base de recursos da firma. Uma vez que as firmas, e principalmente as novas firmas, não são sistemas fechados, as redes de relacionamento desempenham um papel crítico no acesso e na criação de recursos para a mudança e na formação e manutenção de rotinas de trabalho, por exemplo, rotinas de cooperação interorganizacionais.

Terceiro, este livro é sobre rotinas organizacionais. Conforme definido nesta obra, as rotinas são padrões relativamente estáveis no uso de configurações de recursos no âmbito da firma. Embora essas rotinas sejam predominantemente internas, pode haver rotinas de natureza interorganizacional. À medida que as rotinas evoluem e se tornam coordenadas e entrelaçadas, elas formam sistemas de rotinas menos suscetíveis a mudanças drásticas. Este livro demonstrou que as rotinas podem desempenhar três funções. Em primeiro lugar, as rotinas são o resultado da mudança, identificada por meio de EACs. Repetições bem-sucedidas de resultados de aprendizagem criam novas rotinas ou remodelam rotinas e sistemas de rotinas de trabalho existentes. Em segundo lugar, as rotinas funcionam como ferramentas (ou recursos) para aprender quando a empresa enfrenta eventos críticos. Terceiro, elas são uma fonte de mudança organizacional devido a novas necessidades geradas a partir de seu uso, sua obsolescência, e devido a rotinas de aprendizagem para busca contínua. Essas funções são discutidas em uma seção separada neste capítulo.

Quarto, este livro é sobre EACs. Esses são eventos críticos com os quais os membros de uma start-up aprendem. A agência empreendedora é central para a percepção de criticidade que define um episódio de aprendizagem como crítico e para a seleção de estratégias de aprendizagem para lidar com ele. As contribuições desse conceito para explicar a evolução das start-ups são discutidas em uma seção específica deste capítulo.

Quinto, esta obra é sobre trajetórias evolutivas. Trajetórias evolutivas correspondem à trajetória de mudanças nas configurações de recursos por meio de arranjos[48] de EACs. Portanto, as trajetórias fornecem uma perspectiva longitudinal sobre as mudanças no sistema de rotinas de trabalho de uma firma. Uma contribuição importante deste livro é a demonstração de que não existe uma trajetória normativa ideal para start-ups, uma vez que as interações entre o indivíduo, a firma, as redes de relacionamento, o mercado e os fatores institucionais variam em cada EAC. Ao longo de uma trajetória, há variação[49] em relação aos tipos e às dinâmicas de recursos

---

[48] A palavra "arranjos" é um termo inclusivo que envolve sequências, independência, interdependência e concomitância de EACs na trajetória de uma firma.

[49] Variação, nesta obra, difere epistemologicamente da literatura sobre capacidades dinâmicas. Em vez de conceber a diversificação de produtos como resultado da gestão estratégica de oportunidades e ameaças, esta obra afirma que as variações nos tipos e usos dos recursos, que se materializam em produtos e serviços, resultam de interações entre informações e rotinas novas e existentes, por meio de combinações ativas de fontes de recursos que podem quebrar a dependência da trajetória e levar a uma nova base de recursos (inovação). A principal diferença é, portanto, a substituição de uma abordagem prescritiva por uma analítica e contingente.

associados a produtos ou serviços principais e secundários[50]. A partir dessas variações, as configurações de recursos que resolvem efetivamente um gatilho têm mais probabilidade de serem aplicadas novamente do que rotinas regulares anteriores. Desse modo, a nova configuração do sistema de rotinas de trabalho caracterizará a firma por um período de tempo, até que ocorra outro evento crítico. Todavia isso não implica um nível extremo de unicidade individual. Conforme demonstrado no capítulo 6, as trajetórias evolutivas individuais das start-ups podem ser agregadas em cinco trajetórias típicas.

Em sexto e último lugar, este livro trata de trajetórias evolutivas típicas. Uma trajetória típica agrega firmas que experimentam semelhanças entre os atributos e a dinâmica de suas trajetórias individuais. As trajetórias típicas são um conceito *ex-post*, baseado na história da firma por meio de EACs e na formação gradativa de sistemas de rotinas organizacionais em torno de uma ou mais bases de recursos. Vale ressaltar que a história da firma inclui episódios de quebra de trajetória, inovação, choques e rotinas de aprendizagem (ou rotinas de e para mudança). Uma seção específica deste capítulo discute trajetórias evolutivas e trajetórias evolutivas típicas.

7.2 RETOMANDO O ARGUMENTO

Esta seção retoma as perguntas de pesquisa e discute até que ponto elas foram respondidas nesta obra. A principal pergunta de pesquisa é: "Como trajetórias baseadas na aprendizagem explicam a evolução de start-ups?". Os conceitos do marco analítico (capítulo 3) orientaram a parte empírica desta obra. As dinâmicas e as relações entre esses conceitos foram analisadas nos capítulos 5 e 6. Os resultados mostram como eventos críticos promovem mudanças importantes nas rotinas organizacionais e, a longo prazo, moldam a evolução da start-up. Em suma, EACs e arranjos entre eles compõem as trajetórias evolutivas das start-ups, que se agregam em cinco trajetórias típicas. Essa pergunta de pesquisa principal foi desdobrada em cinco perguntas específicas, três das quais são retomadas a seguir.

---

[50] Embora essas categorias de produtos e serviços se assemelhem à noção de multiprodutos (BATAGLIA; MEIRELLES, 2009), este estudo enfoca como essas categorias resultam de configurações de recursos e rotinas organizacionais. Assim, em vez de se basear em pressupostos da estratégia organizacional e seus resultados esperados de longa duração, este estudo reflete a natureza processual e mutante e os elementos cognitivos no desenvolvimento de mais de uma base de recursos.

A primeira pergunta específica foi: "Que tipos de EACs caracterizam as trajetórias evolutivas de start-ups?". Conforme descrito no capítulo 5, os EACs foram categorizados com base em seus gatilhos, resultando em cinco tipos principais: entrada e sobrevivência no mercado (o mais frequente), problemas de produção, questões específicas do empreendedor, problemas gerenciais e outros. A dinâmica interna desses EACs confirmou as dimensões das estratégias de aprendizagem (cognitiva, comportamental e autorregulatória) e a transferência não perfeita dos resultados da aprendizagem individual ou de equipe para o nível organizacional. Os resultados levaram a um refinamento do conceito de uso de recursos, incluindo a criação e perda de recursos como gatilhos para a busca. Esse achado contribui para entender dinâmicas de inovação em start-ups (ver seção 7.3 para mais detalhes).

A segunda pergunta específica da pesquisa foi: "Existem trajetórias típicas que descrevem esse processo evolutivo para grupos de firmas?". Os resultados são afirmativos. As análises das bases de recursos dos produtos ou serviços principais e secundários mostram cinco trajetórias típicas. Os principais fatores que afetam essas trajetórias são: a dinâmica interna dos EACs (número, tipos e duração), características empreendedoras (e.g., experiência empreendedora), características da firma (e.g., intensidade de P&D), dinâmicas de rede (e.g., parcerias de negócios), dinâmicas de mercado (e.g., concorrência) e arranjos institucionais (e.g., disponibilidade de bolsas de P&D).

A terceira pergunta específica foi: "Qual é o papel dos fatores estruturais, de agência e temporais nas trajetórias evolutivas?". Uma ampla gama de fatores foi considerada em diferentes estágios de análise para investigar esta questão. As dinâmicas dos EACs e das trajetórias evolutivas mostram que nenhum desses fatores pode ser considerado isoladamente. Identificou-se o forte papel da agência (STACK; GARTLAND, 2003), mesmo em face de ameaças exógenas. Entretanto a agência precisa se combinar com os recursos disponíveis e é influenciada pelas dinâmicas de mercado e institucionais, deixando pouco espaço para previsões antecipadas sobre as consequências de um determinado gatilho na trajetória da firma.

As outras duas perguntas específicas da pesquisa são discutidas, respectivamente, nas seções 7.3 e 7.5.

Um ponto importante para concluir a validade desse marco analítico para explicar a evolução de start-ups está na posição epistemológica desta pesquisa. O marco analítico foi claramente orientado por uma abordagem dedutiva, na qual conceitos de economia evolucionária, psicologia organizacional, teoria das redes sociais e teoria da firma baseada em recursos foram relacionados a partir de suas definições e pressupostos. À medida que o estudo evoluiu, uma abordagem indutiva foi acionada e conduziu a resultados inéditos em relação à identificação de uma tipologia de EACs, da qual resultaram trajetórias evolutivas e, depois, trajetórias evolutivas típicas. Essa mudança confirmou a maior parte do marco analítico inicial, mas também o revisitou e expandiu, enriquecendo conceitos clássicos dessas teorias. As técnicas de análise de dados, então, caracterizam métodos mistos e turvam as fronteiras entre abordagens comumente consideradas opostas.

Essa trajetória de pesquisa contribui para os estudos organizacionais que têm afirmado a importância de estudar as organizações como sistemas integrados de múltiplos níveis e a pesquisa multidisciplinar necessária para tanto. Mais especificamente, a principal contribuição deste livro, nessa área, é ajudar a preencher a lacuna de conhecimento sobre os processos ascendentes que explicam a emergência de resultados de aprendizagem individuais ao nível da firma (KLEIN; KOZLOWSKI, 2000).

7.3 CONTRIBUIÇÕES PARA AS TEORIAS DA FIRMA BASEADAS EM RECURSOS

Autores, como Wernerfelt (1984), Conner e Prahalad (1996) e Kraaijenbrink, Spender e Groen (2010), afirmam que a teoria do crescimento das firmas de Penrose (1980 [1959]), embora clássica, é pouco pesquisada devido aos desafios que impõe aos pressupostos tradicionais subjacentes à teoria da firma baseada em recursos. As críticas apontam que a visão baseada em recursos mostra imprecisão e tautologia de conceitos, carece de base empírica e torna improvável a vantagem competitiva sustentada em mercados dinâmicos (EISENHARDT; MARTIN, 2000). Apesar disso, a teoria da firma baseada em recursos tornou-se a teoria mais influente nos estudos de gestão para vantagem competitiva sustentável (KRAAIJENBRINK; SPENDER; GROEN, 2010).

Esta seção discute as contribuições deste livro para a conceituação e dinâmica de recursos e serviços, enquadrando esses conceitos penrosianos em uma perspectiva evolutiva. Também aborda questões de agência, conhecimento e inovação, diversificação e competitividade versus cooperação.

7.3.1 Tipos, fontes de recursos e contingências

Os recursos têm naturezas múltiplas, geralmente dependendo de suas fontes. Podem ser competências gerenciais desenvolvidas de acordo com as necessidades da firma, conhecimento tecnológico adquirido por meio do desenvolvimento de protótipos e produtos finais, mão de obra qualificada, *know-how* produtivo desenvolvido por meio da implantação de infraestrutura de produção, recursos financeiros gerados por meio do redesenho do sistema produtivo, acesso a redes de contatos no mercado em processos de construção de confiança com fornecedores e compradores, e assim por diante. Alguns desses recursos podem ter várias fontes. Por exemplo, o conhecimento gerencial pode advir de experiências anteriores de empreendedorismo, intercâmbios com consultores de incubadoras de empresas, cursos formais e intercâmbios informais com outros empreendedores. A tecnologia é outro recurso que se baseia em várias fontes; ela pode ser desenvolvida internamente, adquirida de outros produtores ou cocriada com outras start-ups. Outras fontes importantes de recursos são as instituições de apoio à P&D, que atendem a grupos específicos de firmas. Em geral, os empreendedores coletam conhecimento do maior número possível de fontes e o adaptam e reagrupam de acordo com seu julgamento e as necessidades da firma. Os resultados confirmam a literatura sobre a necessidade dos empreendedores de combinar recursos financeiros e habilidades organizacionais para iniciar suas atividades (CASSON, 2005).

Além disso, algumas fontes clássicas de recursos parecem ser substituíveis, como o papel da formação empreendedora em instituições de ensino superior que pode substituir os modelos de papel de empreendedorismo da família ou amigos. Essa abordagem relativiza o forte papel desse capital social em influenciar o empreendedorismo e apresenta um argumento empírico a favor da educação empreendedora. É digna de nota que uma fonte de modelos de comportamento não substitui perfeitamente a outra. O ponto aqui é o terreno comum entre essas fontes, uma vez que ambas fomentam motivações empreendedoras, revelam oportunidades de negócios e estimulam a formação de uma estrutura cognitiva para a inovação. Em suma, mesmo os recursos iniciais tão intangíveis, como modelos empreendedores, não precisam ser sempre tácitos e podem estar sujeitos à aprendizagem. Esse é um argumento a favor da relativa substituibilidade e dos usos múltiplos de recursos (EISENHARDT; MARTIN, 2000).

Uma questão central para start-ups é garantir a continuidade de trocas favoráveis de recursos. Isso depende fortemente da criação e manutenção de redes de relacionamento com detentores desses recursos, muitas vezes por meio de integração nessas redes e da construção de relações de confiança (GRANOVETTER, 1985; HORMIGA; BATISTA-CANINO; SÁNCHEZ-MEDINA, 2011; XU, 2011). Essas redes podem incluir universitários estagiários (Trajetória 3), capitalistas de risco (principalmente nas Trajetórias 3 e 4), pesquisadores (Trajetória 2), parcerias de negócios (Trajetória 4), compradores e fornecedores (Trajetórias 1 e 5) etc. A troca recorrente de recursos, ao longo do tempo, é um fator-chave nessas redes, como mostrou a comparação longitudinal no capítulo 5. Este livro avança a literatura baseada em recursos ao inserir esses processos de aquisição e criação de recursos da firma no ambiente institucional de redes (incluindo outras start-ups, instituições de apoio e centros de pesquisa), dinâmicas setoriais, financiamento e marcos regulatórios, entre outros (CONNER; PRAHALAD, 1996). Essas explorações do papel das redes de relacionamento e das atividades em rede respondem à quarta pergunta específica de pesquisa: "Quais são as características das dinâmicas de relacionamento que, para além dos episódios de aprendizagem, contribuem para a evolução de start-ups?".

No entanto a crítica de que qualquer coisa pode ser potencialmente um recurso permanece aberta. Para respondê-la, esta obra identificou contingências sob as quais os insumos endógenos e exógenos para a firma podem adquirir a função de recursos. Essas contingências operam no nível dos EACs e no nível das trajetórias evolutivas. As contingências relacionadas aos EACs associam a dinâmica dos recursos aos gatilhos e se referem às quatro categorias destacadas no capítulo 5: necessidades de adquirir ou criar recursos (as duas mais proeminentes) e necessidades de lidar com a subutilização ou perda de recursos. Essas contingências direcionam as estratégias de aprendizagem e levam a ações, como realização de cursos, estudo de manuais técnicos, aquisição de expertise de outros participantes da incubação e estabelecimento de parcerias comerciais para desenvolvimento de produtos, entre inúmeras outras ações. Os resultados gerados por essas estratégias, embora possam fornecer recursos para uma determinada start-up, podem não ser funcionais para a maioria das outras. Uma implicação desse caráter contingente de aquisição e criação de recursos é a formação da identidade da firma e seus padrões de interação com o ambiente. Outra implicação refere-se à importância de bases de recursos específicas para fornecer serviços específicos para a firma. Na medida em que esses serviços específicos são difíceis de imitar por outras firmas, essas bases de recursos específicos contribuem para construir a vantagem competitiva de cada start-up (BEST, 1990; EISENHARDT; MARTIN, 2000), para identificar novas oportunidades de negócios e para inovar (SHANE, 2003; GRUBER; MACMILLAN; THOMPSON, 2012).

A base de recursos da start-up opera, portanto, como a principal contingência para buscar e selecionar recursos no nível das trajetórias evolutivas. Conforme argumentado no capítulo 6, a base de recursos direciona quais tipos de recursos são necessários e quem são os atores que os fornecem. Por exemplo, a experiência em produção é um recurso comum a todos os fabricantes. Porém haverá diferenças em como esse recurso atende às necessidades de cada base de recursos. Start-ups, na Trajetória 1, envolvidas em atividades de baixa intensidade de P&D, geralmente adquirem esse conhecimento de produção de outros empreendedores ou o criam por tentativa e erro; ao passo que aquelas, na Trajetória 4, estabelecerão parcerias para construir uma expertise parcial e realizar uma spin-off. É improvável que essas fontes de recursos possam ser intercambiáveis entre as trajetórias sem consequências profundas para a evolução dessas start-ups. Assim, os empreendedores desenvolvem estratégias de busca adequadas às bases de recursos de suas firmas.

7.3.2 O papel da agência empreendedora

Muito do desenvolvimento teórico sobre a firma-organização fala em nome dos empreendedores e é construído com base em pressupostos teóricos e testes de hipóteses, os quais tendem a simplificar dinâmicas complexas. Este livro, por sua vez, oferece uma abordagem alternativa, em que o papel da agência assume o palco central (GARUD; KUMARASWANY; KARNOE, 2010; LAZARIC, 2011). Na base deste estudo, pressupõe-se que as start-ups passarão por EACs semelhantes de diferentes maneiras. A agência desempenha um papel fundamental nas percepções, reações e iniciativas dos empreendedores em relação a qualquer acontecimento que atinge seus negócios. Portanto, EACs são subjetivamente definidos e podem não ser críticos por si só. Isso não exclui o impacto de choques externos sobre a estabilidade e a sobrevivência de start-ups, uma vez que alguns eventos afetarão a firma de qualquer maneira (como crises setoriais) e serão percebidos como tal, embora em diferente medida, por todos os empreendedores do setor (PFEFFER; SALANCIK, 1978). O principal argumento nesta subseção é que a agência determina como esses gatilhos de EACs são tratados pela firma, gerando diversas reações e resultados.

A agência está no centro dos processos organizacionais das empresas nascentes e pode determinar como as competências são desenvolvidas e utilizadas. Essa abordagem é apoiada pela literatura sobre empreendedorismo institucional (GARUD; HARDY; MAGUIRE, 2007) e seus poucos estudos sobre organizações (STACK; GARTLAND, 2003). Essa literatura enfoca o conceito central de criação de trajetória e a agência que é inerentemente necessária para que esse processo ocorra. O papel do empreendedor é, portanto, quebrar a dependência de trajetória e criar novas trajetórias por meio da criação de novas regras e sua legitimação (GARUD; HARDY; MAGUIRE, 2007). Dentro dos limites institucionais, e usando os recursos disponíveis, os empreendedores se engajam em processos de busca que alteram a ordem atual, influenciando o ambiente e, consequentemente, modificando esses limites e recursos.

Este livro mostra que as trajetórias evolutivas de start-ups estão em constante construção devido às interações entre agência empreendedora, firma, redes e fatores de mercado e institucionais. Portanto, não há trajetórias predefinidas para escolher. Essa conclusão desafia alguns pressupostos da literatura. Em primeiro lugar, este estudo demonstra que as competências gerenciais ainda estão em formação; logo há mais incerteza do que previsibilidade no âmbito da gestão. Segundo, isso levanta questões sobre o papel do pensamento de gestão estratégica. O contra-argumento desta obra, em relação à literatura de gestão estratégica, é construído sobre o controle mínimo sobre o ambiente e a previsibilidade limitada das ações gerenciais em start-ups (ZOLLO; WINTER, 2002; EISENHARDT; MARTIN, 2000; TEECE; PISANO, 1994). Esse contra-argumento é apoiado pela não divisão das start-ups em caixas de funções, dado que presumir tal divisão resultaria em uma imagem artificialmente fragmentada do escopo e das atividades dessas firmas. Portanto, os empreendedores gradualmente se tornam gestores durante a fase de start-up dessas firmas, à medida que os EACs catalisam os esforços de aprendizagem para os eventos mais críticos. Nesse processo, à medida que a firma se torna mais estabelecida e economicamente influente em suas redes de negócios, pode-se esperar mudanças nesse grau de controle, mas esse estágio avançado de desenvolvimento de start-ups está fora dos objetivos deste livro.

Terceiro, o papel do passado, tão controverso quando comparamos diferentes abordagens teóricas, está quase ausente nas start-ups. Na teoria da dependência de recursos e na abordagem de capacidades dinâmicas, as experiências passadas estão ligadas a vieses de julgamento e tomada de decisão e às restrições à tomada de decisão atual e futura (PFEFFER; SALANCIK, 1978; TEECE; PISANO, 1994). Outras abordagens, como estudos sobre empreendedorismo, afirmam que a experiência passada é um recurso para ler o ambiente, identificar ameaças e oportunidades e construir capacidades (EISENHARDT; MARTIN, 2000; HORMIGA; BATISTA-CANINO; SÁNCHEZ-MEDINA, 2011; BOSMA *et al.*, 2002; NICHTER; GOLDMARK, 2005). Essa visão ambígua das experiências passadas parece estar relacionada à posição epistemológica da cognição humana nessas abordagens. Indivíduos que apenas reagem ao ambiente podem estar mais sujeitos à dependência da trajetória de forma restritiva ou contraproducente. Alternativamente, os resultados aqui mostram que a maioria dos empreendedores aplica suas capacidades cognitivas, sobretudo reflexão extrínseca, para analisar, julgar e combinar recursos de suas experiências anteriores com novas informações sobre o ambiente, criando oportunidades para a quebra de trajetórias. Consequentemente, as interações entre os indivíduos e o ambiente, se bem equilibradas na teoria, podem alcançar maior precisão para explicar fenômenos sociais, como a aprendizagem nas organizações e os processos relacionados de dependência e criação de trajetórias evolutivas.

Quebra e criação de trajetória são conceitos que vinculam este livro à literatura sobre inovação. A criatividade e a inovação requerem algum equilíbrio entre o conhecimento declarativo e procedimental (LAZARIC, 2008) e as percepções e visões das pessoas, que estão na base da tecnologia e das organizações (XU, 2011). Se as rotinas organizacionais se cristalizam, podem dificultar a percepção de ameaças do ambiente externo e a capacidade de absorção de novos conhecimentos. Esse cenário de estabilidade só mudará se uma situação de crise desafiar a percepção do agente. Portanto, descontinuidade e incerteza, apesar de serem mais críticas nas pequenas empresas do que nas grandes corporações (HILLMAN; WITHERS; COLLINS, 2009), podem promover novas configurações de recursos que levam a produtos ou serviços inovadores em todas elas.

Uma implicação dessa discussão é que a sustentabilidade das start--ups depende da capacidade empreendedora para lidar com eventos críticos descontínuos e criar novas configurações de recursos a partir deles.

7.3.3 Processos de emergência de aprendizagem em nível organizacional

Reconhecer o papel central da agência na evolução de start-ups cria a necessidade de investigar a emergência de processos individuais no nível organizacional. Isso tem implicações para a reconfiguração da visão baseada em recursos como uma teoria multinível e sistêmica da firma, conforme discutido a seguir.

No nível dos EACs, há a emergência de resultados de aprendizagem individuais nas rotinas organizacionais, por meio da incorporação de novos recursos e serviços que tenham resolvido um determinado gatilho com sucesso e que, por consequência, passam a ser reutilizados para o funcionamento da firma. Essa sequência simplificada pode sugerir que a necessidade de criar recursos para resolver gatilhos torna-se um novo serviço, por si só, fundamentado em recursos de conhecimento e redes de relacionamento acumulados de outros eventos críticos. No entanto nem todos os novos recursos são imediatamente convertidos em serviços; isso é especialmente verdadeiro para os recursos que levam a resultados interpretativos que mudam a compreensão do empreendedor sobre questões específicas (PENROSE, 1980 [1959]). Esses recursos permanecem como parte do estoque atual de conhecimento para uso futuro. Dois exemplos de tais recursos são conhecimento sobre diferentes formatos de investimento e as rotinas de aprendizagem (MINER; CIUCHTA; GONG, 2008).

No nível das trajetórias evolutivas, esses processos emergentes aparecem nas trocas de recursos entre os EACs. Essas redes de conexões entre recursos de diferentes EACs e a base de recursos de produtos e serviços principais ou secundários mostram que os processos de emergência acontecem além de eventos críticos individuais. Eles estão bastante interligados e são contingentes às dinâmicas e configurações de recursos e à base de recursos que caracterizam a trajetória de cada start-up.

7.3.4 Trajetórias evolutivas e diversificação

Esta subseção retoma o argumento de que trajetórias evolutivas não são sinônimos de diversificação, uma vez que pode haver escopos de diversificação dentro de uma mesma trajetória. Por exemplo, as firmas do setor de vestuário, na Trajetória 1 (produção direta e comercialização do produto ou serviço principal), podem diversificar de acordo com a estação do ano, lançando uma coleção de verão diferente da coleção de inverno, sem iniciar uma nova trajetória evolutiva.

A matriz produto-recurso de Wernerfelt (1984) explica o padrão de diversificação, a partir do uso de um único recurso para múltiplos mercados, e explica a entrada sequencial em diferentes mercados a partir de um recurso bem desenvolvido em um mercado antes de entrar em outros (como ocorre na Trajetória 3, produto ou serviço secundário complementar ao principal). Uma vantagem dessa abordagem é que ela olha para firmas diversificadas como "[...] carteiras de recursos, em vez de carteiras de produtos" (WERNERFELT, 1984, p. 178). Dessa forma, as firmas se relacionam de várias maneiras para gerar diversificação, como pela via financeira, por meio de subsídios de custos etc.

Portanto, a diversificação das configurações de recursos (portfólios de recursos) afeta a formação de diferentes trajetórias evolutivas quando está vinculada a bases de recursos diferentes daquelas do produto ou serviço principal. O desenvolvimento de produtos ou serviços secundários, como vetores de mudança de trajetória, corrobora o argumento de Penrose (1980 [1959]) sobre a diversificação de atividades em função dos recursos internos da firma para inovar. As firmas avaliarão continuamente a lucratividade de suas diferentes atividades em relação às condições externas e aos serviços produtivos internos. Uma implicação desse argumento é que, se essa constelação de fatores resulta em produtos menos intensivos em P&D, sendo mais imediatamente lucrativos e proporcionando maiores economias de escopo do que produtos mais intensivos em P&D (por seus custos financeiros e de tempo), as start-ups seguirão a trajetória menos inovadora.

7.3.5 Competitividade versus cooperação e crescimento

Competição e estratégias para superá-la figuram nesta obra como parte de EACs, sobretudo nos casos em que episódios de competição foram percebidos pelos empreendedores como eventos que demandavam novas ou alteradas rotinas organizacionais. Por exemplo, alguns EACs são desencadeados pelo comportamento oportunista de outros empreendedores na forma de concorrência desleal; como quando a incubada ao lado oferece o mesmo serviço pela metade do preço, e a start-up em foco perde seu comprador. Nesse caso, as consequências de comportamentos oportunistas de concorrentes ou ex-sócios entram, no marco analítico, como gatilhos para um EAC. Vale ressaltar, entretanto, que EACs acionados por fatores de concorrência não recebem nenhuma análise específica neste livro, representando uma lacuna de pesquisa para estudos posteriores no campo de estratégia e concorrência.

A criação de produtos ou serviços secundários caracteriza uma capacidade dinâmica das firmas em recompor seus recursos para desenvolver um novo produto ou serviço. Quando esse produto ou serviço secundário é altamente intensivo em P&D, essas start-ups tornam-se potencialmente mais competitivas do que outras. Para estudos mais aprofundados sobre a competitividade de start-ups, pode valer a pena olhar para o desenvolvimento de produtos ou serviços secundários como parte das capacidades dinâmicas da firma e para as novas configurações de recursos que eles representam. Isso se vincula aos três aspectos principais da cooperação: aquisição, criação e distribuição de recursos. Os empreendedores se engajam na cooperação interorganizacional informal para aprender com as experiências dos outros, buscam a cooperação formal para adquirir recursos (principalmente conhecimento) para resolver EACs ou para realizarem contratos comerciais. A cooperação é uma estratégia importante para inovar por meio da criação de novos equipamentos e insumos de produção que demandam expertise complementar distribuída entre diferentes firmas. Além disso, a cooperação surge do aproveitamento de oportunidades de negócios que requerem esforços conjuntos na forma de spin-offs.

Outra contribuição deste livro para as teorias baseadas em recursos diz respeito às questões de crescimento. Em geral, o crescimento é indicado pelo lucro, número de funcionários e outros resultados ou medidas de desempenho (CRESSY, 2008[2006]; BOSMA *et al.*, 2002). Essas medidas são comumente associadas às chances de sucesso. Todavia os dados empíricos desta pesquisa indicam que essas medidas, por si só, não refletem uma imagem precisa da evolução de start-ups, tampouco fornecem *insights* profundos sobre a compreensão de seus processos. Por exemplo, em muitos casos, a redução do número de funcionários foi um indicador positivo de sustentabilidade, mostrando uma gestão melhorada do ponto de equilíbrio e superando picos irregulares de vendas seguidos de números irregulares de funcionários. Portanto, dada a instabilidade do ambiente da firma e as variações nas decisões empresariais, outros indicadores de crescimento devem ser aplicados, os quais podem considerar variáveis de processo, como medidas longitudinais de geração de empregos e o estabelecimento de parcerias com firmas mais estáveis, entre outros.

7.3.6 Concluindo o argumento

A vantagem de estudar start-ups é investigar a lacuna da literatura sobre as origens e a evolução das rotinas organizacionais (ZOLLO; WINTER, 2002). Essa abordagem ainda permite a investigação de como os sistemas de rotinas são gradualmente formados ao longo de EACs. Uma vez que toda firma precisa de rotinas para operar, este estudo também contribui para a literatura de firmas em ambientes relativamente mais estáveis. Essas rotinas gerais correspondem ao que Zollo e Winter (2002) chamam de rotinas operacionais efetivas, aquelas que garantem a sustentabilidade da firma após um episódio de aprendizagem crítico.

Portanto, ao focar os microprocessos de aprendizagem empreendedora, com base na análise empírica substantiva de eventos críticos, no nível da firma, este livro demonstra alguns pontos de convergência entre diferentes ramos da literatura sobre a teoria da firma. Uma das implicações deste livro é que uma teoria integrativa (GARROUSTE; SAUSSIER, 2005; FOSS, 1999) ou sintética (CASSON, 2005) da firma se beneficiaria muito de uma análise empiricamente fundamentada que reconhece o papel ativo das percepções dos empreendedores sobre o ambiente e de suas ações sobre ele. Nesse sentido, é essencial reconhecer que há mais incerteza, no ambiente externo e nos resultados das decisões empreendedoras, do que o empreendedor pode prever. Essa abordagem integrativa deve considerar:

a. o papel da agência empreendedora na decisão de como adquirir ou criar recursos e como usá-los, incluindo como negociar contratos;

b. os constrangimentos à gestão estratégica para explicar a evolução das firmas;

c. a natureza interacional de estrutura e agência, na qual o ambiente é um fornecedor de insumo e feedback;

d. incerteza como um aspecto generalizado do ambiente e dos resultados de aprendizagem ou dos resultados do uso de recursos;

e. a importância da pesquisa empírica como uma verificação da realidade de pressupostos e afirmações teóricas;

f. a inclusão de start-ups como parte dessa literatura, seja como casos especiais de quase-firmas diante dos atuais aparatos teóricos e empíricos, seja como um terreno propício para novas e mais complexas estruturas organizacionais. O lugar das start-ups nas teorias da firma baseadas em recursos não deve ser considerado como dado ou ser simplesmente negligenciado; ele deve ser reconhecido explicitamente e adequadamente investigado. A justificativa para essa afirmação deriva das diferenças entre as trajetórias, cuja evolução poderia ser acompanhada em estágios avançados dessas firmas.

Os primeiros quatro pontos destacam o papel da agência na formação de trajetórias evolutivas em tempo real (GARUD; KARNOE, 2003). Vale notar que a ideia comum subjacente de que a aprendizagem é inerentemente positiva, ou seja, gera ativos para a firma, é desmistificada aqui, uma vez que resultados incertos podem ser prejudiciais e que resultados, no nível individual, podem não se refletir no nível organizacional (BASTOS; GONDIM; LOIOLA, 2004; CONTU; GREY; ÖRTENBLAD, 2003).

Em relação a outras teorias e abordagens brevemente revisadas, no início desta obra, emergem três pontos de conclusão:

a. abordagens teóricas, como a teoria da dependência de recursos e ecologia populacional, têm poder preditivo em contextos nos quais o ambiente desempenha um papel central em influenciar a formação de firmas e o estabelecimento de rotinas internas. Isso resulta em reações a fatores ambientais;

b. abordagens teóricas, como a teoria baseada em recursos e capacidades dinâmicas, têm poder preditivo em contextos nos quais a dinâmica da firma desempenha um papel central em influenciar a organização interna da firma. As rotinas resultantes refletirão as competências gerenciais e outras que aumentam a influência potencial da firma no ambiente;

c. abordagens teóricas, como capital humano e capital social, têm poder preditivo em contextos nos quais as decisões individuais dos empreendedores desempenham um papel central na aquisição, transformação e uso de recursos para criar ou moldar rotinas organizacionais. Tal processo decisório refletirá nos processos de aprendizagem cognitivos e sociais que se provarão eficazes para o funcionamento da firma;

d. além de contribuir para a literatura econômica, este livro contribui para a literatura psicológica sobre aprendizagem natural nas organizações. Delimitar eventos de aprendizagem natural e identificar seus impactos, no nível organizacional, tem sido uma lacuna na literatura por décadas (SALAS; CANNON-BOWERS, 2001). Para estudos multidisciplinares, esta pesquisa conecta os processos psicológicos de aprendizagem ao papel da agência na dinâmica organizacional, no âmbito das start-ups.

De modo geral, esses pontos conclusivos indicam que a perspectiva de cada teoria enquadra o mundo organizacional com suas lentes particulares, destacando alguns fatores e negligenciando outros que também são elementos relevantes do fenômeno investigado. A principal vantagem desses cortes particulares é permitir um exame aprofundado de dinâmicas específicas dentro de conjuntos de fatores, desenvolvendo explicações parcimoniosas a partir dessa posição epistêmica (TOULMIN, 2001). No entanto a abordagem usada aqui, empiricamente fundamentada em vários casos, lança luz sobre a pesquisa integrativa (CASSON, 2005) para explicar relações micro-macro que estão embutidas nas interações de agência e estrutura (BARNES, 2001). Múltiplos casos permitem que a teoria emerja "[...] por reconhecer padrões de relacionamento entre construções dentro e entre casos e seus argumentos lógicos subjacentes" (EISENHARDT; GRAEBNER, 2007, p. 25, tradução própria). Essa é uma estratégia recomendada para unir evidência qualitativa ao âmbito da pesquisa hipotético-dedutiva.

7.4 TRAJETÓRIAS EVOLUTIVAS BASEADAS NA APRENDIZAGEM E A EVOLUÇÃO DE START-UPS

Afirmações teóricas sobre o papel central dos processos de aprendizagem, na evolução das firmas, existem desde o trabalho clássico de Nelson e Winter (1982). Contudo a explicação de como esse processo central de fato influencia a evolução tem sido uma lacuna pouco pesquisada, recebendo a designação de "caixa preta" (LUNDVALL, 2007). Esta seção discute as contribuições deste estudo para o preenchimento dessa lacuna, principalmente em relação aos processos de variação e seleção.

Uma primeira fonte de variação são os resultados de aprendizagem no final dos processos de aprendizagem individuais. Esses resultados podem ser novas interpretações, configurações de rede e práticas de trabalho sobre novos recursos adquiridos ou criados pela firma. Conforme discutido no capítulo 6, esses resultados podem ser os esperados pelos empreendedores, mas muitas vezes vão além disso. Portanto, a variação resulta de ação deliberada, incerteza e acaso (DOPFER, 2005; MINER; CIUCHTA; GONG, 2008). Uma vez disponíveis, esses resultados de aprendizagem são aplicados ao funcionamento da firma e os bem-sucedidos são repetidos em outras situações, até que sejam incorporados às rotinas organizacionais.

Desse modo, a formação e a reformulação de rotinas organizacionais[51] resultam da seleção de resultados de aprendizagem. Esse processo pode ser, mais ou menos, deliberado para cada rotina, possivelmente dependendo do impacto potencial da nova rotina no sistema atual de rotinas. Pode-se esperar que quanto maior o impacto da nova rotina, mais deliberado será o processo de uso e avaliação de seus efeitos no sistema atual de rotinas (ERAUT, 2004b). Assim, a criticidade inerente aos EACs pode exigir um papel mais forte da agência do empreendedor ao selecionar os resultados da aprendizagem a serem incorporados à base de recursos da firma. Por outro lado, o aprendizado diário, por meio da repetição de tarefas, tem mais probabilidade de se referir a uma seleção de pequenos ajustes nas rotinas organizacionais atuais (LAZARIC, 2011; FELDMAN; PENTLAND, 2003). Nesse último caso, é mais provável que o processo subjacente à repetição seja a cognição intuitiva (ERAUT, 2004b). Embora algumas análises longitudinais tenham fornecido indícios desse modo de cognição, ele é um objeto de estudo fora do escopo desta obra. Este livro contribui, principalmente, para a compreensão dos processos deliberativos.

Dois elementos-chave dessa mudança do modo deliberativo para o modo intuitivo de cognição são examinados nos capítulos empíricos: cognição e ação (ERAUT, 2004b). O primeiro corresponde a estratégias de aprendizagem cognitiva e novas interpretações; o último corresponde a estratégias comportamentais, novas redes e métodos. Conforme afirmado por Cairns e Malloch (2011), a aprendizagem resulta do engajamento na experiência e no pensamento, o qual é interacional, intencional e ativo.

---

[51] Uma observação importante é que os tipos de rotinas aqui estudadas diferem da literatura pela sua simplicidade e falta de conexão com um sistema de rotinas pré-existente, dado o estágio de evolução e o escopo de start-ups. Zollo e Winter (2002) estudaram as interações entre aprendizagem e rotinas organizacionais, mas eles se concentraram em P&D de processos, reestruturação e reengenharia e pós-aquisição e integração. Essas rotinas são tão complexas e conectadas ao sistema existente de rotinas que podem ser consideradas como meta-rotinas quando comparadas às rotinas deste livro.

Os processos cognitivos desempenham um papel no nível do empreendedor, especialmente em relação à percepção ou busca de oportunidades de mercado (ZOLLO; WINTER, 2002; ARAMAND; VALLIERE, 2012) e ameaças. No entanto eles só podem ter valor para a firma se sistematicamente combinados com a aplicação prática do conhecimento. Ao contrário do que tem sido teorizado (e.g., ZOLLO; WINTER, 2002), este livro mostra que esses mecanismos de aprendizagem estão intrinsecamente relacionados, e é o feedback mútuo entre os processos cognitivos e comportamentais de aquisição, desenvolvimento e aplicação de conhecimento que gera novos conhecimentos e novos métodos. Dentro dessa interação entre cognição e ação, o aspecto social (relacionamento) é o mais importante em termos de estratégias de aprendizagem.

> Uma perspectiva social chama a atenção para a construção social do conhecimento e dos contextos de aprendizagem e para a ampla gama de práticas e produtos culturais que fornecem recursos de conhecimento para a aprendizagem. (ERAUT, 2004b, p. 263, tradução própria).

Embora todos esses fatores afetem a aprendizagem, principalmente em combinação uns com os outros, a extensão desse efeito depende do contexto. Assim, este estudo explora contextos em níveis diferentes: EACs, start-ups e o cenário institucional de incubadoras de empresas. Ao estudar o papel de múltiplos fatores nesses contextos, este livro enriquece a literatura sobre a aprendizagem nas trajetórias evolutivas.

As trajetórias evolutivas, por sua vez, refletem a capacidade de adaptação e inovação das firmas a gatilhos endógenos e exógenos ao longo do tempo. A adaptação garante a sobrevivência, enquanto a inovação reflete a capacidade de se antecipar às tendências e ameaças do mercado. EACs são a unidade de análise desse processo de criatividade e adaptabilidade. A definição de trajetórias evolutivas como arranjos de EACs situados no encontro entre decisões empreendedoras, recursos da firma, dinâmica social e ambiente externo em um determinado período de tempo, fornece uma perspectiva abrangente sobre os processos evolutivos de start-ups. Como consequência, existe a necessidade de um marco analítico que considere interações complexas entre esses fatores-chave. Conforme Van de Ven e Huber (1990, p. 215),

> Uma pesquisa [t]eoreticamente sólida e praticamente útil sobre as mudanças deve explorar os contextos, o conteúdo e o processo de mudança, juntamente com suas interconexões ao longo do tempo. Assim como a mudança só é perceptível em relação a um estado de constância, uma avaliação de uma sequência temporal de eventos requer a compreensão das condições iniciais (entrada) e dos resultados finais (resultado). Em suma, as respostas a ambas as perguntas são necessárias para avaliar as entradas, processos e resultados das mudanças organizacionais que estão sendo estudadas. (tradução própria).

Essa chamada por uma teoria de processo envolve a explicação de sequências de eventos observados em termos de seus mecanismos ou leis geradoras e as contingências nas quais esses mecanismos operam (VEN; HUBER, 1990). Teorias de processo, então, permitem a investigação de como a mudança organizacional surge e evolui ao longo do tempo. Este estudo constrói argumentos teóricos e proposições sobre um período relativamente curto e intenso de mudança na evolução de start-ups. Os capítulos empíricos exploraram essas sequências de eventos e uma ampla gama de mecanismos e contingências associados a esses processos evolutivos.

Para concluir, os impactos da aprendizagem na evolução dessas firmas foram agregados em trajetórias típicas. Essas mostram semelhanças entre as trajetórias evolutivas para adaptação ou inovação e permitem identificar as propriedades emergentes dessa adaptabilidade, por exemplo, a partir da dedicação ao produto principal ou criação de produtos secundários sobre diferentes bases de recursos.

7.4.1 Evolução em Saltos versus Mudança Incremental

Esta subseção argumenta a favor da existência de processos evolutivos no nível das firmas, considerando que a evolução é "[...] um fenômeno qualitativo, inerentemente descontínuo" (ALCOUFFE; KHUN, 2004, p. 227). Isso não significa que as mesmas características de evolução dos modelos biológicos se apliquem às firmas (REYDON; SCHOLZ, 2009), nem que os pressupostos da ecologia populacional das firmas sejam adequados para start-ups, como as críticas no capítulo 2 argumentaram. Este livro concorda com Bataglia e Meireles (2009), quando afirmam que a evolução das firmas é, em parte, determinística e, em parte, estocástica. Esses aspectos foram discutidos anteriormente, em termos de dependência da trajetória e aprendizagem com o passado versus quebra de trajetória e criação de estratégias inovadoras que trazem maiores níveis de variação e incerteza. Essa abordagem é consistente com a teorização de Schumpeter sobre o papel do empreendedor na criação de descontinuidade para a evolução econômica (ALCOUFFE; KHUN, 2004; LANDSTROM, 2008). Conforme Alcouffe e Khun (2004, p. 227) sumarizam,

> [...] a evolução econômica só pode ser explicada pelo rompimento com a estrutura de estado estacionário que caracteriza o circuito econômico. [Schumpeter] presta atenção especial ao surgimento da novidade, que é verificada quando grandes inovações se materializam na economia - por exemplo, descontinuidade - produzindo um novo estado de equilíbrio. É surpreendente que o crescimento econômico não seja algo que possa caracterizar a evolução, pois envolve apenas mudanças quantitativas. (tradução própria).

Em suma, em longo prazo, a continuidade e a descontinuidade se retroalimentam na evolução das start-ups. Como Miner, Ciuchta e Gong (2008) afirmam, é o equilíbrio entre retenção e variabilidade de rotinas organizacionais que mantém o valor do conhecimento prévio, evitando a obsolescência. As principais contribuições deste estudo para a literatura de aprendizagem, por meio de "eventos descontínuos" (COPE, 2003), "mudança sobre estabilidade" (KNIGHT; PYE, 2007) e "mudança de regras" (NELSON; WINTER, 1982), é mostrar como as dinâmicas dos EACs explicam os processos evolutivos de start-ups que acontecem em saltos. Este livro redefine essas trajetórias evolutivas como quebra-cabeças de fatores compostos por escolhas individuais, recursos locais, dinâmicas sociais e condições de mercado e institucionais. Ao fazer isso, oferece uma explicação alternativa dos processos de variação e seleção, no âmbito da firma, em que a evolução organizacional se distingue da evolução biológica.

O último ponto chave é que este livro inclui start-ups com baixa e alta intensidade de P&D. Isso expande a literatura sobre economia evolucionária para incluir a dimensão local do empreendedorismo, conhecimento e inovação na extremidade inferior da intensidade de pesquisa e desenvolvimento, uma vez que a literatura tem fortemente focado atividades altamente intensivas em P&D (NELSON; WINTER, 1982; GARUD; KARNOE, 2003). Este estudo demonstra que as firmas com baixa intensidade de P&D

experimentam processos evolutivos que são tão críticos quanto aqueles em start-ups intensivas em P&D, nos primeiros anos, apesar dos conteúdos distintos desses processos. Firmas menos intensivas em P&D podem ter pouco ou nenhum impacto no nível macroeconômico, em termos de inovação pioneira, mas sua evolução interna e sustentabilidade de mercado são cruciais para o desenvolvimento local e microrregional endógeno, para a criação de empregos, viabilização de uma cultura empreendedora e a geração de renda (HELMSING, 2010; MEAD; LIEDHOLM, 1998). Portanto, esta pesquisa traz as preocupações dos estudos de desenvolvimento sobre o papel do empreendedorismo, do conhecimento e da inovação nos níveis local e regional para a literatura sobre economia evolucionária e teoria da firma baseada em recursos (LANDSTROM, 2008; NAUDÉ, 2008; HELMSING, 2010).

7.4.2 Desempacotando processos de busca

Os processos de busca em start-ups com alta e baixa intensidade de P&D podem ser muito semelhantes por dois motivos inter-relacionados. Primeiro, a natureza desses processos em start-ups e, segundo, o papel do empreendedor nesses processos. Em relação à natureza, esta pesquisa confirma que os processos de busca são irreversíveis, incertos e contingentes ao contexto (NELSON; WINTER, 1982). Além disso, mostra como a busca pode ser definida como um processo de aprendizagem. A busca é desdobrada em gatilhos endógenos e exógenos, que podem evoluir para resultados bem-vindos (positivos) ou indesejados (negativos). Essa avaliação qualitativa é feita, a posteriori, pelos empreendedores no contexto de cada firma. Portanto, pode haver mais incerteza do que previsibilidade nos processos evolutivos do que inicialmente teorizado por Nelson e Winter (1982). Duas fontes principais de incerteza são apontadas no início de um processo de busca: gatilhos exógenos imprevistos e gatilhos endógenos imprevistos resultantes da implementação de decisões críticas.

Outro aspecto do desempacotamento da busca é que ela se aglutina com os processos de aprendizagem em função da criticidade de um gatilho. A busca pode ser mais facilmente conceituada como aprendizagem devido ao escopo limitado de start-ups, nas quais o empreendedor ou a equipe de sócios têm um papel central na decisão sobre as estratégias de busca. Os primeiros anos de start-up são fortemente marcados pela estreita ligação entre o empreendedor e a empresa, com os compromissos emocionais e financeiros que essa ligação acarreta (COPE, 2003). Portanto, a busca, nos primeiros anos, é mais um esforço individual ou em equipe do que uma rotina organizacional ou uma tarefa desempenhada por um departamento dentro de uma estrutura maior. Isso também adiciona algumas nuances aos fatores que influenciam a estratégia de busca, de acordo com Nelson e Winter (1982). Por exemplo, a facilidade de se alcançar certos avanços técnicos em start-ups está mais intimamente relacionada às características empreendedoras, como a expertise complementar da equipe de sócios, do que às avaliações calculadas do retorno das atividades de P&D.

Dadas essas condições de recursos limitados em start-ups, um processo de busca que é interrompido antes de levar a resultados, no nível da firma, não está associado à aprendizagem organizacional[52]. Do mesmo modo, a aprendizagem diária de atividades, dentro de rotinas estabelecidas, não pode ser associada à busca, uma vez que conta com protocolos de resposta preestabelecidos para situações conhecidas (GARUD; DUNBAR; BARTEL, 2011). Assim, nem todos os processos de busca implicam aprendizagem, e vice-versa.

Uma atividade central, nos processos de busca, é o relacionamento. As trocas com atores detentores de recursos para a aprendizagem social são centrais, particularmente nos primeiros dois anos, após os quais sua importância relativa é gradualmente reduzida para dar lugar a outras estratégias de aprendizagem cognitiva e comportamental. Em estágios avançados, a start-up pode contar, com mais frequência, com seus próprios recursos para buscar soluções para gatilhos. No âmbito das trajetórias evolutivas, predominam as estratégias de aprendizagem relacionadas com o estabelecimento de redes de contatos, indicando que estabelecer redes é uma estratégia de aprendizagem essencial, embora precise ser combinada com outras estratégias para ser eficaz.

Esse papel proeminente das redes de relacionamento implica a ontologia relacional da criação de trajetórias evolutivas (GARUD; KUMARASWAMY; KARNOE, 2010) pela impossibilidade do empreendedor de promover mudanças por si mesmo. Uma rede de outros atores é necessária para que a agência empreendedora seja eficaz, apoiando o conceito de agência distribuída desenvolvido por Garud e colegas (GARUD; KARNOE, 2003;

---

[52] É provável que aconteça algum grau de aprendizagem individual, mas do tipo que não se traduz em rotinas organizacionais — rotuladas por diferentes autores como aprendizagem de ciclo único ou aprendizagem de baixo nível (ROUSSEAU, 1997; ARGYRIS; SCHON, 1978; FIOL; LYLES, 1985).

GARUD; KUMARASWAMY; KARNOE, 2010). Esse conceito afirma que diferentes recursos estão nas mãos de diferentes atores, de forma que a mudança só pode ocorrer quando houver coordenação entre eles para a troca de recursos. Em ambientes de incubação de empresas, a incubadora frequentemente media contatos e executa algum nível de coordenação na rede. Essa configuração de rede resulta em relações centro-periferia, em que o menor escopo e a complexidade das start-ups as colocam numa posição periférica que tende a direcionar os esforços de busca para atores mais poderosos na rede (como as próprias incubadoras e outras instituições de apoio).

Outro fator chave, inerente às start-ups e que constitui um terreno comum entre as firmas com baixa e alta intensidade de P&D, são os objetivos gerais compartilhados. Nos primeiros três a cinco anos, as características dos processos de busca entre esses tipos de firmas são semelhantes porque praticamente todos os (escassos) recursos dessas start-ups são investidos na sua implantação e no estabelecimento das primeiras rotinas, que tendem a se parecer, por exemplo, estabelecer um mecanismo de controle financeiro, estabelecer procedimentos de produção, desenvolver um modelo de negócio, encontrar bons fornecedores e chegar a compradores confiáveis. Portanto, embora essas rotinas visem a diferentes bases de recursos, o papel do empreendedor em desenvolvê-las é semelhante. Seguindo a ontologia relacional da criação de trajetórias evolutivas (GARUD; KUMARASWAMY; KARNOE, 2010), empreendedores de todos os tipos buscarão recursos semelhantes em um conjunto de atores relativamente bem definido. Se a questão for gestão financeira, por exemplo, um consultor em finanças ou um contador deve ser o ator detentor de informações fundamentais, independentemente da intensidade de P&D embutida no produto ou serviço, ainda que o conteúdo dessas informações possa ser diferenciado de acordo com a base tecnológica da firma. Contudo, em estágios mais avançados de desenvolvimento, à medida que as necessidades das firmas se tornam mais específicas de um setor ou produto, as lacunas entre as start-ups de baixa e alta intensidade de P&D aumentarão qualitativamente em função dos atores da rede, do conteúdo da aprendizagem e dos tipos de rotinas em sua evolução.

Para os argumentos apresentados nesta subseção, pode-se concluir que a busca precisa ser investigada além das medidas de resultados e modelos matemáticos (METCALFE, 2006; NAUDÉ, 2008). Portanto, a escolha metodológica desta obra por uma abordagem narrativa (LANGLEY, 1999; CHARMAZ, 2006) combinada com o uso de análise intersetorial foi uma estratégia importante para descrever como a busca ocorre em start--ups (VEN; HUBER, 1990). A generalização desse conceito de busca para outros contextos, ou seja, empresas maiores ou mercados específicos, é uma questão empírica. É provável que estruturas organizacionais mais estáveis e complexas restrinjam a fluidez da busca dentro das regras de busca (ou rotinas de aprendizagem) nas rotinas em operação, tornando o processo mais dependente da coordenação interna dos membros e departamentos do que de iniciativas empreendedoras individuais. Além disso, essas unidades organizacionais mais estruturadas podem estar mais ancoradas em processos dependentes de trajetórias para controlar a incerteza do que abertas para a criação de trajetórias evolutivas novas. Esse cenário aumenta os desafios para a busca e, em certa medida, aumenta a vulnerabilidade da firma a choques externos devido à menor flexibilidade (LICHTENSTEIN; LYONS, 2006; LAZARIC, 2008; VAN DER STEEN, 2009).

7.4.3 Papéis e dinâmicas das rotinas organizacionais

Esta subseção discute as conclusões em relação ao segundo concei-to-chave na economia evolucionária: rotinas organizacionais. Processos de mudança em rotinas têm sido insuficientemente pesquisados, e a literatura disponível enfoca contextos de mudança gradual em organizações maiores (LAZARIC, 2011; FELDMAN, 2000). Portanto, esta obra contribui para a literatura ao examinar mudanças descontínuas em pequenas organiza-ções, com quase nenhuma hierarquia, poucas ou nenhuma rotina anterior e um pequeno número de funcionários, quando têm funcionários. Os resultados demonstram que as rotinas podem desempenhar três papéis principais na evolução das start-ups: podem ser resultados da mudança, estratégias para gerir a mudança e fontes de mudança.

O primeiro papel, de resultado da mudança, corrobora a literatura sobre economia evolucionária ao demonstrar que as rotinas organizacio-nais em start-ups ilustram as formas iniciais de fazer as coisas de maneira coordenada e previsível no âmbito da firma (NELSON; WINTER, 1982; LAZARIC, 2011). Esse papel é refinado aqui, argumentando-se que as configurações de recursos são a substância dessa coordenação e servem a bases de recursos específicas. Além disso, a incerteza em relação aos resultados da aprendizagem impede previsões precisas sobre a formação de rotinas específicas, limitando o poder preditor da gestão. Em vez disso, parece ser mais importante examinar tipos e funções de rotinas que são cruciais para start-ups. O foco desse primeiro papel passa a ser, dessa forma, a funcionalidade da nova rotina e sua coordenação com o atual sistema de rotinas, que tende a se tornar, cada vez mais, complexo e menos sujeito a mudanças.

O segundo papel das rotinas, novo na literatura, é fornecer soluções para futuros EACs. Isso sinaliza a maturidade, a funcionalidade e a legitimidade das rotinas de trabalho em relação aos seus papéis normativos adquiridos e à confiança dos empreendedores no modo como fazem as coisas. Nesse sentido, as rotinas tornam-se um dos recursos endógenos para lidar com os gatilhos. A crescente combinação de reflexão extrínseca e aplicação prática em estágios avançados da evolução das start-ups apoia esse argumento. Consequentemente, rotinas estabelecidas fornecem serviços (PENROSE, 1980 [1959]), como interpretações sobre um episódio em andamento, protocolos sobre quem são os atores detentores de recursos que podem ajudar a resolver um gatilho e práticas de trabalho que podem ser transferidas com sucesso para uma nova situação. No entanto uma forte dependência do sistema atual de rotinas pode sinalizar uma dependência de trajetória dos recursos internos e menos esforços para investir em maneiras inovadoras de lidar com os gatilhos. Essa é uma característica evolutiva esperada, uma vez que rotinas organizacionais mais complexas e interdependentes são mais funcionais no uso dos recursos disponíveis, com maior probabilidade de serem aplicadas na resolução de gatilhos. Essa é uma maneira eficiente de distribuir os recursos de uma firma, pois é cognitivamente menos dispendiosa e tem um desempenho mais rápido (LAZARIC, 2008). Porém, se o processamento cognitivo automático se tornar excessivamente proeminente, a avaliação contínua da eficácia e os ajustes correspondentes a essas rotinas podem ser prejudicados. Uma forma de interromper os efeitos inerciais dessa dependência de trajetória está no terceiro papel das rotinas organizacionais.

O terceiro papel das rotinas é desencadear novos EACs quando perdem sua funcionalidade ou quando sua execução cria novas necessidades. Esse papel pode, em certa medida, estar associado à necessidade constante de compreender, revisar e adaptar rotinas (LAZARIC, 2011). Também corrobora fortemente as afirmações sobre o caráter mutável das rotinas (FELDMAN, 2000; FELDMAN; PENTLAND, 2003) que emerge de iterações sucessivas e avaliação contínua dos resultados obtidos pelos agentes atuantes. Além de corroborar essa literatura, este livro revela quais rotinas desencadeiam mudanças e que tipos de mudanças ao permitir vinculá-las ao conteúdo dos gatilhos. Isso traz o potencial de analisar cadeias de eventos com base na evolução das rotinas organizacionais.

Em conclusão, é perceptível que essas funções não são exclusivas ou separadas umas das outras. A mesma rotina pode desempenhar papéis diferentes em diferentes estágios da evolução de uma start-up, dependendo das interações entre as capacidades intrafirma, as dinâmicas de mercado e os ambientes institucionais. Logo, a formação e a transformação de rotinas fazem parte do trabalho normal (CASSON, 2005, p. 340) dos empreendedores.

Aprofundando a discussão sobre as dinâmicas das rotinas, este livro identificou mudanças qualitativas em grupos de rotinas[53] (capítulo 5) e demonstrou que os conteúdos das rotinas relacionadas à entrada e à sobrevivência no mercado apresentam mudanças mais drásticas nos primeiros dois anos das start-ups. Isso leva à conclusão de que essas primeiras rotinas estão mais sujeitas a mudanças profundas quando comparadas à sua recorrência no tempo e a outras rotinas em estágios posteriores do desenvolvimento da start-up. Esse resultado pode substanciar o que, em uma perspectiva evolucionária, tem sido chamado de vale da morte das start-ups (CRESSY, 2008 [2006]). Essas rotinas iniciais são marcadas por características mais temporárias e até experimentais. No entanto, à medida que são socializadas, legitimadas, entrelaçadas e se tornam interdependentes, elas ficam gradualmente menos sujeitas a mudanças drásticas por novos resultados de aprendizagem e tenderão a operar de forma mais coesa como um sistema de rotinas. Essa flexibilidade, cada vez mais restrita à mudança, tem sido atribuída a estruturas cognitivas estabelecidas, automatismos de memória típicos de conhecimento procedimental (LAZARIC, 2008), processos de dependência de trajetória, aumento da complexidade organizacional (mosaico de rotinas organizacionais), inércia institucional ou cognitiva (HUET; LAZARIC, 2009) e interdependência entre rotinas de trabalho que podem dar preferência a mudanças graduais contínuas (FELDMAN, 2000).

---

[53] O método desenvolvido nesta obra difere de estudos de caso aprofundados e longitudinais encontrados na literatura (e.g., FELDMAN, 2000).

7.4.4 Trajetórias evolutivas

Esta subseção discute o papel das trajetórias evolutivas nesta abordagem da evolução de start-ups baseada na aprendizagem. A conexão entre trajetórias evolutivas e aprendizagem está na base do conceito de evolução, uma vez que EACs são os blocos de construção dessas trajetórias. A conexão entre essas trajetórias e evolução, por sua vez, tem várias camadas. Em primeiro lugar, as cinco trajetórias evolutivas típicas mostram que as firmas evoluem de maneiras diferentes e que trajetórias evolutivas diferenciadas têm por base diferentes dinâmicas de recursos. Uma vez que essas trajetórias evolutivas não são previsíveis com precisão, elas estão constantemente sob alguma probabilidade de mudança, condicionada a mudanças nos ambientes interno ou externo da firma. Portanto, as trajetórias evolutivas fornecem uma ferramenta analítica para investigar como os eventos críticos afetam a base de recursos dessas firmas em direção à dependência ou quebra de trajetórias. Nota-se que o escopo e os objetivos desta obra não permitem considerar em que medida as trajetórias evolutivas típicas podem ser também instrumentos para prever a evolução de start-ups.

Uma das principais dinâmicas, dentro das trajetórias, que mais influencia a evolução das firmas, é o relacionamento. É por meio das redes de relacionamento que os empreendedores trocam recursos e aprendem. Estudos sobre o crescimento de empresas nascentes têm afirmado amplamente que as redes são essenciais para ajudar os empreendedores a acessarem os atores de mercado e inserirem suas firmas em atividades de mercado sustentáveis (NICHTER; GOLDMARK, 2005; GELDEREN; THURIK; BOSMA, 2006). Por exemplo, ter redes iniciais com atores de mercado é um fator crítico para as start-ups na Trajetória 1, para a produção direta (redes de fornecedores) e comercialização (redes de compradores) do produto ou serviço. As redes iniciais com centros de pesquisa e universidades marcam o início de todas as start-ups com alta intensidade de P&D para acesso a desenvolvimento tecnológico.

Além dessa influência inicial, expansões, nessas redes de relacionamento, influenciam a criação de produtos ou serviços secundários e marcam mudanças nas trajetórias evolutivas. As incubadoras de empresas podem desempenhar um papel central no estabelecimento de atividades de relacionamento que promovam alternativas agregadoras de valor para as start-ups, influenciando o desenvolvimento de suas trajetórias. Algumas dessas atividades envolvem empreendedores graduados da incubadora, instituições financeiras e investidores[54]. Somando-se às iniciativas deliberadas de expansão das redes, há o dinamismo das relações informais, uma vez que a start-up esteja dentro do programa de incubação ou atuando no mercado. Por meio das primeiras vendas e das consequências iniciais do crescimento, as oportunidades de negócios são identificadas e criadas, o que pode afetar as decisões de investimento em novas bases de recursos que mudarão a trajetória da firma. A importância desse processo de estabelecimento de laços fracos com atores detentores de recursos como fonte de novas informações, inovação e acesso a outros atores de mercado está bem documentada na literatura (GRANOVETTER, 1983; CROSS; PRUSAK, 2002; XU, 2011).

Isso se relaciona a duas outras dimensões dessas dinâmicas de rede que impactam a formação de trajetórias evolutivas: isomorfismo e imersão. À medida que as start-ups se tornam mais integradas às redes de negócios e de mercado, os laços com atores detentores de recursos se tornam mais fortes, e a semelhança entre as start-ups e outras empresas, no mesmo nicho de mercado, aumenta, devido aos efeitos isomórficos. Laços fortes são importantes para a confiança, os relacionamentos de longo prazo e a redução de risco. Porém eles aumentam a quantidade de informações redundantes, estreitando o fluxo de novas ideias para inovação e as possibilidades para renovar estruturas cognitivas para interpretar e lidar com eventos críticos (GRANOVETTER, 1973, 1983; XU, 2011). Além disso, os processos isomórficos — que são vantajosos para facilitar as interações uma vez que as regras de troca, as normas e a estrutura de incentivos são compartilhadas (GÖSSLING, 2007) — podem, pelas mesmas razões, criar uma situação de aprisionamento que impede a percepção de oportunidades num ambiente bem conhecido. Em suma, envolver-se deliberadamente nesses processos de relacionamento pode ser uma decisão estratégica para inserir a firma no mercado; o desafio, então, é ampliar a diversidade dessas relações, deixando que laços frágeis tragam novidades.

Para concluir, deve ficar claro que as trajetórias evolutivas descritas nesta obra não correspondem a fases sequenciais na evolução de start--ups, no sentido de uma evolução de trajetórias mais simples para mais

---

[54] Fonte: dados das entrevistas com gestores das incubadoras e material secundário, como notícias na imprensa, websites e relatórios.

complexas. Esse não é um pressuposto deste livro e, como mostram os EACs, em todas as trajetórias, não se pode falar em graus de complexidade entre trajetórias evolutivas, uma vez que todas elas são compostas por eventos críticos em sua formação e que fatores em diferentes níveis de análise contribuem para explicá-las — não apenas a sequência ou a passagem do tempo. Com base nesses fatores explicativos, é provável que muitas start-ups, especialmente aquelas que são pouco intensivas em P&D, permaneçam na mesma trajetória em estágios avançados, com alguma diversificação dentro da base de recursos existente. No entanto, hipoteticamente, as start-ups podem passar da Trajetória 1 para a 3, 4 ou 5, se em estágios posteriores desenvolverem produtos secundários que requeiram uma base de recursos diferente. Contudo essa transição entre trajetórias evolutivas tem restrições, uma vez que algumas delas são logicamente impossíveis. Por exemplo, uma start-up, na Trajetória 2, não mudará para a Trajetória 1, uma vez que o produto principal requer vários anos para ser desenvolvido. Além disso, as restrições estruturais podem impedir outras transições: por exemplo, a falta de um centro de pesquisa local pode impossibilitar o acesso à tecnologia que agregaria valor a uma firma de baixa intensidade de P&D. Assim, essas trajetórias se aplicam aos primeiros três a cinco anos de operação e podem não refletir estágios avançados na evolução dessas mesmas start-ups.

7.5 INCUBADORAS DE EMPRESAS: SERVIÇOS INVISÍVEIS

A evolução de start-ups é marcada por altas taxas de insucesso, nos primeiros três a cinco anos (KELLEY; BOSMA; AMORÓS, 2010; NICHTER; GOLDMARK, 2005; SEBRAE, 2007; NAUDÉ, 2008; CRESSY, 2008 [2006]), por motivos como falta de acesso aos recursos necessários (MEAD; LIEDHOLM, 1998) e má gestão dos recursos disponíveis (SEBRAE, 2007). Esforços para enfrentar essas dificuldades e apoiar as trajetórias de crescimento foram desenvolvidos por serviços de apoio a negócios (DCED, 2001) e, mais especificamente, por incubadoras de empresas (LICHTENSTEIN; LYONS, 2006; LALKAKA; SHAFFER, 1999) em todo o mundo.

Neste livro, os programas de incubação de empresas não são o principal objeto de estudo; em vez disso, as incubadoras de empresas são tratadas como um ambiente institucional que facilita a aprendizagem empreendedora. Isso reflete a quinta pergunta de pesquisa específica: como as incubadoras de empresas podem oferecer um ambiente de aprendizagem para os empreendedores? Essa pergunta alinha-se ao marco de inovação global (OCDE; EUROSTAT, 2005) e às políticas do Sebrae para pequenas empresas no Brasil. É abrindo oportunidades de relacionamento entre empreendedores e atores detentores de recursos que as incubadoras facilitam a aquisição de recursos críticos, como conhecimento, tecnologia e cooperação para a inovação. Incubadoras de empresas, portanto, são reconceituadas como ambientes de aprendizagem que fornecem recursos, principalmente, por meio de funções de mediação e de treinamento formal e aprendizagem social para a criação endógena de recursos nas start-ups. Por meio da mediação, as incubadoras de empresas fornecem acesso a recursos externos de redes de suporte e de mercado.

Esta seção discute o papel das principais categorias de serviços prestados por incubadoras de empresas. As primeiras duas categorias, referentes a serviços operacionais e estratégicos, são bem conhecidas na literatura (ALTENBURG; STAMM, 2004; LALKAKA, 2001). A terceira categoria destaca aqueles serviços "invisíveis" que são comumente esquecidos pelos gestores das incubadoras e por outros parceiros institucionais.

7.5.1 O papel dos serviços operacionais

Muitos empreendedores se inscrevem em programas de incubação de empresas em busca de redução de custos fixos. Todas, exceto uma incubadora neste estudo, tinham sistemas de compartilhamento de custos de instalações, como espaço de escritório, secretaria, telecomunicações, internet, sala de reuniões, cozinha e outros. Esses podem representar custos impeditivos, nos primeiros anos, se o empreendedor tiver que arcar com eles por conta própria. Para algumas start-ups, embora os serviços operacionais não estejam listados entre os mais importantes a longo prazo, esses serviços são reconhecidos como cruciais para a sobrevivência nos primeiros dois anos. Em conclusão, embora os serviços operacionais básicos possam não estar no centro das trajetórias evolutivas, eles fornecem um terreno seguro para a construção dessas trajetórias.

7.5.2 O papel dos serviços estratégicos

Lichtenstein e Lyons (2006) afirmam que as incubadoras de empresas promovem mudanças quantitativas e qualitativas nas competências dos empreendedores para conduzir suas empresas. Essas competências, nas incubadoras brasileiras, são predominantemente gerenciais devido ao pressuposto subjacente baseado em resultados de pesquisas do Sebrae (2007), que indicam que o principal gargalo para a abertura de empresas é a falta de competências gerenciais. Essas competências são características de mercados moderadamente dinâmicos, nos quais se espera que os gerentes "[...] desenvolvam processos eficientes, previsíveis e relativamente estáveis com etapas lineares, começando com a análise e terminando com a implementação" (EISENHARDT; MARTIN, 2000, p. 1110). No entanto, como as incubadoras de empresas estão se tornando, cada vez mais, voltadas para a tecnologia, esse modelo está começando a falhar para algumas start-ups. A falta de expertise em atividades altamente intensivas em P&D e mercados de alta velocidade tem impactado a avaliação dos empreendedores quanto à eficácia dos serviços prestados por incubadoras.

A contribuição deste livro para esse debate argumenta que as competências gerenciais só vão influenciar a evolução das start-ups se forem entregues em tempo hábil e em função das necessidades de cada firma, especialmente durante EACs. A configuração ideal de recursos para o desenvolvimento de competências gerenciais, portanto, seria combinar a formação regular em questões gerais provida pela incubadora com a orientação estratégica específica diante de EACs. Este estudo fornece um marco analítico que pode ser útil para gerentes e consultores de incubadoras, em relação a prestar atenção aos EACs atuais, aos recursos necessários e aos possíveis desenvolvimentos guiados por uma análise fundamentada da base de recursos das start-ups e custos de aprendizagem. Assim, os efeitos dessas consultorias sobre a evolução das start-ups podem ser potencializados combinando os conteúdos de aprendizagem com o contexto e as necessidades da firma.

Foi discutido, no capítulo 6, que o conteúdo de aprendizagem varia entre as trajetórias. Alguns desses conteúdos referem-se à cooperação, o que requer confiança e compartilhamento de informações. Isso implica um equilíbrio diferente entre cooperação seletiva e competição. Por exemplo, aqueles envolvidos na Trajetória 4 (criação de spin-offs) claramente aprendem mais sobre como compartilhar competências e gerenciar múltiplas estruturas de firmas. Porém eles podem não precisar de muito aprendizado sobre os processos específicos assumidos pelo parceiro de negócios. Diferentemente, quando as start-ups trabalham mais independentemente, como na Trajetória 1 (produção direta do produto ou serviço principal), há um aprendizado intensivo de rotinas gerenciais internas e de estratégias de marketing para inserir rapidamente o produto no mercado. Há também ênfase na aprendizagem sobre como lidar com os concorrentes, uma vez que a maioria dessas firmas atua em mercados competitivos. Esse último conteúdo de aprendizagem pode ser irrelevante para start-ups, na Trajetória 2 (dependência de subsídios de P&D), em que a aprendizagem é focada no desenvolvimento de tecnologia, e frequentemente não existem concorrentes. Desse modo, os serviços estratégicos das incubadoras de empresas devem incluir o reconhecimento dessas diferentes necessidades de aprendizagem ao longo das trajetórias evolutivas. Não se trata de criar uma classificação de conteúdos de aprendizagem, pois esses são contingentes às demandas de aprendizagem próprias de cada trajetória e, mais especificamente, de cada EAC. Mais importante, portanto, é conceber programas de incubação de empresas flexíveis e responsivos às contingências das start-ups incubadas.

Um ponto importante é que a agência do empreendedor prevalece ao julgar se o conteúdo dessas consultorias e serviços de apoio da incubadora é adequado para atender ao escopo e às necessidades atuais da firma. Não se pode presumir que o consultor, por mais próximo que esteja da firma, faça parte dos recursos internos. Isso aumenta o papel da confiança mútua e da troca de informações. Além disso, reconhecer o papel da agência do empreendedor abre espaço para reconhecer os processos informais de aprendizagem, que podem ser mais influentes na formação empreendedora do que os processos formais (ERAUT, 2004b).

Um serviço estratégico chave das incubadoras de empresas é o fornecimento de orientações que evitam problemas críticos previsíveis. Podem ser informações sobre características de um determinado setor, ou inerentes ao pequeno tamanho das start-ups, advir da falta de experiência empreendedora ou estar relacionadas com a trajetória evolutiva típica da firma. Em geral, tais serviços estratégicos podem ajudar os empreendedores a focar oportunidades de negócios de maior valor agregado com base nas capacidades internas da firma e nos recursos disponíveis na rede da incubadora e do empreendedor. Um resultado poderia ser, por exemplo, a busca de parcerias com outras empresas para o desenvolvimento de produtos (HUET; LAZARIC, 2009). Uma pré-condição para isso é que a incubadora de empresas esteja bem conectada às instituições de apoio e aos atores

VENCER O VALE DA MORTE: APRENDIZAGEM E EVOLUÇÃO DE EMPRESAS NASCENTES

de mercado. Uma incubadora de empresas isolada tem pouco a oferecer, em termos de serviços estratégicos que contribuam para os processos de aprendizagem e para a evolução de suas start-ups (BOLLINGTOFT; ULHOI, 2005).

Portanto, na abordagem de evolução de firmas baseada na aprendizagem desenvolvida nesta obra, as incubadoras de empresas têm um papel fundamental a desempenhar no acesso a especialistas, o que aumentará o leque de opções para lidar com eventos críticos. Nos termos de Dopfer (2005), os serviços estratégicos prestados por incubadoras de empresas oferecem variação de ações e subsídios para a seleção daquelas que são mais adequadas. Esse ponto impacta fortemente, por exemplo, a prestação de serviços estratégicos para start-ups com alta intensidade de P&D, cujos produtos são orientados para a oferta. A orientação estratégica poderia, então, trazer o elemento de demanda para o desenvolvimento do produto, orientando essas start-ups para estratégias mais sustentáveis, que não a dependência de subsídios de P&D, característica da Trajetória 2.

Além das consultorias e mentorias, outro serviço estratégico prestado por incubadoras de empresas que indiretamente influencia a evolução de start-ups é a imagem da incubadora, ou seja, sua reputação (HORMIGA; BATISTA-CANINO; SÁNCHEZ-MEDINA, 2011). Em geral, parece que a confiança na seriedade da incubadora, por parte dos atores internos e externos, é passada para as empresas incubadas e facilita sua entrada no mercado. Essa imagem positiva pode ser atribuída à própria incubadora, por ter um processo seletivo confiável e exemplos de graduados de sucesso no mercado, ou pode ser atribuída à universidade ou centro de pesquisa ao qual a incubadora está associada.

Em alguns setores, principalmente em áreas com alta intensidade de P&D, o empréstimo dessa imagem oferece uma vantagem comparativa ao entrar no mercado. Compradores, fornecedores e investidores apostam no potencial da start-up a partir da imagem positiva da incubadora ou da instituição de pesquisa. Constatou-se que o processo de seleção em si já funciona como um selo de qualidade para start-ups (MCADAM; MARLOW, 2007), que incorporam essas informações, em seus portfólios, como um indicador de credibilidade e confiabilidade. Uma nuance importante do uso dessa imagem é que as incubadoras também são lugares para principiantes, e isso pode impactar negativamente as start-ups em rápido crescimento.

Uma característica do processo seletivo que pode amenizar os custos de aprendizagem, nas trajetórias evolutivas das start-ups, é o interessante conceito de perfil coletivo, presente em algumas incubadoras de empresas desta pesquisa. Trata-se da expertise complementar dentro da equipe de sócios, assessorada desde o início do processo de candidatura e, por vezes, utilizada como critério de seleção de novas empresas incubadas. Dessa forma, as competências complementares são consideradas desde o início do processo de incubação, minimizando as lacunas de conhecimento gerencial ou tecnológico de empreendedores individuais.

7.5.3 Serviços invisíveis: dinâmica informal em ambientes de incubação de empresas

Esta subseção discorre sobre serviços referidos superficialmente pela literatura, pouco relatados pelos gestores das incubadoras e destacados pelas narrativas dos empreendedores como o segundo serviço mais importante prestado pelas incubadoras de empresas. Eles são baseados em redes de relacionamento e, por seu caráter customizado, localizado, estratégico e incerto, não caracterizam um serviço estratégico regular. Não são fornecidos uniformemente por todas as incubadas, e seus resultados não são traduzíveis em metas ou outras medidas específicas. Essa intangibilidade pode explicar por que eles tendem a ser negligenciados ou subestimados como suporte pontual esporádico. O objetivo aqui é, portanto, tornar visíveis esses serviços relativamente invisíveis, discutindo como eles se relacionam com os processos evolutivos. Três tipos principais desses serviços são detalhados: intermediação de informações, promoção da cooperação versus competição e ambiente de aprendizagem coletiva. Esses serviços baseados em rede apoiam a redefinição das incubadoras de empresas como mediadoras de informações (CROSS; PRUSAK, 2002) e provedoras de um ambiente de aprendizagem intensiva (ABBAD; BORGES-ANDRADE, 2014).

Em relação ao primeiro tipo de serviço invisível, intermediários de informação são atores poderosos para lidar com lacunas estruturais em uma rede de incubação de empresas. Esses atores conectam diferentes grupos, que tendem a ser internamente homogêneos, e fazem a ponte de acesso a informações que alimentam novas ideias (BURT, 2004). Ao fazer a ponte entre os grupos, as incubadoras de empresas conectam o grupo de empreendedores incubados a agências governamentais, por meio da circulação de editais, a firmas graduadas, por meio de cafés de negócios, e a especialistas, por meio de seminários regulares. Dessa forma, as incubadoras de empresas mantêm a comunicação fluindo entre start-ups e consultores, Sebrae, institutos de pesquisa, bancos, investidores e outros atores detentores de recursos (LALKAKA, 2001). O gerente da incubadora assume um papel central, uma vez que é a pessoa de confiança de todos os demais. É por meio dessas relações baseadas em confiança que a intermediação de informações é realizada. A maioria dos empreendedores reconhece esse papel e atribui muito do sucesso ou fracasso da incubadora ao desempenho de seu gerente na intermediação de informações e na sua conexão com atores detentores de recursos (CORRADI, 2012).

Os gestores também são responsáveis pela dinâmica relacional interna entre os empreendedores incubados, de forma que a incubadora pode variar de um ambiente animado de trocas e cooperação, a um longo corredor de portas fechadas e trocas limitadas, ou mesmo a um ambiente de competição entre start-ups nos mesmos setores ou em setores semelhantes. As evidências desta pesquisa sugerem que as questões de cooperação versus concorrência estão associadas à frequência com que os gestores são trocados pela instituição mantenedora (universidade, município, centro de pesquisa etc.). De modo geral, as incubadoras de empresas com alta rotatividade de gerentes sinalizam menos interações entre os empreendedores incubados e mais episódios de competição entre eles. Os casos de melhores práticas relatam um ambiente que promove a cooperação para a inovação e o crescimento, um tipo de comunidade de prática na qual as informações são trocadas, em contraste com uma visão individualista da própria firma (CORRADI, 2012).

Essa abordagem cooperativa impacta as estruturas cognitivas dos empreendedores, mesmo após a saída da incubadora. Esse tipo de cultura organizacional cooperativa influencia as estratégias de divisão do trabalho, o compartilhamento de espaço e informações e a redução da distância hierárquica entre empreendedores e funcionários. Além disso, as start-ups do setor de tecnologia e comunicação costumam utilizar uma política de promoção de valorização de funcionários de destaque ou estagiários transformando-os em sócios da firma de acordo com seu desempenho, caracterizando o empreendedorismo em pequenas empresas (CARRIER, 1994). Todas essas práticas cooperativas contribuem para a redução de custos (por exemplo, custos fixos compartilhados, redução da rotatividade de estagiários e funcionários) e aumento da tomada de decisão coletiva (por exemplo, *brainstorming* para design de produto e inovação).

Um aspecto negativo desses serviços invisíveis que pode levar a EACs de competição relaciona-se aos tipos de negócio que estão incubados simultaneamente. Episódios de concorrência desleal ocorrem entre start-ups semelhantes, localizadas, lado a lado, na incubadora. Isso tem implicações para o processo de seleção de candidatos à incubação e para a distribuição dessas empresas dentro das instalações da incubadora. Isso significa que a concorrência pode ser promovida inadvertidamente pela incubadora, como um desserviço aos empreendedores (MCADAM; MARLOW, 2007).

Apesar do risco de competição quando as empresas incubadas operam no mesmo ramo, as melhores práticas de incubação incluem gerenciar a dinâmica interna para fazer uso das capacidades dessas empresas e aumentar a inovação por meio da cooperação. Esse ambiente de trocas saudáveis entre empreendedores incubados, gerente da incubadora, empreendedores graduados, consultores e outros prestadores de serviços é caracteristicamente propício ao crescimento (NICHTER; GOLDMARK, 2005). O papel das incubadoras, portanto, se estende desde prestadora de serviços para empresas individuais até a função de fornecedora de bens públicos, no sentido descrito por Altenburg e Stamm (2004). Esse ambiente de negócios, com intensas trocas cooperativas, caracteriza o serviço mais estratégico que as incubadoras de empresas podem oferecer: um ambiente de aprendizagem coletiva, ou, pelo menos, um ambiente para aprendizagem interorganizacional (UNIDO; LEUVEN CENTRE FOR GLOBAL GOVERNANCE STUDIES, 2011; HORMIGA; BATISTA-CANINO; SÁNCHEZ-MEDINA, 2011).

As interações entre os empreendedores incubados, no ambiente de incubação, mostram o estabelecimento de redes multirrelacionais em todas as trajetórias evolutivas. São redes nas quais os atores estabelecem múltiplos tipos de relações entre si (BOISSEVAIN, 1974), fortalecendo suas conexões e aumentando a variedade de recursos que trocam. Os conteúdos transacionais variaram de trocas informais de informações a parcerias comerciais formais para desenvolvimento ou comércio de produtos. As trocas informais acontecem por meio de conversas de corredor, participação em seminários, cursos e reuniões e por meio de intermediação de informações pela equipe da incubadora sobre o que as diferentes start-ups estão desenvolvendo. Nesses ambientes, os empreendedores gerenciam suas redes a partir de suas percepções, experiências e trocas com outros atores e orientações específicas de consultores e gestores das incubadoras. Todas essas informações têm o potencial de afetar as trajetórias evolutivas e podem conduzir as start-ups incubadas em direção à inovação (XU, 2011). Assim, incubadoras que proporcionam um ambiente rico de aprendizagem colocam mais recursos à disposição de suas start-ups incubadas, aumentando a variedade de opções e o suporte para a seleção das melhores alternativas. É nesse ambiente de aprendizagem coletiva, em que o treinamento formal é combinado com a aprendizagem social (BANDURA, 1986) e instituições informais (LALL, 2002), que as incubadoras de empresas funcionam como comunidades de prática socialmente construídas (CAIRNS; MALLOCH, 2011).

7.6 CONTRIBUIÇÕES METODOLÓGICAS

Esta seção resume as contribuições metodológicas desta pesquisa em torno de dois argumentos principais: estudos de processos organizacionais e métodos mistos. Uma contribuição geral desta obra é o desenvolvimento e a testagem de uma metodologia para descrever processos de mudança multiníveis e contingentes ao contexto nas organizações (GLICK *et al.*, 1990), especificamente em relação à medição dos resultados de aprendizagem individual no nível organizacional (MORAES; BORGES-ANDRADE, 2010). Para tanto, fez uso de princípios da teoria fundamentada que orientaram a elaboração de perguntas teóricas (STRAUSS; CORBIN, 1998) sobre processo, variação e conexões entre os conceitos que compõem o marco analítico.

> Os dados de processos coletados em contextos organizacionais reais têm várias características que os tornam difíceis de analisar e manipular. Primeiro, eles lidam principalmente com sequências de "eventos": entidades conceituais com as quais os pesquisadores estão menos familiarizados. Segundo, muitas vezes envolvem vários níveis e unidades de análise cujos limites são ambíguos. Terceiro, sua imersão temporal freqüentemente varia em termos de precisão, duração e relevância. Finalmente, apesar do foco principal nos eventos, os dados do processo tendem a ser ecléticos, atraindo fenômenos como a mudança de relacionamentos, pensamentos, sentimentos e interpretações. (LANGLEY, 1999, p. 691-692, tradução própria).

A técnica exploratória de entrevistas semiestruturadas retrospectivas com empreendedores serviu com sucesso ao propósito de coletar dados de processo por meio de narrativas de eventos críticos na história de start-ups. Essas entrevistas colocaram os empreendedores como atores centrais nos processos de formação e mudança de rotina (FELDMAN, 2000). Esse método corrobora o uso de narrativas em estudos de processos (LANGLEY, 1999) e a relevância da investigação de casos múltiplos para desenvolver teoria organizacional (EISENHARDT; GRAEBNER, 2007).

O método combinou abordagens dedutivas e indutivas (CRESWELL, 2009) para a análise de dados, com os resultados de um método alimentando a etapa seguinte de análise, no outro método (Figura 11). Esse uso de métodos mistos (CRESWELL, 2009) difere do uso mais comum, no qual o desenho de pesquisa fraciona seções de análise em partes quantitativas separadas das qualitativas, levando a grupos de resultados com pouca conexão entre si.

Figura 11 – Diagrama da abordagem de métodos mistos da pesquisa

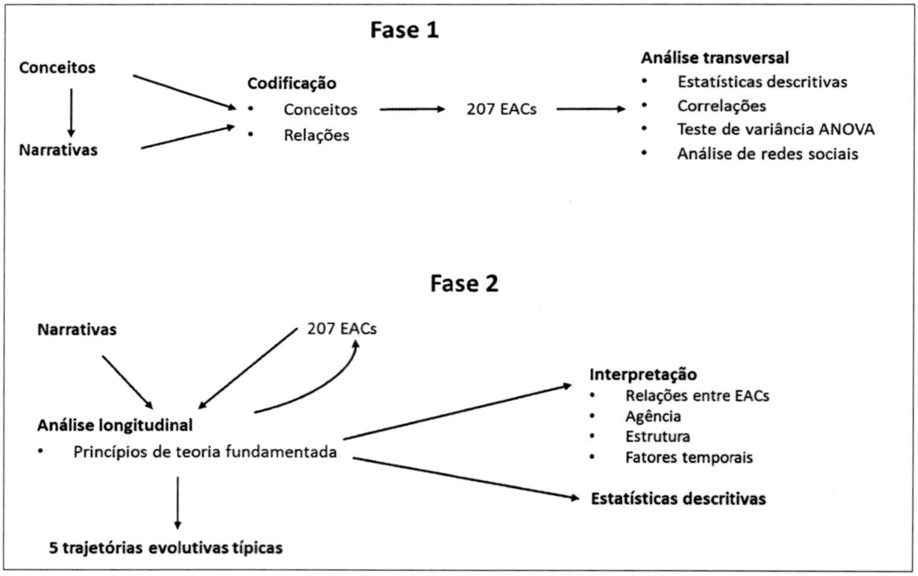

Fonte: a autora

O marco analítico inicial para definir os principais fatores envolvidos na evolução de start-ups forneceu uma ideia geral dos conceitos e processos em investigação. Naquele estágio, as propriedades e a dinâmica dos EACs, no nível da firma, eram desconhecidos, e a ideia de trajetórias evolutivas ainda não havia se desenvolvido em um conceito completo. Ancorar as narrativas dos empreendedores em aspectos teóricos, como início, duração e conclusão de EACs, forneceu um rico material para investigar esses eventos específicos e seus impactos nas rotinas organizacionais. A análise sucessiva das entrevistas revelou tipos e propriedades de EACs, o que levou a refinamentos da estrutura conceitual original (como a inclusão de criação e de perda de recursos como gatilhos para a busca).

Além disso, as variações nos EACs forneceram subsídios para análises quantitativas descritivas e revelaram relações relevantes entre as variáveis. Esses resultados quantitativos, por sua vez, geraram novas questões que foram investigadas por meio de um exame qualitativo das relações entre EACs. Como resultado dessa abordagem indutiva, o conceito de trajetórias evolutivas típicas emergiu. Essa combinação de técnicas, incluindo esforços para triangular resultados, apoiou a investigação de "[...] questões sobre quais são as causas ou consequências dos eventos dentro do padrão de processo" (VEN; HUBER, 1990, p. 214).

Essa trajetória metodológica particular foi adequada à natureza exploratória desta pesquisa, para a qual poucos referenciais metodológicos foram encontrados. Nesse sentido, os métodos utilizados podem contribuir para estudos futuros de processos nas organizações, uma vez que essa abordagem de métodos mistos permitiu perspectivas transversais e longitudinais aprofundadas; as primeiras para a descrição de partes de microprocessos de aprendizagem e uso de recursos e as últimas para a descrição de processos evolutivos.

7.7 CONTRIBUIÇÕES PARA QUESTÕES DO DESENVOLVIMENTO

As empresas locais, devido ao seu escopo e às conexões com os recursos locais ou regionais, são atores centrais na promoção do desenvolvimento endógeno, consistente com a disponibilidade local e sua capacidade de usar esses recursos (HELMSING, 2001). Mesmo em regiões com poucos recursos, as start-ups podem ser adaptativas e contribuir ativamente para a resiliência da região (HELMSING, 2010), combinando estrategicamente recursos escassos de maneiras inovadoras. No caso brasileiro, vários esforços têm sido feitos para facilitar a formalização de start-ups e dar-lhes suporte (ANPROTEC; MCT, 2012; BRASIL, 2008; BRASIL, 2005). No entanto comparações entre países, feitas no Monitoramento do Empreendedorismo Global (KELLEY; BOSMA; AMORÓS, 2010), argumentam que, no Brasil, os indicadores são baixos para a inovação e a taxa de empreendedorismo nascente[55]. Daí a importância de se investigar os fatores implicados na criação de novas configurações de recursos por empreendedores em duas regiões ricas em recursos no Brasil.

Em primeiro lugar, este estudo corrobora a literatura sobre as dificuldades enfrentadas por start-ups, nos primeiros dois anos de operação (CRESSY, 2008 [2006]), e a importância dos serviços de apoio a negócios, como incubadoras de empresas, para fornecer o suporte necessário (BOLLINGTOFT; ULHOI, 2005). Semelhanças entre EACs associados a perfis muito distintos de empreendedores e start-ups sugerem a existência de alguns eventos críticos comuns que afetam essas empresas nascentes nos primeiros dois a cinco anos. Tais eventos críticos não estão, na maioria das vezes, vinculados a restrições financeiras, corroborando a literatura que afirma a maior importância das necessidades de aprendizagem na start-up (CASSON; YEUNG; BASU; WADESON, 2006). É com base nessas necessidades de aprendizagem que diferenças fundamentais entre start-ups são identificadas; tais necessidades são inerentes à base de recursos da firma e à correspondente necessidade de recursos específicos provenientes de empreendedores, redes de relacionamento, firmas, mercado e instituições. Nesse sentido, este estudo contextualiza as dinâmicas da firma e fornece um melhor entendimento sobre os impactos da pressão para sobreviver em comparação com as oportunidades de negócios que são mais conducentes a atividades de alto valor agregado.

Todas essas contribuições estão centradas em processos de aprendizagem, com incubadoras de empresas funcionando como ambientes de aprendizagem formais e informais simultaneamente. Os principais avanços no conhecimento, devido a essa investigação da evolução das start-ups baseada na aprendizagem, são:

    a. reconhecimento do papel da agência – o empreendedor é o ator central nos processos das start-ups. Adicionalmente ao discurso

---

[55] Esses dados continuam consistentes com o último relatório de Monitoramento do Empreendedorismo Global 2023-24 (GEM, 2023). Nota-se que esse relatório identificou uma queda brusca no ambiente empreendedor brasileiro durante os anos de pandemia de COVID-19 (2019-2022).

teórico, as vozes dos empreendedores forneceram informações, explicaram as relações entre os conceitos no marco analítico e apontaram os principais fatores que afetam a evolução de suas start-ups. Dessa forma, este livro vincula as teorias da firma baseadas em recursos à literatura sobre empreendedorismo e desenvolvimento econômico (NAUDÉ, 2011), bem como apresenta uma análise dos impactos de características individuais isoladas de empreendedores no crescimento das firmas (NICHTER; GOLDMARK, 2005);

b. processo ascendente e análise multinível – esta pesquisa partiu do nível micro da aprendizagem individual e avançou para o nível organizacional das rotinas e, em seguida, trajetórias evolutivas típicas baseadas na aprendizagem. As análises exploraram como esses níveis se conectam, se retroalimentam e impactam as trajetórias evolutivas de start-ups;

c. alternativa metodológica – o uso de métodos mistos para desenvolver teoria e fornecer uma base empírica para proposições foi uma estratégia bem-sucedida para compreender a dinâmica da evolução de start-ups durante os anos mais instáveis, nos quais as medições convencionais de desempenho, por si só, produzem resultados limitados;

d. perspectiva de múltiplos fatores – esta é a mais ambiciosa dessas contribuições aos estudos do desenvolvimento, pois requer o distanciamento das explicações de fator único e o reconhecimento da importância contingente de um conjuntos de fatores para o episódio crítico ou para a trajetória evolutiva típica em curso. Embora alguns estudos apontem a heterogeneidade dentro do setor de pequenas empresas e a necessidade de estratégias bem direcionadas para alcançar o crescimento (NICHTER; GOLD-MARK, 2005), pouca teoria é encontrada para apoiar essa perspectiva. Na literatura do desenvolvimento, esse aspecto reflete a estrutura de governança de múltiplos atores para fortalecer as capacidades locais (HELMSING, 2010). Este estudo avança o debate, fornecendo algumas evidências para uma explicação em várias camadas das dinâmicas de start-ups, embora, dado o escopo da obra, muitas questões permaneçam carentes de respostas.

Duas outras contribuições para os estudos do desenvolvimento estão relacionadas à intensidade de P&D. Esta pesquisa indica que as principais diferenças entre start-ups com baixa e alta intensidade de P&D, no que diz respeito às trajetórias evolutivas, são os perfis de redes de relacionamento e as necessidades de investimento. Aquelas start-ups com baixa intensidade de P&D, neste estudo, visam os mercados locais e (micro) regionais, enquanto as de alta intensidade visam os mercados nacional e internacional. As primeiras recebem consideravelmente menos recursos financeiros e apoios institucionais do que as últimas, apesar de seu papel na criação de empregos locais e na promoção do dinamismo econômico em regiões com menos recursos. Essa desigualdade na distribuição geográfica de recursos impacta quais conhecimentos e redes de contatos estão disponíveis a quais start-ups. Em última análise, isso impacta os níveis intra e inter-regionais de desenvolvimento e o potencial de crescimento de diferentes tipos de firmas. Esse argumento conecta as trajetórias baseadas na aprendizagem desenvolvidas nesta obra com a literatura sobre o desenvolvimento econômico local e leva a outras considerações.

Políticas voltadas para a redução de desigualdades devem visar start-ups com baixa intensidade de P&D e contar com a participação de redes locais e regionais de apoio a essas firmas. Por exemplo, programas específicos para capacitação e agregação de valor a produtos de baixa intensidade de P&D contribuiriam para aumentar a capacidade da mão de obra local e a competitividade dessas firmas (CAIRNS; MALLOCH, 2011). Os governos locais e as instituições estaduais adquirem relevância especial no estímulo e fortalecimento do desenvolvimento econômico local por meio de start-ups com baixa intensidade de P&D (NAUDÉ, 2011).

As vantagens de apoiar essas empresas incluem a sua exigência de recursos comparativamente menor e seu impacto na dinâmica econômica local mais imediato, uma vez que a maioria delas segue a Trajetória 1 (produção direta e comercialização do produto ou serviço). Isso pode gerar externalidades positivas sob a perspectiva do fechamento espacial seletivo (HELMSING, 2010), em que os recursos locais são territorialmente integrados para desenvolver fornecedores locais e mercados de consumo. A longo prazo, ao atrair outras instituições, sistemas regionais de inovação (NAUDÉ, 2011) poderiam se desenvolver, como centros de pesquisa para estimular ações voltadas para a alta intensidade de P&D.

A última contribuição para os estudos do desenvolvimento aborda o papel das incubadoras no desenvolvimento econômico local. O movimento de incubação de empresas no Brasil tem se voltado, cada vez mais, para atividades de alta demanda em P&D, em alinhamento com a Política Nacional de Desenvolvimento Produtivo e o Plano Nacional de Ação para Ciência, Tecnologia e Inovação (2007-2010) (ANPROTEC; MCT, 2012)[56]. Para seguir essa orientação, este livro aponta a necessidade de reconhecer o papel central dos processos de aprendizagem e das dinâmicas de redes de relacionamento em ambientes de incubação de empresas. No âmbito do desenho de políticas, a definição de inovação tem que ser precisa e incluir explicitamente situações frequentes em que as inovações de processo e produto se aglutinam, como acontece nas start-ups em que os empreendedores combinam funções tecnológicas, produtivas e gerenciais.

Nos ambientes de incubação de empresas, a promoção de ambientes de aprendizagem formais e informais é fundamental para a eficácia dos serviços das incubadoras. As trocas com consultores, outras empresas incubadas e o papel central de intermediação na rede, por gerentes de incubadoras, para vincular start-ups a atores externos devem ser reconhecidos como parte de um pacote de serviços. Isso implica que uma perspectiva de rede substitui a visão das incubadoras de empresas como prestadoras de serviços para firmas individuais. Enxergar a incubadora, nesse ambiente social de aprendizagem, conforme aqui definido, parece ser mais adequado para garantir impactos positivos na dinâmica do desenvolvimento econômico, uma vez que reconhece a aprendizagem e o capital social no desenvolvimento das capacidades individuais e coletivas. Um primeiro passo nessa direção é garantir que os gerentes de incubadoras de empresas adotem esse papel de facilitadores da aprendizagem e intermediadores de rede entre empreendedores e atores detentores de recursos.

7.8 LIMITAÇÕES E AGENDA DE PESQUISA

Esta obra foi motivada pela necessidade de expandir o conhecimento sobre a aprendizagem em contextos de start-ups. Esse impulso para abrir uma agenda de pesquisa multidisciplinar resultou em contribuições para a teoria e o método nas áreas da teoria da firma, desenvolvimento econômico local, psicologia organizacional e estudos organizacionais em geral. No

---

[56] Essa perspectiva se mantém no Plano de Ação para a Neoindustrialização 2024-2026 (Brasil, 2024).

entanto o preço de ampliar uma área de estudo é a falta de profundidade em tópicos específicos. O mesmo acontece neste livro. Esta seção, então, explora algumas de suas limitações e propõe uma agenda de pesquisa para ultrapassá-las e avançar o conhecimento sobre microprocessos de desenvolvimento econômico.

A começar pelas limitações, a mais importante é a falta de casos comparativos de não incubação para verificar a generalização dos resultados. Uma vez que os recursos são distribuídos entre diferentes atores e que os empreendedores têm que lidar com essa agência embutida para criar uma nova firma, é provável que os arranjos institucionais fora do sistema de incubação de empresas impactarão o acesso a diferentes recursos e, portanto, poderão gerar trajetórias evolutivas diferentes. A generalização dos resultados também fica comprometida pelo pequeno número de casos, pela opção metodológica por start-ups em regiões ricas em recursos e pelo uso de teoria fundamentada para a análise de dados. Outra limitação é imposta pela ausência de análise do impacto das políticas nacionais de P&D nas práticas de inovação implementadas pelas incubadoras e start-ups, embora essa ausência reflita os conteúdos das falas de empreendedores e gestores de incubadoras.

A partir dessas limitações, das proposições e das contribuições para a teoria e o método, esta obra conclui com uma ampla agenda de pesquisa, agrupada nos itens a seguir:

a. **avanço do conhecimento sobre processos de aprendizagem em start-ups** – a literatura sobre fenômenos organizacionais multiníveis distingue processos de aprendizagem por composição e compilação (KLEIN; KOZLOWSKI, 2000), que, em grande medida, correspondem aqui ao processo de aprendizagem contínua versus descontínua desde o nível individual até o nível organizacional. Esses processos referem-se, respectivamente, à adição de competências semelhantes e à multiplicação de competências diversas. Seria interessante investigar até que ponto esses processos impactam a inovação em start-ups. Como eles se relacionam a tipos específicos de busca (uso versus de aproveitamento) para o desenvolvimento tecnológico (XU, 2011)? Como essas dinâmicas de exploração e uso afetariam os processos evolutivos, como a geração de variação e a replicação das melhores variações em múltiplos contextos? Que tipos de combinações entre processos cognitivos e comportamentais estariam envolvidos? Essa última pergunta exigiria discussões sobre aprendizagem deliberada e não deliberada (LAZARIC, 2011) e tipos de processamento cognitivo (ERAUT, 2004a; 2004b) para investigar associações entre estratégias de aprendizagem e tipo de produção de conhecimento. O último ponto dessa agenda aborda uma investigação mais aprofundada das rotinas de aprendizagem: como esses tipos de rotinas são formados? Como eles influenciam o engajamento em atividades inovadoras, o uso de combinações específicas de estratégias de aprendizagem e a configuração de novas rotinas? Como se estabelece o equilíbrio entre as práticas institucionalizadas de aprendizagem (rotinas de aprendizagem) e a mudança organizacional?;

b. **avanço do conhecimento sobre o papel das incubadoras de empresas** – uma vez que uma avaliação dos impactos de serviços específicos prestados por incubadoras de empresas na evolução das start-ups estava fora do escopo deste livro, estudos em que a incubadora é a organização de foco poderiam mostrar que tipos de serviços são mais influentes nas trajetórias evolutivas de start-ups. Tais estudos podem revelar como o ambiente institucional das incubadoras afeta o seu papel de mediadoras de informações. Esse tipo de projeto mudaria o foco do empreendedor para a equipe de funcionários da incubadora e para como ela gerencia os potenciais e as dinâmicas do capital social (HORMIGA; BATISTA-CANINO; SÁNCHEZ-MEDINA, 2011);

c. **testagem da generalização dos resultados** – a principal agenda de pesquisa aqui são os estudos comparativos. Seria muito interessante comparar regiões ricas e pobres em recursos, considerando o setor de atividade da firma, a intensidade de P&D e a comparação com empresas fora de programas de incubação. Também seria frutífero investigar se os tipos e frequências de EACs se aplicam a um perfil mais abrangente de empreendedores, dado que o perfil neste livro difere do geral em relação a alguns atributos-chave, como experiência empreendedora e histórico profissional. De maneira semelhante, essa estrutura de cinco trajetórias se ajustaria a start-ups em regiões com menos recursos ou em países diferentes? A trajetória de desenvolvimento de países — voltados para eficiência e voltados para inovação, conforme Kelley, Bosma, Amorós (2010) — impactaria os tipos e as dinâmicas das trajetórias evolutivas? Comparações inter--regionais e em nível de país podem lançar alguma luz sobre a robustez das conclusões nesses vários níveis;

d. **expansão deste marco analítico** – um ponto importante nessa agenda é teorizar mais sobre as relações descritas nesta obra. Esta pesquisa abriu questões e elaborou proposições que pedem uma investigação aprofundada, a fim de chegar a um esquema explicativo mais abrangente. Além desses avanços teóricos, esse marco analítico poderia ser expandido para vincular trajetórias evolutivas a medidas de desempenho (por exemplo, receitas e número de funcionários), investigando os impactos das primeiras nos indicadores de crescimento quando a start-up se estabelecer no mercado. O último ponto nessa agenda é vincular a aprendizagem descontínua ao acúmulo contínuo de conhecimento e a ajustes de pequena escala nas rotinas de trabalho (FELDMAN, 2000)[57]. Essa conexão estava além do objetivo deste estudo, mas estudos de caso único em profundidade podem revelar um conhecimento novo sobre feedbacks entre esses dois tipos de aprendizagem;

e. **estudos de seguimento** – estudos de caso longitudinais, além da fase inicial, poderiam revelar como as rotinas organizacionais iniciais investigadas nesta obra evoluem para sistemas coordenados de rotinas. As contribuições potenciais desse tipo de estudo são a descrição de processos de socialização e de legitimação de rotinas entre os funcionários e da provável redução da flexibilidade para mudança, devido aos maiores custos de aprendizagem e de incorporação de resultados de aprendizagem ao sistema de rotinas existente.

---

[57] Ou, como rotulado por outros ramos da literatura, para processos de socialização do conhecimento (BASTOS; GONDIM; LOIOLA, 2004), aprendizagem cumulativa (HELMSING, 2001), aprendizagem empreendedora (COPE, 2003), sistemas de aprendizagem organizacional (SHRIVASTAVA, 1983) etc.

REFERÊNCIAS

ABBAD, G.; BORGES-ANDRADE, J. E. Aprendizagem Humana em Organizações de Trabalho. *In:* ZANELLI, J. C.; BORGES-ANDRADE, J. E.; BASTOS, A. V. B. (ed.). *Psicologia, Organizações e Trabalho no Brasil.* 2. ed. Porto Alegre: Artmed, 2014. p. 244-284.

ABBAD, G.; LOIOLA, E.; ZERBINI, T.; BORGES-ANDRADE, J. E. Aprendizagem em Organizações e no Trabalho. *In:* BORGES, L. O.; MOURÃO, L. (ed.). *O Trabalho e as Organizações:* atuações a partir da psicologia. Porto Alegre: Artmed, 2013. p. 497-527.

ACS, Z. J.; AUDRETSCH, D. B. (ed.). *Handbook of Entrepreneurship Research*: An Interdisciplinary Survey and Introduction. Boston; Dordrecht; London: Kluwer Academic Publishers, 2003. v. 1.

AERTS, K.; MATTHYSSENS, P.; VANDENBEMPT, K. Critical role and screening practices of European business incubators. *Technovation*, [*S. l.*], v. 27, p. 254–267, 2007.

ALBERT, P.; BERNASCONI, M.; GAYNOR, L. *Incubators in Evolution*: strategies and lessons learned in four countries. Athens; Ohio: NBIA, 2004.

ALBUQUERQUE, E. *et al. Developing National Systems of Innovation*: University-Industry Interactions in the Global South. Northampton: Edward Elgar, 2015.

ALCOUFFE, A.; KHUN, T. Schumpeterian Endogenous Growth Theory and Evolutionary Economics. *Journal of Evolutionary Economics*, [*S. l.*], v. 14, p. 223–236, 2004.

ALMEIDA, M. The Evolution of the Incubator Movement in Brazil. *International Journal of Technology & Globalisation*, [*S. l.*], v. 1, n. 2, p. 258–273, 2005.

ALTENBURG, T.; ECKHARDT, U. Productivity Enhancement and Equitable Development: Challenges for SME Development. *In*: UNITED NATIONS INDUSTRIAL DEVELOPMENT ORGANIZATION. *Combating Marginalization and Poverty Through Industrial Development*. Vienna: Unido, 2006. 99 p.

ALTENBURG, T.; STAMM, A. *Towards a More Effective Provision of Business Services*. Bonn: German Development Institute, 2004. 27 p.

ARAMAND, M.; VALLIERE, D. Dynamic Capabilities in Entrepreneurial Firms: A Case Study Approach. *Journal of International Entrepreneurship*, [*S. l.*], v. 10, p. 142–157, 2012.

ARANHA, J. A. S. Incubadoras. *In*: PAROLIN, S. R. H;. VOLPATO, M. (ed.). *Faces to Empreendedorismo Inovador.* Curitiba: Fiep, 2008. v. 3, p. 37–67.

ARGYRIS, C.; SCHON, D. A. *Organizational Learning.* Addison-Wesley: Reading, 1978.

ASSOCIAÇÃO NACIONAL DE ENTIDADES PROMOTORAS DE EMPREENDIMENTOS INOVADORES. *Mapeamento dos Mecanismos de Geração de Empreendimentos Inovadores no Brasil.* Brasília: Anprotec, 2019. 225 p.

ASSOCIAÇÃO NACIONAL DE ENTIDADES PROMOTORAS DE EMPREENDIMENTOS INOVADORES. *Associação Nacional das Entidades Promotoras de Empreendimentos Inovadores.* Brasília: Anprotec, 2008. 33 p.

ASSOCIAÇÃO NACIONAL DE ENTIDADES PROMOTORAS DE EMPREENDIMENTOS INOVADORES. *Aventura do Possível.* Brasília: Anprotec, 2007. 42 p.

ASSOCIAÇÃO NACIONAL DE ENTIDADES PROMOTORAS DE EMPREENDIMENTOS INOVADORES. *Panorama 2007.* Brasília: Anprotec, 2007.

ASSOCIAÇÃO NACIONAL DE ENTIDADES PROMOTORAS DE EMPREENDIMENTOS INOVADORES. *Panorama 2006.* Brasília: Anprotec, 2006.

ASSOCIAÇÃO NACIONAL DE ENTIDADES PROMOTORAS DE EMPREENDIMENTOS INOVADORES. *Panorama 2005.* Brasília: Anprotec, 2005.

ASSOCIAÇÃO NACIONAL DE ENTIDADES PROMOTORAS DE EMPREENDIMENTOS INOVADORES. *Panorama 2004.* Brasília: Anprotec, 2004.

ASSOCIAÇÃO NACIONAL DE ENTIDADES PROMOTORAS DE EMPREENDIMENTOS INOVADORES. *Panorama 2003.* Brasília: Anprotec, 2003.

ASSOCIAÇÃO NACIONAL DE ENTIDADES PROMOTORAS DE EMPREENDIMENTOS INOVADORES; MINISTÉRIO DA CIÊNCIA, TECNOLOGIA E INOVAÇÕES. *Estudo, Análise e Proposições sobre as Incubadoras de Empresas no Brasil* – Relatório Técnico. Brasília: Anprotec: MCTI, 2012. 24 p.

AUDIA, P. G.; RIDER, C. I. A Garage and an Idea: What More does an Entrepreneur Need? *California Management Review*, [*S. l.*], v. 48, n. 1, p. 6–28, 2005.

AUDY, J.; PIQUÉ, J. *Dos parques científicos e tecnológicos aos ecossistemas de inovação* – desenvolvimento social e econômico na sociedade do conhecimento. Brasília: Anprotec, 2016.

BANDURA, A. *Social Foundations of Thought and Action*. Englewood Cliffs: Prentice-Hall, 1986.

BARNES, B. The Macro/Micro Problem and the Problem of Structure and Agency. *In*: RITZER, G.; SMART, B. (ed.). *Handbook of Social Theory*. London: Sage, 2001. p. 339–352.

BASTOS, A. V. B.; GONDIM, S. M. G.; LOIOLA, E. Aprendizagem Organizacional versus Organizações que Aprendem: Características e Desafios que Cercam Essas Duas Abordagens de Pesquisa. *RAUSP - Revista de Administração*, São Paulo, v. 39, n. 3, p. 231–241, 2004.

BATAGLIA, W.; MEIRELLES, D. S. Population Ecology and Evolutionary Economics. *Management Research*, [*S. l.*], v. 7, n. 2, p. 87–101, 2009.

BERNER, E.; GOMEZ, G. M.; KNORRINGA, P. Helping a Large Number of People Become a Little Less Poor: The Logic of Survival Entrepreneurs. *In*: UNU-WIDER WORKSHOP ENTREPRENEURSHIP AND ECONOMIC DEVELOPMENT, 2008, Helsinki. *Anais* [...]. Helsinki, 2008. p. 21–23.

BEST, M. H. *The New Competition*: Institutions of Industrial Restructuring. Cambridge: Polity Press, 1990.

BIELOUS, G. D. *Vinculación Academia-Empresa e Innovación en México*. Ciudad de México: Anuies, 2019.

BOISSEVAIN, J. *Friends of Friends*: Networks, Manipulators and Coalitions. New York: St. Martin's Press, 1974.

BOLLINGTOFT, A.; ULHOI, J. P. The Networked Business Incubator - Leveraging Entrepreneurial Agency? *Journal of Business Venturing*, [*S. l.*], v. 20, p. 256–290, 2005.

BORMAN, W. C. *et al*. *Handbook of Psychology* - Industrial and Organizational Psychology. EBSCOhost: John Wiley & Sons, 2003. v. 12.

BOSMA, N. *et al*. *The Value of Human and Social Capital Investments for Business Performance of Start-Ups*. Discussion paper: Tinbergen Institute, 2002.

BRASIL. *Decreto n.º 5.563, de 11 de outubro de 2005*. Regulamenta a Lei nº 10.973, de 2 de dezembro de 2004, que dispõe sobre incentivos à inovação e à pesquisa científica e tecnológica no ambiente produtivo. Brasília, DF: Presidência da República, 2005a.

BRASIL. *Decreto n.º 9.283, de 7 de fevereiro de 2018*. Novo Marco Legal da Ciência, Tecnologia e Inovação. Brasília, DF: Ministério de Ciência, Tecnologia, Inovações e Comunicações, 2018.

BRASIL. *Lei Complementar n.º 123, de 14 de dezembro de 2006*. Institui o Estatuto Nacional da Microempresa e da Empresa de Pequeno Porte. Brasília. DF: Presidência da República, 2006.

BRASIL. *Lei Complementar n.º 128, de 19 de dezembro de 2008*. Altera a Lei Complementar no 123, de 14 de dezembro de 2006. Brasília, DF: Presidência da República, 2008.

BRASIL. *Lei Complementar n.º 182, de 1º de junho de 2021*. Institui o marco legal das start-ups e do empreendedorismo inovador; e altera a Lei nº 6.404, de 15 de dezembro de 1976, e a Lei Complementar nº 123, de 14 de dezembro de 2006. Brasília, DF: Presidência da República, 2021.

BRASIL. *Lei n.º 10.973, de 2 de dezembro de 2004*. Dispõe sobre incentivos à inovação e à pesquisa científica e tecnológica no ambiente produtivo. Brasília: Casa Civil, 2004.

BRASIL. *Lei n.º 11.196, de 21 de novembro de 2005*. Institui o Regime Especial de Tributação para a Plataforma de Exportação de Serviços de Tecnologia da Informação - REPES, o Regime Especial de Aquisição de Bens de Capital para Empresas Exportadoras - RECAP e o Programa de Inclusão Digital; dispõe sobre incentivos fiscais para a inovação tecnológica. Brasília, DF: Presidência da República, 2005b.

BRASIL. Ministério do Desenvolvimento, Indústria, Comércio e Serviços. *Nova Indústria Brasil – Forte, transformadora e sustentável*: Plano de Ação para a Neoindustrialização 2024-2026. Brasília, DF: CNDI, MDIC, 2024.

BRASIL. Ministério do Planejamento, Orçamento e Gestão. Secretaria de Planejamento e Investimentos Estratégicos. *Plano Plurianual 2004-2007*: Mensagem Presidencial. Brasília, DF: Ministério do Planejamento, Orçamento e Gestão. Secretaria de Planejamento e Investimentos Estratégicos, 2003.

BURT, R. S. Structural Holes and Good Ideas. *American Journal of Sociology*, [S. l.], v. 110, n. 2, p. 349-399, 2004.

CAIRNS, L.; MALLOCH, M. Theories of Work, Place and Learning: New Directions. *In*: MALLOCH, M. *et al.* (ed.). *The Sage Handbook of Workplace Learning*. London: Sage, 2011. p. 3–16.

CARRIER, C. Intrapreneurship in Large Firms and SMEs: A Comparative Study. *International Small Business Journal*, [*S. l.*], v. 12, n. 3, p. 54–61, 1994.

CASCIARO, T.; PISKORSKI M. J. Power Imbalance, Mutual Dependence, and Constraint Absorption: A Closer Look at Resource Dependence Theory. *Administrative Science Quarterly*, [*S. l.*], v. 50, p. 167–199, 2005.

CASSON, M. Entrepreneurship and the Theory of the Firm. *Journal of Economic Behavior & Organization*, [*S. l.*], v. 58, p. 327–348, 2005.

CASSON, M. *et al.* (ed.). *The Oxford Handbook of Entrepreneurship*. New York: Oxford University Press, 2006.

CHANDLER, A. D.; HAGSTROM-JR., P.; SOLVELL, O. (ed.). *The Dynamic Firm*: The Role of Technology, Strategy, Organization and Regions. Oxford: Oxford University Press, 1998.

CHANDRA, A. *Business Incubation in Brazil*: Creating an Environment for Entrepreneurship. *SSRN Electronic Journal*, [*S. l.*], 2007.

CHANDRA, A.; CHAO, C. Country Context and University Affiliation: A Comparative Study of Business Incubation in the United States and Brazil. *J. Technol. Manag. Innov.*, [*S. l.*], v. 11, n. 2, p. 33–45, 2016.

CHARMAZ, K. Chapter 2. Gathering Rich Data. *In:* CHARMAZ, K. (ed.). *Constructing Grounded Theory*: A Practical Guide through Qualitative Analysis. London; Thousand Oaks; New Delhi: Sage, 2006. p. 13–41.

CONNER, K. R.; PRAHALAD C. K. A Resource-Based Theory of the Firm: Knowledge Versus Opportunism. *Organization Science*, [*S. l.*], v. 7, n. 5, p. 477–501, 1996.

CONTU, A.; GREY C.; ÖRTENBLAD, A. Against Learning. *Human Relations*, [*S. l.*], v. 56, n. 8, p. 931–952, 2003.

COOK, S.; YANOW, D. Culture and Organizational Learning. *Journal of Management Enquiry*, [*S. l.*], v. 2, n. 4, p. 373–390, 1993.

COOKE, P.; MORGAN, K. *The Associational Economy*: Firms, Regions and Innovation. Oxford: Oxford University Press, 1998.

COPE, J. Entrepreneurial Learning and Critical Reflection: Discontinuous Events as Triggers for 'Higher-Level' Learning. *Management Learning*, [S. l.], v. 34, n. 4, p. 429–450, 2003.

CORRADI, A. A. Brazilian Business Incubators: Brokerage and Multi-Actor Approach to Local Economic Development. *In:* GOMEZ, G. M.; KNORRINGA, P. (org.). *Local Governance, Economic Development and Institutions*. London: Palgrave Macmillan, 2016. p. 269–291.

CORRADI, A. A. Informal Networks in Business Development Services: Case Studies from Two Brazilian Business Incubators. *In:* KITAOKA, K. *et al.* (ed.). *Networks for Prosperity*. Connecting Development Knowledge Beyond 2015. Vienna: Unido: Leuven Centre for Global Governance Studies, 2012. p. 113–121.

CRESSY, R. Determinants of Small Firm Survival and Growth. *In:* CASSON, M. *et al.* (ed.). *The Oxford Handbbok of Entrepreneurship*. Oxford: Oxford University Press, 2008 [2006]. p. 161-193.

CRESWELL, J. W. *Research Design*: Qualitative, Quantitative, and Mixed Methods Approaches. 3. ed. Los Angeles: Sage, 2009.

CROSS, R.; PRUSAK, L. The People Who make Organizations Go - Or Stop. *Harvard Business Review*, [S. l.], v. June, p. 5–12, 2002.

DELMAR, F.; DAVIDSSON, P. Where do they Come from? Prevalence and Characteristics of Nascent Entrepreneurs. *Entrepreneurship & Regional Development*: An International Journal, [S. l.], v. 12, n. 1, p. 1–23, 2000.

DOPFER, K. The Economic Agent as Rule Maker and Rule User: Homo Sapiens Oeconomicus. *Journal of Evolutionary Economics*, [S. l.], v. 14, p. 177–195, 2004.

DOPFER, K. *The Evolutionary Foundations of Economics*. Cambridge: Cambridge University Press, 2005.

DOPFER, K.; FOSTER, J.; POTTS, J. Micro–meso–macro. *Journal of Evolutionary Economics*, [S. l.], v. 14, p. 263–279, 2004.

EISENHARDT, K. M.; GRAEBNER, M. E. Theory Building from Cases: Opportunities and Challenges. *The Academy of Management Journal*, [S. l.], v. 50, n. 1, p. 25–32, 2007.

EISENHARDT, K. M.; MARTIN, J. A. Dynamic Capabilities: What are they? *Strategic Management Journal*, [S. l.], v. 21, n. 10-11, p. 1105–1121, 2000.

ERAUT, M. Editorial: The Practice of Reflection. *Learning in Health and Social Care*, [S. l.], v. 3, n. 2, p. 47–52, 2004a.

ERAUT, M. Informal Learning in the Workplace. *Studies in Continuing Education*, [S. l.], v. 26, n. 2, p. 247–273, 2004b.

ETZKOWITZ, H.; MELLO, J. M. C.; ALMEIDA, M. Towards "Meta-Innovation" in Brazil: The Evolution of the Incubator and the Emergence of a Triple Helix. *Research Policy*, [S. l.], v. 34, n. 4, p. 411–424, 2005.

EUROPEAN COMMISSION *et al. System of National Accounts 2008*. New York: EC: IMF: OCDE: UN: World Bank, 2009.

FARBMAN, M.; LESSIK, A. The Impact of Classification on Policy. *In:* GOSSES, A.; *et al.* (ed.). *Small Enterprises, New Approaches*. The Hague: Ministry of Foreign Affairs, Directorate General International Cooperation, 1989. p. 105–122.

FELDMAN, M. S. Organizational Routines as a Source of Continuous Change. *Organization Science*, [S. l.], v. 11, n. 6, p. 611–629, 2000.

FELDMAN, M. S.; PENTLAND, B. T. Reconceptualizing Organizational Routines as a Source of Flexibility and Change. *Administrative Science Quarterly*, [S. l.], v. 48, n. 1, p. 94–118, 2003.

FIOL, C. M.; LYLES, M. A. Organizational Learning. *The Academy of Management Review*, [S. l.], v. 10, n. 4, p. 803–813, 1985.

FLICK, U. *Designing Qualitative Research*. Los Angeles; London; New Delhi; Singapore: Sage, 2007. v. 1.

FOSS, N. J. The Theory of the Firm: An Introduction to Themes and Contributions. *In*: FOSS, N. J. (ed.). *Theories of the Firm: Critical Perspectives in Economic Organisation*. London: Routledge, 1999. v. 1.

FRANCO, J. *et al.* Evolução do Número de Incubadoras de Empresas no Brasil e sua Distribuição Regional: Uma Análise Através do Modelo Log-Linear de Taxas de Crescimento. *Locus Científico (ANPROTEC)*, [S. l.], v. 3, n. 4, p. 107–114, 2009.

GARROUSTE, P.; SAUSSIER, S. Looking for a Theory of the Firm: Future Challenges. *Journal of Economic Behavior & Organization*, [S. l.], v. 58, p. 178–199, 2005.

GARUD, R.; DUNBAR, R. L. M.; BARTEL, C. A. Dealing with Unusual Experiences: A Narrative Perspective on Organizational Learning. *Organization Science*, [S. l.], v. 22, n. 3, p. 587–601, 2011.

GARUD, R.; HARDY, C.; MAGUIRE, S. Institutional Entrepreneurship as Embedded Agency: An Introduction to the Special Issue. *Organization Studies*, [*S. l.*], v. 28, p. 957–969, 2007.

GARUD, R.; KARNOE, P. Bricolage Versus Breakthrough: Distributed and Embedded Agency in Technology Entrepreneurship. *Research Policy*, [*S. l.*], v. 32, p. 277–300, 2003.

GARUD, R.; KUMARASWAMY, A.; KARNOE, P. Path Depedence or Path Creation? *Journal of Management Studies*, [*S. l.*], v. 47, n. 4, p. 760–774, 2010.

GELDEREN, M. V.; THURIK, R.; BOSMA, N. Success and Risk Factors in the Pre-Startup Phase. *Small Business Economics*, [*S. l.*], v. 26, p. 319–335, 2006.

GIULIANI, E. The Selective Nature of Knowledge Networks in Clusters: Evidence from the Wine Industry. *Journal of Economic* Geography, [*S. l.*], v. 7, p 139–168, 2007.

GLICK, W. H. *et al.* Studying Changes in Organizational Design and Effectiveness: Retrospective Event Stories and Periodic Assessments. *Organization* Science, [*S. l.*], v. 1, n. 3, p. 293–312, 1990.

GLOBAL ENTREPRENEURSHIP MONITOR. *Empreendedorismo no Brasil*: 2016. Simara Maria de Souza Silveira Greco (coord.). Curitiba: IBQP, 2017.

GLOBAL ENTREPRENEURSHIP MONITOR. *Global Report 2017/18*. [*S. l.*]: Global Entrepreneurship Research Association, 2018. 155 p.

GLOBAL ENTREPRENEURSHIP MONITOR. *Global Report 2023/24: 25 Years and Growing*. London: Global Entrepreneurship Research Association, 2023. 240 p.

GÖSSLING, T. Inside Relationships: A Review of Institutional Approaches Towards Multi-Organisational Partnerships, Alliances and Networks. *In:* GÖSSLING, T.; OERLEMANS, L.; JANSEN, R. (ed.). *Inside Networks*: A Process View on Multi-Organisational Partnerships, Alliances and Networks. Cheltenham; Northampton: Edward Elgar, 2007. p. 13–44.

GÖSSLING, T.; OERLEMANS, L.; JANSEN, R. (ed.). *Inside Networks*: A Process View on Multi-Organisational Partnerships, Alliances and Networks. Cheltenham: Northampton: Edward Elgar, 2007.

GRANOVETTER, M. Economic Action and Social Structure: The Problem of Embeddedness. *American Journal of Sociology*, [*S. l.*], v. 91, n. 3, p. 481–510, 1985.

GRANOVETTER, M. The Strength of Weak Ties. *American Journal of Sociology*, [S. l.], v. 81, p. 1287–1303, 1973.

GRANOVETTER, M. The Strength of Weak Ties: A Network Theory Revisited. *Sociological Theory*, [S. l.], v. 1, p. 201–233, 1983.

GRECKHAMER, T. *et al.* Demystifying Interdisciplinary Qualitative Research. *Qualitative Inquiry*, [S. l.], v. 14, n. 2, p. 307–331, 2008.

GRIMM, M.; KNORRINGA, P.; LAY, J. *Constrained Gazelles*: High Potentials in West Africa's Informal Economy. Working Paper, n. 537. The Hague: ISS, 2012.

GRUBER, M.; MACMILLAN, I. C.; THOMPSON, J. D. From Minds to Markets: How Human Capital Endowments Shape Market Opportunity Identification of Technology Start-Ups. *Journal of Management*, [S. l.], v. 38, n. 5, p. 1421–1449, 2012.

HAGER, P. Theories of Workplace Learning. *In:* MALLOCH, M. *et al.* (ed.) *The Sage Handbook of Workplace Learning*. London: Sage, 2011.

HANNAN, M. T.; FREEMAN, J. The Population Ecology of Organizations. *American Journal of Sociology*, [S. l.], v. 82, n. 5, p. 929–964, 1977.

HELMSING, A. H. J. Externalities, Learning and Governance: New Perspectives on Local Economic Development. *Development and Change*, [S. l.], v. 32, p. 277–308, 2001.

HELMSING, A. H. J. Innovative Local and Regional Economic Development Initiatives in Latin America: A Review. *Interações (Campo Grande)*, [S. l.], v. 7, n. 12, p. 9–24, 2006.

HELMSING, A. H. J. *Perspectives and Practices of Local Economic Development*: a Review. Work in Progress. The Hague: ISS, 2010.

HERNÁNDEZ, P. P.; ESTRADA, A. M. Análisis del sistema de incubación de empresas de base tecnológica de México. *In:* CONGRESO IBEROAMERICANO DE CIENCIA, TECNOLOGÍA, SOCIEDAD E INNOVACIÓN CTS+I, 1., 2006, Cidade do México. *Anais* [...]. Cidade do México, 2006.

HILLMAN, A. J.; WITHERS, M. C.; COLLINS, B. J. Resource Dependence Theory: A Review. *Journal of Management*, [S. l.], v. 35, n. 6, p. 1404–1427, 2009.

HODGKINSON, G. P.; HEALEY, M. P. Cognition in Organizations. *Annual Review of Psychology*, [S. l.], v. 59, p. 387–417, 2008.

HOGG, M. A.; VAUGHAN, G. M. Chapter 2. Social Thinking. *In:* HOGG, M. A.; VAUGHAN, G. M. (ed.). *Essentials of Social Psychology.* Harlow: Pearson Education, 2010. p. 24–61.

HORMIGA, E.; BATISTA-CANINO, R. M.; SÁNCHEZ-MEDINA, A. The Impact of Relational Capital on the Success of New Business Start-Ups. *Journal of Small Business Management,* [*S. l.*], v. 49, n. 4, p. 617–638, 2011.

HUET, F.; LAZARIC, N. The Difficult Creation of Novel Routines: Persistence of Old Habits and Renewal of Knowledge Base in French SMEs. *In:* BECKER, M. C.; LAZARIC, N. (ed.). *Organizational Routines:* Advancing Empirical Research. Cheltenham; Northampton: Edward Elgar, 2009. p. 248–276.

IBGE-Cidades@. *IBGE,* [2010]. Disponível em: http://www.ibge.gov.br/cidadesat/topwindow.htm?1. Acesso em: 1 set. 2010.

IMASATO, T. Incubadoras de Empresas: Panorama Brasileiro e Potenciais para Pesquisa. *Revista Eletrônica de Gestão Contemporânea,* Rio Grande, v. 1, n. 1, p. 13–21, 2005.

INSTITUTO BRASILEIRO DE GEOGRAFIA E ESTATÍSTICA. *As Micro e Pequenas Empresas Comerciais e de Serviços no Brasil 2001.* Estudos e Pesquisas - Informação Econômica, Nº 1. Rio de Janeiro: IBGE, 2003.

INSTITUTO BRASILEIRO DE GEOGRAFIA E ESTATÍSTICA. *Estatísticas do Empreendedorismo 2010.* Estudos & Pesquisas – Informação Econômica, Nº 19. Rio de Janeiro: IBGE, 2012.

INSTITUTO BRASILEIRO DE GEOGRAFIA E ESTATÍSTICA. *Indicadores de Desenvolvimento Sustentável - Brasil 2008.* Estudos & Pesquisas - Informação Geográfica, Nº 5. Rio de Janeiro: IBGE, 2008.

INSTITUTO BRASILEIRO DE GEOGRAFIA E ESTATÍSTICA. *Pesquisa de Inovação 2017.* Rio de Janeiro: IBGE, 2020a.

INSTITUTO BRASILEIRO DE GEOGRAFIA E ESTATÍSTICA. *Pesquisa de Inovação 2014.* Rio de Janeiro: IBGE, 2016.

INSTITUTO BRASILEIRO DE GEOGRAFIA E ESTATÍSTICA. *Pesquisa de Inovação 2011.* Rio de Janeiro: IBGE, 2013.

INSTITUTO BRASILEIRO DE GEOGRAFIA E ESTATÍSTICA. *Pesquisa de Inovação Tecnológica:* 2008. Rio de Janeiro: IBGE, 2010a.

INSTITUTO BRASILEIRO DE GEOGRAFIA E ESTATÍSTICA. *Pesquisa Industrial 2008, Nº 1*. Rio de Janeiro: IBGE, 2010b.

INSTITUTO BRASILEIRO DE GEOGRAFIA E ESTATÍSTICA. *Sistema de Contas Nacionais*: Brasil 2018. Rio de Janeiro: IBGE, 2020b.

INSTITUTO BRASILEIRO DE GEOGRAFIA E ESTATÍSTICA. *Sistema de Contas Nacionais*: Brasil 2016. Rio de Janeiro: IBGE, 2018.

INTERNATIONAL BUSINESS MACHINES CORPORATION. *IBM SPSS Statistics for Windows* (Versão 20.0). Armonk: Released 2011.

JELINEK, M.; LITTERER, J. A. Toward Entrepreneurial Organizations: Meeting Ambiguity with Engagement. *Entrepreneurship Theory and Practice*, [S. l.], v. 19, n. 3, p. 137–168, 1995.

JOHANSON, J.; MATTSON, L. Interorganizational Relations in Industrial Systems: A Network Approach Compared with the Transactions-Cost Approach. *In:* THOMPSON, G. *et al.* (ed.). *Markets, Hierarchies & Networks*: The Coordination of Social Life. London; Newbury Park; New Delhi: The Open University, 1991. p. 256–264.

KELLEY, D. J.; BOSMA, N.; AMORÓS, J. E. *GEM - Global Entrepreneurship Monitor - 2010 Global Report*. United States: Babson College; Chile: Universidad del Desarrollo; England: London Business School, 2010.

KENWORTHY, T. P.; MCMULLAN, W. E. Theory Morphing vs. Theory Testing: Human Capital in Entrepreneurship. *World Conference Proceedings*. Washington: International Council for Small business, 2010. p. 1–36.

KLEIN, K. J.; KOZLOWSKI, S. W. J. (ed.). *Multilevel Theory, Research, and Methods in Organizations*: Foundations, Extensions and New Directions. San Francisco: Jossey-Bass, 2000.

KNIGHT, L.; PYE, A. Exploring the Relationships between Network Change and Network Learning. *Management Learning*, [S. l.], v. 35, n. 4, p. 473–490, 2004.

KNIGHT, L.; PYE, A. The Search for Network Learning: Some Practical and Theoretical Challenges in Process Research. *In:* GÖSSLING, T.; OERLEMANS, L. JANSEN, R. (ed.). *Inside Networks*: A Process View on Multi-Organisational Partnerships, Alliances and Networks. Cheltenham; Northampton: Edward Elgar, 2007. p. 163–191.

KOZLOWSKI, S. W. J.; BELL, B. S. Work Groups and Teams in Organizations. *In:* BORMAN, W. C. *et al.* (ed.). *Handbook of Psychology* - Industrial and Organizational Psychology. EBSCOhost: John Wiley & Sons, 2003. v. 12, p. 334–367.

KRAAIJENBRINK, J.; SPENDER, J.; GROEN, A. J. The Resource-Based View: A Review and Assessment of its Critiques. *Journal of Management*, [S. l.], v. 36, p. 349–372, 2010.

KRAIGER, K. Perspectives on Training and Development. *In*: BORMAN, W. C. *et al.* (ed.). *Handbook of Psychology* - Industrial and Organizational Psychology. EBSCOhost: John Wiley & Sons, 2003. v. 12, p. 171–186.

LALKAKA, R. "Best Practices" in Business Incubation: Lessons (yet to be) Learned. *In*: INTERNATIONAL CONFERENCE ON BUSINESS CENTERS: ACTORS FOR ECONOMIC & SOCIAL DEVELOPMENT, 2001, Bruxelas. *Anais* [...]. Bruxelas, 2001.

LALKAKA, R.; SHAFFER, D. Nurturing Entrepreneurs, Creating Enterprises: Technology Business Incubation in Brazil. *In*: INTERNATIONAL CONFERENCE ON EFFECTIVE BUSINESS DEVELOPMENT SERVICES, 1999. *Anais* [...]. Rio de Janeiro, 1999.

LALL, S. Social Capital and Industrial Transformation. *QEH Working Paper Series*, 2002. Disponível em: http://www3.qeh.ox.ac.uk/RePEc/qeh/qehwps/qehwps84.pdf: QEH Working Paper Series. Acesso em: 4 out. 2010.

LANDSTROM, H. Entrepreneurship Research: A Missing Link in our Understanding of the Knowledge Economy. *Journal of Intellectual Capital*, [S. l.], v. 9, n. 2, p. 301–322, 2008.

LANGLEY, A. Strategies for Theorizing from Process Data. *Academy of Management Review*, [S. l.], v. 24, n. 4, p. 691–710, 1999.

LAZARIC, N. Organizational Routines and Cognition: An Introduction to Empirical and Analytical Contributions. *Journal of Institutional Economics*, [S. l.], v. 7, n. 2 (Special issue on business routines), p. 147–156, 2011.

LAZARIC, N. Routines and Routinization: An Exploration of some Micro-Cognitive Foundations. *In*: BECKER, M. C. (ed.). *Handbook of Organizational Routines*. Cheltenham; Northampton: Edward Elgar, 2008. p. 205–227.

LICHTENSTEIN, G. A.; LYONS, T. S. Managing the Community's Pipeline of Entrepreneurs and Enterprises: A New Way of Thinking about Business Assets. *Economic Development Quarterly*, [S. l.], v. 20, p. 377–386, 2006.

LUNDVALL, B. National Innovation Systems - Analytical Concept and Development Tool. *Industry and innovation*, [S. l.], v. 14, n. 1, p. 95–119, 2007.

LUTHANS, F.; YOUSSEF C. M.; AVOLIO, B. J. *Psychological Capital*: Developing the Human Competitive Edge. Oxford: Oxford University Press, 2007.

MADSEN, H.; NEERGAARD, H.; ULHØI, J. P. Knowledge-Intensive Entrepreneurship and Human Capital. *Journal of Small Business and Enterprise Development*, [S. l.], v. 10, n. 4, p. 426–434, 2003.

MALECKI, E. J. Entrepreneurship in Regional and Local Development. *International Small Business Journal*, [S. l.], v. 16, n. 1 & 2, p. 119–153, 1993.

MCADAM, M.; MARLOW, S. Building Futures or Stealing Secrets? Entrepreneurial Cooperation and Conflict within Business Incubators. *International Small Business Journal*, [S. l.], v. 24, n. 4, p. 361–382, 2007.

MEAD, D. C.; LIEDHOLM, C. The Dynamics of Micro and Small Enterprises in Developing Countries. *World Development*, [S. l.], v. 26, n. 1, p. 61–74, 1998.

METCALFE, J. S. Entrepreneurship: An Evolutionary Perspective. *In:* CASSON, M. *et al.* (ed.). *The Oxford Handbook of Entrepreneurship.* Oxford: Oxford University Press, 2008 [2006]. p. 59–90.

MICHOR, L. *et al.* Configuration of New Ventures and SMEs: A Literature Review of Empirical Research. *In*: THE EIGHTEENTH ANNUAL HIGH TECHNOLOGY SMALL FIRMS CONFERENCE, 2010. *Anais* [...]. Enschede: University of Twente, 2010. p. 1–20.

MINER, A. S.; CIUCHTA, M. P.; GONG, Y. Organizational Routines and Organizational Learning. *In:* BECKER, M. C. (ed.). *Handbook of Organizational Routines.* Cheltenham; Northampton: Edward Elgar, 2008. p. 152–186.

MORAES, V. V.; BORGES-ANDRADE, J. E. Aprendizagem Relacionada ao Trabalho. *Revista Psicologia*: Organizações e Trabalho, [S. l.], v. 10, n. 2, p. 112–128, 2010.

NAUDÉ, W. (ed.). *Entrepreneurship and Economic Development.* London: Palgrave McMillan: UNU-WIDER, 2011.

NAUDÉ, W. *Entrepreneurship in Economic Development*. Research Paper. Helsinki: UNU-WIDER, 2008.

NELSON, R. R.; WINTER, S. G. *An Evolutionary Theory of Economic Change.* Cambridge: The Belknap Press of Harvard University Press, 1982.

NICHTER, S.; GOLDMARK, L. *Understanding Micro and Small Enterprise Growth.* N° 36. USAID: United States Agency for International Development, 2005.

NIENHÜSER, W. Resource Dependence Theory: How Well does it Explain Behavior of Organizations? *Management Revue*, [S. l.], v. 19, n. 1+2, p. 9–32, 2008.

ORGANIZAÇÃO PARA A COOPERAÇÃO E DESENVOLVIMENTO ECONÔMICO. *SMEs, Entrepreneurship and Innovation.* OECD Studies on SMEs and Entrepreneurship. Paris: OCDE, 2010a.

ORGANIZAÇÃO PARA A COOPERAÇÃO E DESENVOLVIMENTO ECONÔMICO. *The OECD Structural and Demographic Business Statistics (SDBS)*. Paris: OCDE, 2010b.

ORGANIZAÇÃO PARA A COOPERAÇÃO E DESENVOLVIMENTO ECONÔMICO; EUROSTAT. *Oslo* Manual: Guidelines for Collecting and Interpreting Innovation Data. 3. ed. Paris: OCDE, 2005.

PANTOJA, M. J. Estratégias de Aprendizagem no Trabalho e Percepções de Suporte à Aprendizagem Contínua - Uma Análise Multinível. 2004. Tese (Doutorado em Psicologia) – Universidade de Brasília, Brasília, 2004.

PANTOJA, M. J.; BORGES-ANDRADE, J. E. Contribuições Teóricas e Metodológicas da Abordagem Multinível para o Estudo da Aprendizagem e sua Transferência nas Organizações. *Revista de Administração Contemporânea*, [S. l.], v. 8, n. 4, p. 115–138, 2004.

PENROSE, E. T. *The Theory of the Growth of the Firm.* 2. ed. Oxford: Basil Blackwell, 1980 [1959].

PFEFFER, J.; SALANCIK, G. R. *The External Control of Organizations*: A Resource Dependence Perspective. New York: Harper & Row, 1978.

PRAAG, C. M. V. Some Classic Views on Entrepreneurship. *De Economist*, [S. l.], v. 147, n. 3, p. 311–335, 1999.

PRIME. *Finep*, 2012. Disponível em: http://www.finep.gov.br/apoio-e-financiamento-externa/historico-de-programa/prime. Acesso em: 21 nov. 2021.

PROGRAMA Fapesp Pesquisa Inovativa em Pequenas Empresas - Pipe. *Fapesp*, 2020. Disponível em: https://fapesp.br/58/programa-fapesp-pesquisa-inovativa-em-pequenas-empresas-pipe#1. Acesso em: 21 nov. 2021.

PROVAN, K. G.; FISH, A.; SYDOW, J. Interorganizational Networks at the Network Level: A Review of the Empirical Literature on Whole Networks. *Journal of Management*, [S. l.], v. 33, n. 3, p. 479–516, 2007.

REDE MINEIRA DE INOVAÇÃO; SERVIÇO DE APOIO ÀS MICRO E PEQUENAS EMPRESAS DE MINAS GERAIS. *Histórias de Sucesso 1*: Empresas Graduadas das Incubadoras Mineiras. Belo Horizonte: RMI: Sebrae-MG, 2007.

REYDON, T. A. C.; SCHOLZ, M. Why Organizational Ecology is Not a Darwinian Research Program. *Philosophy of the Social Sciences*, [S. l.], v. 39, n. 3, p. 408–439, 2009.

RIDING, R. J.; RAYNER, S. G. *Cognitive Styles and Learning Strategies*: Understanding Style Differences in Learning and Behaviour. London: David Fulton, 1998.

RMI; SEBRAE-MG. *Histórias de Sucesso 2*: Empresas Graduadas das Incubadoras Mineiras. Belo Horizonte: Rede Mineira de Inovação: Sebrae-MG, 2008.

ROUSSEAU, D. M. Organizational Behavior in the New Organizational Era. *Annual Review of Psychology*, [S. l.], v. 48, p. 515–546, 1997.

SALAS, E.; CANNON-BOWERS, J. The Science of Training: A Decade of Progress. *Annual Review of Psychology*, [S. l.], v. 52, p. 471–499, 2001.

SALIMATH, M. S.; JONES III, R. Population Ecology Theory: Implications for Sustainability. *Management Decision*, [S. l.], v. 49, n. 6, p. 874–910, 2011.

SCOTT, J. *Social Networks Analysis*: A Handbook. London: Sage, 2005.

SERVIÇO DE APOIO ÀS MICRO E PEQUENAS EMPRESAS. *A Evolução das Microempresas e Empresas de Pequeno Porte 2009 a 2012 – Brasil*. Brasília: Sebrae, 2014. (Série Estudos e Pesquisas).

SERVIÇO DE APOIO ÀS MICRO E PEQUENAS EMPRESAS. *Fatores Condicionantes e Taxas de Sobrevivência e Mortalidade das Micro e Pequenas Empresas no Brasil - 2003-2005*. Brasília: Sebrae, 2007.

SERVIÇO DE APOIO ÀS MICRO E PEQUENAS EMPRESAS. *Taxa de Sobrevivência das Empresas no Brasil*. Brasília: Sebrae, 2011. (Coleção Estudos e Pesquisas).

SERVIÇO DE APOIO ÀS MICRO E PEQUENAS EMPRESAS. Sobrevivência das Empresas no Brasil. Bedê, M. A. (Coord.). 96 p. Brasília: Sebrae, 2016.

SHANE, S. A. *A General Theory of* Entrepreneurship: The Individual-Opportunity Nexus. Cheltenham: Edward Elgar, 2003.

SHRIVASTAVA, P. A Typology of Organizational Learning Systems. *Journal of Management Studies*, [S. l.], v. 20, n. 1, p. 7–28, 1983.

STACK, M.; GARTLAND, M. P. Path Creation, Path Dependency, and Alternative Theories of the Firm. *Journal of Economic Issues*, [S. l.], v. 37, n. 2, p. 487–494, 2003.

STRAUSS, A.; CORBIN, J. *Basics of Qualitative Research*. 2. ed. London: Sage, 1998.

STRETTON, H. *Economics*: A New Introduction. London: Pluto, 1999.

TABACHNICK, B. G.; FIDELL, L. S. *Using Multivariate Statistics*. New York: Harper Collins, 1996.

TEECE, D. J.; PISANO, G. The Dynamic Capabilities of Firms: An Introduction. *Industrial and Corporate Change*, [S. l.], v. 3, n. 3, p. 537–556, 1994.

THE DONOR COMMITTEE FOR ENTERPRISE DEVELOPMENT. *Business Development Services for Small Enterprises*: guiding principles for donor intervention. [S. l.]: DCED, 2001.

THEODORAKOPOULOS, N.; KAKABADSE, N. K.; MCGOWAN, C. What Matters in Business Incubation? A Literature Review and a Suggestion for Situated Theorising. *Journal of Small Business and Enterprise Development*, [S. l.], v. 21, n. 4, p. 602–622, 2014.

THOMPSON, G. *et al*. *Markets, Hierarchies and Networks*: The Coordination of Social Life. London: Sage, 1991.

TOULMIN, S. Chapter 2: How Reason Lost its Balance. *Return to Reason*. Cambridge: Harvard University Press, 2001. p. 14–28.

UNITED NATIONS DEVELOPMENT PROGRAMME. *Unleashing Entrepreneurship. Making Business Work for the Poor*. Report to the Secretary-General of the United Nations. New York: United Nations, 2004.

UNITED NATIONS INDUSTRIAL DEVELOPMENT ORGANIZATION; LEUVEN CENTRE FOR GLOBAL GOVERNANCE STUDIES. *Networks for Prosperity*: Achieving Development Goals through Knowledge Sharing. Vienna: Unido, 2011.

UNITED NATIONS. *International Standard Industrial Classification of all Economic Activities - Revision 4*. Statistical Papers, n. 4, rev. 4. New York: United Nations, 2008.

VAN DER STEEN, M. Uncovering Inertia: Ambiguity between Formal Rules and Routines of Interaction. *In*: BECKER, M. C.; LAZARIC, N. (ed.). *Organizational Routines*: Advancing Empirical Research. Cheltenham; Northampton: Edward Elgar, 2009. p. 159–184.

VEN, A. H. v. d.; HUBER, G. P. Longitudinal Field Research Methods for Studying Processes of Organizational Change. *Organization Science*, [S. l.], v. 1, n. 3, p. 213–219, 1990.

VROMEN, J. Routines as Multilevel Mechanisms. *Journal of Institutional Economics*, [S. l.], v. 7, n. 2 (Special issue on business routines), p. 175–196, 2011.

WALKER, R. A. The Geography of Production. *In*: SHEPPARD, E.; BARNES, T. J. (ed.). *A Companion to Economic Geography*. Oxford: Blackwell, 2000. p. 536–538.

WARR, P.; DOWNING, J. Learning Strategies, Learning Anxiety and Knowledge Acquisition. *British Journal of Psychology*, [S. l.], v. 91, p. 311–333, 2000.

WASSERMAN, S.; FAUST, K. *Social Network Analysis*: Methods and Applications. Cambridge: Cambridge University Press, 2006.

WERNERFELT, B. A Resource-Based View of the Firm: Summary. *Strategic Management Journal*, [S. l.], v. 5, n. 2, p. 171–181, 1984.

WITT, U. Changing Cognitive Frames – Changing Organizational Forms: An Entrepreneurial Theory of Organizational Development. *Industrial and Corporate Change*, [S. l.], v. 9, n. 4, p. 733–755, 2000.

XU, Y. A Social-Cognitive Perspective on Firm Innovation. *Journal of Strategic Innovation and Sustainability*, [S. l.], v. 7, n. 1, p. 11–27, 2011.

ZOLLO, M.; WINTER, S. G. Deliberate Learning and the Evolution of Dynamic Capabilities. *Organization Science*, [S. l.], v. 13, n. 3, p. 339–351, 2002.

ANEXO A

ROTEIRO DE ENTREVISTA SEMIESTRUTURADA

Questões apresentadas em seguida ao *rapport* e após permissão para gravação da entrevista.

Questão-guia: Por favor, conte-me a estória de sua empresa desde o início da ideia. Busque relembrar aqueles episódios críticos que você vê como cruciais para a empresa estar onde ela se encontra hoje.

[NOTA: Geralmente, os empreendedores iniciam a narrativa contando suas trajetórias pessoais (i.e., educação, background profissional, redes de contatos iniciais etc.) para contextualizar o início da ideia do negócio. Portanto, pode não ser necessário fazer perguntas específicas sobre o histórico do empreendedor e seu capital humano.

Questões gerais complementares (quando não narradas espontaneamente)

1. Quando o episódio começou?

2. Quando terminou?

3. Quem participou do episódio?

4. Como você resolveu isso?

5. Quem são os atores que participaram da solução dessa questão/ desse desafio?

Questões complementares sobre aprendizagem

1. Que outras estratégias você usa para aprender?

2. Qual o papel de *A* ou *B* em seu processo de aprendizagem? (A ou B sendo atores citados durante a narrativa do episódio)

Questões complementares sobre instituições de apoio (originalmente específicas ao papel da incubadora)

1. Quais são as contribuições de *X* nesse episódio? (quando a instituição X é mencionada na narrativa, mas seu papel não fica claro)
2. Você acha que sua empresa teria se desenvolvido se você não contasse com a ajuda de *X*?

Questões complementares sobre crescimento

1. Quais são as perspectivas, em médio e longo prazo, para o crescimento da sua empresa?
2. Como você vê a sua empresa no futuro?

Questões complementares sobre *networking*

1. Como é sua relação com os atores *P* e *Q*? (P e Q tendo sido mencionados na entrevista como parte da rede, ou como participantes de algum EAC)
2. Como ficou seu relacionamento com *M* depois disso? (para detalhar mudança nas configurações de rede após um EAC, M sendo um ator importante na narrativa).

Questão de fechamento: há algum outro episódio importante, ou parte da história que você gostaria de incluir nessa história da sua empresa?

ANEXO B

PRINCIPAIS CARACTERÍSTICAS DAS START-UPS DESTA PESQUISA

Código da start-up	Tipo de incubadora	Status da start-up: Incubada/ Graduada	Intensidade de P&D	Produtos	Anos em operação
Firma01	Tradicional	Incubada	Baixa	Automação industrial	2
Firma02	Tradicional	Graduada	Baixa	Instruments cirúrgicos	3
Firma03	Tradicional	Graduada	Baixa	Ingredientes alimentícios em pó	2
Firma04	Tradicional	Graduada	Baixa	Tecelagem	5
Firma05	Tradicional	Graduada	Baixa	Máquinas industriais	4
Firma06	Tradicional	Incubada	Baixa	Pedais eletrônicos	4
Firma07	Tradicional	Incubada	Baixa	Roupas	3
Firma08	Tradicional	Graduada	Baixa	Embalagens de papelão	7
Firma09	Tradicional	Graduada	Baixa	Vedações industriais	8
Firma10	Tradicional	Incubada	Baixa	Móveis em acrílico	2
Firma11	Tradicional	Incubada	Baixa	Calçados	2

Firma12	Tradicional	Incubada	Baixa	Biotecnologia	3
Firma13	Tradicional	Incubada	Baixa	Calçados	2
Firma14	Tradicional	Incubada	Baixa	Roupas	7
Firma15	Tradicional	Incubada	Baixa	Roupas	3
Firma16	Tecnológica	Incubada	Alta	Sistemas informacionais	4
Firma17	Tecnológica	Incubada	Alta	Biotecnologia	4
Firma18	Tecnológica	Incubada	Alta	Biotecnologia	3
Firma19	Tecnológica	Incubada / Graduada	Alta	Biotecnologia	5
Firma20	Tecnológica	Graduada	Alta	Sistemas informacionais	4
Firma21	Tecnológica	Graduada	Alta	Produtos industriais de silicone	4
Firma22	Tecnológica	Graduada	Baixa	Saúde	6
Firma23	Tecnológica	Incubada	Baixa/Alta	Inteligência artificial	6
Firma24	Tecnológica	Incubada	Alta	Biotecnologia	5
Firma25	Tecnológica	Incubada	Alta	Farmácia	3
Firma26	Tecnológica	Graduada	Baixa	Carregadores de bateria	4
Firma27	Tecnológica	Incubada	Alta/Baixa	Automação residencial	3
Firma28	Tecnológica	Incubada	Baixa	Painéis industriais	2
Firma29	Tecnológica	Incubada	Alta	Tecnologia automotiva	3

Firma30	Tecnológica	Graduada	Baixa	Fábrica de software	3
Firma31	Tecnológica	Incubada	Alta	Jogos eletrônicos	2
Firma32	Tecnológica	Graduada	Baixa	Sistemas informacionais	3
Firma33	Tecnológica	Graduada	Baixa	Acessórios eletrônicos	2
Firma34	Tecnológica	Incubada	Alta	Saúde	2
Firma35	Tecnológica	Graduada	Alta	Biotecnologia	5
Firma36	Tecnológica	Incubada	Alta/Baixa	Engenharia médica	1
Firma37	Tecnológica	Graduada	Baixa/Alta	Tecnologia da informação	4
Firma38	Mista	Graduada	Baixa	Websites	9
Firma39	Mista	Graduada	Baixa	Monitoramento de veículos	7
Firma40	Mista	Incubada	Baixa	Marketing e propaganda	2
Firma41	Mista	Incubada	Baixa	Consultoria agroindustrial	1
Firma42	Tecnológica	Graduada	Baixa	Engenharia elétrica	3
Firma43	Tecnológica	Incubada	Alta/Baixa	Biotecnologia	4

ANEXO C

CARACTERIZAÇÃO DAS START-UPS POR TIPO DE ATIVIDADE E DE MERCADO

Código da start-up	Produto	ISIC, Rev. 4	SNA (bens e serviços)
C-10 Manufatura de produtos alimentícios			
Firma03	Ingredientes alimentícios em pó	10.7.9	Consumo
C-13 Manufatura de têxteis			
Firma04	Tecelagem	13.1.2	Consumo
Firma07	Roupas – camisetas femininas	13.1.3	Consumo
Firma14	Roupas – *cosplay*	13.1.3	Consumo
Firma15	Roupas – moda feminina	13.1.3	Consumo
C-15 Manufatura de couro e produtos derivados			
Firma11	Calçados infantis	15.2.0	Consumo
Firma13	Calçados femininos	15.2.0	Consumo
C-17 Manufatura de papel e produtos derivados do papel			
Firma08	Embalagens de papelão	17.0.2	Intermediário
C-20 Manufatura de químicos e produtos químicos			
Firma12	Biotecnologia – embalagens solventes	20.1.1	Intermediário
Firma21	Produtos industriais de silicone	20.1.1	Intermediário
C-22 Manufatura de borracha e produtos plásticos			
Firma05	Máquinas industriais	22.2.2	Capital
C-25 Manufatura de produtos de metal fabricados, exceto maquinário e equipamento			
Firma09	Vedações industriais	25.9.2	Capital
C-26 Manufatura de computador, produtos eletrônicos e óticos			
Firma06	Pedais eletrônicos de guitarra	26.1.0	Consumo
Firma34	Saúde – equipamento eletromédico	26.6.0	Capital
Firma36	Engenharia médica – equipamento eletromédico	26.6.0	Capital

ARIANE AGNES CORRADI

Código da start-up	Produto	ISIC, Rev. 4	SNA (bens e serviços)
C-27 Manufatura de equipamentos eletrônicos			
Firma26	Carregadores de bateria	27.1.0	Capital
Firma27	Automação residencial	27.1.0	Consumo
Firma33	Acessórios eletrônicos	27.9.0	Consumo
Firma42	Engenharia elétrica	27.9.0	Capital
C-29 Manufatura de veículos motores, trailers e semitrailers			
Firma29	Tecnologia automotiva– motocicletas	29.3.0	Intermediário
C-31 Manufatura de móveis			
Firma10	Móveis em acrílico	31.0.0	Consumo
C-32 Outras manufaturas			
Firma02	Instruments cirúrgicos	32.5	Capital
C-33 Reparos e instalação de máquinas e equipamentos			
Firma01	Automação industrial	33.1.4	Capital
Firma28	Painéis industriais	33.1.2	Serviços para empresas
J-62 Programação de computadores, consultorias e atividades correlatas			
Firma20	Sistemas informacionais – software de tradução	62.0.2	Consumidor final
Firma23	Inteligência artificial	62.0.1	Capital
Firma30	Fábrica de software	62.0.1	Capital
Firma31	Jogos eletrônicos	62.0.1	Capital
Firma32	Sistemas informacionais para o comércio	62.0.1	Serviços para empresas
Firma37	Tecnologia da informação – testagem de software	62.0.1	Serviços para empresas
J-63 Atividades de serviços de informação			
Firma16	Sistemas informacionais – recuperação de dados	63.1.1	Serviços para empresas
Firma22	Saúde – sistemas informáticos em saúde	63.1.1	Serviços para empresas
Firma38	Websites	63.1.2	Serviços para empresas
Firma39	Monitoramento de veículos	63.9.9	Serviços para empresas
Firma40	Marketing e propaganda	63.9.9	Consumidor final
M-72 Pesquisa e desenvolvimento científico			
Firma17	Biotecnologia – saúde humana e animal	72.1.0	Intermediário

Código da start-up	Produto	ISIC, Rev. 4	SNA (bens e serviços)
Firma18	Biotecnologia – rastreamento genético de suínos	72.1.0	Serviços para empresas
Firma19	Biotecnologia – anticorpos e testes biológicos para agricultura	72.1.0	Intermediário
Firma24	Biotecnologia – testes genéticos	71.2.0	Serviços para empresas
Firma25	Farmácia – tecnologia farmacêutica	72.1.0	Intermediário
Firma35	Biotecnologia – testes de nutrição animal	72.1.0	Intermediário
Firma43	Biotecnologia – biomarcadores na saliva	72.1.0	Intermediário
M-74 Outras atividades profissionais, científicas e técnicas			
Firma41	Consultoria agroindustrial	74.9.0	Serviços para empresas

ANEXO D

CATEGORIAS E TIPOS DE ROTINAS RESULTANTES DE 207 EACS

Categorias principais	Número de ocorrências
Rotinas relacionadas ao mercado	**62**
Desenvolvimento de estratégias de marketing	17
Novos compradores	9
Mix de produtos aumentado por oportunidades de mercado	8
Parcerias para comercialização ou entrega de serviços	6
Mix de produtos aumentado por pressões de demanda	6
Alcance ou foco no mercado-alvo	4
Busca por novos nichos ou mercados-alvo	2
Pesquisa de mercado	2
Desenvolvimento de um modelo de negócios	2
Mix de produtos aumentado por pressões de competição	2
Ajustes no modelo de negócios	1
Vendas por demanda para controlar o crescimento	1
Foco em vendas diretas	1
Transferência da firma para outra cidade	1
Rotinas de caráter cognitivo ou interpretativo (Conhecimento sobre...)	**48**
Pareamento entre pesquisa, tecnologia e necessidades do mercado	10
Identidade da firma remodelada	6
Valores culturais pró-empreendedorismo	4
Visão crítica dos subsídios governamentais para P&D	4
Desvalorização dos serviços de apoio	2
P&D antes de buscar um mercado (diversificação, custos)	2
Percepção de massa crítica de graduados da universidade	2
PMEs como ponto entre pesquisa-tecnologia-inovação e mercado	2

Categorias principais	Número de ocorrências
Lacunas entre tecnologia/protótipo e produto	2
Importância de experiências de trabalho para desenvolver expertise e redes de relacionamento	1
Importância das redes de negócios	1
Cultura de compartilhamento de informação e infraestrutura	1
Aceitação de orientação	1
Lucrar gera conflito entre sócios	1
Terceirização de competências de gestão em start-ups intensivas em P&D	1
Uma empresa é um investimento de longo prazo	1
Aceitação de investidores privados	1
Visão crítica de parcerias	1
Competências para elaborar propostas para financiamento público	1
Entendimento dos processos de inadimplência	1
Entendimento da dinâmica de parcerias com universidades	1
Importância da gestão para conduzir a firma	1
Entendimento das forças de mercado	1
Rotinas de gestão administrativa	**47**
Reestruturação interna para o crescimento ou aumento de produção	11
Desenvolvimento de competências gerenciais (treinamentos na incubadora)	5
Contar com subsídios para o desenvolvimento de produto	4
Estratégias de gestão de projetos	4
Implementação de procedimentos gerenciais	4
Ponto de equilíbrio	3
Estratégias temporárias para sobreviver à crise financeira internacional	2
Redesenho de um dos negócios	2
Subsídios para consultorias (gestão e outras)	2
Formalização da empresa ou dos trabalhadores	2
Benchmarking outros empreendedores	1
Segredo para evitar competição	1
Combinação de consultores e expertise própria na gestão da produção	1
Implementação de procedimentos de gestão de qualidade	1
Sistema de gestão para administrar ofertas de investidores ou competidores	1

Categorias principais	Número de ocorrências
Foco no produto ou serviço principal	1
Economias para os momentos de crise	1
Gestão da inadimplência para manter redes de relacionamento	1
Rotinas de produção	**30**
Parcerias para o desenvolvimento de produto	8
Redesenho do sistema de produção	8
Redesenho da linha de produção	6
Estabelecimento do sistema de produção	3
Especialização no setor	2
Mix de produtos aumentado por questões de regulação	1
Escala de produção aumentada	1
Dependência de insumos importados	1
Estrutura organizacional	**28**
Divisão de trabalho entre sócios	9
Reconfiguração da equipe de sócios	6
Empreendedores realizando múltiplas tarefas	3
Consultor interno e equipe de consultores	3
Estabelecimento de uma estrutura de gestão	2
Combinação de competências dos sócios	2
Descentralização de processos internos	1
Dedicação em tempo parcial dos empreendedores, para sobrevivência	1
Informalidade e resistência à formalização pelos altos custos	1
Gestão financeira	**25**
Estabelecimento da gestão e controles financeiros	5
Busca por ou acesso a investidores privados	5
Geração regular de capital de giro	3
Redesenho da gestão financeira	2
Financiamento próprio de custos fixos para cobrir atrasos em subsídios	2
Reinvestimento de vendas na empresa versus renda para os sócios	2
Inclusão no sistema financeiro	2

Categorias principais	Número de ocorrências
Gestão de débitos (dissolução de sociedade, perdas financeiras)	2
Análise de custo-benefício para recuperar perdas causadas por inadimplência	1
Planos para reduzir a dependência de subsídios públicos	1
Desenvolvimento tecnológico	**19**
Desenvolvimento tecnológico	9
Spin-off ou nova firma no mesmo setor ou num similar	7
Desenvolvimento de produto ou serviço	2
Patentes	1
Redes de relacionamento	**19**
Redes com fornecedores	7
Redes com compradores	6
Redes com incubados	1
Redes com especialistas da família	1
Redes de negócios	1
Parcerias para investimento	1
Parcerias orientadas para resultados	1
Incubadora como cliente	1
Gestão de pessoas	**17**
Estabelecimento de práticas de gestão de pessoas	11
Treinamento no trabalho	4
Mecanismos de gestão do conhecimento	2
Outros	**8**
Dependência da instituição de apoio	2
Saída da incubadora de empresas	2
Demanda de capacitação de mão de obra ao governo local	1
TOTAL	**300**